2018初春,时年85岁（老后/摄）

烛 光 集

——文博文存续编

彭卿云 著

文物出版社

图书在版编目(CIP)数据

烛光集:文博文存续编/彭卿云著.-- 北京:文

物出版社,2020.12

ISBN 978-7-5010-6167-9

Ⅰ.①烛… Ⅱ.①彭… Ⅲ.①文物工作—中国—文集

②博物馆—工作—中国—文集 Ⅳ.①K870.4-53

②G269.2-53

中国版本图书馆 CIP 数据核字(2019)第 102895 号

烛 光 集——文博文存续编

著　　者:彭卿云

责任编辑:孙　霞
封面设计:焦九菊
责任印制:张道奇

出版发行:文物出版社
地　　址:北京东直门内北小街2号楼
邮　　编:100007
网　　址:http://www.wenwu.com
邮　　箱:web@wenwu.com
经　　销:新华书店
印　　刷:北京君升印刷有限公司
开　　本:710×1000　1/16
印　　张 23.25　插页:1
版　　次:2020年12月第1版
印　　次:2020年12月第1次印刷
书　　号:ISBN 978-7-5010-6167-9
定　　价:88.00元

梦 觉 烛 光 残

——写在《烛光集·文博文存续编》前

  人，年当耄耋，无论如何，乃是风烛残年。一支蜡烛面临残尽，又被风吹得心旌摇曳的时候，自然随时有灰飞泪尽之危。多年来，健康状况见佳，上班、编稿、作文、拼搏都有所成。八十岁以后，精力依然可支，身边同仁亦多夸耀，内心虽未飘飘然，但也有沾沾之自喜之意。殊不知天有不测之风云，病患旦夕随之而来。十个月内三次住院，而今，危险的警钟随时可能在耳边敲响！剩下的"每一天都可能是自己的末日"。这就是风烛残年老者的最后里程，既有的那份自信与拼劲也将随之灯枯油尽！

  残年残喘，自非坐以待终，也并非万念俱灰。呻吟、哀叹，并非人生之本色。趁此残喘之机，我又一次清理近年所写的小文旧稿和效颦诗作，共计百有余篇（首），于是又生出版小集之想。幸得文物出版社慷慨之助，终于以《烛光集》之名付梓，作为《萤光集——文博文存》的续集，也作为此生今世的"结束语""告别辞"奉献同仁读者。

  《烛光集——文博文存续编》，作为《萤光集》的续馀，其内容、性质相同，都是文博事业的相关题材，或是作者作为文物工作者个人思想情感的自白。唯独限于低能与浅薄，其价值与意义必然居于等下，难登大雅之堂！"萤光"与"烛光"，自始至终都是人类之益友，是文人骚客歌咏之对象；是诗文之种，艺术之源；是希望之光，驱邪之火；是黑暗的救星，光明的使者……但是，事物的两面性，自然褒贬共存，二者都是幺小、卑微的象征，都有清冷、寂寞的内蕴……烛光，因为是出自人类应用之需的发明创造，为人类生活之不可或缺，其价值、功能远胜于萤光之幺小、微弱，而且由于形态、能量之特异，其底蕴更为丰满，给人们的审美意趣更为多彩多姿，更富有诗情画意。烛光宴、烛光晚餐、烛光夜饮……为人们增添无限浪漫、温馨或者孤独、凄凉氛围。烛光聚会，可以表达喜庆、哀思、伤感，可以发泄欢歌、仇恨、愤懑、抗议……红烛之喜，白烛之恨，用途之广，寓意之深，寄托之重，难可悉数。古今文人墨客吟咏烛光之盛，留下诗文之多，更不可胜计。"洞房花烛夜"，为人生"四喜"之一。"昼短苦夜长，何不秉烛游"，何等的珍惜时光之可贵！"夜阑更秉烛，相对如梦寐"，何等的浮想联翩！"春蚕到死丝方尽，蜡炬成灰泪始干"，何等的无私奉献！"蜡烛有心还惜别，替人垂泪到天明"，何等的难舍难分！"思君如明烛，煎心且衔泪"，何等的悲苦坚贞！"空闺灭烛后，罗幌独眠时。泪尽肠欲断，心知人不知"，何等的孤独伤感！"津市停桡送别难，荧荧蜡炬照更阑"，何等的缠绵悱恻！"不堪蜡炬烧残泪，雨打船窗半夜天"，何等的羁旅凄凉……人生百态，喜怒哀乐，悲欢离合，无不涉及其中！最感人、最真切、最完美的还是那"燃烧着自己，照亮着别人"无私无怨的献身精神！这与李商隐的名句同是千古绝唱！然而，"烛光集"的定名却都与上述记叙并不相干，也与现实生活中的常用多用的先例并不雷同，"人之言当各由己，不当然也"。这个本子定名的用意，一是残烛残年，来日无多，油尽灯枯，成土成灰，渐行渐近。二是卑微、幺小，依然如萤光"虽缘草成质，不借月为光"，同样是体量轻微，能量微薄，心地纯净，在谁面前，都是有一分热，发一分光，有一份能，尽一份力，星星点点，丝丝忽忽，亦足快哉！蜡炬之光，虽不及日月星辰之耀，但其献身人类，装点文明，是伟大的、崇高的、纯洁的。愧吾身之幺小，岂敢与之比拟！是碌碌庸人，更不可与之同日而语！这个本子的名称所寓，仍然与"萤光集"同本同辙：人生苦短，身世平庸，所渴望者，依旧是留下几串足迹，摄下几道光影，展现几分天性，或深或浅，或明或暗，记录着显现着生命还在延续，在行进，在付出，在期盼……寂寥自慰之余，抑或可以见证人生之旅的动机与归宿，表达热爱人类与家国的天良与炽热。所不同的是，烛光行将熄灭，生命面临终点。这个本子自将成为生命之旅的"告别辞"，成为一个村野书生的行迹、笔迹、心迹、生迹而至此止步、打住！或曰继萤光既往之卑微、渺小，续萤火临秋之余光、余绪。如此而已。

"人，固有一死，或重于泰山，或轻于鸿毛"。人世间，死而重于泰山者多多矣！轻于鸿毛者更多得不可胜计，但更多的还是第三种形态，既不重于泰山，也不轻于鸿毛。庸才之辈，既无功于社稷，也无害于庶民，其死当然在最大多数的第三者之列。司马迁正是这种超凡绝俗的大生死观，驱动着他忍大辱、发大愤以成千古经国之大业，终于其死重于泰山，重于天下！可敬可佩，可歌可泣！民族脊梁，文明天使！

为人之道，千差万别。全世界六十多亿人口，即便是孪生子女也必有其差异所在。没有任何两个人可以相等同、互替代。任何一棵参天大树，都找不到两片相等同、互替代的枝叶。造物主之神奇、绝妙，简直不堪想象！所以，我之为我，我之仅我而已。其个性、形象、天赋、情感、意志、才能等等都有异于任何个人。作为自小只读过两年正规小学的"放牛伢子"，最终忝入书生"门墙"，不仅有其先天之缺，而且别于任何同仁、同辈。我的那些以牛为友的童年岁月，实际上只随着初通文墨的父亲似懂非懂地读过所谓《全家宝》之类的农耕读物，"勤俭立身之本，耕读保家之基。大富皆由天命，小富必要殷勤……"还有"不怕无人请，只愁艺不精""不食苦中苦，岂能人上人"等等务农之道。村办小学也曾上过，那全是非正式学校，一年到头，都是农忙假，没有正式的上课时日。除了国文课，连个"九九八十一"的乘法口诀都没有学会过。贫苦山村，没有闲日，牛要天天放出吃草，上学可以等待明天。抗日战争胜利后，父亲突发送子读书之想，征得我的同意，把我送到十余里之外的中心小学(高小)正式寄宿读完五、六年级，随即考上初中。1949年初因病休学居家务农，很快赶上时局巨变，随着新中国的诞生，国事家事都变成另一个全新的样子。此时此际，面对老幼盈室，瓶无储粟，生生所资，无源无术之困境，我开始心眼开窍，为生计前途计，形势逼人，只能走出家门另谋生路。经全家反复合计，最终父母咬牙同意我在最艰难、最迷茫的1950年秋复学跳级读初中二年级，直至1959年大学毕业。其实，这也并非意内之事。原本全家合计初中毕业考中专，既省学费，又可早日毕业挣钱养家，使家人有所指望。然而事出意外，当届初中毕业生全由地区统考统分。由于考试成绩较优，招考领导再三拒绝我读中专的要求，力劝我转读普高，走升大学之路。家人也深感无奈，最后父亲又咬牙同意我被服从分配到邵阳市二中走上普高的艰难之路。令人悲痛的是，父亲没有见到我读完高中就离世而去了。家里弟妹尚未成人，生计更无依靠，雪上加霜，真不知如何是好？最后又是母亲和弟妹咬牙担当，坚决支持我上大学。而今，值此走近人生终点之际，回首这段苦难历程，一是表明天赋平庸，又贫困交加，所学难以专心致志，"非学无以广才，非志无以成学"。二是证实生于乱世，前路迷茫；幼小失学，学无根底！三是感叹长于贫困，目光短浅，"书生老去，机会方来"。从大学三年级起，政治风暴伊始，反右、红专与白专之辩，大跃进之疯狂，直至才出校门又风雷激荡，愈演愈烈，"文革"风暴更是天翻地覆，前后延续近20年之久没有正规的学习、工作。宝贵的青春岁月、黄金年代，就这样全"被雨打风吹去"！改革开放伊始，年过40，人到中年才一切从零开始。四是悔悟自小但求活命，胸无大志，目光短浅，小农意识支配言行，心中唯有发小财以求自保。干校归来，"半路出家"从事文物工作，对文物的半知半解，所学亦多于表象，最终一无所专，一无所长，一无所成，"半瓶醋"晃荡大半生！所幸在"半路出家"的文物工作中，又"半路出家"兼作编编写写的报、刊、图书编辑工作，同样在一知半解中晃荡近四十年，最终总算有所收获，达到自食其劳图一饭，免于"尸位素餐"之耻！"虽缘草成质，不借月为光。"这也算是一出小小的人生悲喜剧吧?!

如此等等，就是我的人生之旅的殊异，亦是我的个性、才能、履历之特殊。我的一生就是如此一段曲曲折折，坎坎坷坷，迷迷茫茫，牵牵绊绊，不长不短的里程！一切的一切，所有的所有，都正在走向跑道的终点！如此人生，究竟价值几何？对儿孙，对后人随着时过境迁又能获益几何？但是，如若上苍能再赐我第二次生命，那此生经历经验之多，将是我最可宝贵的教益！我也一定因此而活得更好些，更多点欢快和轻松！而且必将有所作为，有所成功！也必将对家国有半尺之利，对社会有一寸之功！

梦觉烛光残！晚了，留下的只有竟未竟事，了未了情，盘点过去，检讨人生，吩咐后人的最后十公里路程和时光了！浅薄终生憾，卑微不素餐。

"聊乘化以归尽，乐夫天命复奚疑"？

彭卿云

2017年(丁酉)仲冬于北京寓所

目　录

文　稿　篇

诗　稿　篇

8

文稿篇

让文物活起来 以文化人 以文育人

——学习习近平总书记关于文物工作重要批示精神

习近平总书记关于民族传统文化的保护、利用、弘扬、传承的理论与实践，是他治国理政理论与实践的一大系列。其中关于文物保护、弘扬的论述与实践，乃是这一大系列中的系列。这个系列，从始至今，一以贯之；从言到行，一以系之；从点到面，一以盖之。弘扬发展，一脉相承；开来继往，一脉相传；底层顶层一脉相通。他视野开阔，高瞻远瞩，熟知历史文化遗产的保护、利用、管理状况，有其长期的实践经验。他对文物保护、弘扬的论述，都是实践的升华，把新中国党和国家关于文物保护、弘扬的理念、方针、政策推上新高度、新境界，成为治国理政理论与实践的一部分，是当前全国文物工作必须贯彻遵循的指导思想和行动指南。现行文物保护、管理工作的理念、方针、政策等等都应该统一到总书记系列指示与论述上来，并作为当前全国文物工作的第一要务付诸实施。

总书记对文物保护的重视，自始至今，一以贯之，乃是事实存在。他初任县委领导，就慧眼识珠，对河北正定古城的丰富多彩的文物古迹，情有独钟，充分认识到保护古城的重要性。他看到许多古建筑年久失修，保护管理不力的现实，当即发出严厉警告："我们保管不好就是罪人，就会愧对后人。"为此，他亲自物色、推荐熟知文物古迹的"正定通"任县文化局长，并与之结为师友。他在《忆大山》一文中特别强调"在任期间，大山为正定文化事业的发展和古文物的研究、保护、维修、发掘、抢救，竭尽了自己的全力。隆兴寺大悲阁、临济寺澄录塔、广慧寺华塔、县文庙大成殿的修复，无不浸透着他辛劳奔走的汗水"。可见总书记对正定古城文物古迹的保护给予了高度的关注，同样倾注了操劳指导的心血，表现出"守土有责、守土负责、守土尽责"的担当气魄。一位方处而立之年的县委书记，一个从扫"四旧"声中成长起来的青年官员对民族传统文化竟有如此爱护之心，真个不同凡响！

总书记对文物保护工作确是言之必行，行之必果。他在福建，从地市到省级领导，对文物古迹保护的关注更上一层楼。从林觉民故居到林则徐遗址，从远古人类活动遗址到近现代三坊七巷等等，无一不是他躬行履践的成果和从点到面的实践延拓。在浙江，他对文化遗产保护的关注，已从单个景点进入文物片区。他对西湖文化景区的保护，就着重于西湖文化的综合性、整体性，指出"杭州西湖承载着悠久的历史，积淀着深厚的文化""在杭州文化中有着独特的位置"。唯其整体、综合思维，推动西湖挖掘和恢复了不少历史文化景观，丰富和扩展了西湖景区的文化内涵，为申遗成功奠定坚实基础。往后，随着职务之变，直至成为党和国家主要领导人，又把民族文化遗产的保护、利用作为治国之道的一部分，对弘扬民族传统文化寄予更大的希望，要求在法治、德治基础上辅之以文治文育，充分发挥文化软实力的支撑作用，确保民族复兴的中国梦顺利实现。

总书记对文物保护的系列指示与论述，涉及文物工作的各个领域、各个环节、各个方面，包括文物的保护、抢救、维修、发掘、研究、收藏、利用、交流等等及其管理体制、机制、法规、方针、政策等等，无不有其高远、精辟、深邃的见解和论断。指点江山，激扬文字，解保护民族文化遗产之困急，振民族复兴之自信，实乃事业之幸，民族之幸，国家之幸！

一、铁定文物抢救保护的极端重要性

习总书记曾反复以石破天惊之语喊出优秀传统文化，是民族之根与魂，是一个民族区别于其他民族的独特标识。培育和弘扬社会主义核心价值观，必须立足中华优秀传统文化。无论哪一个国家、哪一个民族，如果不珍惜自己的思想文化，丢掉了思想文化这个魂，这个国家、这个民族是立不起来的。优秀传统文化是一个国家、一个民族传承和发展的根本，如果丢掉了，就割断了精神命脉。"没有文明的继承和发展，没有文化的弘扬和繁荣，就没有中国梦的实现""不忘本来才能开辟未来，善于继承才能更好创新"。这些论述，确是振聋发聩，令人震撼！根就是血脉，就是基因；魂就是本质，就是精灵。根不可撕裂，不可中断；魂无处不在，无个不有。根与魂是生命之光，是魅力之源。文物作为民族传统文化实物主体，是整个民族文化遗产最可宝贵的组成部分，是全民族最不可或缺的传家之宝和最富感染力的爱国主义教材。根与魂与文物相依相附，同体同

在，支撑着国家和民族的强盛、崇高、尊严，神圣不可侵犯。文物工作者以保护、传承民族之根与魂为天职，其使命之光荣，责任之重大，又复何可言！总书记这些论断，以其现实的特殊需要和长远的战略思想，深刻、完整地把文物事业的极端重要性铁定下来，乃是对文物保护理念、理论的重大发展。广大文物工作者，自当联系现实，对照过去，检点差距，纠正偏颇，修补缺失，把认识和行动统一到总书记的论断上来，推动文物保护事业的新发展。毋庸讳言，我们的文物管理工作，近三十年来，围绕着改革开放的大局，一直处于探索创新活跃期和快速发展繁荣期。其中认识差异，思想分歧，措施失范等等，时起时伏，或隐或现，很正常，也很有裨益。但对文物事业形成不同形式和程度的干扰和冲击也不可避免，无可否认。究其原因，多种多样，而其根本则在于对文物的性质、价值及其在实现中国梦中的地位与作用认识不到位，对民族根与魂这个本质问题认知模糊与淡漠，以致有些人过多地纠结于眼前那点经济效益开发，或过分地强调以经济效益惠及民生，从根本上、主体上小看、低估、忽视了文物支撑着国家和民族强盛的重大价值，对民族文化遗产缺乏应有的敬畏之心。而经济效益开发之举，往往更为实惠更为速效，更易于为"政绩工程"服务，甚至更易于为当权者们所全权操纵。所谓"文物搭台，经济唱戏"的口号始终在一些地方此起彼伏，或高或低喊唱着，追寻着，就是要将文化遗产视为赢利工具，从本质上改变对文物的性质与价值，其影响之恶劣至今仍未消失。而今，总书记的指示与论述的鲜明性、完整性、现实针对性皆历历在目，光芒四射，为文物事业的发展提供了全新的思想软件。目标就在正前方，道路通向康庄。过去认识不到位，有客观条件的局限，无可苛求。而今，认识到了，贯彻实施就责无旁贷，无可推卸了。"文物搭台，经济唱戏"的短视与偏见，应该从根源上，从一些人的心底里厘清厘正了。文物保护，是民族兴亡命运所系，"要像爱惜自己的生命一样保护好文化遗产……要本着对历史负责、对人民负责的精神，传承历史文脉，处理好城市改造开发和历史文化遗产保护利用的关系，切实做到在保护中发展，在发展中保护"。生命是人类探索宇宙的第一追寻，是人类世界第一珍贵，爱惜生命是一切生物生灵的第一需要。生命至上，生命永恒。像爱惜生命一样保护好文物，就是对文物保护的极端重要性无可置疑的正确回答。这也就足以铁定"保护为主，抢救第一"不容置疑，不可动摇，不能折中！

二、 论定文物合理利用的完全必要性

习总书记在考察北京文物保护的时候，郑重指出："要让文物留得住，就要让文物活起来。""系统梳理传统文化资源，让收藏在禁宫的文物，陈列在广阔大地上的遗产、书写在古籍里的文字都活起来。"让文物活起来，目的何在？用意何为？总书记再三强调："要保护弘扬传统优秀文化，延续城市历史文脉，发展有历史记忆、地域特色、民族特点的美丽城镇"。强调"搞历史博物展览，为的是见证历史，以史为鉴，启迪后人……让文物说话，把历史智慧告诉人们，激发我们的自豪感和自信心，坚定全体人民振兴中华、实现中国梦的信心和决心。""要讲清楚中华优秀传统文化的历史渊源、发展脉络、基本走向，讲清楚中华文化的独特创造、价值理念、鲜明特色，增强文化自信和价值观自信。"最近又在西安市博物馆参观时指出，在接受历史教益的同时，也要"谨记历史的挫折和教训"。这就十分全面而又深刻地回答了"让文物活起来"目的何在以及怎样活起来的问题。"让文物活起来"，就是要由文物管理部门和文物专业工作者努力开拓创新，通过内容丰富多彩、形式生动活泼、为人民群众所喜闻乐见的文物展示、展览、传播活动，激活文物自身固有的生命力、感染力，复活文物潜在的真、善、美的底蕴与魅力，揭示文物所承载的历史、艺术、科学价值，充分发挥以物见史、证史、正史、补史和艺术审美作用，借鉴文物所积淀的治国理政、修齐治平的经验与教益，讲述历史故事，传播科学文化，传授智慧、美德……借以感染人、启迪人、陶冶人、滋养人、教育人，归根结底，"以文化人，以文育人"。总书记关于文物合理利用的指示和论述同样自成系列，全面、鲜明、透彻，学习、贯彻、执行，不可迟疑。正如习总书记所说："如果说以前无知情况下的不重视还可以原谅，那么现在有认识情况下不重视，那就是认识问题，政绩观问题"。因此，对于激活文物的理解，一定要保持总书记指示的纯正、完整，贯彻这一指示一定要力求全面、准确，激活的形式与手段一定要遵循文物的本质与特性，体现文物事业的全民性和公益性。文物是全民族共有的精神文化资源，其所富有各类价值、功能、效益必须为全民族所拥有和享用。文物的开放、展示、展览是适应全民全社会共享之需的第一功能。

文物激活，无疑不是经营、赢利的激活，不是搭台、唱戏的"激活"。寺庙古建筑文物保护单位开会所，烈士纪念园、馆设舞厅，古建筑办餐饮，名人故居挪作他用等等都不应在"激活"之列，更非"激活"目的所在。文物活起来，"不做摇钱树，要留传家宝"!

"对待不同的文明，我们需要有比天空更宽阔的胸怀……我们应该推动不同文明相互尊重、和谐共处，让文明交流共鉴成为增进各国友谊的桥梁、推动人类社会进步的动力、维护世界和平的纽带。"习总书记这一论述，又为"让文物活起来"提出了另一项重要任务，指明了另一条前进之路。文物，作为历史文化遗产，既为本民族所拥有，又为全人类所共享。不同民族的历史文明之间的交流共鉴，是人类文明发展繁荣的必要条件和重要标志。新中国成立后，特别是改革开放以来，中国文物对外开放、交流活动始终处于活跃、发展态势，成果显著。总书记关于文物对外"交流共鉴"的重要性的论述更具战略远见，为今后交流共鉴的持续发展提出了更高要求，将指导和推动这项工作更好更大地发展。

习总书记反复强调文化遗产要在保护中发展，在发展中保护，在保护中弘扬，在弘扬中保护。这就从根本上解决了摆正继承与发展、传统文化与社会现实生活以及对外"交流共鉴"的关系问题。保护并非什么都不能动，"而是要在坚持保护的前提下进行适度合理开发和建设，通过适度合理开发和建设来实现更好的保护"。这是新世纪之初总书记在浙江任职时对西湖文物景区保护与利用的指示，为西湖的保护与发展指明了方向，也为文物景区的保护与利用的辩证统一提供了典范。

三、肯定文物管理体制的相对稳定性

20世纪90年代中期，国务院及其主管文物工作的领导同志曾明确提出新时期文物保护实行"国家保护为主并动员全社会参与"的新体制。近二十年来，国家文物主管部门一直在探索实行这一体制的有效机制，也取得了一些进展和成效。但是，20年的探索始终没有从理论和实践上正确解决"为主"与"参与"的关系问题，对社会参与的内容、形式及其实施机制等问题也未曾从根本上得到解决。这一新型体制的提出、确定，是实践、改革、创新的成果。其实施与成功也只能从实践、改革中来。国务院《关于加强和改善文物工作的通知》曾明确指出"国家保护为主并动员全

社会参与的文物保护体制"要"遵循文物工作自身规律","要发动、组织人民群众参与文物保护,根据实践需要建立群众性的文物保护组织,明确责任与权利"。"为主"与"参与"有主次、主辅之别,是不成问题的。但是,正确的命题,必须有正确的指导思想和务实求证的实践。多年来,文物工作者对"社会参与"的问题很重视,思想也很活跃。各类设想、主张、做法层出不穷,改革呼声此起彼伏,其中包括"强强联合"承包,"谁投资谁受益"等等都在"社会参与"的名义下在一些地方相继涌现出来,并随之有媒体高喊"文物需靠市场保护"。实际上这是"只顾眼前的一些经济利益"的擅自行为,是一种利益交换、权益授受的自我作为,其实质则是对现行文物管理体制的随意改变与否定。这种情况的存在与实行,曾致使一些被承包的文物保护单位、博物馆的管理、科研、陈列等业务人员统统无所事事,正常的文物专业活动统统停滞下来,承包单位的经营压倒一切,对文物保护与管理所遭受的损失,事实俱在,记忆犹新。最后,只能由国务院召开全国文物工作会议予以澄清、纠正。在此期间,而对于"发动、组织人民群众参与"的志愿者性质的群众组织探索却未能取得应有的实质进展,处于滞后状态。令人鼓舞的是,一向关注和参与文物保护的习近平同志此时此际却在福建发声,准确地指出了这些问题的要害,并要求福建及时予以预防和改进。他曾郑重指出:"现在有些地方名城保护、古建筑的保护出现一些问题,根源就在于只顾眼前的一些经济利益,随意改变文物管理体制,将原为文物部门管理的文物保护单位移交别的部门管理,殊不知古建筑的保护、传统街区的保护、任何文物保护单位、文物保护点的保护,都需要有专门业务知识和掌握国家文物法规政策才能保护好。福建也出现了这样的苗头,我们不希望出现问题,要求依法加强管理保护"。这段话,正是出自"水洗三孔"之后的2002年那个出现问题的关键时刻,其内容涉及之广,指导性之强,有如针对今天的现实而言,仍须认真学习、领会、遵守、执行。第一,现行文物管理体制不可随意改变,将文物单位移交别的部门管理的做法行不通,做不到。第二,任何文物单位、文物保护点需要有专门业务知识和掌握国家文物法规政策才能保护好。第三,一些地方出现一些问题,根源就在于只顾眼前的一些经济利益。第四,坚定不移加强法治建设,依法加强文物管理保护。这四点论断环环相扣,缺一不可。对存在的问题更是一针见血,入木三分,点破了多年纠缠不休的问题症结所在。习总书记对现行文物管理体制的肯定，还表现在他在福州工作期间广为流传的"四个一"的一段佳话，即他亲自主持、拍板解决"一个（文物）局、一个（考古）队、一颗（文物局）印、一百万元（经费）"，成为福州文物保护工作的及时雨，其效应、其影响，至今仍在熠熠生辉。而所谓"文物搭台，经济唱戏"，"谁投资谁受益"，"强强联合"等等，无一不是"只顾眼前的一些经济利益"，无一不在"随意改变文物管理体制"。近年来，在一些地方又涌现出享有文物使用权、经营权的"领养"、"认领"等新主张，有的地方已在私下实施。其实，这都是"利益交换"的"涛声依旧"，都是在重复昨天"权益授受"的故事。对此于法无据之举，如若听之任之，或者推而广之，那么，这有无可能出现参与者趋之若鹜，文物单位供不应求，从而使现行文物管理体制解体的局面呢？如若如此，国家文物及其管理部门、机构和文物工作者，有无可能面临着新的抉择呢？其后果又该如何设想呢？文物专业化管理体制要不要和是不是可以"随意改变"呢？如此事关全局大局的原则性问题，其回旋、灵活空间究竟有多大呢？闲人管闲事，难免有杞人忧天之叹！但是，习总书记关于文物管理体制、专业、法规、政策等等论述的现实指导意义是无可置疑的，现在将来都应该贯彻执行。保持并不断强化文物管理体制、法规和专业人员队伍的相对稳定性，乃是适应文物工作的规律性和客观现实之需，并非人为的随意之举。但是，这决不意味着把文物古迹及其管理体制、机制统统封闭起来，一动也不能动，拒绝改革、创新。文物工作同样需要改革创新，要像总书记指出的那样，"要坚持与时俱进，用改革的思路、创新的意识，把保护与开发、建设有机结合起来"，"在坚持保护的前提下进行适度开发建设，通过适度合理开发和建设来实现更好的保护"。但凡有伤于文物的珍贵、尊严，有损于文物的价值、功能，有害于文物的安全、完整，乃至改变文物的全民、公益属性，改变文物的文化资源本质，改变现行专业化管理体制，那就有可能改变文物工作"化人"、"育人"的大方向，都不是成功的，不可取的。

四、 确定加强文物法治建设的十分紧迫性

党的十八大及其四中全会就依法治国，依法执政，建设社会主义法治国家的问题，做出了专项决定。习总书记对此所发表的一系列重要论述，又是一个自成体系的大系列。加强文物法治工作自然也囊括其中。习总书记关于任何文物保护单位、文物保护点的保护都需要"掌握国家法规政策才能保护好"，对文物工作中出现的问题，"要求依法加强管理保护"的论断，完全符合实际，具有重要指导意义。这实际就是指出文物必须依法治理，权力必须依法运行，体制必须获得法治保障，文物安全必须依靠法治。我国的文物管理事业，有法可依，由来已久。民国时期文物管理即已列入国家事业，并制定《古物保护法》，做过很多工作，对国家文物保护有过重要贡献。新中国成立后，文物管理事业进入全新时期，依法治文的理念与实践也随之跨入新阶段。从《文物管理暂行条例》到现行国家文物保护法，始终沿着完善法治的轨道行进和发展。现行的国家文物保护法，是新中国思想文化领域最早问世的专门法律。它的问世与发展，是党和国家一贯重视文化遗产保护的具体见证，是国家文物事业不断发展的新成果，是文物工作改革开放，与时俱进的必然产物，是中国特色文物保护理念、理论与实践的系统总结。它融古今中外文物保护优秀传统和先进经验于一体，符合国情，适应现实，用之可行，行之有效，对我国文物保护事业发挥着保障作用。随着时代的进步，事业的发展，理念与理论的更新，实践与经验的积累，"以改革为动力，以法律为保障"的文物法治体系必将不断发展和完善，依法行政，依法管理的力量与实效必将不断增强和提升。按照习总书记对依法执政、依法行政的严格要求，就是要对违法犯法的文物破坏活动坚持零容忍，对有利文物保护、弘扬的事情保持零懈怠。这应当成为广大文物工作者的职业守则。"法外无权"，"法无授权不可为"，"法定职责必须为"这应当是文物部门依法行政的基本准则。但凡涉及文物安全与合理利用的重要决策、举措，都必须坚持于法有据，坚持民主化、科学化决策，坚持适应国情民意，坚持对国家对民族对子孙后代负责。改革是事业发展的原动力，也是有条件、有方向、有目标的。对一些缺乏实践基础，条件不充分、不成熟的主张、决策，在文物管理工作中，尤其不可任性，而要确保万无一失。文物的不可再生性和稀有性，决定其承受风险能力十分脆弱，不容许冒险性的试验，不可能失败了再来，破坏了再造，烧光了再盖，所以文物工作的改革创新，更应坚持法治思维，法治方式，稳中求进，稳中求成。坚持依法行事，依法决策，其本身就是法治行为规范。对于涉及全局，又被专家称之为"严重、敏感、复杂"的权

10

益、权利问题，更应深思熟虑，坚持"法无授权不可为"。对于于法无据，或有违于法的擅自作为，应该旗帜鲜明，鉴别正误，决定取舍。对于跨越"安全第一"和"国家所有"的红线和底线的言行，应该据法分辨是非、晓以利害。不可否认，当前，文物安全面临的挑战是多方面的，文物安全形势是严峻的。文物保护单位火灾频发，一些文物单位与片区相继被烧为平地，一些古建筑被烧得灰飞烟灭，成为一大人为的文物破坏活动。盗掘、盗窃犯罪案件此起彼伏，私拆古建出卖构件屡见不鲜，文物损失严重，成为文物安全的又一大祸患。更有甚者，乃是开发商对文物单位、古建筑、古村落的强迁强拆之风，在全国各地，愈演愈烈，文物损失之大，令人忧心如焚。就在笔者行文的此刻，即有媒体报道山西某县政府部门以开发煤矿为由，将拥有六七十处明清古宅，曾公布为市级文物保护单位的古村落强行拆除，将全村200余户人家强制搬迁，对不愿搬迁者施行"打砸抢烧"。被村民称之为"天理不容的事"，而其一位副县却说"没有大不了的"。此类的毁古开发，拆旧建新，造假古董、假文物的破坏活动，在全国各地恐怕无时不有，无处不在。据有关部门以现代化方法计算，每年全国损失文物古迹和古村落达1.5万处（个）之多，实在令人震惊。如若照此速度与数字推算，全国现有六七十万处（个）文物古迹能经得起多少年的破坏呢？实在令人惶恐和忧虑！面对如此十万火急的踩底线越红线的严峻局面，绝非权益授受所能遏止，也非单个部门所能控制。唯一的办法，就是按习总书记指示办：强化法治建设，依法使权，依法治事，"心中高悬法律的明镜，手中紧握法律的戒尺"，抓住重点，集中力量制止文物破坏，打击文物犯罪。党的十八届四中全会关于全面推进依法治国，建设中国特色社会主义法治体系，建设社会主义法治国家的决定，为推动文物法治建设，完善文物法治体系提供了强大动力，也对强化依法治文提出了更高的要求，因而应该全面、准确地学习、领会、贯彻、执行四中全会决定和习总书记关于法治系列讲话精神，把文物法治建设推向更健全更完备的新高度，是当前十分紧迫的首要任务。

当前，全国广大文物工作者学习、贯彻习总书记关于文物工作的论述与实践的热情高涨，态势很好。新年伊始，中央与一些地方的主流媒体，不约而同，相继发声，报道、评论、综述、专访、纪事等等一拥而上，声势、规模之大，前所罕见。这都是在传达党和国家对加强文物保护、弘扬的紧急呼唤，是对习总书记关于文物保护、弘扬的指示与论述的权威阐述，是对广大文物工作者学习贯彻总书记指示精神，更好地做好文物工作的强有力的推动。这一轮的宣传活动，"忽如一夜东风来，千树万树梨花开"，让广大文物工作者欢欣鼓舞，心花怒放，对国家文物事业的前景充满希望和憧憬，从内心激发起保护弘扬祖国文化遗产的自觉与自信。

总之，努力学习、贯彻总书记关于文物保护的系列论述，目的就在于把各项工作的指导思想集中统一到总书记指示与论述精神上来，把总书记的系列指示与论述全面、准确地贯彻到各项工作中去，特别要按着全面推进依法治国的要求，推进文物法治建设，努力实现"让文物活起来"，"以文化人，以文育人"的最终目的。

实践·理论·高峰

——再读习近平总书记关于文物工作重要批示精神

今年二三月,是习总书记考察北京城市建设和文物保护,出访法国在联合国教科文组织演讲两周年。北京市等相关单位为此正在开展交"答卷"活动。笔者在见闻和学习之间,也深感总书记关于文物工作重要批示精神内涵之博大精深,乃是一个时代的高峰。为此,一年前,曾写过一篇拙文,谈了点个人感受。但是,基于长期囿于一隅,不接地气,加之能力水平所限,所谈皆肤浅、微薄,因而总有言不尽意之憾。值此习总书记考察北京市等两周年前夕,笔者再次学习了习总书记关于文物工作重要批示精神,又一次受到启迪和教益,因而不揣浅薄,再谈点体会以期宣传总书记文物保护思想之万一。

"长江后浪推前浪,一代新人胜旧人"。在新中国的历史进程中,党和国家领导顶层确是代有才人出,治国理政,各领风骚。在文化遗产和文物的保护方面,也各自都有理论和实践建树,为新中国文物事业发展指明方向,开辟道路。习近平总书记对祖国历史文物保护传承的论述与实践自成体系,成为其治国理政理论与实践体系之一分系。这个分系,把中国文物保护的理念、方向、方针、政策推上新高度、新境界,理所当然是当今文物事业发展的指导思想和行动指南。全国文物工作者把思想和行动统一到总书记的文物保护思想上来,在当前文物事业发展中,自是唯此为大,唯此为先,唯此为急的了。

保管不好 愧对后人

1983年习近平总书记初任古城河北正定县委领导,立即慧眼识珠,对古城古物珍贵价值及其与现实生活之关系有着全新认识。在这里,有"北方三雄镇之一""九朝不断代""九楼四塔八大寺,二十四金牌楼"之美誉。在这里,人文悠久,名人辈出,文物古迹之多,价值、品位之高,举国罕见。为保护好古城,总书记深入实地考察,查阅史料,物色人才,结交专业工作者,破例起用才学兼优的非党专家任文化局长,筹集专项经费,领导抢救维修,并严肃指出"我们保管不好,就将是罪人,就会愧对后人"。在他的指领下,在一位内行局长的主持下,正定古城的保护进入新阶段、打开新局面。这位局长随之成为这位县领导的至交。习总书记曾在《忆大山》一文中说"大山为正定文化事业的发展和古文物的研究、保护、维修、发掘、抢救竭尽了自己的全力,隆兴寺大悲阁、临济寺澄录塔、广慧寺华塔、县文庙大成殿无不渗透了他辛劳奔走的汗水"。自此,正定古城气象一新,旅游事业顿开新局,闻讯而来参观的人数倍增,1984年达40万,翌年竟突破50万之众。古城文物保护和旅游事业展翅双飞,传播了文化,助长了经济,振奋了民心,古城春色倍还人!一位刚从"文革""扫四旧"狂热声中走出来未到而立之年的青年官员对祖国文化遗产如此敏锐、挚爱,对正定古城保护付出如此心血、辛劳,实为古今县官之佼佼者也。"守土有责,守土负责,守土尽责"。作为倡导者,他率先垂范,当之无愧。更令人鼓舞的是,事隔30年之后,总书记又对正定古城保护做出批示:"秉持正确的古城保护理念,即切实保护好其历史文化价值。"充分体现总书记对正定古城的一份责任,一份期望,一份牵挂。

经济文物 同等重要

习总书记对文物保护的重视,行随其人,工作到哪里,保护到哪里,而且言之必行,行之必果。他在福建工作17年,时刻关注文物保护工作,贡献之多,自有文物作证。从林则徐、林觉民故居到福州三坊七巷,从远古人类活动遗址到人居古建筑,无处不是他躬行履践从点到面的延拓;从文物保护理念、理论到方针、政策,无一不在他的视野、思考之内。他时任省长时特为《福州古厝》一书作序,全文共1092字,名副其实的"千字文"。但它决非应景文章,而是有为之作;决非等闲文字,而是有闻有见之笔;亦非行外之言,而是通晓专业之创见。全文文采飞扬,文情浩荡,字字珠玑,掷地有声,是作者历史观、人文观、传统文化观的集中体现。

在这篇千字文里,开门见山地对包括历史名人故居在内的古建筑与历史文化名城建设的依存关系,对古建筑的性质、价值、作用都做出精准论断。寥寥数语,把故居与人物事迹融为一体,一扫"物是人非"之苍凉,反而因物是而活在今天。文物永存的活力、魅力、生命力撼人肺腑。建筑、历史、文脉、传统四位一体,经济、生态、文物三者并重。发展经济,保护文物,同"是领导者的重要责任,二者同等重要"。这是全国文物界前所未有之创见。"在经济发展了的时候,应加大保护名城、保护文物、保护古建的投入,而名城保护好了,就能够加大城市的吸引力、凝聚力。二者应是相辅相成的关系"。这也是言前人之所未言的新论。小文章,大手笔。千字文,胜千金。

在这篇千字文里,还有一处重要论断。针对2002年初"水洗三孔","强强联合"承包经营文物保护单位之风的蔓延,曾严肃指出:"现在有些地方名城保护、古建筑的保护出现一些问题,根源就在于只顾眼前的一些经济利益,随意改变文物管理体制,将原为文物部门管理的文物保护单位移交别的部门管理。殊不知古建筑的保护、传统街区的保护、任何文物保护单位、文物保护点的保护,都需有专门业务知识和掌握国家法规政策才能保护好。福建也出现有这样的苗头,我们不希望出现问题,要求依法加强管理保护。"如此论断,时过十余年,所指现实,所言问题,所具指导意义,全然不减当年,仍有贯彻执行之必要。

在这篇文情并茂的千字文里,所用文物"保护""保存"一词共达27次(处)之多,"保护"在习总书记心中的分量可见而知之了,保护对于文物古迹的重要性也可想而知之了!作为文物工作者,对这篇千字文认真学习之,领会之,执行之,责无旁贷!

事业为主 产业为辅

习总书记对文物保护事业的论述与实践是不断提升、发展的。他对文物工作的各个领域、各个行业,包括管理体制、机构、法规、政策、方针等等,无不有其独到的见地。他到浙江工作,见西湖文化之盛,村落文明之富,更是兴致勃然。他的新作《之江新语》一书有多篇论述文物、传统文化,同样新意层出。他认为西湖"承载着悠久的历史,积淀着深厚的文化""在杭州文化中有着独特的位置""西湖的周围,处处有历史,步步有文化"。他强调指出:"深化文化体制改革,有一个明确的界限,就是区分事业和产业,文化遗产保护就应该是事业为主,产业为辅。虽然文化遗产中有一定产业因素……但主要的还是事业……主要的是保护、抢救,更多的是花钱,而不是赚钱,这个问题在体制上要把握好""要正确处理好文物保护与旅游开发的关系,做到保护第一,开发第二,坚决禁止破坏性开发。"上述所指体制,实质也就是方针、政策。总书记的论断,真正牵住了文物管理的"牛鼻子"。多年来关于文物保护与利用,社会效益与经济效益主辅关系之争,实质就是一个如何正确处理事业与产业或公益性与营利性的关系问题。而今,如若按总书记意见牵住这个"牛鼻子",文物工作中的一切问题必将迎刃而解!习总书记在《之江新语》中再次阐释文化与经济的关系,指出:文化的力量,总是"润物细无声"地融入经济力量、政治力量、社会力量之中,成为经济发展的"助推器",

政治文明的"导航灯"、社会和谐的"黏合剂"。一位哲学家曾经比喻:政治是骨骼,经济是血肉,文化是灵魂。所有这些论断,见地全新,前无古人。广大文物工作者,"欲觉闻晨钟,令人发深省"!

文化遗产　民族根魂

如果说,习总书记在县市省工作中对民族历史文化遗产保护弘扬,先行先导,情有独钟,那么,到中央工作特别是任党中央总书记以后,其关注、视野,则更上一层楼,着力于引领保护传承的全局。如果说总书记在地方工作时,对民族文化遗产和文物保护的论述更多的是就地以物说事,那么任总书记以后,则是立足于全国、全民族,从整体上、根本意义上阐述传统文化、历史遗产关乎民族兴亡的特殊重要性。他在中央政治局学习会上多次讲话,在联合国教科文组织演讲,在北京市考察文物博物馆谈话,对城镇化建设的指示、谈话,在纪念孔子诞辰2565周年国际研讨会开幕式上的讲话等等,都在不同语境、不同对象、不同要求下,在既往的认知、理念与实践基础上,继前人之长,扬历史之本,创时代之新,阐述中华民族传统文化和历史遗产的性质、特点、价值,其全面、系统、深刻,其亲和力、感召力、信服力,其语言之娓娓动听,都早已众口皆碑。总书记强调要激活历史文化遗产,使之成为育人、化人的精神动力,以长民族气节,振家国情怀,养国人品性。"文明特别是思想文化是一个国家,一个民族的灵魂。如果不珍惜自己的思想文化,丢掉了思想文化这个灵魂,这个国家,这个民族是立不起来的""优秀传统文化是一个国家、一个民族传承和发展的根本,如果丢掉了,就割断了精神命脉。我们要善于把弘扬优秀传统文化和发展现实文化有机统一起来,紧密结合起来,在继承中发展,在发展中继承"。这些论述,都是历史的结论,也从另一方面启示人们,任何民族,只要生生不息,卓然自立,就必然有其独树一帜的传统文化和历史遗产,而且必然时刻在滋养、陶冶、教化着每个成员,给他们留下本民族性格心理基因。因而每个民族成员都拥有呵护、传承自己的传统和遗产的天赋。对此,总书记曾大声呼唤"在实现中国梦的进程中,将按时代的新进步,推动中华文明创造性转化和创新性发展,激活其生命力,把跨越时空、超越国度,富有永恒魅力,具有当代的文化精神弘扬起来,让收藏在博物馆的文物,陈列在广阔大地上的遗产,书写在古籍里的文字都活起来,让中华文明同世界各国人民创造的丰富多彩的文明一道,为人类提供强大的精神动力"。他特别强调"历史文明是城市的灵魂,要像爱惜自己的生命一样保护好城市历史文物遗产""搞历史博物展览,为的是见证历史,以史鉴今,启迪后人……让文物说话,把历史智慧告诉人们,激发我们的民族自豪感和自信心,坚定全体人民振兴中华、实现中国梦的信心和决心"。所有论述所指所求,既是历史发展之必然,民族复兴之急需,又是对现时社会上不时泛起的民族、历史虚无思潮的回应,其现实与长远指导意义何其深刻乃尔! 所有这些论述,把文物保护的出发点、落脚点,把文物保护"为了谁,依靠谁,我是谁"的问题阐述和回答得极致完美。文物工作者,以保护、弘扬民族文化遗产为天职,以担当文物保护为第一责任,以"我是谁"作为言行的第一前提,以认真学习、贯彻习近平总书记论述与指示为当务之急,乃是天降大任于斯人也,舍我其谁!

2016年3月

文物是滋养道德的力量

李克强总理就文物保护问题答记者问，十分精辟，十分深刻，十分到位。"保护文物实际上也是在推动文化事业的发展，滋养道德的力量，传承我们的优秀传统文化，来推动经济和社会协调发展"。这真是一语破的！把文物保护的本质、出发点、落脚点说得明明白白，清澈见底！特别是针对现实经济生活中备受诟病的坑蒙拐骗、假冒伪劣、诚信缺失等诸多乱象，提出要"从文化方面找原因，开药方"，指出"发展文化可以培育道德的力量"，更是一针见血、入木三分。

文化的力量，渗透人类生活一切领域，无所不在，无处不有。在一定的环境条件下，最根本、最主要的还是"滋养道德的力量"。正如习总书记所指出，文化的力量总是"润物细无声"地成为经济发展的"助推器"、政治文明的"导航灯"、社会和谐的"黏合剂"。"法律是成文的道德，道德是内心的法律"。总理的论断与总书记的论述简直有异曲同工之妙！其现实指导意义不言而喻。文物是历史文化的实物载体，现存大量文物史迹，如万里长城、大运河、岳阳楼、赵州桥、姜女庙、禹王陵、都江堰、零丁洋等，蕴涵着中华民族"四维""八德"的思想道德精华，发掘出来，激活起来，必将成为优秀传统道德教材。从虎门炮台、三元里到近现代所有革命遗址、纪念建筑都蕴涵着革命的红色基因。都有一段可歌可泣的感人故事，都是中国民族求解放、图生存、争独立的光辉历史实物教材。黑格尔认为"道德在中国人看来，是一种很高的修养""道德义务的本身就是法律、规律、命令的规定"。可是今昔对比，情何以堪？总理强调道德的力量，真是春日春风大暖人心，大快人心。恢复"中华礼仪之邦"，实现民族复兴之梦，可望可及了！

2016年3月《中国文物报》短评

全面贯彻工作方针 切实加大保护力度

——学习习近平总书记关于文物工作重要指示

近日，习总书记又对文物工作作出重要指示，再次对文物的性质、价值、功能做出简明而深刻的论断，对当前文物工作提出严格而全面的要求。如此接二连三，长篇专项指示文物工作，在新中国历任党和国家主要领导人中，乃是第一位第一次，着实非同寻常事。文物保护的重要性，党和政府对文物工作的重视程度，早已有目共睹，催人奋进，令人鼓舞。

总书记在这次专项指示中，明确指出"保护文物功在当代，利在千秋""文物保护工作依然任重道远""增强对历史文物的敬畏之心""全面贯彻保护为主，抢救第一，合理利用，加强管理的工作方针""切实加大文物保护力度，推进文物合理适度利用""不辱使命，守土尽责""努力走出一条符合国情的文物保护利用之路"等等，都是指示中的关键词、结论语，字字有斟酌，句句有实指，其底蕴，其意义，很值得细嚼深思，切不可以等闲视之。

在这许多关键词中，特别引人注目的是"全面贯彻"和"切实加大"两处用词。这是以往系列指示批示中不曾见到过的，也是一般用于十六字方针不曾有过的。通常多用"认真""坚持"等等。此次总书记则以"全面"冠之，想必有所指，也必有所需，肯定不是随意之笔。自然，为何"全面"？何为"全面"？如何"全面"？都可能是见仁见智的问题，很难衷于一是。以笔者一孔之见，"全面"首先在于按方针自身文字表述的位置与分量去理解与遵循，肯定"为主""第一"的特殊地位，认识"合理"的内涵与要求，理解"加强"的必要与作用。其次，要重视十六方针的四言四语是一个整体，其次序与内在逻辑不可变易颠倒，四言四语不是四分天下，不是"四二添作五"。"为主"、"第一"是前提，是基础。"利用"，是发挥价值、功能、作用，在特定的条件下还是目的、结果。管理是通过法律、行政、宣教等手段，协调、摆正保护、利用的正常关系，真正做到在保护中利用，在利用中保护。保护与利用原本是对立的统一，二者相依相存，相辅相成，其内在联系天设地造，不可分割。然而，这两者关系长期处于非常状态。由于人们包括一些文物工作者在内，对文物本质、价值、功能、作用认识的差异，引发对文物利用的动机、目的、程度、需求的不同，其中根本分歧在于效益追求的差别，即社会效益与经济效益，事业与产业，公益性与营利性到底谁为主谁第一？是等量齐观还是主从主副关系？正是由于出发点和落脚点的不同，争论必然各抒己见。现在的问题必须是"令在必信，法在必行。"中央领导同志的指示批示，国务院的指导意见，统统是必信必行的"令"，必须以此统一人们的指导思想和行动指南。这是落实"全面贯彻"、"切实加大"的先决条件。在思想认识一致的基础上，大家都认识到文物在通常情况下，保而不用，为保而保，自不可取；用而不保，杀鸡取卵，也不可为；保用均衡，并重、并举之说，既难成全，更难持久，最终要回归用而不保的老路。十六方针，是现行法律条文，"全面贯彻"，是依法执法的原则要求。"法定职责必须为"。原原本本，认认真真"全面贯彻"十六字方针，是"切实加大文物保护力度，推进文物合理适度利用"的重要保证，是文物工作者"不辱使命，守土尽责"的首要职责，是"令"也是纪，应该坚定不移全力执行。

必须指出，文物工作十六字方针，是历史的产物，是时代的必然。新中国60多年的文物保护实践，为方针的形成、出世、实施提供了必备条件。历经四十多年实践、探索所取得的成功经验，通过党和国家领导人精心研究与总结，最终确定并经中央批准公布。此后又经历20多年正反两方面的实践检验，充分证明其正确精准，体现文物和文物工作的规律、特点，符合文物保护利用的客观要求，适应现实经济发展需要，适合我国历史与现实国情。"近年来，我国文物事业取得很大发展，文物保护管理和利用水平不断提高"，就是努力贯彻十六方针和中央领导同志指示批示的结果。而今，习总书记明确要求"努力走出一条符合国情的文物保护利用之路"。那么，中国文物保护利用的国情何在呢？一是我国是世界文物大国，历史悠久，五千余年的历史文明，博大精深，绵延不绝，一脉相承，举世无双。但是，其中一些历史时段，特别是滥觞早期而今必须或只能依靠文物史迹来链接、展示、见证，诸多密码、谜团仍然有待于考古发掘来破译、解答。现存于地下地上的大量文物史迹，对于补充、验证、认知五千年文明史有着不可或缺的重要价值，保护这些弥足珍贵的文物史迹，是一项特殊的历史使命；二是历史文化遗产，是建设民族的大众的科学的新文化的源泉，是发展繁荣现代新文化，加强社会主义精神文明建设必不可少的滋养和借鉴；三是文物是滋养道德的力量，是整治社会乱象的药方，是厚植道德的沃土；四是现实人为的文物破坏犯罪活动屡禁不绝，形势依然严峻。曾几何时，红山文化遗址大规模被盗掘，损失之大，直接危及中华文明源头的安全，也为我们的文物安全保护再次大敲警钟，令人震惊。城镇化快速发展进程中，文物史迹特别是古村落、乡土建筑的破坏活动在一些地方有愈演愈烈之势，情况更令人担忧。凡此等等，都是"全面贯彻""切实加大"的现实依据，是活生生的我国历史和现实的国情实况。"文物保护工作依然任重道远"，千真万确！由此可见，总书记指示中所有关键词、结论语，句句都是实言实指，都是在告诫人们要实实在在把祖国的文物保护好，实实在在推进文物合理适度利用，实实在在走出一条符合国情的文物保护利用之路，为实现中华民族伟大复兴的中国梦做出更大贡献！

2016年4月

天人合一,提高历史文物保护水平

——学习中央城镇化工作会议关于乡村传统文化保护的指导原则

　　中央城镇化工作会议胜利召开,为我国镇城化建设确定了前进方向、指导思想和路线图。一项历史性的壮举,一场划时代的变革,正在拉序幕,吹响集结号,举国上下为之欢呼。此中最受鼓舞、最感心定的,除去第一当事人农民群体之外,历史文化传人,特别是广大文物保护工作者,由于此前城镇化工作对乡村文物已经并正在造成更多更直接的冲击和破坏,因而对这次会议就城镇化中乡村文化遗产保护工作所做出的坚定而又明确的决策,更是喜出望外,心地豁然开朗。据会议报道全文统计,谈及乡村文物、传统文化、环境保护指导原则共达六处之多。其中第五、六两处表述得最为精辟:"要体现尊重自然、顺应自然、天人合一的理念,依托现有山水脉络等独特风光,让城市融入大自然,让居民望得见山、看得见水、记得住乡愁;要融入现代元素,更要保护和弘扬传统优秀文化,延续城市历史文脉……""要注意保留村庄的原始风貌,慎砍树,不填湖,少拆房,尽可能在原有村庄形态上改善居民生活条件。"从天到人,从文化到文物,从人文景观到自然生态,从保护文化遗产到延续城市文脉,从实际到理论,从点到面,从纵到横,周密、透彻、完整之极,在中国文物保护史上绝无仅有!

　　"让居民望得见山,看得见水,记得住乡愁。"这是对"天人合一"理念的形象表述,其核心是人,是人的"乡愁"。指导原则的这一表述,充满激情,富于文采,内容极为感人。特别是创造性地把"尊重自然、顺应自然、天人合一"传统理念用于指导文物保护,既符合乡村文物品类多、数量大、分布广、品类之间依存性强的现实,又着眼于乡村文化遗产保护的整体性、原真性、实用性、永久性等特殊要求,这无疑是对乡村历史文化和生态环境保护认识的一大飞跃,从而把中国特色文物保护理念理论体系推上一个史无前例的全新境界和高度。这是党中央国务院对国家文物事业又一个前所未有的重大决策。全国文物工作者必须引起高度重视和坚决贯彻执行。

　　乡愁,作为人类思想感情和文明底蕴之固有,乃是人类生活不可缺失的情感寄托和文化表征,是客观存在和需要。"记得住乡愁",可能是一座青山,一池春水,一处小桥、流水、人家;也可能是一座宗祠、家庙,一幢老屋、旧楼;更可能是一座山、水、建筑、人家四位一体的千古村镇,一部积厚遗远的农耕文明实物史书,一幅古风流韵的田园风光画卷……乡村文化遗存如此绚丽多姿,保护下来,传承下去,乡愁永在,文脉永续,家国永兴,该是何等的幸事啊!

传统村落,乡土建筑,山水风光,乃是绵延数千载的中华农耕文明的依托与见证,是中华历史文化遗产不可切割的重要组成部分。其底蕴之深,历史、艺术、科学价值之巨,历历可数,无可置疑。而今,随着天灾人祸的损毁,日渐稀少,越发珍贵,也越发为中外学者垂青、珍惜,更为不法商贾垂涎、窃取。防止破坏,抢救濒危,保护现状,乃是当务之急。会议所确定的指导原则,为抢救、保护工作提供了完整的理论、政策依据与制止破坏活动的有力武器,只要上下一心,一张蓝图干到底,村镇传统文化的安全必将获得可靠的保障。

村镇传统文化,乡土历史文物,土生土长,原生原态,多姿多彩,在实现城镇化,建设新农村的现实生活中,必将发挥多方面的作用与效益,对此决不可小觑。

其一,乡土建筑,活体活态,实物实用,个体群体,各有所需。其中一是民居、民宅,产权使用独自拥有,保、用自有特殊要求;二是祠堂、公馆、校舍等等,多为公益活动场所,对凝聚乡情,维系民心,不可缺失。二者均与农民群众朝夕共处,相依相伴,成其衣、食、住、行、用之需。二者都是世代农民建造、保护、传承的成果,是心血、智慧、技艺的结晶,过去、现在,乃至将来既是生活生产实用品,又是活体文物文化品。这一保、用传统,世代因袭,与农民群众休戚与共,是物质文明与精神文明活动不可或缺的平台,至今依旧不可替代,因而也就成为最需要也最适合"在保护中利用,在利用中保护"的特殊文物品类、系列。

其二,感召游子,记住乡愁。"旧路青山在,余生白首归。"中华民族爱乡土,爱家国,与生俱来,一脉相传,根深蒂固。绳其祖武,慎终追远,落叶归根,是中国人,特别是海外华人华裔世代坚守的戒规。只要身在异乡为异客,不论男女老少,贫富贵贱,就必然认定"月是故乡明",认定自己和祖辈所生长的那方热土,那个村落,那处田园,那栋祠庙……就是永远的家与国,永远寻根问祖的故乡。如此乡土文明如若毁之不存,农民、国人、海外赤子乡思何寄,乡愁何忆,乡里何归?

其三,旅游资源丰富多彩,独具特色,为打造文化旅游升级版之急需。

近年来，农家旅游，方兴未艾；特色观光购物异彩纷呈。当下，江南塞北，天山脚下，雪域高原，农家村舍，中外游人如织，文化魅力四射，经济效益日增，小康社会全面推进，一举数得，何乐而不为？如此旅游新资源、新形式，再不充分保护、利用，农民脱贫致富之路何在？旅游升级发展何来？

其四，建设"美丽中国"，研究山水美学，发展生态文明的宝贵资源。村落、山水、农舍，古香古色，"风景这边独好"；风情、民俗、人文，原质原味，文华源远流长。眼下全国所存的传统村落，乡土建筑，虽然数以万计，但终究是吉光片羽，弥足珍贵，失之不可复得。山水美学，生态文明，就是要探索山水美与人类社会物质文明与精神文明的有机结合，探索山水美与村落、园林、庄园、宗祠、民舍以及碑刻、诗文、绘画、民间艺术、神话传说等社会形态的关系，就是要研究天人合一之美，自然与人文融合之美，清风明月，晴岚烟雨与楼台亭阁、水榭敞轩和谐统一之美。乡土传统文化，作为天人合一的东方农耕文明的主体，是山美学研究和生态文明建设的主要资源与对象。舍此，美学必将成为无源之水，无本之木，失去其研究的可能与必需。生态文明也将失去中国特色，中国气派。

其五，经济效益，直接间接，现在将来，十分可观，不可忽视。传统农耕文明，尊重自然，顺应自然，与土地山水相辅相成，融为一体，成为农村得天独厚的天然经济发展优势。农村所拥有的传统工艺技能绝无仅有，潜力巨大，其生产制作的地方风味特产、传统名品名牌，畅销世界，享誉全球，经济效益与社会效益比翼齐飞！保护村落物质与非遗文化遗产，既是历史发展之必然，又是现实社会生活之必需，更是国际经济发展之通例。

保留村庄原貌，慎砍树，不填湖，少拆房，不拆院，尽可能在原有村庄形上改善居民生活条件，是正确处理城镇化工作与保护传统村落文化的关系的最佳方式，让居民望得见山，看得见水，记得住乡愁，是延续城市历史文脉的最佳选择，是提高历史文物保护水平，确保村落历史文化安全的最终目的！让"尊重自然、顺应自然、天人合一"的理念成为城镇化建设和文化遗产保护的最高准则，确保二者同步并进，走向光明灿烂的未来！

2013年12月

导师·经典·遗产

——新中国文物保护人事感言之一

　　老朽作为一个含饴弄孙的"局外人"，此时此地发此"感言"，并非"退而不休""倚老卖老"，也不是"替古人担忧"，多管闲事。而是，人不死，心还活。老有所学，有所思，有所悟，有所感，有所期待。感言于此，即便老生常谈，微不足道，却非负能量，更非胡作为，则坦然足矣。至于错误等等，则欢迎批评指正。

　　文物，文物工作，文物事业，在国家大事中，自然不在"五百强"、"一百大"之列，小得列不上名，排不上号。即便在国家文化事业中，在独立建局管理之前，也曾列居文化部议事之末尾，那时的文化部，每次议事会议，总是在结束前捎带提及"还有个文物工作问题"而不了了之。然而，事实本真如此吗？文物事业真如此微不足道吗？非也！人世间，自然界有许多事物往往就是小中见大，小中出奇。就是这么个历史遗存的文物，关注、重视者都大有人在。从党和国家设计顶层到紧贴着泥土的底层，都有人从不同的理念、认知、立场，不同的目的、动机、要求，给予极大的注视、关切、投入。古人太久远，容易挂一漏万，现仅以新中国六十多年的历史而言，党和国家历任领导人对文物保护的关注和重视，则是一以概之，一以贯之，而且不断继承，不断发展，直至当下达到一个时代的新高峰。毛泽东在那国破山河碎的危难时刻，反复强调历史遗产精华可供治国理政和发展新文化之借鉴，盛赞"建此伟业，雄立东方"的中华文明。认定"保护中华文化其意义不亚于保卫国土，中华文化保护住了，中华民族就不会灭亡"；断言"破败"才是应有的历史真实，人们应该从中想到历史，看到历史的演变；指出建设博物馆，让"人民群众认识自己的历史和创造力量，是一件要紧的事情"。为此，他付出大量心血和智慧力避战火对文物古迹的损毁，再三明令军队进攻中力保文物古迹安全，从而有效地保护了古都北京和全国所存文物古迹，其中包括蒋介石故居祖坟的完整、安全，其功莫大焉！其眼光，其胸怀，又该是何等的远大宽广啊！他对历史遗产的价值及其保护的必要性，可谓居高临下，一览无余，为新中国文化遗产保护事业发展早早确定了理论基础，指明了发展方向。

　　周恩来，对新中国文物事业的建设与发展，在其同代党和国家领导人中,付出最多,操劳最甚,感情最重,贡献最大。正是由于他以"向子孙后代"的担当,以祖国文化遗产不能毁在我们手里的责任心,像"对待自己生命一样"珍惜、爱护祖国文化遗产。正是他在战火纷飞的紧急时刻,要求作战部队保护好天一阁、嘉业堂藏书楼和南宋雕版《大藏经》等稀世国宝。正是他在"文革"那个灾难年代,挺身而出,高呼"历史不能割断","不能以人废文",要求坚持唯物史观,还历史以真相,保护文物原状。正是他独自担当,在打砸文物古迹的危急时刻,保护了故宫、敦煌、三孔、灵隐寺等国之瑰宝。正是他抱病考察云冈、龙门石窟,对其保护维修做出决策性指示。更令人鼓舞的是,他在制止破坏,保护文物的同时,居然放眼世界,以超凡的胆识,在"文革"高潮时期,冲破险阻,恢复和重建文物管理事业,成立国务院图博口,批准复刊《文物》月刊等三大文物考古期刊,恢复文物出版社及其印刷厂,直接领导马王堆等重大考古发掘工程,设立中国文物出国展览工作室,筹办赴欧美日文物展览,向世界宣示中国人民保护文物的决心与成果,与当时的"乒乓外交"相呼应,打开文物对外交流的大门。在此期间,还批准成立国家文物局,并在他主持的最后一次国务会议上确定为国务院直属局。直至生命弥留之际他仍然不忘改建琉璃厂、维修开放恭王府,建设国家图书馆的心愿,亲自嘱托同人承担。

改革开放的总设计师邓小平,是党和国家第一代领导人之一,又是改革时期党和国家第二代领导核心。他对祖国文化遗产的保护,同其他事业一样,继往开来、开启新时代。他明确把继承历史文化遗产视为人民大众前进的"精神动力",要求国人学习历史,使之成为中国特色社会主义理论和社会主义核心价值的重要内涵。他早在改革初期,毅然发出"爱我中华,修我长城"的庄严号召,把长城与中华并列齐观,确认长城是中华民族的标识与象征。与此同时,他最先关注文物利用的标准问题,提出一切文化事业与产业都要把社会效益作为"唯一"与"首位"的正确论断,反对混迹于文化界、出版界、文物界唯利是图的商人行为等等,成为民族历史文化遗产保护理论创新的又一里程碑。"我是中国人民的儿子。我深情地爱着我的祖国和人民。我们的民族曾经创造过灿烂的古代文明,也经历过各种沉重的苦难和进行过付出巨大代价的、坚韧不拔的斗争……"如此家国情怀,该是何等的深沉、炽热啊!

人生易老天难老,两代党和国家顶层设计的主要人物已经离我们远去了。然而,他们关于民族历史文化的理论与实践,却与时同在,与国长存。面对这三座高原之峰,人们急需了解和认识的是他们如此独到见地和超凡建树的根源何在？奥秘何来？真谛何解？人们如何知其然又知其所以然？作为后人，特别是文物工作者，需要与能够从中汲取何等教益、启迪和滋养？他们的论述与事迹至今还有无必要继承、借鉴、弘扬？这些都是势之所然，事之所需，人之所愿，值得深思，应该回答。

首先，时势造英雄。他们所生长的那个时代，国家积贫积弱，民族危机深重，人民处于水深火热之中，自小滋长着救国爱民的根种，使自己和民族、人民融为命运共同体。毛泽东出身农家，自小有耕作之苦，却胸怀大志，"农事毕，读书甚馨香，坐待时机自主张"。"五月七日，民国奇耻，何以报仇，在我学子"。周恩来，从小"为中华崛起而读书"，"面壁十年图破壁"。邓小平，农家子弟，十六岁离乡背井，留学异国，寻求救国真理。他们那份爱国情怀，与生俱来，与命同在，融化在血液里，渗透在细胞中，无时无地不发出光和热；他们的忧国忧民，没有"新亭对泣"之无奈，只有知而必行之探求；没有孤身奋斗之自闭，只有唤醒民众之高远。他们的成功，乃是历史的选择，时代的赋予，民族的重托，民心的滋养。他们的伟大，正是天才的种子，生长在祖国的"皇天后土"，吮吸着民族文化的乳汁，沐浴着先哲前贤的智慧之光而结出的繁花硕果。黑格尔说过："一个民族有一群仰望星空的人，他们才有希望。"他们各自都是中华民族五千年历史进程中无数"仰望星空的人"之一，是民族的英雄，国家的先锋，历史的伟人。随着时光、人事、环境之变，他们业绩与精神的花果都将成为宝贵的历史遗产，都将成为激励后人努力实现民族复兴崛起之梦的前进动力，永远滋养后人。渗透其血液细胞的爱国情怀缘，力保他们无论何时何地，何事何人都会自觉地从骨子里爱护自己民族的文化遗产。珍惜祖先才智、创造遗存，就会像爱惜生命一样呵护这份民族"传家宝"，懂得文物是"老祖宗留给我们的宝贵遗产"，是不可再生的文明财富、文化资源、民族根魂，是民族生存、进击的原动力，必须满怀敬畏之心，把传承这份遗芳余烈是自己无可推卸的历史使命。

当世文物保护工作者，都是幸运儿、天之骄子，现在工作环境、条件之优越，与往昔不可同日而语；守业有道，创业有成，更是前无古人；专业之长，学问之专，学历之高，正在一代胜似一代。然而，也无须讳言，新中国第三、四代乃至现有在线文物工作者，统统未曾经历老一辈党和国家领导人救国救亡、忧国忧民之峥嵘岁月，也不曾经历浴血奋战的剑与火的洗礼，更没有亲历过胜利场上躺满战友们尸体的悲壮。旧中国、旧社会的苦难情景，他们都只能从文物遗存里，从史书画卷中，从老一辈传授中去认识，去体验，因而也就没有打下深刻的情感烙印。这是一大感性缺失。但是，通过对民族历史的追根溯源，特别是通过学习老一辈领导人事迹精神，感知其爱国思想之崇高，并以此作为成长路上必修之第一课，同样可以弥补这一欠缺。或才智之难企，但精神之可及。有这份大义情怀，有这份使命担当，保护文物自将责任担当，当仁不让！

其次，理论科学，威力无穷。"上识天文，下通地理，前知五百年，后知五百年"。这话常用于吹嘘那些有"神机妙算，未卜先知"之功的阴阳八卦先生。其实，现实生活中真有这般功夫的还是大有人在。但凡成功的政治家、思想家、战略家、科学家、发明家、学问家等等，都不同程度有这个功能。唯独不是能掐会算，未卜先知，而是理论指导，科学判断。老一辈党和国家领导人的正确、高明，最根本的还在于他们有马克思主义理论的正确指导，掌握着唯物史观和辩证法两大显微、望远的明镜，可仰观宇宙之无穷，俯察品类之极微；可前识人猿相别的"小儿时节"，后知世界大同的文明巅峰，岂止百年可计？他们的爱国思想正是在这两面明镜光照下的大显神奇，对人类社会，世界风云，事物发展，万类万象，对中华民族辉煌与苦难的过去，奋争与崛起的现实，圆梦与复兴的未来，对中国人民数千年的生存、劳动、创造，对中华文明的悠久、博大、精深，对民族文化遗产的底蕴、本质、特征，对中国文物的价值、功能、作用，统统洞若观火，了如指掌，既有观今鉴古之高明，又有古为今用之裕如。理论，一旦为群众掌握，必然产生巨大的物质力量。他们对文物保护的理念、理论从面世时起，就成为新中国文物博物馆事业的理论经典，行动指南，对文物工作产生的影响和引领作用，不可估量，毋庸置疑。作为半路出家的老文物工作者，觉悟恨晚，深感"少壮不努力，老大徒伤悲"，而今徒呼奈何！现正在线的中青年同行们，更恰逢其时，现在国家正大兴识才惜才爱才敬才用才之风，我们应该珍惜这个大好时代，认真汲取经验教训，认真学习老一辈领导人的文物保护理论、理念，运用唯物史观和辩证法，洞察文物本质，了解文化遗产的保护、传承对民族兴衰的作用与意义，树立遗产传承和守土尽责意识，善于应对和处置文物事业的问题与困难，同样是必修的另一门主课，是必须历练到手的最重要的基本功。掌握这一武器，必将受用终身，立于不败之地。

第三，无私无畏，勇于担当，老一辈领导人作为政治家、战略家，其主要精力自然置于治国理政之大业，文物保护事业只能是所弹钢琴之一键，时有点到而已。但是文物工作者最需无私无畏，勇于担当精神，就要学习毛泽东在国难当头的危急时刻，高度重视历史遗产的重要作用，最先呼唤全民族不能割断历史，从孔夫子到孙中山都要总结继承。要学习他尊重历史原状的理念,面拒参观明十三陵时一些民主人士大修十三陵的建议。要像周恩来顶着"文革"风暴,挺身而出,挽狂澜之于既倒,挽救大量珍贵文物的百折不挠的坚毅精神。要学习他坚持原则,不讲情面,两次果断拒绝郭沫若发掘乾陵的要求,当面拒绝吴晗开挖明长陵的意见。要像邓小平一样,不顾朋友私情,严厉警告省委书记和省长,都江堰成于"二李"(战国时期李冰父子),可不要毁于"二李"(李井泉、李大章)。特别是当今文物仍然屡遭破坏,与文物破坏犯罪活动的斗争,处处是战场;文物保护思想长期混乱纷争,未能从根本上统一指导思想认识,对文物工作造成多方面不利影响,因而最需要无私无畏,坚持原则,斗争到底的精神意志。在很多场合,就是要像老一辈领导人一样既运筹帷幄,又驰骋沙场,敢于直面文物保护的艰难险阻,忍受、正视无理非礼者的谩骂与反制,学习老一辈人的大视野、大胸怀、大智勇,为了保住中华文化,忍辱负重,孤军奋斗,在所不辞。这般勇士精神,往者有楷模之可效,现实有榜样之可从,来者更有贤良之可待,文物保护,文明传承,必将后继有人,代代相守,不足为忧。时势的引导,爱国的传统,锐利的武器,无私的品格,就是老一辈领导人成功、伟大的根源、奥秘、真谛之所在,亦即当今文物工作者和后人治业治文之所需,是弥足珍贵的遗训、遗范。老一辈领导人治国治文的理念、理论与实践经验,是中华民族历史文化遗产的新篇续卷,是中华文明不断发展壮大的新里程、新内容、新财富。不论时空之易,风云之变,师导常在,经典长新,遗产长存。学习、继承、弘扬这份新遗产、新财富,乃是指导当今文物保护工作的思想基础,是不可或缺的理论借鉴,是国人当仁不让的光荣使命。

2016年12月

业绩·生命·楷模

——新中国文物保护人事感言之二

"江山代有才人出，各领风骚数百年。"中华民族历史文化遗产保护，历史悠久，人才辈出。从商周到明清，从官方到民间，从专家到民众，数千年一脉相承。尽管所护对象的名称、性质和动机、形式皆有别于近现代，而其成果、功绩、经验却都永垂史乘，并成为当今应予保护、借鉴的文化遗产之一。民国建立，古物保护另有新义，回归文化属性本位，其成果之著，人才之众，开文物保护之新河。新中国成立后，文物保护随之进入新时代，事业、人才、成果之盛，史无前例。党和政府对文物事业之重视与投入，皆一以贯之，更是前无古人。文物管理体制、机构、方针、政策、法律等等，各自成龙配套，自成体系，长期正常运转，成为国家文化事业的重要组成部分，发挥着国家文化软实力的重要作用。新中国文物事业的成功，是一部可堪大笔书写的史书。领导、主持这项事业的文物局长先后相继共十任之多，已经谢世者已居其一半。笔者作为区区一卒，除去首任郑振铎先生，其余或为其下属，或同仁共事，或交知其人，或交往议事，或留有印象，为时共44年之久，可谓三生之幸。俗话说"万事开头难"。难在条件之艰苦，难在经验之缺失，更难在人才之难得。然而新中国文物事业能在艰难中平稳起步，能在坎坷路上健步前行，恰恰是其人才之盛。文物局建局伊始，担任处长的都是国内外知名的顶级专家，例如夏鼐、张珩、裴文中、贾兰坡、傅振伦、王振铎等等皆一代精英是也。首任局长郑振铎就是一位文通古今，学贯中西，享誉世界的大学者、大文人，他著述之多，不是"等身"，而是"超身"。他对文物之爱，对古籍中外考古学之专，对古物、古籍收藏之富，对文物保护之力，对祖国文化遗产之敬畏堪列同时代学者之前茅。他19岁出国学考古，对文物艺术情有独钟，参与编译国际歌等学术、政治活动。20世纪30年代初，出版《插图中国文物史》，随后与鲁迅合作辑印《北平笺谱》，重刊《十竹斋笺谱》，40年代陆续编印《中国版画图录》5辑24册，集其30余年之资料积累及中国版画之大成，兼文物、艺术、史料于一身，随后又独自广集图文资料，编撰出版《中国历史参考图谱》24辑。如此宏编巨制，旷古罕见。作为文化艺术史大家，对于文物史料价值的认识，步王国维"二重证据法"后尘，开以物证史，以物见史，文献与文物结合研究之新境，其创新精神弥足珍贵，其研究成果蔚为壮观。

作为新中国首任文物局长，以其深厚的学术造诣，形成了他承前启后的完整、正确的文物保护理念与实践。他从实践中体验、总结、升华的文物保用理论，迄今仍然光芒四射，是弥足珍贵的文化学术财富。他在上世纪初所著《近百年古城古墓发掘史》对考古学有更深认识之后，曾明确指出"原来人类的进展，只在文化上表现得真切"。"每一个民族的特征，最好的表现，便在各个时代遗留下来的古文物、古文书上……这是活生生的学问，这是活跃跃的知识"。他的《保存古物雏议》一文是他的文化遗产保护的宣言书，其中指出"像画龙点睛似的，古文物、古文书便是民族的眼珠子"。"要把古物作为继续发展之研究资源"。他对文物利用、曾经大声疾呼"古董必须恢复它的生命——永久的生存着的生命，也必须发挥其作用"。"就是使它复活起来，积极的表现其功用……""考古、文物工作是发掘过去被埋藏的东西，使之成为有益、有用，发挥它的作用，提供实物例证进行古代艺术的发展和我们民族的物质的文化史的研究。同时，我们的工作不但要注意到今天，还要为明天考虑。基本的和应用的，使我们的工作为科学研究服务，为提高人民的文化程度服务，同时也为对广大人民群众进行爱国主义思想教育服务"。博物馆"必须把历代的人民大众的智慧的创作，还之于人民大众……而要通过那些文物，建立起整个民族文化的灿烂光辉的系统来"。他的《保存古物雏议》《新中国文物工作》等文章，全面反映出他的文物保护思想和文物保用观，是新中国文物保护理念、理论、实践的基础，与今天正在贯彻实施的指导思想相吻合，仍然放射正确理论光彩。尤其令人感动的是他的文物理论之光发自他炽热的爱国主义思想，他对文物被盗掘、盗卖深恶痛绝，视为民族的奇耻大辱，对任意将文物"往外国送"者斥之为"卖国行为"，应"处以叛逆罪名"。呼吁"全力对付这种文化上的卖国人物，堵住大门，阻止他们无穷无尽的盗卖、偷运行为"。"全力来打击那些盗卖古物的不肖子孙们"。他高喊"救救孩子吧！为了将来，必须趁现在树立保护古文化的壁垒来"。这些70年前的呼声，今天听来又是何等熟悉，何等令人震撼啊！今昔现实对比又是何其相似乃尔！历史是一面镜子，也是一部教科书，历史的经验值得借鉴。郑振铎先生的一腔心血，一生辛苦全部倾注在对家国之爱上，他在"四一二苦迭打"后赴欧洲避难时曾高喊着"别了，我爱的中国，我全心爱着的中国……"其全部心血和才智都倾注在对祖国文物的研究、收藏、保护、利用、管理中，其成就，其事迹，其专长，其精神，其境界，在那时都堪称前无古人。作为学者、专家、局长，都以其光辉的实践与成果，为后人，为文物工作者树立了光辉的榜样。而今的文物工作者，在他身上可以而且应该学习、继承、发扬的东西实在太多太多了！许多其后的文物工作者对此知道得太少太少了！

事业的发展，总是推动英才辈出，总是取决于现实的急需、历史的必然。正当新中国文物事业起步伊始，另一位文武杰出之才，又悄然从隐蔽战线走了出来。他还未来得及换洗身上征袍，就立即投入接收北平新中国成立后的文物博物馆旧业，积极筹备新的管理事宜，担任新中国文物管理局首任副局长，力佐郑振铎开创新中国文物事业，成为奠基者之一。这就是从此直至1987年为文物事业奋斗40年的王冶秋同志。此人入列，使新中国文物事业开创之初，既有局长之优越，又有辅佐之高强，还有各类专家之担当。时势造了英雄，英雄又推进了事业，这是历史的常态。王冶秋，也是文人出身，作家职业，曾是鲁迅先生的青年朋友，交往甚密，得到鲁迅先生的赏识。往后又从军参加过革命武装起义，再受命入冯玉祥部从事特殊工作。一位著名学者曾经断言中国的知识分子，天生是爱国主义者，几千年历史环境决定他们爱国成性。王冶秋转到文物保护事业以后，对老祖宗留给我们的宝贵遗产满怀敬畏之心，同样一门心事、满腔热血全部投入文物保护事业。周恩来曾多次评价他，把文物古迹当作自己的生命一样，谁要想从他那里拿文物送人，就像割他一块肉一样。曾经主管文物工作的中央领导同志李瑞环曾多次指出，多亏有个王冶秋。没有他当时的强硬，今天北京城里的文物古迹早就拆、毁得差不多了。同样主管过文物工作的党和国家领导人李铁映也曾经指出冶秋同志"为我国文博事业的创立与发展呕心沥血、辛勤耕耘，数十年为一日，是新中国文博事业当之无愧的奠基人与开拓者"。概而言之，冶秋局长对文博事业最突出最令人感佩的表现，一是如前所述，一往深沉的爱国情怀，对祖国历史文化遗产爱如生命。二是文化素养深，工作经验起点高，勤奋好学，对文物专业从学到懂，从懂到专，进而成为文物考古专家，对文博专业驾驭自如，得心应手。三是廉洁奉公，可谓一尘不染。干了大半生文物工作，不论国有私有，也不论真品、赝品，一概不沾身手，家中陈设连一件文物仿复制品都没有；出差在外，厌倦宴请、送礼，乃至罢宴、拒收，不惜给人难堪；长期骑自行车上下班，特别是在国务院图博口主政期间，年过花甲，身体虚弱，却每天自行车来去，群众无不为之感动；国家文物局成立之后，公家配置专车，却断然拒绝与他同楼上班的夫人搭便车；外事之外，决不轻易公款宴请，1974年，一批专家、学者集中在红楼整理银雀山汉简，日日食堂用餐，既不发补贴，也不宴请，一律与局内职工一视同仁，如此等等，其廉洁自律，可见一斑。四是铁骨铮铮，一身清白。"文革"期间，面对"四人帮"软硬兼施，刁难打压，敢于直言"文物工作十七年是红线贯通，不是黑线专政"。有人借以整他"为黑线翻案"，"以死人压活人"等等，而他却决不退让，只要机会就讲自己观点，坚持在周恩来总理亲自批准和领导下，在"文革"中后期，主持马王堆汉墓发掘，恢复文物出版社及其所属文物印刷厂，复刊《文物》《考古》等三大期刊，举办"全国出土文物展览"，筹办中国文物出土出国展览，在国内外产生积极影响，为中国新的外交活交活动做出重要贡献。五是为了保护文物，不畏权势，敢于抵制错误言行。多次巧妙缓解或顶住对故宫保护利用的不合理主张和建议，确保故宫完整和安全，真可谓有胆有识，敢作敢为，一派浩然正气。正是在这位局长身上具备如此的品性和才智，因而在文物文化界和社会各界获得了人心，获得了爱戴，获得了永远的怀念！

"一生二，二生三，三生万物"。老子这句名言，是其思想学说的重要内涵，与本文无关要义。但其一、二、三、万物，乃是事物发展的根基、过程、规律所在。有其根基，必有其枝干，也必有其花果。新中国文物保护事业，正是由于郑、王两任局长奠其基，扎其根，创其始，开其局，辟其先路，积累经验，树立楷模，留下遗产，其功莫大焉，善莫大焉，德莫大焉！随着两大明星局长的陨落和隐退，正当国家改革开放新时期伊始，又一位老红军战士临危受命，接任新中国文物管理事业第三任局长。这就是长征老战士任质斌同志。他曾任中华苏维埃《红色中华》报社社长，半生戎马倥偬，南征北战。新中国成立后，长期担任地方党委要职。在他的一生中，充分发挥出共产党员的"种子精神"，撒到哪里，就是在哪里生根发芽。他任文物局长，确是不专业的"外行"。且年过六十，属于老龄领导干部，然而，他却不倚老卖老，而是从头学起，不耻下问；他老而不保守，以行动打破老而必僵化的偏见。他把整个文物事业视为新鲜事物，敢于面对，乐于接受。在他两年多的任职期间，超常地尊重人才，尊重知识，尊重群众，每项重要决策都是学习在前，征求专家意见在前，深思熟虑在前，慎重行事，力求稳妥。改革开放伊始，中央书记处专题讨论过文物工作，提出"以文物养文物"的口号，并正式在发文中要求实施，但是许多文物工作者对此持有异议，认为不可行，不符合文物保护的基本要求。任老对此首先考虑的为何执行的问题，但在听取多方面意见后，也从将信将疑转到不可行不能付诸实施，"全国各文物单位都以文物养文物，各行其是，岂不天下大乱！哪能有文物保护可言"！最后认为既不能传达，更不能实施，在全国文物工作会议召开之际，他亲自上访中央领导同志，申述理由要求取消这一提法，终于得到中央的同意，重新发文，再行传达。这是新中国文物保护史上一个重要事件，最后得以圆满解决，既体现中央领导同志实事求是的工作作风，也体现任老顾全事业，敢于担当的大局观和稳健作风。改革开放伊始，现代化资金不足，一些人看中文物的经济效益，有的虽然提出要老祖宗也投点资，一是卖文物集资，卖他几个兵马俑，赚他几亿美元，二是多发掘地下文物，发展旅游。任老对如此论调，也煞费心思，考虑其可行性以及如何面对？同样广泛听取意见，最后明确予以否定。兵马俑是国宝，卖国宝，国人不答应，对老祖宗和子孙后代都无法交代。他曾多次强调文物埋藏地下，千百年来，受到"土地爷"精心保护，安全多有保证。现在国家财力不足，挖出来的东西反而得不到长久保护，实际就是一种破坏。为此，现在仍然坚持要借助土地爷继续发挥保护作用，坚持配合基建清理发掘为主方针，对现有大遗址、古墓葬不得随意发掘。对这一看似大如天的问题，经过任老的思考决断，却从理论与实践上得到有效解决。这也证明作为种子的老共产党人，永远充满生机活力，突破老而必僵，老而必左之偏见。任老在两年多的任期内，不仅直面现实，敢于决断，正确处理了多个方针方向性问题，而且从长计议，从根本着手，为文物事业长远发展补短板，填空白。一是全面加强文物工作队伍建设，制定并实施文物人才培训计划，除重视大专学校新人培养外，还果断决定开设短期培训网点，有计划，有准备地培训在职文物干部，提高专业和管理水平。从1980年起，全国各地多个培训基地相继建设起来并正式开班培训。二是不拘一格用人才，真正尊重知识，尊重专业，尊重人才，但凡有专业技能、又专力于事业，有研究成果的人员，就用其所长，尊其所学，助其所为，信其所成，保其所专，就不以出身论优劣，不以历史问题定可否，不以政治取代专业。内蒙古有位老考古学家，因系国民党旧员，半路出家，勤奋好学，不顾年迈长期骑自行车行程几万里，专力于内蒙古旧石器考古调查，最终发现大窑旧石器制作场文化遗址和河套人遗迹，成果卓著，可因极左思想影响，长期得不到公正对待。任老得知此事，就在全国文物工作会议上肯定其行其事，明确提出不拘一格用人才，会后派人专访，并批准发表专访报告，终于使这位老专家公正归位，人尽其才，才尽其用，用得其所，所发现大窑文化遗址被公布为全国重点文物保护单位。显然，没有局长的支持，这位老专家很可能成为另一个样子、另一种结局，真是甚幸甚幸。三是强力填补文物档案资料缺环，不惜投入，招揽人才，购置设备，设立机构，开展全国重点文物保护单位和馆藏一级品建档工作，要求借以摸清家底，做到心中有数。任老任职期间，正是国家恢复宗教活动时期，一批原本为文物保护单位的寺庙、道观、教堂逐渐转为宗教活动场所，因而双方认识与要求的差异日渐突出，一些寺、观建筑刚刚修缮完毕即被宗教部门占用，形成我修你用，文修教管的矛盾局面，对此，任老坚持原则，按中央有关政策规定办事，凡属文物保护单位，政策规定不再恢复宗教活动的，坚决按文物政策法规办事，凡是规定要恢复宗教活动的寺、观建筑，都不再"我修你用"。他再三强调国家用于维修文物的钱，都是民脂民膏，决不能乱花乱用，必须拒关系、人情于门外，对有人以高层领导"同意""支持"说事要钱，同样拒不受理，并且斩钉截铁回绝：领导同意修，并不等于要文物局修，更并不等于"要我任质斌修"！打铁还须自身硬，这位局长自身真是够硬的了，请吃不吃，请看不看，风清气正，谁可奈他何？

三任局长，一是老科班出身，一是半路出家，一是老年受命。大学者，老革命，老战士，其身世、职业、经历、特长各不相同，然而，他们在文物事业上的言行作为，作风心态却无一不是创新创业，无一不是爱国尊祖，无一不是敬业献身，无一不是事业与生命同在，担当与责任并行。他们对文物事业的成功与付出，无一不是后人的宝贵财富，无一不是后来者的崇高榜样，无一不在增强我们呵护、传承"老祖宗留给我们的宝贵遗产"的自信与自觉！

历史的脚步永不停息，人才代谢，永远后来居上。前人栽树，后人乘凉，亦乃历史之必然。在新中国文物保护事业发展的60多年里，人一任接一任，路一程兼一程，事一环扣一环，饱经风雨，历尽坎坷，走到今天，登上高峰，成为助推实现民族复兴之梦不可或缺的软实力。而今，事业之兴，人才之盛，非昔日可比，学校培训学子之多，更史无前例。年年都有大批考古、博物馆专业毕业的学士、硕士、博士等科班新才进入文物部门工作。他们都是爱考古、选考古、学考古、用考古、做考古、管考古，有的还是各部门、单位的"关键少数"，肩负重任，与文物事业结下不解之缘。正是这一批接一批新生专业人才入列，文物工作队伍日益壮大，专业素质功底日益深厚。他们所处的事业发展条件、基础、实力，远非创业初期可比。他们面临着广阔的大有作为的时代。走出一条符合国情的文物保护利用之路，保护中华文物大国，建设中华文物强国，必将有保障，有希望。他们将像三位前任局长一样，把事业将与生命融为一体，无论风吹雨打，必然不动摇，不退却，不停顿，坚持以保护历史文化遗产为天职，以传承历史文化为第一责任，确保事业长盛不衰，传承百代！天降大任于斯人也，舍我其谁啊！

但是，文物事业发展，同其他事业一样，总是波浪形、螺旋状行进的。作为全民全社会共有共享的文化事业，不可脱离社会、经济生态，且其集政策、专业、公益三性于一体，因而其管理人才自有其特殊要求，必须有更多的综合性人才参与文物工作队伍，有更强的综合人才成为"关键少数"。目前，新生力量目渐强大，要在充分发挥专业特长的同时，更多地重视其思想品德历练，要努力通晓民族历史发展历程，加强对祖国历史文化遗产传承的历史及其保护利用的正确理念的了解、认知的修养。现在，全党全民都在努力学习、贯彻党的十八届六中全会精神，努力树立和强化政治意识、大局意识、核心意识、看齐意识，确保各项事业在以习近平同志为核心的党中央领导下健康发展。对于文物事业来说，毫不例外地也要牢牢树立起这四种意识。我们要对文物深怀"敬畏之心"，也就是要正确、全面、深刻认识文物的特殊价值及其保护传承的特殊意义，就是要像三位局长一样对历史文化遗产深怀敬畏之心，视文物史迹为"民族论的眼珠子"，"必须恢复它的生命——永久的生存着的生命"，使之"复活起来"，发挥其"科学的、民族的、大众的文化教育的作用"，要把文物视为不可再生的文化、教育、科研和文艺创作的资源，更要充分、深入领会习总书记关于文化遗产，民族根魂的论断，从根本上排除文物经济、商品、产业属性的错误认识。文物的保和用，最终目的在于传承世代，惠及千秋，决非因一时之需，一地之利，一事之好而作权宜苟安之计。文物保护传承之根基、实力在于人民大众，在于文物史迹所在地民众和政府，特别是政府中的"关键少数"。守土有责，守土负责，守土尽责，保护文物乃是他们职责中的重要内容之一。总之，作为文物工作者必须深刻认识到历史文化遗产的保护传承，关系到民族的存亡，国家的兴衰，真正认识到保护传承文化遗产，正是"为天地立心，为生民立命，为往圣继绝学，为万世开太平"，为子孙传根脉，保精魂。文物，作为物质文化遗产，是民族文化遗产的实物载体，最富感染力、感召力、实证力，是民族生存、繁衍、进击、发展的履痕、足迹，是国人文化自信的根底与源泉。作为文物工作者，认真学习、继承先哲前贤献身文物保护传承的事迹与精神，把他们所始终坚持的文物是文化资源；文化遗产，民族根魂；传承文物，功在当代，利在千秋；保护文物，守土尽责的思想、观念、原则、意识，继承下来，发扬光大，使之成为指导文物保护传承的四大观念？四项原则？四种意识？甚至也不妨称之为文化资源意识、民族根魂意识、遗产传承意识、守土尽责意识？名称是次要的，如何贴切，精准，可以讨教专家，但是，这四条原则对于文物保护工作，特别是文物工作者的指导意义，不容置疑；付诸实施，更为必要；历史经验，值得重视！"前人明训后人师"。三任局长的业绩、思想、精神，光照史册，永远是文物工作者的典范，国人仰止。"一代推人物，诸生赖楷模"。当今往后文物工作诸生诸后的成长成功，必然从一代典范、楷模身上汲取力量与经验，实现一代新人胜旧人的历史必然，做到"表里直须名副实，高标终不愧前贤"！如此以往，现今文物工作诸生诸后必将有事业之大成，民族文化遗产必将生命永存，光耀千秋！中华文明必将复活生机，为民族复兴之梦，为全民族的文化自信，放射无限光辉，发挥无穷正能量，提供不尽源泉！

2016年12月

乡愁·传统·根基

——新中国文物保护人事感言之三

　　人民大众是历史、文明的创造者、拥有者，同样也是保护者、享用者。中国，作为世界著名古国之一，一是历史文化遗产之百科皆备，二是遗产底蕴之博大精深，三是上下五千年绵延不绝，四是薪火相传，世代不绝。文物，作为中华历史文明的实物载体，在漫长广袤的时空中，无数有识之士和农工大众，以其无穷的智慧与辛劳，付诸文物保护、传承，确保遗产与世共存，成为文物保护、传承的主力军。数千年来，人民大众参与文物保护的人物、事迹、成果，同样是中华历史文化遗产的一大组成部分，是需受到同等保护、弘扬的民族传统文化。在文物作为文化遗产共识之前，但凡作为权力、神圣、吉祥、财富、恩泽等等存在的古物，不论官府、民间、专家、群众总是倍加珍惜，全力保护、传承。夏铸九鼎、和氏璧故事、汉元鼎纪元等历史、传说，都是早期古物保护故事，开历代官民参与文物之先河，启对"老祖宗留给我们的宝贵遗产"永怀"敬畏之心"之渊源，影响之大，至今仍以佳话相传。现存青铜瑰宝后母戊鼎得以从日寇虎口抢救下来，是一段农民群众保护国宝的感人故事。河南，是华夏文明之乡，后母戊鼎出土，当即受到当地农民高度重视，为防日本人发现，即用原土封住洞口。第二天夜里，40多名村民，连续挖掘三个夜晚，一个铜锈斑斑的大鼎抬将出土，随即秘密运回村里，埋在一位吴氏农家院里，掩藏在柴草堆中伪装保存。但是，很快为日本警备队获悉，立即派兵赶到伪装保护的村民家搜寻，几经周折和周旋，最终村民费尽心机、想尽办法，花20块大洋从古董商手里买了一件青铜器埋在村民睡炕下，被日军搜走，缓冲了真鼎保护风险，使之得以就地保全。这个农民群众保护文物的故事，可以说曲折、惊险，充分显露农民群众的智慧勇气和爱国热情。堪称千古传奇！值得大字书写，大声称诵，大力传播，更值得载诸史册，使之流传千古，激励后人。这个故事的发生，证明群众的智慧、力量是超大无敌的，是中国文物保护、利用和传承的根本保证。中国现存的文物史迹，就是历代社会各界群众参与保护、拼争的结果，历史应该记住他们的功绩。

新中国成立,开中国文物保护历史的新篇,随着人民大众对国家当家做主,对参与文物的保护、传承的自觉性、积极性更迈上新高度,进入新时代。参与文物保护的活动蔚然成风。其中最为突出的是大批仁人志士倾其所有购其所珍、最后倾其藏捐献给国家,为国家为民族做出历史性贡献,为后人为社会树立"藏宝为国"的典范。他们所捐献的文物,多为国之瑰宝,闪烁着人类文明之光,是国家历史文化遗产保护史上之一大盛事。现在正在编辑出版的《新中国捐献文物精品全集》,正是表彰他们的历史功绩,弘扬他们的爱国主义光辉传统。大量农工大众在各自生长之地,参与文物保护,同样是民保传统的发扬光大。他们在自身的生活生产活动中,一旦发现地下文物总是及时报送乡、镇、县文物部门。秦俑坑、马王堆、满城汉墓、随县编钟等许多重大考古新发现,都是当地农民在生产活动中首先发现后报告文物部门清理发掘的。这许多重大发现,农民群众不但保证了发现场地的安全,而且积极参与和配合考古专业人员的工作,他们都是喜上眉梢,以此为村镇之荣。在发现、报告过程中,坚守现场,未发生私下隐埋、哄抢、私分的违法行为。乡村风水文脉,谁要无端破坏损毁,就坚决加以制止、抵制,毫不留情面。他们把村里的祠、庙、古桥和祖坟、公馆,都视为祖先的"眼目",见物就如见亲人,就是守族规,扬家风。他们心明眼亮,文物是根本,是标识。拆祠庙、挖祖坟,大逆不道,不共戴天,必须群起而攻之,众怒而诛之。千百年来,随着世俗时风的变迁,总会或多或少发生变异,但是,渗透民族血脉、根魂的传统文化始终与民族共存亡,彼此相依相伴,永生永存。曾记否,近在新世纪之初2004年,黔东南侗乡侗胞抢救风雨桥、与洪水搏斗的故事?那是何等感人肺腑啊!这一年,一场百年不遇的大洪水冲走侗家"三宝"之一的地坪风雨桥。当地侗寨群众闻风而起,纷纷投入抢险救桥,被冲垮的桥构件随流而下,群众急中生智,或用绳牵拉,或手推肩扛,各家铁丝、钢绳、抓钩等等,尽其可用,千方百计捆绑、加固桥体,力求不垮,但最终无济于事,桥体全被洪水吞没、冲走,眼看有全毁之危。但是,谁也不曾放弃,依旧奋不顾身与洪水搏斗。一位老人见势高喊"我的桥,守了一辈子啊,不能就这样没了啊"!话音未落,老人应声晕倒在地。群众因此在村支书带动下,人人跳入激流,冲向风雨桥大梁,一根根,一件件,夺回多数重要构件,为修复原桥保住73%的原件原物。守护风雨桥50余年而晕倒的86岁老人,面对用原有构件修复的原桥,更加感慨地说"回来了,咱侗家的风雨桥又回来了"。侗族风雨桥，被誉为侗家大歌、鼓楼、风雨桥"三宝"之一，是侗寨传统文化载体，全国只此一家，别无分号。风雨桥，流行于浙、桂、黔、鄂，结构、形式、内设、用途基本一致，只有大小、繁简之别，大多数桥、塔、亭三位一体，全部木构建筑，翘角飞檐，古朴壮观，飘荡着兴盛发达之豪放。也有的则偏重于桥、亭之实用，其构造之精巧，匠师技艺之高超，公益性之强全，令人稀奇叫绝，被誉为世界十大不可思议桥梁之一。其历史、艺术、科学价值皆令世人赞叹！建造、保护一座风雨桥，往往见证一个民族行进之路，智慧之光，心灵之美，文化之花。侗胞兄弟保护文物的事迹，正是这种传统文化力量驱动，也正是文化传统情缘使然，没有这份力量和情缘，绝不可能有这份付出和获取。

陕西，作为周秦汉唐文化胜地，是全国最大的历史文化之乡，地上地下的文物史迹，是历代陕西人民现实生活中的故旧故交。千百年来，三秦大地平民百姓有其深厚的爱乡护宝的优良传统。他们对文物的价值和保护文物的重要性都有较高的认识，自觉参与文物保护的优秀人物、事迹层出不穷，代代相承。新中国成立，农民群众自觉参与文物保护更为普遍。生产打井打出个世界奇迹秦俑坑，乃是一大实例。此前，先后数十次自动向国家交送出土文物，都有案可查。而且其中不乏珍品。新世纪之初，以宝鸡市眉县杨家五位农民在修建民宅取土时，发现2700多年前的西周晚期青铜重器窖藏，出土青铜器组合完整，共27件，全部有铭文，总计多达4048字，为出土青铜器铭文字数最多的一次，被誉为21世纪重大考古发现之一。国家文物管理部门设专场展出，开重奖奖励五位发现、报告、保护有功农民，在国内外引起强烈反响，对五位的事迹表示敬佩。随后，在宝鸡境内更引起连锁反应，村民侯启恒家后院土崖因雨水冲刷发生坍塌发现青铜器等文物品，侯立即报告政府文物部门，经清理抢救，发现西周早期墓葬两座，出土文物32件，其造型精美，纹饰繁缛、组合完整，具有重要的历史、艺术价值。2006年10月11日，扶风县上宁宋乡、县城镇五郡西村李军娃、刘东林等多位村民在生产施工中发现青铜器等文物86件之多，其保存之完好，器形之硕大，造型之精美及铭文清晰均属文物精品，学术价值之贵重，亦属罕见。直至近几年来，连续被村民报告的新发现文物达200余件之多，其中一件青铜器乃是新中国的首次发现，也是经科学清理的唯一一件，在全国反响巨大。据报道，近年宝鸡市内群众主动报告、保护文物达千余件之多，其事迹、精神和贡献为国内外罕见，充分体现人民群众保护文物的巨大力量和根基作用。陕西固然如此，其他各地也同样如此。据报道，刚刚发布的2015年度全国十大考古新发现的出土，其背后也有感人的群众自觉参与的事迹、作用与贡献，不能遗忘。山东定陶十里铺遗址，乃由一位退休干部71岁的潘建荣偶然发现并促成其保护完好。退休以后，在含饴弄孙的同时，自愿担任义务文物调研员。在调研过程中发现线索和信息及时报告文管部门并提出意见和建议，为当地文物调查、保护特别是为定陶十里铺遗址的发现出土做出重要贡献。内蒙古多伦辽代贵妃家族墓葬群作为十大考古新发现，河南伊川徐墓地的抢救，乃至江西南昌海昏侯刘贺墓的成功发掘，都是与盗掘犯罪活动做斗争抢时间的劫后余生，都有当地民众参与斗争的贡献。历史证明，没有千千万万人民大众参与，中国文物大国保不住，文物强国建不成。人民群众保护文物传统之悠久，体现文物保护根基之深厚。根基之深厚，正是文物传承之依仗。这种传统的力量无时不在，无处不有。人民大众对文物保护的理念情感，朴素纯真，刻骨铭心。他们认定文物史迹是祖先有形的遗范，保护传承这些有形的文物史迹，就是祖先无文的垂则。承前人之遗范，守先世之垂则，"鼎鼐唯新，前音不改。""继明弘业，光抚九围"。"丕显大业，永世弥崇。"天经地义，永世不移。如此对祖先遗范、垂则的敬畏和坚守，是中华民族独特、悠久的祖宗崇拜传统，是中华文明历久弥新的根基。天地君亲师，历来作为民间住宅神龛敬奉牌位，充分体现中华民族天人合一，美、善、礼、德兼容的文化特征。(宋书志·卷二十)"故国遗墟在，登临想旧游……片云凝不散，遥挂望乡愁"。乡愁乡怨，对乡民游子的凝聚力、向心力、感召力，与世长存，历久弥新。这是中华民族独具的传统、特征。在中国人心目中，祖宗留下的土地，一寸也不能让，祖宗留下的实物，一件也不能毁，祖宗传下来的传统风尚，一样也不废弃。在他心目中，先人衣、食、住、行留存的遗墟、遗物、遗迹，就有如祖先在世。物在，人在，情感在，思念在，遗范在，祖训家风在……村里的一祠一庙一桥一路，一片村林、园圃，一方井、池、陂水，一幅字画手迹，一件衣物首饰，无一不凝聚着先人的心血智慧，无一不记录着祖辈的创造业绩，无一不铭记着祖宗的心迹、履痕，无一不是先祖不灭的见证，无一不被子孙满怀敬畏之心，一旦发生天灾人祸，就像保护生命一样，投入保护抢救。这种情感，这个习俗，这种传统，朴素、纯真、原始，值得发扬光大，更值得广大文物工作者特别其中的"关键少数"学习、借鉴并作为传统文化保护承传，使之代代相传。正是这一乡风乡俗的流传，使得大量村落文化、乡土建筑得以保护传承，并维系和推动乡民成为国家文物保护的最多的志愿者，最可靠的"基干民兵"，眼观六路，耳闻八方的哨兵，招之即来，来之能战的常备部队。文物工作者必须依靠之，团结之，扶植之，维护之，与之共保文物安全。在今天城镇化建设急速进行中，保证人们"望得见山，看得见水，记得住乡愁"，是文物工作者一项当仁不让的历史使命。"日暮乡关何处是，烟波江山使人愁"。这就是乡愁感染人、感召人、感动人，是乡愁永不熄灭的活力、魅力、生命力所在，也是激发人们乡土情缘，家国情怀的动力之源！"记得住乡愁"的理念，对文物工作者、文物事业，既是思想、认知的升华，也是行动作为的新要求，是更新观念的必然。要明白保护好村落文化和乡土建筑就是留住乡愁，就是心系游子，团结乡亲，激励民心。破坏、损毁、拆除，乃至向国外转卖乡土建筑，就是摧残乡愁，出卖乡愁，法律政策所不许，道德良知所不容。"当时明月在，曾照彩云归"。让满载乡愁的文物史迹，应当与明月同在，与山水长存，与彩云争辉，成为乡土、家国的象征。

2016年12月

文物主权和知识产权琐谈

一、"谈"词开篇

据网络报道，国家文物局就文物信息资源知识产权管理问题委托中国博物馆协会开展研讨并草拟相关管理办法。时间过去一年，想必取得进展和阶段性成果。对此，文物工作者无不为之点赞，肯定其重要性与紧迫性。本人与文物工作实际渐行渐远，闭户养性，关门赋闲，所思所想远离地气，即便发言拥护支持，亦多空谈泛说，对现实未必有所参考，但是，此事关重大，由来已久，往事悠悠，可堪借鉴者多矣；特别是现实争端，频频爆发，依法管控，迫在眉睫。但愿其成功在望，早日付诸实施。

二、言归"正传"

文物信息资源的知识产权与文物的产权即归属或所有权二者相依存，不可分割。前者为后者的标志之一，也是后者存在的重要见证之一。后者是前者存在的前提，是前者行使的依据，两者不可等同，不可替代。关于文物的所有权归属问题，有关文化遗产的国际公约早有明确规约，凡是各国拥有的物质与非物质的文化遗产，都享有所有权、归属权；凡是以非法手段包括掠夺、抢劫、偷盗、诈取、走私等等所占有的文物，其所有权概归其原始拥有国拥有；凡在战争中，对占有土地的文物古迹等文化遗产必须保护好，不许侵占或转移其所有权等等。国际公约关于文化遗产所有权归属问题的规定总体公正合理，但是，许多公约的发起和制定者多是他国文物的占有者，它们必然不愿将吃下的吐出来，所以以时限制非法掠夺文物的归还，如以50年为期限等等，这显然不合理，是对文物被占领国家主权的蔑视。特别是长期被列强掠夺的文物古国，更是主权侵犯的继续。中国政府必须重申这一所有权不可改变，对过去被掠夺、走私、非法外流文物保留不受时间限制的索回权。

三、文运与国运

文物所有权的重要性，对于一个饱经丧权辱国之痛的文明古国，是感受最深最切的，更是前辈中国人特别是爱国仁人志士最不堪忍受的屈辱。中华民族的历史文化遗存与其国家、民族患难与共，实实在在的命运共同体。1840年，西方的坚船利炮打开中国之门以后，中国文物随之成为西方列强的掠夺对象，大量文物珍品，像白银黄金一样成为战利品，哗哗流失国外。战争掠夺、盗窃私运、偷窃诈取、走私贩卖等等，可谓巧取豪夺，不择手段。170多年来，中国文物艺术品流失地域之广，数量之多，品类之繁，品位之高，皆举世无可伦比。据近年的查考，现在占有中国文物的国家近50个之多，文物数量总计超出中国本土所藏，许多稀世珍品，例如帝后礼佛图、昭陵六骏中之二骏、智化寺藻井等中华瑰宝都在美国博物馆内，至于现藏于英法等欧洲各国的文物文献珍品更是数、质可观，无可胜计的华夏珍宝。五千年文明财富，国人不享其半，家国之痛，民族之伤，何其沉重也！但凡血性华人，无不为之悲愤！国家不强不盛，文化遗产必然成为列强猎物，成为侵略掠夺的主要对象之一，任其所好，如囊中探物之易也。所以，文物遗产自保自主之权取决于国权的之自主自强。对此，任何治国理政之高才明主，都洞若观火，明察秋毫。据有关资料披露，毛泽东曾指出："保护中华文化其意义不亚于保护国土。中华文化保住了，中华民族就不会灭亡"。"国昌则文化兴；国强则文物聚"。这不正说明文物与国权是命运共同体吗！不正是文物与国土价值等同的历史事实的存在吗！其经典性的启迪意义还能置疑吗？一百多年的列强侵侮，抗争屡败，国土沦丧、文物流失，不正是国不昌，族不强的时代见证吗？清政府的腐败无能，丧权辱国，是文物任人巧取豪夺的根源所在，是文物主权沦丧的必然结果。所以，文物知识产权的存在和行使，必须以拥有文物所有权为前提。研究文物知识产权，必须从思想、理论上树立文物所有权与国土权等量齐观的根本理念。不拥有文物所有权，何谈文物知识产权之有？！文运与国运相连，文脉与国脉相通。这是历史的存在，也是历史的结论。

四、"文物无国界"说

曾记否，新世纪之初或上世纪末，在文物战线内外热议文物价值经济化、文物工作产业化、文物管理市场化期间，有些人特别是有的媒体工作者又创造出一个"文物产权国际化"的新发明。他们宣扬"文物无国界",中国文物多又无力自保,不如多转让给外国人,既保护好,又用得多,其价值得以充分发挥,这不比留在中国更好吗?其实质不是同保护在故宫一样吗?有的人公然为斯坦因之流盗窃敦煌、新疆文物评功摆好,要给他们表彰、奖励,恢复他们的名誉云云,引发海内外华人的义愤。曾几何时,有的单位对外国人喜爱或拍摄中国文物来者不拒,求之不得,对他们不设门槛,不定底线,有钱便是"友"。黄河、长江两岸和丝绸之路沿线的文物任其跨界越线,自由拍摄、窃取所需,直至军方提出抗议,要求制止,才得知拍摄者的别有用心,但照旧不视为对文物主权的侵害,对拍摄者拍摄所得不做审查,使之照旧畅行无阻。大足石刻被席卷偷拍,引起公愤。当时的国家文物局长任质斌提出严正抗议。偷拍方提出赔偿10万元补偿,这位局长则嗤之以鼻,当即拒纳。凡此种种,无一不是文物无国界,文物产权国际化,文物价值等同文物主权等等"创见"的集中表现,无一不是丧权辱国的最终结果,无一不是文物与国土主权并重意识的丧失,无一不是文物是民族根魂理念的泯灭!这是极端有害极端可怕的教训。老祖宗在几千年的劳动创造中所留下的文明成果最后失去主权、产权,为全世界所共有,"我的就是我的,你的也是我的",这正是斯坦因之流的帝国主义分子的逻辑。不顾主权与产权与外国合作交流,正是迎合这种逻辑的需要,也正是他们长期梦寐以求,永不放弃的理论根据。近200年来,旧中国、新中国大量文物被掠夺、被盗窃、被走私偷运,不断流失国外的历史事实,史料记载之多,文人学者和志士仁人愤慨之深,连篇累牍,屡见不鲜。一部《郑振铎文博文集》堪称是对帝国主义分子和奸商劫匪掠夺、窃取中国文物的控告书,是作者血泪的愤慨和痛恨的实录!例如他在1951年写的《伟大的艺术传统》一文中大段愤怒声讨国家文物被掠夺、被盗窃、被占有的文化侵略罪行。"这里只是极其简略的叙述着我们伟大的艺术传统的历史……只是粗枝大叶的介绍若干最重要的伟大的祖国艺术传统,但足够说明我们祖国的艺术是有着怎样伟大、悠久、健全、光荣的传统了"。"所不能不痛切地感到的是过去的艺术,是被封建帝王和地主们、买办资本家们,以及半封建半殖民地的学者们所封锁的,无数最可夸耀、最可宝贵的艺术品永远不能给人民所见到。它们被禁锢于深宫大宅之中,被尘封于学者们的书斋之中,它们只是特定的一部分人所摩挲、玩赏"。

"说到这里,我们更不能不心痛欲裂,悲愤万分!在这里印出的大部分的图片，其实物是藏在各帝国主义者的博物馆的呢！五十多年来，全国各地出土的许多艺术品，以及私家所收藏的绘画，其中最为精美的、最重要的胥为帝国主义者们所掠取。新疆的文物，成为英、德、日和帝俄的劫夺的目标。""我们叙述这样的一部中国艺术简史的时候，时时双眼都涌现着泪珠，不由得不更加深了对帝国主义者侵略的反抗与憎怒，不由得不更加深了对祖国的热爱……热爱祖国的伟大的艺术传统，也就是热爱祖国……"在他的文博文集里，几乎历数了斯坦因、伯希来、吉川小一郎、华纳尔之流的文化窃贼的野蛮窃盗行径和各帝国主义者们掠夺、毁灭中国文物的滔天罪行。他在《保存古物刍议》一文中曾经满怀悲愤高声讨伐"盗卖古物、古书的人，视民族文化如敝屣，以古人遗宝为'利'薮，其行为可恶、可恨，其居心更可诛"！

"想来，任何有良心的人总不忍见古物的源源流出，而成为他人博物院或图书馆的珍异之陈列品吧。"

"及今不图，必将追悔莫及！"

"我再说一遍：为了后来的学子们的研究便利计，我们必须及时的挽救民族文化的厄运，堵住了大门，不能听任其流散出去。"

"不仅好利的商贾们是民族文化的叛逆者，即放任他们将古物、古书源源流出的责任者们，也将是中华民族的千古罪人！"

新中国首任文物局长在整整70周年前的今天说的这几段话究竟意味着什么呀？70周年后的今天，还有无现实意义呢？今天正在为保护利用中国文物而日夜操劳的"少数关键"人物们，全国各地正在为保护祖国文物而付出心血、辛劳乃至生命的广大文物工作者们，那无数为保护民族文化而竭力呐喊、鼓呼的同胞们，当你们读到老一辈文物人如此字字血泪的言语，该有何感想，有何教益啊？！对现实存在的文物破坏和流失的严重状况是否与老一辈文物人感同身受呢？！

如若长此以往，随着文物的流失和文化遗产的消失，必将国之不国，族之不族！没有自己的文化遗产的国家，没有历史记忆的民族，最终要走向灭绝之路。现今世界所有生存发展的国家和民族都有其自身的历史文化遗产的根蒂，都有其传统文化的精魂，都有其文化传统的基因。唯其如此，民族才能千差万别，文明才能多姿多彩，世界才能与日俱新。唯其如此，世界各国才把自己的历史文化遗产视为民族生存、发展、壮大的根基，对拥有其主权的要求坚定不移，对被掠夺、窃取、私运所得文物的国家，自始至终要求其归还原主，回藏于其原始所有的国家，所以希腊最近正式要求将英国非法占有的雅典卫城埃尔金石雕文物归还本国作为英国脱欧谈判议题之一；埃塞俄比亚一直坚持向意大利索回被占领的方尖碑；埃及人从未停止向英国索还被占领各类文物品；伊拉克战争损失文物达15000多件，现在正在追寻所失文物，其损失之大，令人惊愕；南非人民一致要求归还莎拉（霍屯都）维纳斯（遗体）达十多年之久；世界上文物被掠夺、占有的民族、国家从来没有放弃拥有的主权，一天也未曾停止向占有者索回的呼声。

五、主权与回归

中国作为文物被掠夺、占有最多的文明古国，近70年来，同样以坚定不移的立场，申明对被占有文物的主权所有，对从1840年以后外国侵略者以非法手段掠夺、窃取的中国文物一律拥有文物原始国的主权即所有权，不论占领时间长短，一律享有、保留物归原主的索回权并将以适当方式实施。所谓"适当方式"，既不包括战争强制手段，也不包括买卖交易形式，前者过激过烈，偏于极端，消耗过重。后者为现实生活中所常见，但也失之偏颇，并非正道。其实，买卖交易方式，就等于承认出售者的主权所有，损害文物原始国固有主权、产权。购买者的好心反而误导被占领者对文物回归的主权认识，确是"好心办坏事"。

有些爱国志士或海外华人愿意从市场购买中国外流文物然后转赠祖国收藏，这样的事情已经发生过，被掠夺出国的圆明园文物即部分十二生肖身首已经有国内商事业单位或海外爱国华侨从拍卖市场上购买转而赠送或自行收藏，实现被掠夺文物的回归的事例。对此，国内外的不同反响颇为强烈。对国内商事业单位购藏作法业内外民众也多持异议，其实质并未体现文物及其主权正当回归，最终是主权有偿转移，仍然不符国际公约规定。人们对掠夺的残暴之恨并未因此消减，此道不足以提倡和推广，其影响负面大于正面。至于某些爱国人士和华侨从市场或私藏人士手中购买某些特殊中国文物而转赠国家的做法总体应予肯定和表彰，作为回归途径之一，是行之有效的。但到底仍非回归主道，只能作为辅路行之。索回文物的主道必须是也只能是依国际公约和国家法律，通过公正合理的谈判、协商解决。索回实物之前，也可以先从索回文物清单、目录、照片等资料着手，以此作为被占文物回归主权原始国的第一阶段，亦可称之为分阶段回归。其次，在承认被占领文物原始国主权所有的前提下，实行有期限继续收藏、展示的合作，然后再作回归的最后协商解决。在继续藏、展期间，一要确保主权，二要确保安全，三要向主权国提供某些特殊需求，例如照相及相关资料。再次，还可以考虑在确保主权所有前提下，以租借形式继续保留文物收藏、展示。只要确保被占领文物的历史属性，这种租借形式可以是相对长期的，代价可以是优惠的，象征性的。此外，还可考虑文物分级分批分先后归还。但凡价值珍贵，对文物原始国民族历史发展和创造力具有特殊历史价值，特别是对原始国民族尊严、神圣具有特别意义的文物可以先行归还，增强被占领文物原始国的理解和友好，然后通过友好协商逐级逐批限期解决归还问题。总之，还我文物，还我尊严，还我主权，还我历史真相。具体实施都可以通过协商逐步解决，彼此跨入国家友好合作的新时期。文物在，主权在，时间的主动权永远在被占领国一边。

中国文物被掠夺、被窃取、被盗运走私，持续时间之长，数量之大，品类之多，品位之高，堪居世界之首。其中包括新中国成立以后，盗掘走私非法外流的亦非小数，由于盗掘走私犯罪的复杂性，原本可以迅速而无争议的追回，但是因犯罪手段之无常，追缴仍然疑难重重，困难多多。打击盗墓走私犯罪，追索外流文物，乃是维护文物主权与安全的当务之急。这与历史上被占领文物的追索可以有计划分步骤进行并且有所区别。但是，上述两种情况，两项任务，无论如何都是整个文物保护工作的重要组成部分，是文物管理部门的基本职责之一，应该有组织、有机构、有人员有计划地付诸实施。宣传工作先行，具体行动、措施更要见诸实效。分清轻重缓急，按计划行事，决不等于停步不前，更不是停留于呼吁、声明，应该实实在在做实事，求实效。

六、产权与保用

关于文物所有权、产权、主权的问题，多年来一直存在一个文物归国家所有究竟谁代表国家的问题。特别是有些地方领导人看重文物的经济效益，热衷于文物的地方所有，县市政府部门强调县市政府是国家机关，县市内收藏、出土的珍贵文物和地面文物景点都归县市所有，县市政府代表国家对所辖区文物拥有处置权。上级部门要调用展出、转移收藏场地等必需之举，都擅自加以扣留和阻挠，或提出不合理要求为代价等等。甚至对所辖境内不可移动文物亦有任意拆建、改建等违规违法行为。凡此等等，都是对国有权的误解、误导，是法律规定不允许的。文物保护法明确指出："国务院文物行政部门主管全国文物保护工作"。"地方各级人民政府负责本行政区域内的文物保护工作"。"县级以上人民政府有关行政部门在各自的职责范围内，负责有关的文物保护工作"。这些规定所确定各级地方政府的职责职权都是对文物保护管理工作的实施、执行，都是管理性质的职权职责，不存在对文物主权、产权的拥有和处置。在所辖行政区域的文物只能依法执行保护管理，不能代表国家行使法律规定之外的任何权利。现在的改革放权，都是行政管理性的职权，不是下放文物的主权、产权、所有权。加大地方政府的行政权，绝不是下放地方代表中央政府行使文物的主权、所有权。鉴于文物经济效益的存在和提升，这些失之偏颇的现象越发突出，也越发带来新的不良后果，很值得关注。文物国有权只能由国务院及其文物行政部门统一行使，这是不可下放和分散的权力。国务院及其行政部门是唯一的文物国有权力的代表和执行者。唯其如此，文物的乱用、滥用和乱拆、乱改现象才得以控制和遏止。

七、知识产权享有

文物知识产权问题，是老问题，更是新发展。所谓"老"，由来已久，存在多时，可就是未曾引起重视，更无解决之举，过去对此吃过亏，上过当，并未以为然，甚至有认为问题并不存在者在。所谓"新"，由官方作为课题委托专业单位研讨草拟文件，这是第一次。时新事新作为新。管理部门开始作为一件事情列入议事日程，确是新得可贵可喜。但是老也罢，新也罢，都是复杂的难题。

一是要有法律依据及其赋予的相关规定。知识产权，作为脑（智）力劳动成果所有权，受国家法律保护，不存任何异议与歧见，相关法律，中外齐备。但是作为物质文化遗产的文物知识产权，文物保护法至今仍是一个有待解决的迫切问题。文物知识产权作为文物主权或产权的表现形式之一，是文物这一不可再生的文化资源不可缺失的一种特殊权利。现行非物质文化遗产法，对此已有明确规定"使用非物质文化遗产涉及知识产权的，适用有关法律、行政法规的规定"。（第44条）这一规定，不仅解决了非物质文化遗产所涉及的知识产权包括著作权、创造、发明、专利权等等，而且为物质文化遗产即文物所涉及知识产权问题提供了法律依据。文物与"非遗"都是历史文化遗产的重要组成部分，两者关联交集，既有区别，又有本质上的一致，更有同体共存，许多"非遗"都依托文物实体承载而存在，许多非遗传承者的绝技绝活都更需通过实物来见证和体现；许多文物珍品本身就是"非遗"品。这两者的关系在许多方面、许多情况下是不可分开的。所以文物品的使用涉及知识产权是屡见屡在，无可回避的。但也往往疑难多多，确有其特殊性、复杂性。其一是存在的有无，持否定态度者或许更多？他们认为：主权、产权所有，并不意味着知识产权必然存在，两者毕竟不可等同。知识产权是脑（智）力劳动成果所有权，现存的文物虽然都是体力和脑力劳动智慧的成果，但多是无名无姓的历史遗存，这同现行现有的作者的作品不能等同吧？其二是范围、品类的界定。文物涉及知识产权必须确定范围，不是所有文物所在地的文物都涉及知识产权，不是所有文物不分品类都可能涉及知识产权，必须区别文物品类。其三是要制定执行知识产权的标准和形式，这是更为现实的重要问题。知识产权的主要形式是收取资费、酬金等。标准是按既行政策规定执行或双方议定标准获取。文物不能等同于按著作权法规定执行，更多的是双方协商确定，体现并获取知识产权的形式可以是多样化的，不一定是单一的酬金手段。其四是执行期限的规定，知识产权、著作权、专利权是有限期的，不是永远的。文物是千百年前的东西，怎么可能还有知识产权存在呢？这四个问题的存在，文物知识产权就没有合理性、可行性。有的人明确表示，作为开放旅游的文物景点，游客拍摄准许拍摄的观光对象活动你能行使知识产权吗？但是，这些问题的存在，并不等于对文物知识产权的否定，恰恰相反，正是这些问题的存在，证明非遗法的相关规定的必要性并同样适用于文物，证明文物涉及知识产权并非假设、虚拟，也非巧立名目收费，更不是无中生有。问题在于正确解决这些问题，实事求是，实行法治，制定政策，区别对待，坚决付诸实施。

八、交流与共鉴

现行文物管理，实际可划分为地上地下文物管理、博物馆建设管理、民间收藏文物管理、对外交流互鉴四大版块。20世纪70年代之初，周恩来总理顶着"文革"风暴，配合国家大局之需，以大胆识、大智慧、大手笔、大决断，直面欧美东亚，敞开国门，组织、领导中国文物对外展览，取得战略性的大成功，至今已成为常务常态的第四版块。随着习总书记大国外交理念的实施和"一带一路"的建设。文物对外交流互鉴任务自然发生转型升级的新态势、新发展、新要求。一位外国名人说过：不同的历史文明之间的交流、互补，是人类文明发展繁荣的里程碑。文物对外交流，自然要涉及更大的发展壮大和更多的权益问题。文物对外展览、文物图书出版、文物影像摄制、文物网络交流、文物保护科技合作等等，虽然国内外都可能涉及知识产权问题，但更主要更多的还是对外交流的问题。过去的经验证明，受益或受损主要发生对外交流方面，据笔者所知所行，40多年的文物交流，体现主权、产权所有的原常规作法，一是展览经费由需求国负担（政府间文化交流项目一般除外），另加若干文物保护补偿费，实际是不叫权益的权益，也是主权、产权的体现。展览所编辑出版的图录、影像作品，大多著作权共有，利益共享。也有展览利益分享。图书影像向第三国发行的著作权所得两家共有共享。笔者曾主持与某国一家印书馆合作摄制一部汉字发展史电视片，就是参照前述原则签约制作的，摄制、发行均合作顺利，所制作成品各自在本国发行放映，其收藏使用权亦属各自拥有。但是，事后发现对方擅自将作品转向第三国发行，其所得也未按约向我方提供。我方当即与之交涉，指出其违约所应承担的责任。这家印书馆为此认错并按约支付赔偿，获得我方的谅解。此后，根据上述原则，我们又与另一家媒体合作摄制一部中国文物史迹的专题片，合作过程中，既体现文物所属国主权和权益，又保证合作双方平等互利原则，对方履约诚信度较高，一切按约执行，合作很成功，作品作为向全国联播节目，影响广大。这是20世纪90年代初期的事情。可就在近20年后的前几年，对方来函商量修改重播的意向，我给予积极的响应，但一样要利益均沾，另签协议执行。但最后不知何故未进一步联系。随着改革开放而兴起、发达的文物对外交流共鉴，而今越发亟须扩大、加强，与经济交流比翼齐飞。然而越是扩大、加强，就越是要强化管理，健全法制，确保文物安全和权益。为此，通过认真的调查研究，检讨历史经验教训，学习习总书记关于历史文化遗产保护利用和交流共鉴的系列指示，研究制定体现文物主权的知识产权的政策法规，十分迫切、十分必要、十分适时。

九、往事与教益

回顾历史，检讨得失，谏往追来，是任何事业发展的必由之路，是历史和现实的必需之举，更是习总书记治国理政的新理论、新思想、新战略的内涵之一。借历史经验，完善工作策略，吃一堑，长一智，是事物发展的必然，人类智慧的优势。在文物保护交流维权事业的过程中，由于大多数工作，都是为前人之未为，多属开路创新的探索，失误、失利、失败是常势常态，无可避免。唯其如此，总结历史经验，汲取历史教益，更有其必要性和紧迫性。中国的文物保护维权随着国事兴盛和发展，实力大为增强，优势大为突显，手段大为增多，影响大为深远，成效亦大见其实。在从20世纪70年代初起至现在40多年的文物对外交流中，无论从政治、文化、外交等多方面来看，其社会效益和经济效益都是双丰收的，其地域之广，形式之多，共鉴之需都是史无前例的，而且随着大国外交新发展和一带一路建设、发展，交流互鉴的必要性、紧迫性及其前景的广阔性，已是大势所趋，为文物工作者所深刻认知了。习总书记对文化遗产交流互鉴论述之全面、深刻、系统、精确，在中国历史上是前无古人的，对文物对外交流的现实指导意义，更是不可偏离的方针方向性的行动指南。据此，文物对外交流互鉴，处理文物自身权益，特别涉及知识产权问题，必然更多更重要更紧迫。依法治文的任务，依法交流互鉴更是无可回避的现实了。发展繁荣文物交流互鉴，决不可以忽视、拒绝、排斥、放弃文物自身的权益。恰恰相反，只有依法循章，确保权益的拥有，交流才会健康有序进行；只有对文物保护的尊重、坚守，才能确保互鉴的实惠实效。由此，一件曾经引起"惊天动地"反响的文物交流往事，不禁从记忆深处涌现出来，自然要引发人们回顾、思考，或许还可以从中汲取必要的教益。

事情发生在20世纪90年代初期，某国一家权威大媒体，向我方提出拍摄中华文明和馆藏珍宝两大影视、光碟、图书项目，所有拍摄，一律采用对方所独有的高清晰度技术摄制。由于有中介力量的推动，双方一拍即合，一切准备就绪，在协定书签定40天之后，签报上级主管部门审批立项。主管部门有关领导在签报文上明确批示：与某某国合作拍片，版权问题必须加以明确，不能让对方垄断我们的文物资料，否则，我们将处于被动。但是，协议已签订，整个拍摄工作均只能按所签"协定书"进行。第一个全国性的大项目中华文明，面向全国重要文物景点，第二大项目包括600余件（套）文物珍品，其中一级以上文物珍品占88%，目录未经专家论证由对方点菜定盘。所需拍建筑不设门槛，可以任其所需进行地毯式拍摄。协定书明确规定两大项目作品由中方"协助"制作，其著作权均"应属"对方。中方仅获取可在本国播放、发行的作品副本一套，没有版权归属规定，"更不能以此点作为成败的关键"。凡此种种，知情的单位和群众，都纷纷向上级部门提不同意见。为此，上级部门决定暂停拍摄，对所签"协定书"召开专家论证会，专家论证持一边倒的否定态度，坚决要求停止执行。有的权威老专家竟愤然将其称之于新的"21条"。"地上"如此激烈的反应，很快反映到"天上"，天上顶层也引起重视，最后以合作方对我方的"友好"而实行"软着陆"。

文物专家、群众的意见主要集中要求明确回答如下问题：文物产权的拥有和行使如何置之于法，依之于法，体现于法？文物对外合作是否需要设置主权门槛与行使知识产权？文物作为不可再生文化资源和老祖宗遗留的劳动创造的智慧结晶，在交流互鉴中是否交流项目越是巨大，法治门槛是否越是要健全、严格？珍贵文物一级品出境规定标准是否可任性变通呢？一级珍品高达88%，其中还包括绝禁摄、展的易损易碎品和孤品的法律依据何在？展品由展出方点菜定单的作法又是根据什么呢？特别是对现存古建筑任其所需搞地毯式拍摄，如此破天荒之举能否"应属"于对方权利？在文物安全、权益上依法依规行事是否属于"没有商量"的问题？对外合作能否以物主方为"协助"方？历来坚持的"以我为主"的原则是否可以例外地改为"以他方为主"呢？以"不是著作、作品，而是千百年前的遗物"而否定文物知识产权存在，是否合法合理？将筹办合作启动资金抵代文物知识产权享有，并规定"五十年不变"，如此违反主权属我和权益共享的原则是否可以作为对"友善"的回报呢？凡此等等，都是不可回避的原则问题，专家、群众要求明确解答，不论过去和现在都是不可回避、值得深思的教训问题。文物无国界，主要在于文物内涵价值的全人类共享，为交流互鉴提供可能和必需，但文物陈列在故宫和罗浮宫的主权各归其原主，不可共有，不可动摇，是铁定原则。共享与共有是两个不同概念，彼此不能混为一谈。

鉴于文物存在使用的合理性和准确性，防止被误解、曲解和丑化的问题，文物所有权、知识产权和监管监督权都必须关联一起，不可偏废，更不可以某种代价转让、放弃，甚至买断、垄断。这也是原则问题，不可小觑。俱往矣，数文化交流新发展、新形势、新气象、新成果，还看今朝！但其影响和教训却不可遗忘！对研究探讨文物知识产权的享有及其依法行使，这是难得的教材，可贵的借鉴，难忘的记忆！

十、铁证与法理

再回到文物信息知识产权问题的研究与管理法规制定问题上来说，这确是个复杂的难题，主要是对其来由和依据，范围和标准，原则与区别，坚定与灵活等问题的认识与对策。这里既涉及自身和相关法律的研究，也需要国际国外公约法律的借鉴，还要寻求历史遗存的滋养，更要研究现实频发问题的处理，例如文物知识产权与著作权、版权性质的异同，版权的期限是否适用于文物？其理由、依据要有合理的解释与规定。文物知识产权的范围与标准是需要区别对待的，开放旅游的文物保护单位，大量观众游人照相或拍摄非禁止文物建筑或藏品，就不必要也不可能有版权或知识产权的存在与行使。他们所拍摄的非禁拍文物，即使作为出版物或影视制品，不可也不必行使版权或知识产权。版权、知识产权的期限问题不可能成为否定文物信息知识产权的依据，因为文物的主权、所有权是永远归其原始国全民族所有，任何主权国家可以根据保护文化遗产需要制定相关法律。在我国文物保护法制定过程中曾有人就文物知识产权问题提议做出相关法律条文规定，由于对其所涉及的某些问题认识不一致，没有能够达成共识而未被采纳。联合国教科文组织大会第十九届会议于1976年11月26日在内罗毕通过的《关于文化财产国际交流的建议》曾就国际交流作了建设性、系统性的规定，其中包括"各成员国可以依照其各国家的立法和宪法制定或惯例及特殊国情"，应该修改某些"现行法规或规章或通过新的立法或规章……"法律作为文物保护的重要武器，是根据国情和事业发展需要制定的，中国作为世界文明古国，历史上又发生过许多特殊事件与情况，文物流失国外持续时间、数量、品位是其他文明古国所罕见的。这个特殊国情决定文物交流互鉴必须有法可依，有章可循。过去没有的现在要予以补定、完善。曾几何时，中外都有人宣称文物是千百年前的老古董，不是专利发明，也不是现代创作、著作，不存在著作权、版权、知识产权的问题云云。其实，有的外国人是借故规避，维护自身权益，是违理违情的。个别中国人叫喊，却是无知或附和他人。文物，既是千百年前的遗物，又是千百年来无数仁人志士和民众以心血、资财乃至生命维护维修的成果，是历代先辈前贤劳动创造、规划管理、科技创新保护的成果，是国家和群众无数人、财、物付出的成果，是无数专业技术人员和民众智（脑）、体力辛勤创造的成果，都是保护者的科研创作和科技发明。每件保存至今的文物，都是一部大小不等的作品、著作，都承载和融入千百年来维修保护者的心血和智慧，而且越往后必将需有更多更大的付出，这都体现了文物传承过程中的劳动创造的艰辛和智慧。如此这般的事实，不仅展示出维护文物主权、所有权的职责与义务，也显现了所有者对文物信息资源拥有和行使知识产权，都是劳动创造的代价，都是有根有据，合理合法，天经地义的正当合法权益。这些对文物保护、维修、传承的体、脑劳动的不断付出，与著作权、版权的性质、价值、地位完全一致；而且随着维护维修工程的延续与发展，更将有其久远性、不可动摇性，不可以时限论之。当前，最急需行使的、最重要的文物知识产权是文物出国展览、图书出版、音像制作、网络交流、复仿制品等诸多方面。这些都是目前交流互鉴的主要形式，都要通过文物实品的使用而进行制作，文物资源被直接提供给合作方，成为制作品第一资源。其所制作成品又多是非公益性的特殊商品，都是行使知识产权、版权、著作权的名正言顺的依据。总之，文物保护维修是一项自成体系，独具特征，富于科技创新的大事业、大工程，是国家文物管理工作的最终任务与目的。在保护维修过程中，文物工作者所要付出的劳动、才智和心血，国家所要承担的人、财、物成本是巨大的、长期的，其所有成果、成效都是脑（智）、体力的劳动成果，都与艺术、文化创作和科学技术的发明创造相等同，如此等等，都是文物信息资源应享有知识产权和著作权的铁证与法理。这个道理、原则、认识应该有政策法规的明文规定并广为宣传，让那些强词夺理否定文物信息资源知识产权的人们感到汗颜自愧！从而据以名正言顺地享有相应的各项权利。为此提出知识产权要求与行使必将有力规范、促进文物交流互鉴，增强中国传统文化的影响力、亲和力和软实力，增强文化自信，为实现中华民族伟大复兴的中国梦，为实现全人类命运共同体，最终实现世界各国民族的灿烂文化的大交流、大借鉴、大繁荣做出更大的贡献！

2017年9月于北京寓所

玉札赓续 史苑飞鸿

——读《谢辰生先生往来书札续编》随想

谢辰生先生"往来书札"集出版以后，曾在全国文物界引发热烈反响，受到文物工作者的普遍盛赞，对他在文物事业上的付出与贡献达到有口皆碑的程度。如果说作为新中国文物事业开创者、奠基人的郑振铎、王冶秋等老一辈文物工作者是新中国文物事业第一代代表人物的话，那么，谢辰生、罗哲文以及"黄埔四期"考古学员等则是新中国文物事业发展、壮大的推动者、建设者、见证者的第二代代表人物。谢辰生先生的贡献，既是郑、王文物保护思想、理论主要执行者、继承人之一，也是新中国文物工作方针、政策、法律、法规建设的参与者、创建者之一。他在继承郑、王理念、理论、思想的基础上，又从现实不断变化的新问题、新情况、新形势出发，从理论、实践上加以完善、阐释以适应新的发展。他的中国大百科全书文物卷的前言，就是这样一篇完美的文物和文物保护、利用、管理的承前启后，承上启下的重要文物理论著述，获得同界同仁、专家的高评，再三强调它是文物工作和文物工作者必须归依和遵循的里程碑式文章，无论时代与形势如何变化，都是文物保护管理基本理论的教科书读物。这篇大作，与前后两集书札并连同新近出版的口述保护史联为一体，彼此印证互补，集谢辰生先生文物学理论与实践，史实与经验，人物与事件之大成，全面、系统，洋洋大观。其大就大在系统、全面地继承郑、王的文化遗产观和文物保护、管理思想；大就大在新的时代背景下坚定不移地继承、践行、阐述、弘扬郑、王文物管理思想、理论；大就大在应时代之需，大讲保护为主，抢救第一，一百年，一千年都不能变！大就大在文物的利用，就是充分发挥文物的作用，更好地建设社会主义精神文明，增强国人的文化自信！大就大在大力宣传文物既不是社会主义现代化的"绊脚石"，也不是发展社会主义经济的"摇钱树"！大就大在大义凛然，为了保护祖国文物，无私无畏，无欲无求，敢同大权人物辩论是非高下！大就大在位卑未敢忘忧国，无职务、无权位，日日夜夜，所思所想，所作所为，无一不是文物的保和用，无一不是这里那里文物遭破坏，这个那个利用不合理，无一不是在想方设法去解决各类文物破坏问题，甚至无时无刻不在为文物事业的未来而忧心忡忡！他的全部生活除却文物没有第二个关键词，除却文物保护没有第二作为！特别是离职离岗之后，他的所有的所有，都是奔波于文物事业圈内，劳碌于与媒体、友人、群众交谈之中，交流于电话之往来，这都是他近年来最重要的生活内容和行为方式，除却文物或偶涉国家大事，没有第二内容、第二谈资。他的七情六欲都融化在文物二字之中，他一切的一切，就是生命的一切与文物的一切无缝对接，就是上下左右前后都排列着，堆积着文物被乱拆乱改、违规违法使用的情况和问题，就是给各级"少数关键人物"写信、发函、打电话。我有时放下他的电话，就突发冥想，人的生活是多么多姿多彩，世界是多么美轮美奂，为何他就可以"文物"二字寄托一切，取代一切，满足一切，付出一切呢？这就是所谓的"执着""痴迷""着魔"吗？我想又是又不是，或言之不及，或不切中肯綮，或失之粗俗。简而言之，他就是把文物保护传承视为自己生命的全部。他看重生命，盼望长寿，为的就是为文物多做工作。他以现在96岁高龄的所作所为证明他把文物视为生命的情感和事迹，比诸郑、王则过之而无不及！他作为老一辈开创者的继承人，从理念到意识，从理论到实践，从事迹到精神，从情感到意志，都是他们那般风范，那般格调，那般气韵！他左右逢源，上下通达，凭借上下四周群力群心解决了许多文物工作中的急、大、难问题，使许多重要文物古迹得到抢救和保护，许多违法违规损害文物的错误做法得到纠正和弥补。北京的四合院、古街、古巷、古道，南京老城、古迹，西安城墙、古塔、"曲江管理模式"，天津五大道小洋楼……祖国大江南北，长城内外，都有经他参与力争、力阻保护、抢救下来的文物古迹安然屹立在原地，所有这些作为，都是凭借他的一双老腿、一身硬骨、一腔大无畏的战士情怀，一支修炼有素的小楷毛笔，一副"对旧学颇有根底"（马衡语）的头脑，一部亲历目睹的文物工作史活字典，说服了认识不清的干部与群众，征服和感动了上上下下的"少数关键人物"，战胜了许多蛮不讲理，甚至违法违章的文物破坏者。他的专家、学者、权威就这样逐渐在文物界、文物工作者心目中，在全国传媒界树立起来了，甚至为上上层相关领导人所感动，对他给予高度的肯定和好评；其论及"范围之广，深究之深，论述之详，前所未有，无一不反映了您对祖国的热爱，对历史和人民的尊重"！

文物管理事业体量虽小，但义重天下，命系家国！习总书记屡以民族根魂论之，指出文化自信是民族发展更基本更深沉更持久的力量。因此，文物事业是全民族的共同事业，必须全民参与、担当。一个人再神通，再高明，也只能是一己之力。现在需要的是更多的谢辰生式的铁杆保护派，"保守派"，以生命为代价的保古派！历史经验证明，文物保护这个特殊事业，确实需要谢辰生这样的特殊人才，需要这样死心塌地的"老顽固"，需要这样矢志不渝、承上启下的中坚人物！

权威，是一种公信力，是真理之树的花果。只有掌握经过实践检验的真理，才有权威的存在，才能发挥以理服人，以规正人，以力制人的力量。真理是自生自长自开花的常青树，不是人栽人捧，大树特树起来的空心墙。郑振铎、王冶秋为新中国文物事业所建设起来的思想理论体系已经受了近七十年的实践检验，证明是真理，才得以对文物和文物工作的指导意义具有无可置疑的物质力量。作为继承者、执行者，并与时俱进加以完备和创新的第二代代表人物的谢辰生一辈的文物保护思想、理论也正在接受实践的检验和群众的鉴定，因而既有拥护、支持者，也不乏有人持反对意见，个别"少数关键人物"甚至视为自己作为的障碍。他们所持歧见，集中在保和用的关系和用的目的与要求两大方面。在这些同仁看来，现在的问题是保得过头，用得不够，用得不当，不适应改革开放、简政放权、市场起决定作用的大势大局，不适应经济快速发展的急需急用。这两大问题，从改革开放伊始，至今四十年分歧不变，争论不已。有关主张、理念或此或彼，或起或伏，或轻或重，或隐或显，时刻在干扰、影响国家文物工作方针、政策、法律、法规以及文物管理的基本程序、方法的正确运行。由于这些分歧首先或主要出自文物管理内部，其势之强，其力之猛，其影响之深，远胜于平民身份的谢辰生为代表的部分人，从而对文物工作大政方针方向的左右力更是不同凡响，致使文物工作不能实现真正的改革创新，真正的发展国家软实力，增强人民群众的文化自信。这种情景，由于由来已久，在有的地方，有的单位，有的人们中，一种无声无息，无影无踪的潜在意识正在形成与流行起来：讲保护，就是保守，就是不重视利用，就是几个老家伙冥顽不化的吆喝；讲改革，就是要搞好搞活利用，就是要发展产业，开发市场，搞好流通等等全面开花。但是，另一种态势即文物盗掘、盗窃、盗卖、走私等犯罪活动却在"有声有色"、"有影有踪"持续猖獗不止，而且愈演愈烈，对文物造成无可弥补的损失。如若如此主次易位，首副失衡，则可能是利用"广种薄收"；保护抢救，急如星火，文物工作长期处于紧张、被动状态。由于真理有时在少数人手里。人的权威力量是不可否定的，人们的信服与尊重也是自然而然的。但是，真正的铁权威，是国家法律、法规，是国家行之已久，行之有效的方针、政策，是党和国家确定的指导思想和法律、规章。违背这一铁的权威，就是一个值得思考、重视的原则问题了。不信人，不信神，无可指摘。不依法，不守规，不坚持"四个意识"、"四个自信",则可能要发生偏颇。

谢辰生先生书札续集的问世,于人于事于国都是一件幸事。一是补齐他工作书札的完整。一生为文物工作书写的信札齐全完整,是他一生献身文物事业的重要见证。集中所收录的80多封信函,无一不涉及文物工作问题。致函对象比前集涉及更广更多层、多方面,正正规规的传统信笺,工工整整的蝇头小楷,都足以给人以美的感染,都是难能可贵的书札文化作品,甚至是不可多得的书法艺术品。至于书札的内容,更是他为保护祖国文化遗产披肝沥胆,为传承民族传家宝呕心沥血,为弘扬民族根脉无私无畏的实物见证,读之令人意趣无穷,心血炽热,感佩不已。续集还收录谢老的部分日记,这可谓"锦上添花"。既为其专力于事业的人生增添了新的内涵,新的风采,也加深了对他"对旧学颇有根底"的学者印象。例如所收日记第一篇(1953年)说"狂风竟日,天气甚冷,继续写配合基本建设清理古墓葬草案。阅《人民日报》去年10月所载西北棉织厂建厂破坏古墓葬的严重情况,殊为痛心。西北为考证周秦文化之重要地区,破坏者极可能为珍贵之史料……由此亦可见所拟草案之重要矣……"他的文风前期潇洒,后期严整,稍带"机关文学"味,这是机关工作习性使然。书札、日记的面世,更为全面、完整地显露其人其品学其风格其作为,都是当之无愧的文化大家,文物学家,是民族历史文化的忠诚卫士,是新中国文物工作者又一代楷模!历史和现实将证明他是继承郑、王风范,弘扬郑、王文物保护思想的"无冕老英雄"!喜今日,玉札赓续,新中国文物事业发展史上又添华彩新章,中国特色的文物管理史苑又飞来片片征鸿!留下篇篇史页,该是何等的可喜可贺啊!

2017年11月于北京寓所

新中国七十年文物管理拾零与述评

　　新中国文物管理事业从接管北平文物算起，即将跨入七十周年了。人生七十古来稀，国家事业七十年，却是兴隆、壮大正当时。人到古稀，老之将至，谁都自然要回首往事，盘点平生，或丰功伟业，万民拥戴；或得失参半，悲喜交加；或无亏无愧，坦然自得；或一生坎坷，步履维艰……同样，事业之路，多式多样，或平坦，或曲折，或畅通，或艰险……但是，事业的百年千载，留下的是千百万人群体的累累足痕，斑斑手迹。因此，其成就，其价值、其功益往往涉及地区、群众乃至国家、民族。因而盘点、总结其历程、足履及其经验教训，非个人行为所能达到，应该有组织、有计划地进行，全面、综合性的开展。作为个人行为，只能是凭个人见闻、经历，触及冰山一角或九牛一毛。只能是一孔之见，一面之观。只能拾落叶于零碎，觅步履于留痕。一个"半路出家"到中国文物管理事业中的耄耋老人，而今正走在满洒秋风秋雨漫长宽敞的林荫道上，凝视飘舞落地的金黄的白杨、银杏叶片，饱含秋韵风情，伸向无尽的远方，令人无限遐想、万千思绪，最终以满怀依恋之心，从中拣选几片最为完美、最堪记忆的记在笔下，留在心中，寄愿后人认知此路之久远、悠长！如有此一得之愚，自当谢天谢地，不失拾零述评之徒劳。

　　管理，是人类一切活动不可或缺极为重要而又最为普通的组织实施的活动。大到治国平天下，小到修心齐家。特别是人类生存所需的群体行为，管理活动更不可须臾之缺。文物管理工作，事业虽小，却义重天下。特别是习总书记指示"要努力走出一条符合国情的文物保护与利用之路"，就必须总结既往的中国文物管理工作的经验，从中汲取借鉴和滋养，乃至确定为长久执行的原则、规范，这就是文物管理寻踪觅迹的真正目的所在。

　　文物管理是一项巨大、繁博的系统工程，比诸其他事业管理，更富有其特殊性。作为事业运转和发展的基本手段，管理的内涵十分纷繁复杂。概而分之，包括文物管理理念、思想、理论的确认与指导；管理机构、体制、章程、人才的研究与确定；法律、法规、方针、政策的制定与执行；文物保护与利用规划的制订与实施；文物保护科技的研究、发展和运用；文物分类分科分工的专项管理；文物管理学科的研究与发展等等。新中国七十年的文物管理工作对此种种基本涵盖齐全。七十年的管理成果分别包含其中，七十年的经验都积蓄在内。七十年的文物管理历程，也同国家发展道路一样，一路上风风雨雨，坎坎坷坷，在艰苦曲折中前进，在前进路上艰难奋战。七十年的历程，新中国成立伊始到文革17年为第一阶段，文革至改革开放13年为第二阶段，改革四十周年为第三阶段。七十年的路上，一方面花果累累，另一方面风雨潇潇。七十年的文物管理之路，特别是改革开放的四十年的历程，始终是波浪式的扩展、延伸。事业大发展，困难随之而起，问题层出不穷。符合国情的保护、利用之路一直在摸索、试探之中前行。

一、天顺人和　旗开得胜

新中国成立以后一个多月，主管全国文物保护的文物事业管理局，随着国家文化部正式成立，办公地址设在北海南岸的团城古帝王禁苑内，幽静、古朴、风光独好。有了机构，有了办公场所，一切公务的启动和运转，全仗于人力、人才了。新中国首届文化部，人才之盛，可是空前，直至今日，许多方面尚未曾逾越。创一代文学高峰的茅盾、巴金、老舍，中国电影文学创作的祖师爷夏衍，著名剧作家田汉、曹禺，戏剧艺术家梅兰芳、欧阳予倩等以及音乐、舞蹈等名家巨匠都汇集京华，可谓盛极一时。文物局所起用的人才，同样名家荟萃，精英辈集。学通今古，才贯中西，兼考古、史学、文学、艺术等学者、作家于一身，更擅专于文物收藏、研究，声名影响广及中外的大学者郑振铎，从隐蔽战线冒出来的作家、将军王冶秋，中国唯一参加埃及法老陵墓发掘的考古学家夏鼐，权威考古教育学家苏秉琦，中国旧石器考古首创者裴文中，中国博物馆学首创者之一傅正伦，中国古代科技专家王振铎，著名书画鉴定大家张珩……其阵容之豪华，历届至今仍少有出其右者。正是这一代精英之荟萃，为文物管理事业的开创和运行发挥着决定性的保证作用，也是新中国文物管理事业旗开得胜的首要因素和坚固基础。

其次，开局成功的第二大原因，是确立和制定了文物管理事业的基本理念、理论以及相关的方针、政策，树立了正确的指导思想。以郑振铎、王冶秋为正副局长领导的文物局，综观全局，洞察根底，把握主次与缓急，强化工作人员对文物与文物管理的性质、价值、职能、任务的认识深度，郑振铎作为科班文物考古学家，对这些问题都有深厚的素养。他继王国维之后又一个倡导文化历史研究必须史料与文物实物相结合，与其"二重证据法"主张相呼应。在他出国考察、学习考古之后的"处女作"《近百年古城古墓发掘史》一书中，曾经指出：考古发掘所获成果，"盖有出常人所意想之外者：一、他们发现的是古代的文化、古代的艺术、古代人民的生活情形，他们将失去的古代重现于我们之前；二、使我们直接与古代的文化、古代的艺术、古代的史迹面对面的相见，不必依靠了传述失真的古代记载……"并指出这是十九世纪中叶世界考古的新进步、新发展。此前的考古发掘大多不是"为了学问，为了艺术，为了古史而工作着……"往后在1947年，他针对中国文物保护的危重现实，发表一篇宣言书式的长文《保存古物刍议》，全面、系统阐述了文物是什么？文物的价值何在？为什么要重视文物保护？文物遭破坏、被盗运、被掠夺，大量流失外国的现实严重性等根本性的理念、思想、理论问题。他说："原来人类的进步，只在文化上表现得真切，每一个时代，各有那一个时代的文化生活；而每一个民族，同时也各有其特征。而这文化是禅递不断的。像抽刀断水似的，水是永远的更流着的。每一个民族文化特征，便在各时代遗留下来的古文物、古文书上。要明白今日的时代和人民生活，便也非了解各时代（近代的乃至邃古的）人民生活不可，自然也便非研究各时代所遗留下来的古文物、古文书不可。这并不是发'思古之幽情'，这是活生生的学问，这是活跃跃的知识……像画龙点睛似的，古文物、古文书，便是民族的眼珠子。凡对于人类文化、民族文化有一点爱护之心的，便都会爱护这些自己民族所遗留下来的古文物、古文书。"不是为保存而保存，"而是要应用着的古物而作为继续发展之研究资源的"。他呼吁人们再也不能让帝国主义"学者"叫喊"将来研究中国史学与哲学（乃至一切学术者），将不往北平而至华盛顿以求深造"的狂言得逞。1950年新中国成立周年之际，郑振铎局长曾经放开嗓门，激情奔放地大声疾呼："到了今天，人民当了家，一切都要重新估价，'古董'也要翻身了。'古董'必须恢复它的生命——永久生存着的生命；也必须发挥其作用。给'古董'以新的生命，就是使它复活起来，积极的表现其功用，使它能够和实际生活联系起来。"所有这些论述和呼唤，对于文物管理事业和文物工作者都是最起码的理念、思想、认识和行为规范的基础。郑振铎先生以其渊博的学识和长期的实践所总结的文物管理和文物工作者的思想理念和行动指南，是新中国文物管理事业旗开得胜的重要原因，是新中国文物管理立业奠基的首创之功，是探索中国文物保护管理成功之路的开端之作，是新中国文物管理首创阶段的又一大成功标志。

再次，开依法管理之先路。机构、人员、规章、制度的形成、运转、运行，理念、思想、理论系统成章并正确指导工作实践之后，郑、王两位局长深知依法治文之极端重要性，他们面对古物、古文书大量的源源外流的惨重局面，深感法大于天。中国近一百多年来，对列强屡屡签约、割地、赔款，就在于丧失主权，国之不国，天之不天。文物任其被列强窃取、掠夺，就在于无法无天，也即国家无法可依。为此，他们怒发冲冠，深恶痛绝。郑振铎早在1947年就发出呼吁："时局是混沌的。但为了中国民族的百年大计，在万分艰苦之中，也必须站了起来，奋斗着，求学术研究的自由与充分的资料的供给。第一步是必须堵了大门，再也不要让不肖的子孙们把祖先的喜神像和家谱也往别人家里送了！及今不想法子，将来研究中国学问的，势必至也非到外国去留学不可。这对得住祖先吗？对得住后代的子孙吗"？新中国文物局建立运行伊始，他们想的做的第一件大事，就是堵住文物流失一个多世纪的"大门"、"大洞"，颁布国家法令，开启新中国有法有天的管理。郑振铎于1950年9月18日《一年来"文物工作"纲要》一文中开门见山，首先记述：

甲、颁布了下列各项命令与指示：

（一）禁止珍贵文物、图书出口暂行办法

（二）规定古迹、珍贵文物、图书及稀有生物保护办法

（三）古文化遗址及古墓葬之调查发掘暂行办法

（四）征集革命文物令

（五）保护古文物建筑办法的指示

据谢辰生先生口述史记载：最早由中央人民政府政务院颁布的是（一）、（五）两个，其时为1950年5月24日，但到1950年9月18日，上述五大命令与指示均已全部颁布执行。这是新中国文物管理事业史上的五座法令里程碑。自此，关堵大门、大洞，禁止文物源源外流，制止古墓葬连连破坏、古建筑调查依章行事、革命文物征集开始照章进行等等都有法可依，有章可循了。这是一百多年来，多少中华仁人志士和爱国爱乡的人们梦寐以求的家国大事，是旧中国应该做而无能做的维权护国的大事，是百多年来，在外国人面前能说到做到，任何外国强人也要服从的第一件大事。当然由于文物外盗外流祸起内外勾结，要绝门绝迹，仍非一日之功。据谢辰生口述史载：就是因为最先起草的文件首先是为了堵住海关口子，也正是因为做到了堵住海关口子这一条，"刚刚解放的时候北京城里那些

个外国人手里的中国文物都没有没能拿走。所以从那个时候开始，到'文化大革命'，中间可以说大规模的走私和盗掘基本是没有的。个别的不是说没有，但基本上没有"。所以毛主席所说的"我们真正在帝国主义面前站起来了。我们的文物再也出不去了（指非法出口）。这是很重要的一条。"五项法令、指示的出台，正是五道法律文书，记载着新中国文物管理事业的新起点、新里程、新标志，是新中国文物管理大开局、好开篇的主要见证、重要成果之一。

新中国文物管理事业开局阶段，总的局面是百废待兴。就全国而言，人、财、物都是紧缺、急需。其中最具战略挑战性的是全国文物保护、管理专业人才普遍短缺。事业发展要人、靠人。从长计议，培养人才是文物管理事业的最亟须。为此，在制定法令关闭大门，堵住文物外流门洞之后，文物局把培养专业人才置于主位。而人才培养，既要从长计议，利用大学作为长远基地，培训系统专业人才，又要实行急需急用的短期培训，在郑、王力主之下，先后举办四期考古人员训练班。"从1953年起，每年举办一期，由各省、市抽调干部参加学习，除了文物政策、法令之外，主要课程为文物知识和田野考古工作。结业之后，就可以从事一般的田野发掘工作了。第一期毕业71人，第二期100人，第三期101人，第四期69人，一共毕业了341人，除了考古研究所的研究、技术人员之外，这341人便是散布全国范围的考古发掘工作的主要力量了。这341人绝大部分都在省、市文管会里工作，成为各省、市主要的考古专业的业务干部，少数在各省、市博物馆或博物馆筹备处工作，那些博物馆也做着些考古发掘工作。"（《郑振铎文博文集》299页）办班单位主要由科学院考古所、北京大学历史学系考古专业、文化部三部门联合主办。参加授课讲学的包括郭沫若、夏鼐、裴文中等当时大多数著名专家，所参与受培训的学员，几乎人人成为其所在地所在部门、单位的文物考古工作的带头人、骨干、种子队员，其所承担责任、职责，很近似当年大革命时期的黄埔军校所培训的将军种子，故也有"黄埔四期学员"之美称。这些学员对新中国文物管理事业贡献之巨，是永垂史册的，也是新中国文物考古人才培训事业发展的一座起步里程碑。

作为新中国文物管理事业前十七年旗开得胜的开局篇，除了上述理念、思想、理论、方针、方向，法律、法规、规章、制度和人才培训三大功绩、三大创举、三大工程、三大基石、三大特征之外，在整个开局工作进程中，还特别突显出与时俱进，因势利导，稳健务实的工作作风。其所言所论，所作所为，都是把堵门、把关、抢救置于首位，把制止破坏、打击犯罪，科学发掘等保护措施作为文物管理的主体。坚持爱护文物就是热爱祖国的理念，坚持发挥文物的爱国主义教育作用，坚持文物博物馆要恢复文物的生机活力，为建设民族的、科学的、大众的新文化服务。如此等等，都一以贯之，即便大跃进之风凶猛，也没有被吹刮得动摇、停顿过。正如王冶秋在"文革"中公开宣称文物工作十七年是红线贯穿到底，不是什么"黑线专政"，给四人帮以迎头痛击，完全是站得稳、立得住的事实，致使四人帮拿他也无可奈何。郑、王所坚持的恰恰是文物管理的规律所在，是新中国文物管理的思想根基，是红线贯通的底线。

在文物管理开局十七年的郑、王管理理论体系中，最突出、最坚定的是实行依法管理和法治建设。开门开局第一堵洞关门，此后与时俱进，随着经济建设的发展，政策、法令的制定是从未松手的武器，农业合作化运动伊始，为了防止文物遭受破坏，1956年4月2日，发布《国务院关于在农业生产建设中保护文物的通知》以及在此前后，中国人民银行、文化部、全国供销合作社都相继发布关于加强保护文物工作的通知等重要文件，对当时的文物工作起着法律法规作用。与此同时，由于现实基本建设与群众盖房的需要，也明确规定必须事先勘探地基下有无古墓葬等才能动工建设。文物局为此举办"基本建设出土文物展览"，宣传生产建设中出土文物保护的重要性。展览分两期先后在故宫展出，毛泽东曾于1954年3次参观，并指示"出土文物就是历史，你们应当学点历史，要懂得历史"。（《中华人民共和国文物博物馆事业纪事1949-1999》）通过展览，群众对文物工作的重要性认识普遍有所提高，中央一些有关领导人都来参观展览并题词点赞，其中陆定一题的是基本建设与考古发掘"既对基本建设有利，又对文物保护有利"。要搞建设，先要勘察地下有无文物后，再盖房搞建筑，既保护了文物，又确保了建筑长久安全，两全其美，两得其利。"两利"方针（原则）由此而指导生产经济建设至今未变，其法规效用久为群众所遵守。当时应运而生的还有个"两重"（即重点保护，重点发掘）方针（原则），同样延续至今，还在发挥着文物管理指导作用。所谓"重点保护"，即第一个重点是哪里有建设，哪里就是考古发掘的重点。在保证重点的过程当中，发掘也不可能全部按部就班地普遍进行，要选择文物价值重要的地方进行考古发掘……这就是"重点发掘"。"重点保护"，则是两重意思，一个是建设地区的重点，哪里有需要保护的问题就去哪里，这是重点地区，而在重点地区发掘的时候，以重要的文物作为保护的重点，一些一般性的只好放弃。所以"重点保护，重点发掘"是这个意思……这个两重两利"方针是正确的，一直到现在，在一个相当长的时间，经济建设的存在，小康社会没有建成以前，始终是正确的"。（谢辰生口述《新中国文物保护史记忆》17页）

第一阶段文物管理中的法治建设还有一个鲜明特点，即一边是明令禁止文物走私、外流，坚决打击文物盗掘、走私、外流犯罪活动；一边又是全国许多省、区、市专设文物商店合法经营可以购销的文物商业活动。这两者本不相矛盾，但如不严格依法依规并有专业人员掌控，鱼目混珠，或珠成鱼目的现象就势在必然。事实已经发生，外国人借机生事，中国人穷得卖珍贵文物了。显然，这一关卡不过去，文物商店的合法经营难有保证。1960年，正式开会讨论文物出口标准和文物商店的性质、职能及其管理问题。同年内制定公布《文物出口鉴定参考标准》，对文物出口标准做出明晰规定。标准明确1949年以前的具有历史、艺术、科学三大价值的历史遗物均属文物，其分三条界限区别对待：一是乾隆六十年（1795）以前的一律禁止经营出口；1911年（辛亥革命）前，经专家鉴定部分可以经营出售；1949年（新中国成立）前，经专家鉴定可以部分经营出售。这个标准的制定作用很大，成为国家相关法令、法律的一部分，直至2007年国家文物局根据新的形势需要做出了较大幅面的修订，其精细、严格程度远超出原"参考标准"，受到文物业内外的普遍支持，认为是及时必要之重要举措，对文物法治发挥重要作用。

1961年颁布的《文物保护管理暂行条例》是新中国最早出台的文化法规，是文物管理工作的重要成果。如此及时出台的背景，一是领导人重视法治思想的推动，二是十多年文物管理法治成果突显的经验，三是"大跃进"、大冒进、大乱进的教训。条例是中国文物管理历史经验的继承和发展，是新中国文物法治工作成果、经验的集中总结，所以"条例"的出台，是历史的，又是现实的，更是未来的。"条例"的颁布实施，是新中国文物法制建设不断发展、完备的基石，是新中国文物法律体系建设的良好开端。中国现行文物保护法的立法宗旨、有关文物的基本定义、性质、价值，有关文物保护管理的基本方针、任务、体制等等，都是以"条例"为基础而充实完备起来的。例如文物的基本价值，历史、艺术、科学价值，文物保护的基本范围（对象），地面地下不可移动的古建筑、古墓葬、古文化遗址、近现代纪念性建筑，全国、省（市）、县（市）级文物保护单位建制的确定，各级政府设立文物管理机构及其职能、体制的确定等等，至今仍是保持"条例"的基础未变，只是应时应势应需而发展得更加系统、全面、完备，自成一个独具中国特色的文物保护管理法律体系的主体、核心。其综合性、完整性已达到史无前例的高度。"条例"虽简约仅18条，但却继承前训，借鉴国外，关键性、原则性的问题都明确无误作出规定。例如至今还在争论未休的文物价值问题，既是郑振铎早在20世纪40年代对文物的历史价值、艺术价值、科学价值的阐述的肯定，也是对国际公约既有规定的借鉴和沿袭。不是随意而定的，是历史实践证明其正确而确定的，所以至今仍是法律规定，不可改变。据查，文物三大价值最早见诸国际公约乃是1931年第一届历史纪念物建筑师及技师国际会议《关于历史性纪念物修复的雅典宪章》。该宪章第二条确定："会议听取了为保护具有艺术、历史和科学价值的纪念物，不同国家在法律措施方面的建议"。西方国家包括希腊、罗马对文物的艺术价值特别看重，这里提出的三大价值把艺术价值置于首位，且单就"历史性纪念物"而言。其实，包括所有文物在内的历史性文化遗产，都具有这三大价值，并且完全符合中国文物实际。郑振铎先生对文物的三大价值作过全面、深刻的阐述。例如文物的历史价值是："正确的、真实的人民的历史，必须实事求是，无征不信，证据——文物与历史科学的研究是分不开的。有何依据？发展规律、阶级关系、生产力与生产关系，人民是怎样劳动的？怎样创造的？怎样生活的？怎样创造自己的历史的？"文物对于人民认识自己的历史和创造力就是如此的重要啊？实际上，文物对于历史就是起着证、正、补的特殊作用，其价值是不可或缺、不可替代的。中国五千年的文明史，正因为有文物的见证、更正和补充，其绵延不绝、一脉相承的史实才是如此的完备、充分。能够以实物展示一国文明通史，唯我中国独步天下。如此古老文明，值得人类珍惜。现在有些人在强调文物价值的时候，往往以多为高，坚持三大价值之外还有文化价值、社会价值、经济价值等等。其实，这是对文物价值及其功能、作用的混淆与误解，价值与功能（作用）是有联系又有区别，最终是两个不同的概念。文物，作为历史文化遗产的价值，全部含括在三大价值内。从广义上说，三大价值就是文化价值，而作为全民全社会所享用的文物传统文化，当然有其社会文化价值，至于经济价值（效益）大多出于文物资源的合理、适度利用，表现于更多方面，更多种类。但所有这些其源盖出于文物三大价值之根本，正是三大价值的科学合理适度的发挥与利用。至于文物市场的合法交易，其经济价值（效益）更显而易见。但这只是部分的有条件的特殊情况。文物的合法拍卖，只能是国家法律允许的部分。普遍性的讲文物的经济价值，甚至以经济价值衡量文物的优劣，显然有悖于文物固有的性质与价值，更有失于对老祖宗流传下来的历史文化遗产的敬畏和尊重。国际公约曾明确提出"每一成员国应考虑通过管理古物贸易的规章，以确保古物贸易不致鼓励考古资料走私或对遗址保护及为公开展览的古物资料收藏产生不利影响"。这一规约表述得何等的明白啊！文物的文化、社会、教育、经济功能与作用，就是透过对文物价值的合理发挥和利用所产生的种种效益和成果。所以价值决定文物的本质属性，功能取决于文物价值的合理发挥，两者相依共存，但不可混为一谈，在现实使用中，更应区别开来，免于对群众的误解、误导。当然，主张、提倡文物社会、文化、教育、经济价值的专家，也并非自我臆想和臆造。国际公约也曾有类似提法。例如1972年联合国教科文组织在巴黎通过的《关于在国家一级保护文化和自然遗产的建议》的第六章"教育和文化行动"中就在历史、艺术价值之外提到"经济价值和社会价值"，"文化价值和教育价值"的用词，由于语义和翻译可能的差异，很难准确判断其价值、功能有无混淆。但是，所提这四大价值的"根本目的"是"服务于保护、保存和展示该遗产"，而不是其他性质的目的。这是无可置疑的。国内所主张和提出文物三大价值之外的多种价值，实质是价值与功能、作用的混为一谈。

在颁布《文物保护管理暂行条例》的同时，政务院又公布了全国重点文物保护单位180处。这又是中国文物保护管理史上首创之举，是中国特色文物保护管理的一大标识。随后，全国各省（市）、县（市）相继公布所辖行政区划内省（市）、县（市）级文物单位，按中国行政体制实行三级文物保护单位，并就国家与地方行政部门的管理职责、职能在暂行条例中做出明确规定。近七十年一脉相承，坚持未变。实行分级文物保护单位的创举，是成功的，本质上是符合中国国情的。经过七十年的风吹雨打，这一创举悄然屹立，经受时光的洗礼。但凡公布的各级文物保护单位，大都得到有效保护，发挥了传统、革命文化的正能量。特别是首批180处全国重点文物保护单位，在"文革""破四旧"，横扫一切的风暴中全都安然无恙。少数受到冲击的，也因受法律保护和国家领导人的极力维护，也都有惊无险，安然完好地生存下来了。由此证实，实施文物保护单位保护体制，就是赋予文物保护单位法律"身份证"，是为文物保护单位发放"护身符"（此二名词为本人办报时最早使用。第四批国保单位报告正式使用之——笔者注），其身份之尊严、地位之崇高，充分突显于世，意义不同凡响。这一举措，充分得到党和国家领导人的理解和支持。当年主持国务院讨论暂行条例和首批全国重点文物保护单位180处会议的陈毅副总理对国家文物保护之重视令人感动，他对如此泱泱文明大国才公布区区180处全国重点文物保护单位，表示严重不满，几乎拒绝主持会议讨论。后经有关负责人解释，公布重点保护单位是分批分期进行的，180处是首批，是全国文物之顶尖部分，陈老总才表示同意，并发表重要高见。他说："保护文物很重要，保护文物的问题宁可保守，不能粗暴，因为什么呢？如果错保一个文物，不该保的保了，这个错误随时可以纠正。可是一个很重要的文物一旦错拆了的话，那是永远不可弥补的。所以在这个问题上宁可保守一点，不要粗暴。保证一定要保护好。保护文物，特别是这些个古建筑，要保护它的古趣和野趣。古趣就是古代的古，野趣实际上就是我们说的原貌，一定要坚持保护原状的意思，不要随便乱动。"(《新中国文物保护史记忆》27页) 周恩来总理对此亦十分关注。他对国务院通过的暂行条例和全国重点文物保护单位名单也提出一些意见，其中指出文物保护单位一个是要有物可看，一个是要有事可讲(也有人说"还有一个有据可查"。) 周总理的这个意见，一直作为文物保护单位遴选和评议的重要标准，贯彻执行至今，发挥了重要的现实指导意义。陈毅副总理的那些高远之见，至今却知之者不多，理解、领会者更少，贯彻执行者尤其寥寥。这是很可惜的，原因在于宣传不够，有的人更是宁可粗暴，也不要保守，这是对"保守"理解的政治化，也是对文物价值及其保护的重要性的不解，两位老领导人已经作古多年，但他们的高瞻远瞩至今仍是活生生，活跃跃，永远成为文物管理事业的经典箴言。

文物保护科技的研究和发展，文物保护科技工程的实施和进步，是文物保护管理的重要内容和任务。科技对文物保护，犹如医药之于病患，文物管理工作不可视之等闲。在新中国前十七年顺利开局期间，文物科技及科技工程的实施，同样取得了可喜成绩。1959年，三门峡水利工程启动，山西芮城的永乐宫一门三殿，处于非淹不可的古城文物建筑群全部。宫内壁画乃是元初所绘国之珍宝，属于非保不可的重点文物单位。一边是非淹不可，一边是非保不可，两者无回旋的余地。为了确保两利两全，国家决定将永乐宫易地搬迁复建，在三年经济困难时期，慨然拨出800万元巨资在现有所在区(地)的一处适当地点，即现在芮城县北郊20公里许尤泉村附近按原状新建永乐宫，最为珍贵的壁画在充分的科技条件的保障下分块揭取、复原，其原状完整地在新壁上复原，效果十分完美，被中外专家称之为"奇迹"。作为中国道教三大祖庭之一距今700多年历史的永固的搬迁和保护，是中国文物保护科技传承与发展的重大成果，也是文物保护科技对于文物保护传承的极端重要性的生动例证。其现存元代壁画总面积达1005.68平方米，堪与欧洲文艺复兴时期意大利壁画胜迹相媲美，而创作时间却早其200年之久。永乐宫的迁保在六十年前的困难时期得以实施并取得圆满成功，是当时文物科技专家队伍强大和技艺高超的突出表现，也是党和国家高度重视不惜代价把它保护下来，成功实行"两利"方针的集中体现，前后历时5年多的搬迁复建，是中国文物科学保护管理的一大创举，称之为划时代的"奇迹"，并非夸大其词的评价。

无独有偶，正在永乐宫搬迁异地保护的同时，世界上另一个文明古国埃及因修阿斯旺水坝，几处世界著名古神庙也非搬迁保护不可。其中阿布辛贝神庙则是距今三千多年的古埃及著名法老拉美西斯二世夫妇分别所有的大小两座神庙，专供奉太阳神，所有建筑皆为石构，搬迁经费巨大，技术复杂，这全由联合国教科文组织和部分西方发达国家负担（包括技术专家在内）。其搬迁形式也近同于永乐宫，采取切割揭取编号，最后依号复原。由于其规模浩大，复原后的外观犹如两座大山高耸，气势雄伟，环境协调，一般观众根本不知其为易地搬迁保护，其科技手段亦是鬼斧神工之作。永乐宫搬迁保护的成功，不仅积累和发展了中国特色古建筑保护科技成果和经验，堪与埃及等世界各国同类工程媲美，而且为《文物保护管理暂行条例》确立"两利"政策，实施搬迁保护提供了成功例证。

博物馆建设与发展，被人称之为文物管理事业的"半壁江山"，是可移动文物收藏、保护、研究、展示、教育的主要阵地，新中国博物馆事业同样为世界各国所瞩目，是国家文化事业的重要组成部分，备受关注与重视。作为首任局长的郑振铎，对博物馆建设从理论到实践都予以特别的关注，每次工作总结与部署，总是强调博物馆工作的重要性。他在《文物局一年来"文物工作"纲要》一文中就指出当时已经建成国有博物馆四所，省（市）立博物馆16所。干部331人，私立的博物馆5所。此外还预备成立的中央自然博物馆、中央民族博物馆、中央卫生博物馆和军事博物馆等。更重要的是他对中国博物馆建设的方针、方向、性质、宗旨都有精辟的论述，对中国特色博物馆事业有其独到的见地。他说："博物馆工作的目标是要具体的表现新民主主义的，即民族的、科学的、大众的文化的最高成就。旧有博物馆正依据此目标加以改造和新建的。这个目标的确立，实际就是中国博物馆建设方针、方向的定位。博物馆要作为新的先进文化的最高成就，这是何等严格的要求。六十多年后的今天，中国博物馆发展到数以千计，位居世界前列。对这一要求，这一目标有充分认知并高度重视的，可能还不到多数，至少不到大多数?！关于博物馆的职能与任务，郑振铎先生以人民为中心的见解和要求更是明确具体。他把复活文物生命力，与现实生活相联系的任务交给博物馆，明确指出人民的博物馆是历史和爱国主义教育场所，"不是炫耀陈列品的丰富与精美的所在……乃是宣扬祖国光辉的文化，传达新民主主义的文化教育的地方，不是为某一特定阶级而设立的，而是供给广大的人民以知识与求智的需要而设立的，通过了实物与相当的解释，广大的人民在这里认识到祖国的伟大、光荣与丰富"。（《新中国的文物工作》）他严正指出博物馆不是"炫宝台"，不是专供"被特定的一部分人所摩挲、玩赏"。在他的心目中，文物的利用，就是把实物提供给人民认识、认知，了解祖国的历史和人民的创造力，就是通过展示使文物和现实生活联系起来。正是在他和老一辈文物专家的倡导和实践中，中国文物管理事业中的博物馆建设取得空前的大发展，从根本上改变了旧中国博物馆寥寥无几的落后面貌。到新中国成立十周年大庆之际，中国历史博物馆、中国革命博物馆、中国军事博物馆、中国民族文化宫等都作为十年大庆十大地标性建筑矗立在天安门前和长安大道上。新中国文物管理事业发展到十七年开局成功之际，中国通史、革命史、军史陈列都在毛泽东、周恩来等党和国家领导人关注、指导和审查下，在各类专家、学者参与、指导下，成功开放展出，成为新中国文物管理事业标志性成果之一，在传承中国龙的基因和革命的红色基因方面发挥了重要作用，对提升人民群众的文化自信做出了重要贡献。所谓第一阶段的十七年，其实是大而言之。在文化工作方面，正规正常的办事业早止于1964年所谓文化部"假整风运动"，还有所谓"关于部队文艺工作的纪要"的公布，实际上是"文革"风暴的前奏。至此文化部的正常工作秩序已经被打破。但是，由于文物工作的特殊性，还并未像其他艺术、电影、出版等一样成风口浪尖上的冲击对象，除了博物馆陈列外，其他工作还不曾停摆，直到1966年"横扫"风暴席卷全国以后，方被迫停止。王冶秋坚持文物工作十七年红线贯穿之说，事实俱在。新中国文物保护管理事业开局之好，起步之快，行进之稳，方向之准，理念之正，基奠之深，人才之盛，业绩之巨，影响之广，首创之顺，可谓功莫大焉，绩莫著焉，德莫高焉！

二、风暴横扫，浴火重生

新中国文物保护管理事业发展的第二阶段，实际不止"文革"十年狂暴时期，包括前序后尾，共计15年之久，这阶段的文物保护管理，一方

71

面历尽劫难，遍遭横扫，破坏之大，态势之险，损失之重，堪称劫难！文物工作者和社会有识之士以及人民百姓，莫不为之悲愤之极！今日回首评估，更是扼腕痛惜。当时的疯狂与愚蠢，简直丑态凶态百出，令人啼笑皆非。老祖宗留下的智慧创造结晶，竟欲加以旧文化、旧思想等"四旧"和牛鬼蛇神之罪名扫尽灭绝？全体中华儿女无不为之蒙羞受辱，最终无奈只能"不訾诟耻"！悲剧之悲，闹剧之闹，丑剧之丑，亲历目睹者，至今仍无以名状！风暴狂起之际，全国所有地上地下，馆藏馆陈的各类文物都是横扫、灭绝对象，连故宫、长城、北图、历博、敦煌、三孔等国之珍宝都面临着横扫摧毁危机。全国各地的文物单位纷纷向中央告急报警，形势千钧一发，危急万分。被砸被毁被焚的古旧图书、绘画、雕刻和器皿、服饰更无可胜计。各级主管机构均被红卫兵夺了权，行政管理全部瘫痪，文管人员全部离职，部分还参与"横扫"闹革命。一场名副其实的浩劫正席卷全国以去。但是，倒行逆施，忤宗逆祖者，必将天诛地灭，最终只有短命夭折。"横扫一切"并未完全得逞，而且在文物保护方面，还发生始料不及似乎戏剧性的新变化，事情并未完全按着"十六条"的路子走下去，横扫也中途遇阻，往后反被暴风雨催生复活，在浴火中得到部分恢复、新生、崛起。祸兮福所倚，怪中也有惊奇，乱中必有治也。

　　1967年初，风暴之狂进入高潮，文物被横扫，管理全面失控，各地告急、报警之声不绝于耳。对此，文化部以文物局干部谢辰生同志为代表的大批干群按捺不住内心的痛惜和愤慨，在群众集会上愤慨陈词，高呼文物不是"四旧"，不能横扫，要求向党中央毛主席反映危急情况。谢辰生完全赞成，并表示努力求助于中央。经过他迂回曲折的奔波努力，于同年5月14日，一个意外的天大惊喜事件发生了，一个毛主席核准"照发"的《中共中央关于在无产阶级文化大革命中保护文物图书的几点意见》的正式文件向全国颁发了。自此文物图书被横扫、焚烧的疯狂开始降温，文物不是"四旧"的理念发挥了作用，群众愤起反对横扫文物的气势随之增长。原有群众私下以多种形式，如在石刻墙壁上涂抹泥浆，写上标语，在书画壁上贴毛主席语录"最高指示"，以及关闭、停止参观等形式，致使横扫者不敢妄自动手发挥了防护作用，保护了许多文物，现在有了中共中央的"尚方宝剑"，情况就大不同了，群团性的横扫，得到很大程度上的控制，整个局面有所改观。文件共有七条意见，要求各地贯彻执行，其中还明确要求"对有毒的书籍不要随便烧掉，要作为反面教材，进行批判"。包括"各炼钢厂、造纸厂，供销社废品收购站对于收到的文物图书一律不要销毁……"可见要求之严。但是，由于当时全国文物管理机构的瘫痪和管理人员的解散，对文件的宣传、贯彻、执行的深度广度都普遍受到限制，文物管理的无政府状态依然持续存在，对贯彻文件的影响可想而知。但是，在整个"文革"过程中，党中央、国务院依然相对稳定，其职权行使也依然运转。特别是以周恩来总理为首的老一辈领导同志此时此际，竟以超常的注意力投入文物保护工作。对抵制横扫、破灭文物做出了历史性的重大贡献。据有据可证，有事可据，有案可查的就有：

（一）风暴狂起，横扫一切，势不可挡，文物遭横扫，遍及全国之际，周总理挺身而出充当全国救火总指挥。一起又一起，一波又一波的报警、告急、报告，不断涌进中南海周总理身边，事态之严重，迫在眉睫。1966年8月18日，被报告红卫兵准备进故宫扫"四旧"，周总理连夜开会立即做出关闭故宫的决定，并命令北京卫戍区一营兵力当即入宫驻守。次日红卫兵准备冲故宫，工作人员按总理指示制止，使故宫免遭浩劫。8月26日，红卫兵要砸新华门前的铁狮子，总理耐心说服未逞，同时下令搬至另地保护。8月27日，指示浙江省委认真说服红卫兵放弃砸灵隐寺的主张，受到浙大师生拥护。此间，北师大红卫兵200余人进驻曲阜三孔砸、毁建筑、文献资料，损失甚大，总理得知后，立即下达制止烧、砸，保全三孔文物的命令，使之免遭更大破坏。同年9月，湖北汉阳归元寺高僧写信告急，总理当即指示武汉军区派部队保护，使归元寺免遭砸、毁之灾。同年10月，红卫兵从北京杀向敦煌，敦煌管理瘫痪，总理得知又紧急指令"文物局和甘肃省采取措施，保护敦煌莫高窟，不能让这座人类文化宝库受到破坏"，同时签发国务院《关于敦煌莫高窟等第一批全国重点文物保护单位在"文革"期间一律停止对外开放，任何人不得冲击破坏，确有问题的待后期清理》的文件，对制止横扫破坏发挥重要作用。

（二）得到毛主席同意，决定由中共中央发文保护文物，挡住了文革小组的插手和干扰的企图，并掌控了文件的草拟、审定和发出的全过程，完整地表达了中央的意见，成为中共中央关于国家文物保护工作唯一的正式文件，在历史性的关键时刻发出历史性的关键文件，周总理的高瞻远瞩和政治果断力，发挥着决定性的作用。被责令起草文件的谢辰生先生也为之付出大量心血，功不可没。

（三）以非凡的胆识，在文物管理瘫痪、文物工作人员下五七干校的重要时刻，决然成立国务院直属的"图博口"，从五七干校召回王冶秋任副主任，主持文物保护管理工作的恢复和考古发掘工作，并启动出土文物展览工程。

（四）从国内外形势发展需要出发，断然成立文物出国展览办公室及其领导小组，国务院办公室主任吴庆彤兼主任。筹办出土文物展览，在国内外分别展出，既回击中国毁灭文化的言论，又与"乒乓外交"异曲同工，配合国家外交工作之需，同时又是恢复国家文物管理工作的特别举措。

（五）因筹办文物出国展览和恢复文物管理工作之需，周总理胸有成竹，早在1971年7月因要重新开放故宫，特请郭沫若组织专家班子编写《故宫简介》，郭沫若组织著名史学、考古专家夏鼐、白寿彝、刘大年、林甘泉、许大龄等多人在太和殿（一说保和殿）内分卷分人修改、写作，最后统一交稿，由周总理审定。其间从6月26日至6月30日接连做出批示（包括一次凌晨开会修改）。直至7月5日，《故宫简介》随闭馆5年之久的故宫一起同人民群众见面，这是恢复文物保护管理工作的一件标志性大事，是新中国文物保护管理事业史上一个重要事件，在国内外产生了强烈反响。

（六）同样出于恢复文物管理工作，筹办文物出国展览的需要，1971年7月22日，周总理出乎意外地批准郭沫若关于《考古学报》《文物》《考古》三个文物期刊复刊的报告。这在当时是引起震动的大事。随后又批准王冶秋关于重建文物出版社的报告，4月又批准重建文物印刷厂。

（七）1972年期间，周总理果断决定并直接领导、掌控、审查赴英法欧美和日本的两套出国文物展览方案，因而被誉为周恩来的"文物外交"。与此同时，周总理又破例亲自领导和指示文物考古发掘项目。1972年6月17日对长沙马王堆汉墓的发掘，特别是对女尸出土的保护倍加关注，做出周密细致的批示，对王冶秋提出严格要求，各项工作"要注意保护文物，不要有任何损失"。整个马王堆汉墓的发掘与保护在他精心关护与指导下取得圆满成功，在国内更引起巨大震撼。中国的文物考古就是如此丰富、完美！

（八）在此前后风暴继续逞狂之际，周总理还从思想理论上抵制"极左"作乱、破坏。1970年9月17日，在接见国务院文化组负责人时指出：不能割断历史，"不要因人废文"。1972年9月，中国历史博物馆提到修改通史陈列，提出打破王朝体系，每个历史阶段"以农民起义打头"，高等院校只讲帝国主义侵华史、农民战争史、中共党史、国际共运史等等，总理明确指出"农民战争打头，岂不成了农民战争失败史吗……朝代还是要的，朝代是个符号嘛，帝王也不能都不要吧！高等学校还是要学通史"，

"统一是中国历史的主流，在中国通史陈列中要反映"。显然这是思想理论上的拨乱反正。

（九）在国内出土文物展成功问世，出国文物展览东西两路齐备，马王堆汉墓发掘圆满成功，出土文物震惊世界，各地文管工作开始恢复之际，1973年3月 日，一个史无前例的大喜讯由国务院传来，"国家文物事业管理局"作为国务院的职能机构正式横空出世，王冶秋被任命为局长。周总理在他最后一次主持的国务院会议上正式做出直属国务院直管局，成为中国文物管理的最高职位、级别机构。这个机构的成立，是"文革"风暴催生的结果，是文物工作的浴火重生，是文物事业在暴风雨中的复活、新生，是周总理大智慧、高胆识淋漓尽致的大发挥，也是老一辈文物工作者打好基础开好局的新发展、新进步。这一阶段的文物工作成为国家文化建设事业是在横扫、批斗的浊浪狂潮中诞生的天之骄子，在整个意识形态的文化系统中是个特殊的特殊，个例的个例，不幸的大幸！此后不久，为数385件（套）文物品的《中华人民共和国出土文物展览》从1973年5月8日、9月28日先后在巴黎珀蒂宫博物馆、伦敦皇家艺术协会大厅开幕，以国家文物事业管理局局长王冶秋局长为首的中国文物代表团分别出席开幕典礼。两国观众分别为36万、77万余人次，获得重大成功。同时筹备就绪的另一套《中华人民共和国出土文物展览》于1973年6月8日，在日本东京国立博物馆开幕，展出文物236件（套），王冶秋局长率团参加开幕典礼。这两大出国文物展览在欧美多国的相继展出的成功，是新中国文物保护管理史上一举多得，意义重大的历史性事件。其一是中国人"毁灭历史文化遗产"之说破产；其二是"文物外交"的成功，与"乒乓外交"相得益彰；其三是对国内破四旧，把文物作为"旧文化"横扫的极左思想的回击与批判；其四最重要的是开创文物对外交流互鉴，展示中华五千年灿烂文明的新河、先路，从此，文物对外交流互鉴成为中国文物管理事业发展的新领域、新内容，也成为中国文物保护管理工作的新版块、新任务。自此，中国文物出国所到之处，都掀起"中国文物热"，特别在欧、美、澳和东亚各国更热得持久不息。开展文物对外交流，增进中外友谊，促进外事工作，提升中华文明声誉，取得社会与经济两个效益的持久丰收，为当前随着"一带一路"建设而兴起的文化交流共鉴的大发展、大趋势打下了牢固的基础，积累了丰富的经验，展示了广阔的前景。同时也证明"文革"风暴既对文物保护管理造成大破坏、大灾难，同时也出现了文物工作绝路逢生，浴火重生的特殊现象，更证明在"文革"浩劫中，在疯狂横扫的暴风雨中，依然有无数满腔家国情怀，对祖国历史文化遗产充满敬畏之情的伟人、勇士挺身而出，勇于担当，及时采取重大措施制止破坏之灾，为文物工作的新生、复活发挥了关键作用。如此大成果、大功德将永垂史册！

在这个新中国文物保护管理的第二阶段，国家文物事业管理局的诞生，是新中国文物保护管理事业发展的里程碑。自此，全国文物系统工作逐步恢复，考古发掘继马王堆之后又捷报频传：1972年山东临沂银雀山汉墓孙子兵法竹简出土。1973年，陕西秦始皇陵附近的秦俑被农民打水井浇地发现，结果发现了被誉为"世界奇迹"的秦俑坑一号、三号被发掘出土，引发国外轰动，也引起聂荣臻等党和国家领导人的高度关注，要求采取得力措施保护好。据此，国家文物局随即请求国家拨款建造了秦俑坑遗址博物馆。1974年，河北平山三汲乡发现战国墓群车马坑、中山国都城灵寿古城，出土文物具有明显北方少数民族文化风格，在世界各国展出时引起轰动。20世纪六七十年代的中国，是一个风雷激荡，云水沸腾的特别年代，人事悲欢离合，天时云愁雨怒，社会争夺砍杀，大事、奇事、丑事层出不穷，悲剧、闹剧、喜剧连台上演，人民大众挣扎于水深火热之中，国家百业凋敝，经济濒临崩溃，许多当权人物却趁机热衷于抢班夺权，国难民愁，形势之险恶，到了危急关头。但是，忧国忧民，力挽狂澜，拯救国家危难的领导人，却在呕心沥血，力保国家首脑部门的运转，维持国力国权的行使。文物保护管理工作的恢复、发展就是其中最突出的事例之一。俗话说"逢凶化吉"，"物极必反"，"文革"时期的文物管理工作正应验这两句话。没有伟人的大智大勇，多谋善断，没有横扫者的大凶大恶，没有文物破坏者的愚昧与疯狂，没有打砸抢抄的穷凶极恶，没有人民群众的奋起保护，激起物极必反内力的暴发，文物工作的转机与复活都是不可能的！有人对提及或列举"文革"期间文物管理恢复，认为有肯定和美化文革之嫌。其实，这是对"文革"中文物破坏与管理的现实了解不够，理解不深，简单、片面化所致，也是对人民大众和党中央文件力量低估的结果。"文革"中180处全国重点文物单位安然无恙，是一件很值得深思的大事，也是文物管理工作一大成功经验。国家文物事业管理局在"文革"暴风雨中诞生，在中国文物管理事业史上起着转折性的历史作用。中共中央文件的公布，国家出土文物出国展览的成功，重大考古新发现连连发现与出土，正是文物管理复活重生的重要标志，也是成书之有"巧"。

在上述马王堆汉墓等多项重大出土文物发掘的前后，还有1968年河北满城汉墓、1978年发掘问世的湖北随县战国大墓出土的编钟以神奇乐律音响彻神州，震撼世界。其音乐性能之完好，音色之优美，设计之精巧，铸造之瑰丽，均举世无双。这些重大考古发掘，都是同秦俑、中山国王墓等一样震撼世界的考古大成果，都是"文革"中由农民群众先行发现的文物保护大事件，都可谓天公作美，天助人也。

在"文革"风暴中，发出中共中央关于"文革"中《保护文物图书的几点意见》以后不久，国务院又筹划解决文物商业归文物部门经营，并重申"细水长流，少出高汇"的文物出口方针的问题。这又是文物工作浴火重生中的一件大事，也是国家文物管理工作恢复过程中所做的文物保护大事。文件出台的背景，一是红卫兵要砸文物商店"四旧"，周总理了解到这种行为，即以理服人：这是文物，就是其中有些不属于文物的，或是低等级的，我们还可以卖给外国人挣外汇。红卫兵就此住手，文物商店也就被保下来了。二是文物可以卖给外国人可以赚外汇，外贸部就以总理的话为由把文物商店全部接收过去，变成它们的单位了。文物买卖也就大行其道，廉价出售，在每年两届的广交会上，文物品、传统工艺品等等，像菜市场一样，书画论捆，玉器论斤，小件工艺品像西红柿一样论堆，事态发展到不成体统了。四川一个县博物馆所藏都全给卖光了，外贸部门还作为创汇经验鼓吹，中国文物成了萝卜白菜，随外国人所爱来卖了，引起一片哗然。周总理见此立即采取措施，责成吴德负责研究文物商店应该归文物部门管理的问题。吴德即召集白相国（外贸部部长）、王冶秋（图博口负责人）成立三人小组，吴德自任组长。1973年，谢辰生同志参与此事研究与文件起草，1974年1月上报周总理，直至12月文件正式发出，即国务院132号文件，其中明确文物经营全部回归文物部门管理，规定"归口经营，统一收购，统一价格，加强管理"原则，确定"少出高汇，细水长流"方针。此后又发补充文件，把外贸部门所收藏文物全部移交文物部门管理收藏。故宫午门楼所藏几十万件文物就是外贸部门移交文物。现已全部交国家博物馆收藏管理。

1974年，文物局经国务院批准成立了古文献研究室，由著名古文字古文献专家唐长儒任主任，主要任务是抢救、整理、研究无人管理、散失在民间和出土的金、石、文书、文献史料。由于唐长儒先生年事已高，不能长住北京管理，引起人员流失等原因而将机构合并到文物研究所，最终连机构也被撤销。原定任务也无人问津，很是可惜。1974-1978年，国家文物局先后成立银雀山汉墓竹简、马王堆汉墓帛书、吐鲁番唐代文书、睡虎地秦墓竹简、居延汉简等五个整理小组，由唐兰、商承祚、张政烺、唐长儒、顾铁符等著名专家领衔开展工作，所得进展和成果，不尽相同，1978年以后的变化亦各有差异。但文物局对此项抢救性的保护、研究工作之重视却可见一斑。

此外，为了捍卫革命斗争成果，发扬革命传统，国家文物事业管理局充分发挥自身的职能与权力于1975年4月在革命老区湖北红安召开为期6天的全国18省区市革命文物工作座谈会，总结、部署革命文物保护、宣传工作成果与经验。1976年10月11日在革命老区阳新县城召开革命文物工作座谈会，讨论有关毛泽东同志工作旧址、旧居和文物保护、宣传问题，并交流群众性保护工作经验。

在古建维修保护方面，1973年8月，国家文物局组建以建筑大师杨廷宝为首，集全国著名古建专家之大成的古建考察团（共20余人。笔者作为文物局工作人员有幸随行）专程赴山西五台山、雁北地区全面考察古建筑保护维修实况，首先要解决、确定现存国内年代最早的古建筑五台山南禅寺的抢救性维修方案和另一座唐代建筑佛光寺文殊殿的保护维修问题。由于南禅寺是否落架大修问题专家有不同意见，此次考察属于会诊定格性质，到场专家争论仍然激烈，最终以落架重修、"全面恢复原状"为最后定论。随后对佛光寺的保护维修提出了结论性的统一意见，旋即进入台怀考察五台山古建筑，到大同考察文物建筑历时半月有余。参加考察的全国著名专家有杨廷宝、陶逸仲、刘致平、莫宗江、卢绳、陈明达、于倬云、方奎光、祁英涛、罗哲文、刘绪杰等。文物局陈滋德处长带队、山西省柴泽俊等多人参加考察。南禅寺落架重修工程1974年动工，次年圆满竣工，成为继山西省永乐宫揭迁、加固，云冈石窟维修竣工之后又一个受到国务院全国科学大会表彰和奖励的文物保护维修工程。

1975年。国务院副总理谷牧同志专程考察承德避暑山庄，对部队等单位进驻并建设医院、宿舍等大量违章建筑，破坏园林原状的问题做出重要指示，并决定拨款实施大规模搬迁，恢复万树园等景区原貌。由国家文物局和省地有关主管部门主持实施。限时两年左右完成。1976年进驻大多数单位与居民逐步迁出山庄，全部迁延到90年代完成。这也是恢复避暑山庄原状，对"文革"破坏文物拨乱反正的文物保护管理大事。

这个第二阶段前后历时十有三年，其初，横扫与抢救并行，破坏与保护同在，损失与成就共存，特点突出，过程曲折，斗争激烈，前景令人鼓舞。这一阶段的主要标志是：一是文物被作为"四旧"横扫破坏，基层乡土文物遭劫更大，损失最重；二是史无先例的中共中央文件下达，发挥重要遏制、抢救作用；三是国内外两方面的出土文物展览成功举办，对外交流掀起"中国文物热"高潮，反响强烈，影响深远；四是重大考古新发现接连不断出土，震惊世界，叹为观止，被誉为世界新"奇迹"；五是直属国务院的国家文物事业管理局从"天降"世，充分发挥职能，独立自主地做了许多前无古人的大事要事，成为中国文物管理事业发展的一座丰碑。

三、改革开放 创新进取

新中国文物管理事业发展的第三阶段（1978~2018）是一个全新的时代。所遇到新情况、新问题、新发展，同整个国家事业一样都是全新的前所未有的，也都是在改革开放的大局面大趋势中不断探索，不断创新，不断前进的。由于文物和文物管理的特殊性，探索、发展中的问题又多又复杂，要理顺其发展头绪与脉络并从中汲取教益似乎更难于一、二两阶段。限于一管之窥，只能"大题小作"之，且事实多拾零于自身亲历目睹或所闻所知及其评述均仅一己之见而已。

改革开放四十年的中国文物保护管理事业的发展历程确曲折迂回有余，平坦直正不足。全程大体也可分三个阶段，一是改革伊始的探索；二是从保护为主，抢救第一到十六方针的法定；三是习近平总书记的系列论述和指示，即十八大以来的新发展。这三个阶段的发展，按内容又大体可分为以下几个方面或层面：

（一）文物工作方针的确定

（二）文物法治建设的发展

（三）文物视野、对象的扩展

（四）文物利用的由来与衍变

（五）若干口号、提法的争议与影响

（六）学习贯彻习近平总书记的系列论述与指示，走符合国情的中国文物保护利用之路

一、关于文物工作方针的确定。这是改革开放新时期文物管理的迫切需要，是现实管理工作发展的必然结果，也是一个长久的实践过程的总结。新中国文物工作的方针，有正式、权威文件记载和表述的是改革开放以后的事。最早的正式权威表述在1987年11月24日《国务院关于进一步加强文物保护和管理工作的通知》（即通称"101号文件"）中，即"加强

保护，改善管理，搞好改革，充分发挥文物的作用，继承和发扬民族优秀的文化传统，为社会主义服务，为人民服务，为建设具有中国特色的社会主义做出贡献"。但是，在此之前，这并不意味着方针的模糊与缺失。恰恰相反，自新中国文物保护管理工作开局之日起，就把文物的抢救与保护置于主、首位。如本文开篇第一阶段所叙述文物保护管理的理念、思想、理论和方针、方向、制度等问题，都集中阐明文物保护、抢救的主要与首要的铁定地位。郑振铎局长迫不及待要遏止文物图书流失境外的呼唤与实践，反映他的保护抢救思想的坚定与高度。"两重""两利"方针的确定与宣示，实际也是保护与抢救为主、为首思想的体现。前述国务院101号的出台是前三十年或四十年，社会主义建设与改革两个时代承前启后的过渡性指导文件。它既强调加强保护，又要求搞好改革，特别对现实出现的新情况从理论与实践两方面做出了针对性的阐述与要求，对一些关键性问题做出了坚定明确的回答，是党和国家蓄意已久，经过党和国家领导人反复研究定格的重要文件，全国文物工作者都应该全力贯彻执行。但是，由于国家改革事业发展很快，现实既已存在的新情况、新问题尚未解决，而更新更多的问题又不断涌现；文物系统内部认识不统一，指导思想的分歧日益突显；有的地方"少数关键人物"的不同认识与意见影响很大，一部分文物工作者对保护是文物工作的基础、前提的理念产生动摇，致使文件的指导作用未能得到应有的发挥。其所指出的文物工作方针，未能得到更多的理解、赞同、拥护和执行。这正是文物管理工作的重要性、复杂性、艰巨性的集中体现。

在此后五年的发展历程中，一位求真务实的党和国家新领导人李瑞环同志主管文物管理事业为之带来了新的生机、活力。他通过对文物工作中重要问题、重点地区、重要人物的调查研究，得出了重要而准确的结论性论断，提出并经党中央同意的文物工作方针，在文物重点地区西安召开全国文物工作会议上正式发表以"保护为主，把抢救放在首位"为题的讲话，其中着重阐述中华文明五千年，源远流长，博大精深，绵延不绝，独步天下，唯此为贵的重要性和特殊性。这个讲话是改革开放新时期中国文物管理事业发展的新的宣言书，被誉赞为"文物事业新的春天宣告到来"。其意义非同小可。讲话为强调"把抢救放在首位"，特别提出"先救命，后治病"的正确理念；"同一些历史较短的国家相比，我国文物的显著特点，一是年代久，许多文物经历了几百年、上千年，称得上饱经风霜，抵御自然侵蚀的能力大大降低，有些抢救一下就保存下来了，不抢救就没有了……而历史文物是无法再生的，一时的延误就可能造成千古遗恨……这就需要按轻重缓急进行排队，本着'先救命，后治病'的原则，抓住重点，急事先办，把有限的力量首先用于抢救那些快'断气'的孤品、珍品上去"。这个"先救命，后治病"的思想，看似很简单，但是事物存在的基本逻辑，是新中国成立前三十年就坚持实施的基本要求。这一掷地有声的提法和表述，其震撼力与影响力，迄今仍余音绕耳。讲话通篇集中阐述"保护为主，把抢救放在首位"这一方针的重要性和实行的必要性，思想、内容与语言都新颖、生动，确有高屋建瓴，振聋发聩之势也。"保护为主，把抢救放在首位"的表述通贯全篇，主题思想鲜明突出。作为会议参与者和会议简报与宣传报道的"小编"，笔者却对这一正确而又精准无误的文字表述却有点欠顺畅、响亮、对称、整齐之感，特别是作为方针，与中国人惯用对称的形式有所异样。"把抢救放在首位"不就等同于"抢救第一"吗？"首位"与"第一"在这里并无任何差异，而且少了三个字，对称整齐。思之再三，我向瑞环同志办公室负责人李昌鉴同志表示了我的意见，提出可否改为"抢救第一"呢？"保护为主，抢救第一"不就是"保护为主，把抢救放在首位"的意义全面的另一种表述吗？如此既读来朗朗上口，又便于记忆。翌日一早，李昌鉴同志正式答复本人说"首长说照你的意见办。讲话正式发表时就以你的改稿作为标题，并在文中明确宣布必须坚持'保护为主，抢救第一'的方针"。这是新中国文物事业发展史上又一次正式确定和宣布文物工作方针，也又一次树立起一座新的管理工作的里程碑。这次全国文物工作会议另一个新的成功标志，是国家文物保护经费突破性的增长，确保文物保护与抢救的基本需要。不论建设时期与改革时期四十多年来，文物经费不足始终是文物保护管理的大障碍、大困难。李瑞环同志在调查研究中发现并下决心要逐步加以解决。经过他的努力，终于把文物经费从既有的以千万计的最高点突破亿元大关，成为有史以来的最大数额，给全国文物工作者又一极大的鼓舞。这一次全国文物工作会议成为中国文物保护管理史上值得大书一笔的大事件。

日月如梭，改革开放也似箭般飞快。随着社会主义市场经济体制的确立与发展大潮席卷全国以来，文物管理工作受到关联与影响，乃大势所趋，不可避免。

一是文物市场开放、文物拍卖呼声日涨，颇有不可阻挡之势。尽管李瑞环同志曾在会上严肃指出："搞文物工作的人满脑门子想到卖文物，那还要文物局做什么！"国务院领导同志李铁映在这次西安全国文物工作会议上明确宣示"天子脚下不要搞文物拍卖！"可是事物发展就是又巧又怪，不可逆料。就在西安文物会议精神传达初起之时，就是"天子脚下"的文物部门立即到香港宣告一场大型文物拍卖的起动，所拍文物标的包括400余件珍贵文物等等，这既震动世界，也震惊了全国全社会，特别是文物界感到不知所以。最后又是领导同志出面质问"天子脚下"："刚刚确定'保护为主，抢救第一'方针。你们为何如此迫不及待地拍卖起文物来？"最后只好宣告暂停，把主要精力放在贯彻全国文物工作会议精神，落实"保护为主，抢救第一"方针上来。这个故事的原委涉及一些人、事，是一个值得深思，汲取教益的小插曲。

二是"文物管理市场化"的呼声也开始冒头，对纯利益追求也开始活跃起来。文物工作如何适应市场经济体制，又成为文物保护管理事业的新问题，且日趋紧迫，非引起重视不可。党和国家主管文物事业的领导人李铁映同志，面对这一新问题、新形势，果断决定于1995年9月再次在西安召开全国文物工作会议，提出以加强管理、合理利用为中心的会议主旨。确定"有效保护，合理利用，加强管理"的"指导原则"，置于"保护为主，抢救第一"方针之后同时使用，对文物管理工作发挥了全面的重要指导作用。

三是2002年11月16日，在全国人大常委会修订文物保护法的同时，国务院又召开全国文物工作会议，国务院副总理李岚清主管文物工作，在会议上做了重要讲话。他在深入实践、调查、总结的基础上，明确把"保护为主，抢救第一"八字方针和"有效保护，合理利用，加强管理"十二字指导原则精辟、完满地整合为"保护为主，抢救第一，合理利用，加强管理"的十六字文物工作方针，并建议全国人大常委会修改文物保护法时作法律条文正式写入保护法。最后人大常委会接受建议，做出法定方针的重要决策。至今虽不是"法力无边"，但其"生命力"和现实指导意义将与文物同在，几百年几千年以后仍然需要这十六字方针。

二、关于文物法治建设的发展。文物管理工作本身就是一个依法、遵章办事的过程。依法治文，照章行事，总体可谓一以贯之，特别是启动开局阶段，对立法执法管理尤为突出，成果也很卓著。经过近七十年的探索、实践，以文物保护法为主干的文物法治体系已经形成并日臻完备，国家与地方各级文物部门依法治文的观念与实行日趋强硬。2005年国务院发出《关于加强文化遗产保护的通知》将非物质文化遗产从文物事业分割出来另立独家"非遗"门户，且于2011年2月25日正式颁布《中华人民共和国非物质文化遗产法》。现行的文物保护法，不再包括非物质文化遗产，而只是文物或物质文化遗产一部分。物遗与非遗，或文物与非遗的分割，是国家文化遗产保护的一大重要决策，对于加强非遗保护，充分发挥非遗的价值与利用，增强国人文化自信，扩大国际文化交流互鉴，有其重要现实和长远意义。物遗与非遗从本质说都是民族文化遗产的重要组成部分，与文献古籍一起可谓中国文化遗产的三足鼎立。分家独立门户之前，文物与非遗合成一家，不分彼此。本质上，它们相互依附，相互交织，或互为里表，不可分离，所以在文物保护管理工作中都是同等看待。民族民俗文物大多数属于非遗，高尖传统工艺品种类之多，技艺之精，制作之巧，可谓百类齐备，百花齐放，在少数民族地区更是多姿多彩，应有尽有。其中所蕴含的绝门绝类，绝艺绝技，更是无价之珍，传之世代，弥贵弥新！所有这一切，曾经都作为文化遗产保护对象，一律倍加珍惜，对其中身怀绝技的工匠技师、名人、大师……都在保护之列，都是活文化财，都受到党和国家的高度重视。中国首任文物局长早在1957年6月在《人民日报》上发出《传统技术的继承问题——我的一个紧急呼吁》："我们现在是处在承前启后的一个大时代。老祖宗（也就是历代的勤劳智慧的劳动者）留下来的许多绝技、绝活，眼看就要随着少数老年的技术专家们的衰老、死亡而'人亡技绝'了。我们得赶快抢救那些美好的、有用的、有益的技术。今天如果不做这种抢救工作，后悔将莫及！我们有许多重要的工艺美术品，其出现与其作用都称得起不仅是中国的宝贵的财产，而且也是人类的可骄傲的晶莹的珠玉。像缂丝这个至精最美的丝织品，从宋朝朱克柔以来就是一种最高级的精工绝伦的工艺美术作品……今天，我在苏州的一个作坊里，见到缂丝已经复活了，且已有了继承人，心里十分高兴。可是总觉得重视不够。七十多岁的老技师还一天8小时（甚至10小时）坐在小织机上辛苦地穿丝引线，实在太不合理了……贸易部门只求生产出好东西来，却没有一个负责部门关心于指导生产和研究如何更好地发展和改进生产。"他还列举了中国的墨，手工造纸的传统工艺的重要性，"如果得不到好纸，即使有天大的创作天才，也就'英雄无用武之地了'"。他还提到装裱古书技术及其人才的对于抢救古籍图书的重要性和紧迫性。不能让这绝活和人才在我们这代人绝了种。应该有人负起责任来管管才好。"不要彼推此诿，再那么'老爷'作风下去了。一切美好的，有用的，有益的绝技、绝活，我们都必须继承下去……还要发扬光大之。"正是首任局长如此"紧急呼吁"，上述所有传统技艺，还包括所有有益、有用的民俗、民间曲艺等等都曾作为文物保护对象得到必要的保护和利用，各类民族民俗博物馆在全国各地特别是少数民族地区建立起来，贵州省曾把民族民俗文物保护作主要任务列入文物管理工作议事日程，取得重要成果，而今成非遗保护利用重要地区，效益日益突显出来。20世纪70年代，国家文物局把濒危的著名传统工艺南京云锦作为重点抢救任务，取得可喜成果，为今天建设南京云锦博物馆，发展云锦工艺品产业打下了基础。景泰蓝工艺品制作技艺始终传承发展，受到重视。如此等等，品类之丰，发展之大，在非遗独立自成体系之后更为人们所重视。非遗保护管理十六字方针是"保护为主，抢救第一，合理利用，传承发展。""传承发展"至关重要，是非遗保护的特点，也是与文物区别所在，更是其生命力不朽的保障。非遗法的出台，对非遗与物遗保护更为有利。

现在，再言归文物保护法的制订与发展的正传上来。《中华人民共和国文物保护法》在改革开放初期，在国家法治建设起始时期横空出世，是新中国文物保护管理事业发展使然，是文物保护管理自身需要使然，也是新中国前三十年文物保护管理工作成果与经验使然，更是党和国家对文物保护管理工作一以贯之的重视使然。1982年颁布的国家文物保护法，是新中国第一部文化行政法。其基础是1961年公布的《文物保护管理暂行条例》；其由来是早在"文革"结束后的1977年8月，国家文物局在大庆召开全国文物系统学大庆座谈会，对文物工作中的拨乱反正问题进行了讨论。局长王冶秋提出现在就要起草个文物保护法，原有的暂行条例难以适应事业发展需要了。事后就要求谢辰生先生起草法律。1979年，副局长华应申、谢辰生等正式开始起草。其文稿曾经叶圣陶、吕叔湘等语言学家阅改。1980年上报审议，直至1982年才正式通过。原提议并决定起草的王冶秋此时已经因病离任，全力支持立法的接任者任质斌履职两年多也已离任未能亲历目睹法律通过。法律出台全过程共历时六个年头，但依然作为新中国第一大文化行政法问世。世事桑沧流水，人物兴替风云。几位为保护法的出台殚精竭虑的局长、副局长都没能见证其成其果！法治的完善，是一个实践的过程，文物保护法出台伊始，是改革时期文物保护管理事业新探索、新发展的第一大成功标志，是文物管理法治建设从"暂行条例"到正式法律的历史转折的新路标。其全面、完整、"法力"均远远超出"条例"。但是，事物发展总是出乎意外之快。改革的速度更是难以预料。在文物保护法公布十周年的历程中，文物保护管理处于十分混乱时期，文物管理工作中，既有不同的理念、思想、理论等形形色色，纷纷冒头，又有现实工作中的新情况、新问题、新矛盾接踵而至，其中盗掘、盗窃、走私等文物犯罪活动更是猖獗一时，地上、地下、馆藏文物的被盗和流失，震惊世界。所盗掘地下古墓葬古遗址数以十万计，被盗窃、走私、流失数量之大，同样前所未有，形势之严峻，恰似或胜似当年"文革"的"横扫"。一些犯罪分子甚至无耻叫嚣"搞现代化老祖宗也该投点资，助把力啊!"面对这一局面，国务院于1987年5月26日发布《关于打击盗掘和走私文物的通告》，指出"近年来，全国各地文物走私和盗掘古墓葬、古遗址的犯罪活动屡有发生，不少文物被盗运出境，不仅使我国文化遗产遭受严重破坏，而且败坏社会风气，有损于社会主义物质文明和精神文明的建设，为切实保护我国文物，严惩犯罪分子，特通告……"。通告共七条，指出将依照《刑法》、《文物保护法》的有关规定予以惩处。其中还明确规定"文物购销统一由文物部门经营，国内外人士不得私自买卖文物，未经省级和省级以上文化主管部门委托并经工商行政管理部门许可，任何单位和个人不得经营文物。"公安部、文化部为此分别发出贯彻执行的正式通知。通告的实施，取得一定成效，盗墓、走私活动在一些地方有所收敛。但是，随着时间和客观现实的推移与变化，情况没有更大的好转，有的地方盗掘、盗窃、走私犯罪活动或死灰复燃或蔓延猖獗起来。文物部门仍然处于无奈无助的被动局面。为此，1991年3月29日全国政协委员谢辰生在全国政协第七届第四次会议上与140多名委员联合向大会提出"建议采取果断措施，严厉打击盗掘古墓犯罪活动的提案"，提案建议修改文物保护法和刑法，增加"关于盗掘古墓犯罪的量刑条款"。谢辰生还写信给乔石、李瑞环反映情况和意见。李瑞环批示"建议文物局拟文，由中央办公厅和国务院办公厅转发"。1991年11月28日，中共中央办公厅、国务院办公厅转发《公安部、国家文物局关于严厉打击盗掘古墓葬犯罪活动的意见的通知》，其中明确指出"最近一个时期，盗掘古墓葬的犯罪活动急剧蔓延，不断发生大规模盗掘古墓葬、古文化遗址的事件，给祖国珍贵的历史文化遗产造成巨大的损失。各级党委、人民政府和有关部门要切实加强领导，采取有力措施。坚决打击盗掘古墓葬犯罪活动，保护国家文物"。公安部、文化部的意见曾明确指出盗掘活动的严重现象："许多盗墓现场尸骨狼藉，文物碎片随处可见，有些地区古墓已被盗掘殆尽，埋藏在地下千百年的文物毁于一旦，大量农田也同时被毁，其严重程度不仅为新中国成立以来所未有，也为历史上所罕见。如不立即采取果断措施加以制止，祖国的历史文化遗产将蒙受难以估量的损失，也有损于国家的形象"。

党和国家的高度重视，还集中表现在全国人大常委会即在两办通知之前的1991年6月29日第二十次会议通过《关于修改〈中华人民共和国文物保护法〉第三十、第三十一条的决定》，增加了对走私国家禁止出口的文物、盗掘古遗址、古墓葬的依法追究刑事责任的内容。同时，还通过《关于惩治盗掘古遗址、古墓葬犯罪的补充规定》。增加了对盗掘古墓葬犯罪的量刑标准，情节严重者可判处死刑的新规定。法律、通告、政令三管齐下，一个群众性的打击文物犯罪活动的高潮在全国各地掀起，对犯罪分子的震慑当然可想而知。这也是中国文物保护管理史上前所未有的大事。

时光又流逝十年，事物发展又循环到一个周期。世纪之交的前后几年，文物工作现实中的问题与困难更是有增无减，而且更带普遍性。一些专家深感问题的严重性，纷纷发表文章，强调指出文物大国的危机。苏东海先生曾经两论《文物大国的忧患》，谢辰生与笔者直论《文物大国的危机》，对当时文物保护管理体制、思想和法治提出了不容改变的意见。明确指出当时存在的若干不利于文物管理的倾向性问题，即文物价值经济化、文物工作产业化、文物管理市场化、文物产权国际化等危害文物保护的问题。如不及时严加管控，文物管理事业将受到无可弥补的损失。当时以"水洗三孔"、陕西"强强联合，捆绑上市"，旅游部门接管文物博物馆为代表的文物工作产业化、文物管理市场化，改变文物管理现行体制的事件，大行其道。现行法律、法令均被视为计划经济的产物，文物保护法应该改为文物利用法、文物市场应该彻底放开等等言论一时间又纷纷登场，又大有席卷全国以去之势，问题的性质十分严重。为此，国务院又提请全国人大常委会对文物法进行修订。2002年10月28日九届全国人大常委会经过为期两年多的反复的多读、审议，终于圆满通过修订草案。此后随着简政放权的不断推进，又经过2007年12月29日，2011年2月，2013年6月23日，2015年4月24日，2017年11月4日等多次修改、修正。其中2011年2月25日与刑法同时修改取消文物犯罪死刑判决的决定，是一次反响强烈、认识分歧的修改决定。其取消理由是文物盗掘、盗窃、走私犯罪属于经济性犯罪，非暴力性犯罪。其实现实并非如此。但是"不畏浮云遮望眼，只缘身在最高层"，相信上层站得高，看得远，掌握大势和全局，服从修改决定，文物工作者自然全力贯彻执行之。

此外，在此期间，2006年9月，《长城保护条例》经国务院审议批准，12月1日起正式实施；2015年1月14日国务院通过公布《博物馆条例》，同年3月20日起施行；2008年4月《历史文化名城名镇名村保护条例》经国务院通过，2008年7月1日起实施。这三个条例都根据文物保护法制定公布的正式专项法规，都是以文物保护法为主体的国家文物法律、法规体系的重要组成部分，都具有正式法律性质，使中国文物法治力量更为强大。2012年7月11日，全国人大常委会发布关于检查《中华人民共和国文物保护法》实施情况的报告。指出"检查的重点是文物安全情况，处理文物保护与经济建设、社会发展关系情况，文物流通领域管理情况，执法能力建设和配套法规制定情况以及进一步修改完善法律的意见和建议"。报告在肯定成绩之后指出存在的主要问题，强调"文物安全形势依然严峻，既有把文物视为经济发展的负担和障碍，或者'重物轻文'，把文物视为创收牟利的工具，忽视文物的历史文化价值和传承文明、认知教育的功能……"。文物流通领域亟须加强监管，文物专业人才匮乏，文物保护法治有待完善，"现行文物保护法在一些方面已同文物工作实际不相适应，建议将其列入全国人大常委会立法规划，在调查研究基础上，及时修改完善"。人大常委会的上述报告，全面综述、总结了当时文物保护法执行情况，对全国文物工作是一个有力的推动。报告指出"一些方面已同文物工作实际不相适应"的意见都是正确的。文物保护法要修改完善，必须在文物管理部门和文物工作者以及社会各相关方面和人民群众基本认识一致的前提下进行修改、完善。否则，擅自行动，硬性修改，必将事与愿违，效果适得其反。现行法律总体适用现实所需，修改应重点放在"同文物工作不相适"的"一些方面"。

三、关于新视野，新突破。时光对事物的推动力不可抗拒，发展势不可挡。文物事业及其管理理念、思想、理论的与时俱进，取决于现实发展的驱动。改革四十年，开拓、创新、探索、发展，始终是文物保护管理的主旋律、主题曲。时变、事变、人变，始终是文物事业的推动力、原动力。而人变是事变的关键。其中对文物定义、概念认识的深化，对文物保护对象的品类、范围视野的展扩，尤为突显其关键作用，因而四十年的文物管理事业取得了一系列前无古人的新变化、新突破。

其一是突破全国重点文物保护单位的遴选、公布标准，以往偏重于历史上的大事件、大人物、大工程、大寺观等建筑、遗址的局限。对近现代历史人物、事件重党政军，轻科教文的偏颇也有所改进。四十年改革开放，共公布六批国保文物单位共4116处，加上第一批180处，全国共计4296处，等于新中国前30年的26倍多。省（市）级、县（市）级文物保护单位同样成10倍的增长。在国保单位中，文物的品种变化较大，一些三大价值高的庄园、大院、会馆、公馆、祠宇等乡土建筑和现代著名建筑群都登上"国保"大雅之堂。历史名人旧居也不全限于政军人物，门类有所增多。据知，新一批国保单位的遴选与评议正在按国家文物局所订规范和程序在全国范围内进行。预计将更加扩展视野，进一步突破重党、政、军，轻科、技、文的故习，真正处理好重点与全面的关系。

其二是文物保护范围发生由点到面的大突破，历史文化名城的公布直至名镇、名村、名街区相继实施公布机制，就是这个由点到面的历史性大突破、大发展。据粗略统计，全国历史文化名城133座（前三批99座，此后改为随报随批个别公布）。历史文化名镇、名村、名街区，是继此之后的枝生、延续。是官民共评共定的文物片区保护的延伸和发展。现已公布的1—6批全国共有名镇名村528处（座），历史文化街区评选公布也在持续进行，至今前五届共公布50个（处）。这个起始于1982年第一批历史文化名城公布的由点到面的文物保护系列化连锁性的新突破，是改革开放，解放思想，开拓创新的重大成果，是人们的思想认识、认知与时俱进，与事俱新的必然，是人们对文物本质、内涵、价值、作用认识的新飞跃。作为献身文物管理的文物工作者，对文物这份绝无仅有，不可再生的历史文化资源是一个不断认识、认知的过程。生命不息，思维不止，认知时新。擅长高瞻远瞩，见多识广者，必然依势而发，应时而为，开阔视野，创新进取，不断获得新突破、新发展。

其三是突破文物保护物以稀为贵，物以古为珍，物以雅为高的常态惯习，"为了明天而保护今天"的理念，已经引领对近现代工业化遗产保护付诸实施，并就其保护管理的特殊性进行探索和研究。由于工业遗产的体量大和现行实用状态，具体保护、管理既要保护完整性、原真性又要保证其现行使用的需要与发展。既要保护不可移动的整体构造，又要保护其中可移动与整体建构相依附的器品构件。既要保护其物质物态构件，又须保护其固有的非物质非物态的工业技术与工艺。体量庞大，内涵丰富，结构复杂，价值多元多样，确保其保护管理的科技之需则是一项尚待完善的重要任务。但其保护之必要性、紧迫性决不可因此而置疑和舍弃。一个国家、一座城市，如若忽视或扬弃这一份工业文化遗产，就等于抹去城市一份重要的历史记录与记忆，则使城市出现一个时代或一段历史的空白，这将是何等的遗憾和悲哀。所以保护工业文化遗产的提出与实施是富有远见卓识新的大突破。

人类生活的百科大全，随时而变，因势而生。富有传统优势的多式多样的城、乡衣食住行用医文等等的"老字号"文化遗产，是中国历史文化遗产中得天独厚的大亮点，大明珠。人们认知已久但关注不够，重视保护不足，所以向往、信任、光顾之余，很少有眷顾、珍惜之心。千百年来，听凭其自身的生机、活力而存在、发展，处于自生自灭状态。更少见光顾频频的仁人志士有保护、传承、发展之想。随着改革开放，生机复活，终于受到物遗与非遗双家重视，成为两家"天之骄子"。大多数已成为两家保护对象，"老字号"文明正在熠熠生辉。据统计全国共10000多家老字号工商厂、店，现在生机正旺的只剩1000多家，十分之一左右。全国唯一的建筑与技艺俱全的"老字号"全国重点文物保护单位就仅是杭州的胡庆余堂。这在警示人们抢救、保护"中华老字号"文化遗产仍然任重道远，前景不容乐观。

其四是1983年4月启动的全国古代书画巡回鉴定工程及其《目录》、《图目》、《精品录》出版任务的顺利竣工，是中国文物保护史上破天荒的重大突破，也是新中国改革时期贯彻"保护为主，抢救第一"文物工作方针的重大举措，是中国文物保护管理事业前无古人的辉煌成果！当时的党中央、国务院领导邓力群、谷牧等同志对此给予高度重视，明确指出这是"功在千秋的大好事"，直接由中宣部发文作为国家任务下达，并指令性的成立最专业最权威的由谢稚柳、启功、徐邦达、杨仁恺、刘九庵、傅熹年、谢辰生七人组成"中国古代书画鉴定组"，谢稚柳和启功并列为组长。在工作的全过程中，鉴定到哪里，三项出版任务跟随到哪里，编辑出版工作作为鉴定成果记录在案，几乎同时公之于世。对部分有歧见的书画，同样如实分别记录成文，作为附录出版。充分体现实事求是和百家争鸣的科学态度。参与鉴定、出版工作的专家、编辑们对此无不尽心尽力，满腔锦绣肝胆都投入这项功垂千古的文物保护基础工程！正如谢辰生先生所说：这样的鉴定工作是无酬无报的为国效力，"这种精神是现在一些人很难理解的。一言以蔽之，在我们这代人心中，爱国敬业比天大！""整个巡回鉴定工作自1983年4月到1990年6月，历时八载，行程数万里，遍及25个省、市、自治区，121个市县，1208个书画收藏单位和部分私人收藏，共过目书画作品61596件，制作资料卡片34718份，终于完成了任务，对中国大陆保存的古人书画基本摸清家底。可以说这是中国文物保护史上的一次空前壮举。"（谢辰生《眼观千载 足行万里……》）

其五是大遗址保护管理问题也在探索中发展、突破。全国作为国家考古遗址公园达36处，另有24省区市共67处定为立项名单。各级文物管理部门在加强此项工作的规划、管理。考古遗址公园的保管还有尚须探讨的问题，其中包括地面公园设施的环境风貌及其与地下文物保护、发掘等问题，必须通过探索、实践使之日臻完善，既确保遗址文物安全，又便于群众观光游览等合理适度利用。

其六是突破文物普查历史纪录，由国务院直接部署和领导全国（港、澳、台除外）不可移动与可移动文物全面大普查工程圆满完成。作为文物管理事业，摸清家底，心中有数，乃是第一需要，第一前提，第一任务。新中国成立以来，这是不可移动文物的第三次普查，可移动文物如此全面、精准普查，则是第一唯一的一次，是对文物管理工作最大欠账的补偿。多少年来，有的老专家对自己所在馆藏文物账目不清，纪录不全，档案缺失的情况，心急如焚，每当对文物局提意见时，总是一而再，再而三讲这个问题的严重性和全国存在的普遍性。现在普查完成了，文物管理家底清了，管理人员心中有数，那些为此耿耿于怀的老专家可以放心了。据官方于 2014 年 1 月 14 日最终统计通报指出：此次可移动文物普查对象全部为国有收藏单位，初步涉及 150 万个单位，上亿件（套）文物藏品。截至 2016 年 10 月 31 日，普查统计的全国国有可移动文物共计 108154907 件（套），其中按照普查统一标准登录文物完整信息的为 26610907 件（套），实际数量 64073178 件（套）。其中全国共登录珍贵文物 3856268 件，一级品 218911 件，二级品 551192 件，三级品文物 3086165 件。统一登录分地（区）、分类、分时代、分收藏馆（所）、分层级、分入藏时间等等均有过细记录，普查质量从严掌控，可征可信度高，为全国可移动文物保护、管理、利用提供了可靠的依据。为古人之所未为，为今人之所急为，功德圆满，应该为全国普查人员大加点赞。关于不可移动文物的第三次普查，规模之大，要求之严，也是前两次无可比拟的。普查起始于 2007 年，国务院普查领导小组直接领导、协调、落实全过程中的工作任务。作为领导小组办公室的国家文物局更是作为中心任务全力以赴执行、处理各项任务。经过五年的努力，普查工作全面告捷，全国共调查登记不可移动文物 776215 处，其中新发现 550283 处，占总量的 70.9%；复查 225986 处，占总量的 29.1%。此次普查成果，在文物界，在社会各界引起一则以喜，一则以忧的反响，乃是一个值得重视的问题。为之喜者，自然为文物古国文物之富，对故国历史之悠久、博大深受鼓舞。另则以忧者复查之精细，数据资料之翔实均公布于世，没有保密防范措施，最终很可能为盗墓贼开方便之门。这并非杞人忧天之想，必须对防范问题采取强有力措施。七十多万处文物遗迹、景点的现状也是保护、管理的重大问题，现已公布为文物保护单位的数量只占总量的极小部分，绝大多数尚待专业专项评估、考察、论证，评定其文物价值分量、级别，然后才能确定其保护、管理形式、级别，乃至定夺取舍标准。曾有人对此统称之为"一般性文物"，拟统交由基层文管部门决定取舍存亡，这当然失之偏颇，更失去其大普查的意义。尤其严重的是很可能自毁文物珍品，自弃文物考古宝藏，其危害之甚，可忧可怕。所以只能依法称之为"尚未定级文物"，保持严加管理的新的保护措施。当然，上述几十万处遗迹、景点，肯定有文物价值不高乃至有失文物标准的存在，但这不关紧要，正如陈毅元帅所说文物保护宁可保守些，但不要粗暴，保错了，没有价值的，弃之即可。而如若有文物价值的没有保护下来，那就永劫不复，无可挽救了，所以粗暴不得。这个道理并不复杂，但却很富有远见。两大普查的丰硕成果，实打实，硬邦邦，响当当，是改革时期文物管理事业最大最重的新突破、新作为、新发展！

其七是另有一大被动性的大突破，即我国被联合国教科文组织评定入列世界遗产目录的共52处（项），仅次于意大利排名世界第二。其中世界文化遗产38处（项），世界自然遗产10处（项），世界文化自然双重遗产4处（项）。1985年12月12日，中国正式成为联合国教科文组织世界遗产委员会成员国。1987年10月故宫、秦始皇陵、长城、敦煌莫高窟等正式列入世界遗产名录。至2017年，中国青海省可可西里和福建省鼓浪屿同时列入世界遗产地。仍然稳居世界第二位，世界文明大国名不虚传。但是保护好，合理利用好却并非易事，曾几何时出现的重申报轻保护，重利用，轻保护的现象，永远是一个值得警示的问题。

其八是国有博物馆建设大发展，民办博物馆建设方兴未艾，全国多数国有博物馆实行免费开放，是改革时期中国博物馆事业发展的大突破。中国现有国有博物馆4500余家，合法民办博物馆982家，由于处于建设发展动态，统计数字难于精准。博物馆是人民群众学习、欣赏历史文化艺术的公益性场所，是青少年的第二课堂。免费开放是博物馆功能的充分发挥，是博物馆群众性、公益性本质的体现，是博物馆事业发展新阶段和国家文化事业兴旺、发展的新标志。2008年1月29日，中宣部、财政部、文化部、国家文物局联合下发《关于全国博物馆、纪念馆免费开放的通知》，明确宣布中央、省区市管理的博物馆、纪念馆、爱国主义教育基地等四类博物馆一律免费开放。这一文化民生举措，对于广大人民群众是有利的。文化生活，是人类生存、发展的重要条件。人们在衣、食、住、行、用等物质条件齐备的同时，还要有学习、欣赏文化艺术等精神文化需求。所以为人民群众提供丰富多彩的文化精神食粮，也是改善、优化民生的利民措施。全国现有4000多家博物馆过8成已免费开放，全年观众已过8亿之多。他们在馆内欣赏文物标本，增长科技文化知识，滋养思想道德情操，提高人品素质，其受益之深，正是博物馆建设的出发点和落脚点所在，此举收益之多，证明其突破性的发展，正是中国博物馆建设和文物管理事业发展史上的大事件、新阶段。至于由此而引发的特别是民办博物馆的种种困难、问题，有关人士和管理工作部门也正在习近平新时代中国特色社会主义思想指引下，以改革创新，强化优化管理来逐步解决。

其九是文物宣传普及的大发展、大突破。

首先，1979年春，党的十一届三中全会召开，改革开放之帷幕刚刚拉开，国家文物局紧跟形势，策划文物管理事业的改革开放，迅即成立局政策研究室，由谢辰生先生牵头，同时决定主办《文物通讯》（即《文物工作》前身）期刊（双月刊），集中报道文物管理工作中的方针、政策，思想、理论、法律、法规，成绩、经验等信息、论述，加强对文物管理工作的引导和推动。1979年正式出版发行。此刊实际是恢复新中国文物管理开局阶段开办的《文物参考资料》关于文物管理工作的内容，并作为文物管理专题期刊。

其次，随着改革开放的发展，国家文物局主持编写《中国大百科全书文物博物馆卷》和《中国文物地图集》两大编著出版工程（分省、区、市共31集（套），港、澳、台除外）。前者由谢辰生、吕济民领衔主编，后者由黄景略主持编审。由于各省区市情况不同，编著时间持续很多年才竣工。

再次，1987年10月，以国家文物委员会名义主办的《中国文物报》正式出版发行。1990年起，在北京组建编辑部，正式作为国家文物局机关报出版。此后虽经多次改版调整，但其性质、宗旨依然如故。30多年来，一直成为国家文物局文物管理事业的喉舌，为文物管理事业发挥了鼓呼、引导、宣传作用。

第四，国家文物局与上海辞书出版社等出版社合作编辑出版"文物系列辞书"五种十一卷（册）文物普及性工具书。其中《中国文物精华大辞典》（四卷），《中国历史文化名城词典》（三编），《中国名胜词典》（三次修订版），《中国历代名人胜迹大辞典》等，或出版沪、港、台三种版本，或成为内地、香港畅销书，或获国家图书奖、全国辞书一等奖等多项正式奖励。此项工作由彭卿云、刘炜及已故侯菊坤等人主编、主持历经十余年编著完成。

第五，建社60年的文物出版社，始终是文物事业宣传出版的主力军，也是全国"只此一家，别无分号"文物宣传出版机构。随着改革开放的深入发展，其规模，其实力，其人才，其成果都取得了前所未有的重大突破。特别是出版理念、思路更加开阔，高雅与通俗，提高与普及，学术与知识，专业与政策等等，都在社会效益与经济效益有机统一的引导下，实行双轮驱动，行稳致远，适应文物事业发展和人民大众文化需求。60年所出的学术、文献、文书、史料、人物专集、中国美术全集，乾隆大藏经，对外合作出版十六大中国博物馆、石窟艺术等系列图书以及重大考古发掘报告等等，还有几乎与社同龄的《文物》月刊早已成为文物出版社的招牌作品，是出版社的一张金名片。其对中国文物考古成果的传播，可谓唯此为大。其传播量之重，名望之高，影响之大，曾被外国同行誉为"可与两弹一星"齐名。而今，又喜逢传统文化传承、展示的最佳时机，出版社其发展，其前景，必将风月无边。

第六，首部《中国文物志》即将悄然出世，成全许多老文物工作者未了之心愿。早在20世纪80年代，编写《中国文物志》的计划曾与大百科文博卷、地图集、系列辞书并列为文物局编辑出版工程之一。文物局曾研究决定，统一内容、统一结构、统一规制、统一出版，分别由31省区市各自行编写。国家文物局作为主编总其成。后因编写任务过大，各省区市意见、条件不一致和经费不足等原因而搁浅。最近几年国家文物局打开新思路，另辟新蹊径，设置专门机构和人力，经过几年的努力，现已接近大功告成，这又是一件"为前人之所未为，为今人之所必为"的"三立"大工程。全书分管理、事件、人物、可移动不可移动两大实物等多篇，是一部几千万字的鸿篇巨制。全书全程由原副局长董保华同志专职领衔编撰，不论如何，其成功问世，必将藏之名山，传之同好，传之后世。

第七，文物学科理论建设的新探索、新突破。文物保护管理是一项专业性、政策性、法治性要求都很高，而且相互结合不可分割的特殊事业，是一个多部门、多门类、多行业、多学科的综合性事业。这种"特殊性"、"综合性"决定文物管理人员必须兼备高品格、高才学、高能力。所谓高品格必须包括热爱祖国历史文化遗产的爱国主义精神和对文物事业死心塌地、矢志不移的忠贞和敬畏。郑振铎、王冶秋、夏鼐、苏秉琦、梁思成、刘敦桢、曾昭燏、傅振伦、张珩等老一辈文物保护、管理、研究等名家巨匠，就是新中国最老一辈"特殊"、"综合"人才。新中国文物管理事业就是凭借这为数众多的坚定不移的老一辈开创出来的。而继承这老一辈的第二代、第三代随着事业的发展，更是新枝催陈叶，前波让后浪了。在这更多的新枝、后波中，谢辰生老先生算是代表人物之一。他以其96岁高龄的智慧和心血全部献身文物保护管理事业至今仍在奋斗不止。他既是新中国文物保护管理事业的参与者、建设者、见证者，又是郑振铎、王冶秋文物保护管理思想、理论、实践的执行者、继承者、弘扬者。他的《文博文集》、《书札往来》前后集，则是他一生从事文物保护管理实践的总成果、总集成，是他一生专力于文物保护管理事业所付出全部心血智慧的结晶，更是他在改革时期继承、弘扬郑、王文物保护管理思想的新实践、新成果。在他的著述与口述文集中，有许多关于改革时期文物保护管理的新论述、新思想。想他人之所未想，言他人之所未敢言，为他人之所未敢为，成他人之所未成，全他人之所未全。他为《中国大百科全书·文物博物馆卷》所作序言，是一篇全面、系统阐述中国文物及其保护、管理、利用的教科书式的理论著作。几十年来尚未见有出其右者。他的"书札往来集"也是事件与人物，史实与理论并丰的珍贵文献史料，在文物界和社会各界得到高度的好评。说实话，他的事迹与精神，在新中国七十年的文物保护管理历程上，在全国文物工作者中，或许堪称唯此为大。谢辰生先生作为为中国文物事业奋斗七十年的老战士，继郑、王之后又一代文物工作者的楷模，对国家对民族所做出的特殊贡献众口皆碑。其理论著述成果，作为改革时期的理论新探索、新成果，同样为世人所公认。在他的著述、书札的字里行间，蕴藏着一种无言而又闪光的信念、理念、精神、力量：大义无私，矢志不渝，文物重于生命，责任重于泰山，鞠躬尽瘁，死而后已。

关于改革四十年文物保护管理学科理论探索自然也在与时俱进，成绩斐然。文物管理学、文物学和其他专题学如敦煌学、长城学、故宫学等等都相继涌现出来，这都是改革时期文物保护管理和文物学科理论研究的新发展、新成果。国家文物局的老专家李晓东同志的《文物学概论》1990年捷足先登，而且占住高点，在文物界特别是在高等学校相关科系，几乎成为至今还反复再版，无可替代的通用教材普及开来，其影响力可见一斑。此后，他又集中研究文物保护法治问题，著有多部文物法治专著。作者以其科班文物考古专业功底和长期文物管理实践经验，为文物学科研究提供了优势条件，因而其著述从内容、结构到理论、观点都既具有完备的综合性，又富有实践的经验升华。这无疑是文物学科理论研究的新成果，是文物学科建设的可喜开端。吴诗池教授的《文物学概论》，乃出自大学教学科研的另类门户，也是改革初期文物学科研究成果，其理论阐述同样独具特色，也当列入开创新著。其他文物管理学著述也有新的探索与研究成果。但总体看来，文物学科理论建设还较为薄弱，是一个有待加强的环节。

四、关于文物利用的由来与发展。在改革四十年的文物管理事业发展进程中，所有新情况、新问题、新矛盾、新变化、新困难等等全部聚焦在保护与利用、社会效益与经济利益两大关系上，而且四十年始终只有形式变化没有本质改变，始终同文物系统内部与社会各界相呼应、交织，难解难分。因此，也始终成为文物管理工作的困惑与难题，始终对文物事业发展造成多方面影响。这两大关系，又始终是谁为主，谁第一的问题。文物"利用"一词改革初期开始出现。此前只有"发挥作用"的用法。其实，名词本身并不重要，问题在其含义的本质何在？"利用"一词起始于文物"开发利用"。那个时候，改革开放初期，许多事业，百废待兴，资金问题，首当其冲。只要能赢利赚钱，什么都想开发利用。文物的开发利用，更是众目睽睽，趋之若鹜。且各种理由、理论，哄然而起，或见之于媒体传播，或出之于官员尊口，或传之于村头巷尾，或起始于好事之徒，一时间，"风乍起来，吹皱一池春水"。而一些犯罪分子更乘虚而入，乘乱而起，盗掘、盗窃、倒卖、走私等文物犯罪活动来势凶猛，猖獗一时。大量古墓葬、馆藏文物被盗被窃被走私倒卖而流失境外，破坏之甚，损失之重，前所罕见。自此，纯经济利益的文物"开发利用"，在一片嘈杂声中，顿然成为文物工作的行业语、关键词，遍及城乡，流行全国。有鉴于此，许多文物专家学者纷纷指出"文物古迹开发利用"之说不可取，单纯从经济效益谈"开发利用"，是对祖国历史文化遗产缺失敬畏之心，是对文物珍贵、尊严的贬损，是对祖先劳动创造的辱没，也是对文物的历史、艺术、科学价值及其文化教育功能的抹杀。其结果只能是刺激和助长各类文物破坏与犯罪活动，造成无可挽回的重大损失。专家学者们要求恢复和坚持"发挥作用"的提法，还文物以尊严。正在此期间，邓小平同志发表了反对自由化的重要讲话，尖锐地指出"思想文化教育卫生等部门都要以社会效益为一切活动的唯一准则，它们所属的企业也要以社会效益为最高准则"。他还严肃指出"有些混迹于文艺界、出版界、文物界的人简直成了唯利是图的商人"。（《邓小平文选》第3卷第145、45页）经过这方方面面的努力，1987年国务院《关于进一步加强文物工作的通知》，即101号文件，以"充分发挥文物的作用"为第一部分的标题，全面深刻阐明

"发挥文物的作用"的内涵、对象、特点和要求，正确指明"发挥文物的作用"的出发点和落脚点，要求广大文物工作者坚持正确方向，"广开思路，勇于探索，继续开辟文物工作直接为社会主义经济建设服务的新途径"。强调"加强文物保护，是文物工作的基础，是发挥文物作用的前提"。确定"当前文物工作的任务和方针是：加强保护，改善管理，搞好改革，充分发挥文物的作用，继承和发扬民族优秀的文化传统，为社会主义服务，为人民服务，为建设具有中国特色的社会主义做出贡献"。由此在正式的行政文件中依旧使用"发挥文物的作用"的传统用语，力图扭转"开发利用"、"利用"二词用法的偏颇。

关于"发挥文物作用"的由来。中国文物被作为历史文化遗产由国家主导保护、管理，只能认定始于民国时期。在此之前清末1906年（光绪三十二年）清政府曾立过《保护古物推广法》等，通令各省执行。同时严禁倒卖文物，违者科以重罚。但是所有这种种保护、管理，都有性质之别，自当别论。民国时期的古物管理，有章有法，有机构，有成果。虽然当时更多的是有赖于少数杰出专家、学者、名人、志士的支撑，但终究是统一的机构、制度、法律的政府行为，特别是在抗战时期对文物的保护，更是不遗余力，艰苦卓绝，功垂青史。但是，那时的法律法规，文章言论都未曾有"利用"之说，其所采集、发掘之古物，一律由政府管辖之学术机关"于一定时期内负责保存，以供学术上之研究"。其建设历史博物馆规程对博物馆性质则定为"搜集历代文物，增进社会教育"，或"以供公众观览及研究"。"组织中华博物院，意在并蓄兼收，藉供研究与考订名物，裨益良多"。对其基本功能、职能、任务，亦皆同于今日博物馆。但是，"发挥作用"之说，更可认定起始于民国时期。著名爱国人士顾维钧在《中华博物馆组织缘起》文件中颇有精辟之见："凡一民族存立于世界，必有其独立之历史，而能维持其独立历史，不为他族所同化或淘汰者，必有一种诚确精当、颠扑不破之精神灌注之……世界各民族好尚虽各不相同，而对其中本族之文化莫不爱护保守，日思有以发挥而光大之"。（李晓东《民国文物法规史评》）"发挥而光大之"，指的就是发挥民族文化之作用。新中国第一任文物局长郑振铎先生早在1947年就大声疾呼"为了后来的学子们的研究便利计，我们必须及时的挽救民族文化的厄运，堵住大门，不能听任其流散出去"（《保存古物刍议》）。新中国成立伊始，他就呼吁"到了今天，人民当了家，一切都要重新估价，'古董'也翻身了。'古董'必须恢复它的生命——永久的生存着的生命；也必须发挥其作用"。"就是使它复活起来，积极的表现其功用……"现在的博物馆"必须担负着特定的任务，那就是：要发挥着新民主主义的，即科学的、民族的、大众的文化教育作用"（《给'古董'以新的生命》）。1956年他在《关于民族文化遗产发掘问题》一文中又明确指出："考古、文物工作是发掘过去被埋藏的东西，使之成为有益、有用，发挥它的作用，提供实物证例进行古代艺术的发展和我们民族的物质的文化史的研究。同时，我们的工作不但要注意到今天，还要为明天考虑。基本的和应用的，使我们的工作为科学研究服务，为提高人民的文化程度服务，同时也为对广大人民群众进行爱国主义思想教育服务"。"我们应当抓紧这一时机，使其发挥更大的作用"。关于博物馆建设，他指出博物馆"必须把历代的人民大众们的智慧的创作，还之于人民大众，而说明着时代的意义、发生的历程以及在艺术上的成就等等，并解答了种种问题……而要通过了那些文物，建立起整个民族文化的灿烂光辉的系统来"。他还认定博物馆不能是"炫宝台"，"乃是宣扬祖国光辉的文化，传达新民主主义的文化教育的地方。不是为某一特定阶级而设立的，而是供广大的人民们以知识与求智的需要而设立的，通过了实物与相当的解释，广大的人民们在这里认识祖国的伟大、光荣与丰富"（《新中国的文物工作》）。在此，以为人民服务为中心的发挥文物古迹和博物馆作用的内涵、目的、出发点和落脚点，已被说得透彻、准确无误了。这与毛泽东1958年视察安徽省博物馆所指出的"每个省都应该有这样的博物馆。人民认识自己的历史和创造力，是一件要紧的事情"正是"英雄所见略同"？只不过毛泽东说更简明更深刻罢了。"发挥文物作用"显然有其久远的历史渊源和深刻的科学内涵。

关于文物"利用"的正名、定性。任何事物的发展，首先取决于现实的发展大势，同时也取决于大多数人们的适应状态和利益攸关的力量，更取决于领导部门的正确引领和主导。正是出于如此诸多因素，80年代初起始的文物开发、利用二词长期在社会上流行、使用。在文物界内部虽然对纯经济利益实为营利的利用的危害性有所认识，得到一定程度的遏制，但终究未能被"发挥作用"扭转乾坤。80年代末至90年代初，随着国家市场经济体制的逐步实施，文物开发利用的呼声又与日俱增，甚至出现文物管理实行市场经济体制的言论。特别是关于文物保、用关系被混同被颠倒的现象越发严重，按下葫芦浮起瓢，几番跌落，几番突起，对文物事业造成无可弥补的损失。就在此十分严峻的重要时刻，党中央主管思想文化工作的李瑞环同志发现了问题的严重性，及时提出了"保护为主"和"先救命，后治病"的思想。同时指出科学、适度的利用有助于文物的保护。自此，文物保护、利用谁为主，两个效益谁为先，已经明确定性定位，无可争辩了。但是，纯经济利益的"利用"仍然像幽灵一样在文物管理工作中游荡，不断地驱动着，实行市场经济新体制的呼声更为喧嚣起来，开放文物市场，鼓吹文物全面、彻底自由买卖，文物犯罪活动又日渐猖獗起来。特别是两个效益又以实行市场化管理为焦点又展开新的论争，泛市场化的言论更为严重地冲击着文物管理。面对这一切，当时党中央、国务院分管文化文物工作的李铁映同志又当仁不让，投入大量心血，关注与研究文物工作中新情况、新问题，决定起草由国务院印发的改善文物工作的新文件和召开第二次西安全国文物工作会议，研究加强与改善文物工作的重要原则问题。1995年，会议如期在西安召开，李铁映同志在会上发表重要讲话，提出"有效保护，合理利用，加强管理"的指导原则，国家保护为主，动员全社会参与的新管理体制和由政府负责的"五纳入"（纳入经济和社会发展计划、纳入城乡建设规划、纳入财政预算、纳入体制改革、纳入各级领导责任制）的责任要求。这三项主张的提出，既是对"保护为主，抢救第一"的方针的坚持与完备，又是文物管理思想、理论的创新与发展，是中国文物保护管理史上又一座划时代的里程碑。讲话针对现实存在种种不合理的"利用"主张，明确指出："我们讲的'利用'主要是指在充分肯定文物所拥有的科学、艺术和历史价值的基础上，发挥其文化教育作用、借鉴作用和研究作用"。"任何形式的利用，都必须以有效保护为前提和基础"。"也只有保护好，才能谈得上利用"。凡此等等，一是把"利用"的实质回归于揭示内涵，"发挥作用"；二是对现实存在的形形色色不合理的利用的厘清与纠正；三是"利用"必须是合理的科学"利用"，不是随心所欲的"利用"；四是"利用"必须是在"保护为主，抢救第一"的前提下的"利用"；五是合理利用是文物工作必须适应而不是实行市场经济体制，必须遵循文物和文物工作自身的规律性而不是市场经济管理形式；六是为了把"合理利用"确定为文物工作的指导原则，正式作为官方行政用语。直至1997年国务院印发《关于加强和改善文物工作的通知》，完整地承载着第二次西安文物工作会议和李铁映同志的讲话精神。2002年"合理利用"又随着文物保护法的修订写进法律条文而成为文物工作方针的组成部分。自此，"利用"正式正名、定名、定性为"合理利用"。

习近平总书记曾经指出，"纠风之难，难在防止反弹"。"作风问题具有顽固性和反复性……克服不良作风也不可能一蹴而就"。文物利用中的不良倾向时反时复，时起时落，就是这个道理。随着时间推移，文物的合理利用又近于空喊空谈，"合理利用"又变成"营利"之用，文物工作方针和指导原则又受到严重冲击。最后由于"水洗三孔"，"强强联合，捆绑上市"之风又骤然而起，国务院又召开全国文物工作会议，明确宣布制止旅游部门承包、经营文物单位等错误做法，重申文物工作既定"保护为主，抢救第一，合理利用，加强管理"的十六字方针，在整个社会主义初级阶段必须坚持贯彻执行。随着文物保护法修订成功，十六字方针作为法律条文而固定下来，其指导作用也就无可置疑了。

五、关于若干口号与提法的论争与影响。这里所要提及的口号与提法，不包括文物犯罪分子的反面叫嚣，如"要想富去挖墓，一夜就是万元户"、"搞现代化老祖宗也该投点资、助把力"等。而来自管理方面有误导力、破坏性的口号、提法也因时而变，例如：

（一）"以文物养文物"，"以文补文"。此一提法正式起始于1980年，中共中央书记处专题讨论文物工作的纪要中所提出来要求向全国传达执行。其中还明确要求广大文物工作者对文物保护"责任在身、当仁不让、据理力争"的号召。文物管理经费不足，要自身想法补偿，其出发点不错，是个努力目标。但是要文物单位"以文物养文物"却是个大事，很可能误解、误导为"卖文物养文物"，这就了不得了，最后可能天下大乱，不可收拾。许多专家包括国家文物局长任质斌坚决不同意传达。最后在全国文物工作会议期间老革命家任质斌局长亲自出马找中央领导申述这个提法不能传达不能执行。最后中央书记处收回成命，纪要重写重发，圆满解决这一问题。"以文物养文物"或"以文养文"、"以文补文"的说法曾在此之前民间已有人提起，多数人认为根本不可行。中央收回以后，自然彻底否定了。

（二）"保用并举"、"先用后保"，这是出自个别地方"少数关键人物"。"保用并举"就是"保用并重"，又保又用。有人竟然认为"先用起来让群众得到实惠，才可以激发保的积极性"等等，有文物不开发利用，就是"端着金饭碗要饭吃"，为此曾高调宣扬挖大墓，开皇陵，搞文物大开发、大利用等等。这套理论在改革伊始的八十年代初期颇有诱惑力，在当地影响更大。而社会上和有关主管部门乃至党和国家领导人却都表示并举、并重，先用后保的说法不符合文物管理要求，文物必须保护好才有用的可能。其实，所有这些说法的实质，一言以蔽之，就是把文物当资产，当宝藏，当金钱，开发利用就是挖出来营利赚钱。否则就是"端着金饭碗要饭吃"。由于出自"少数关键人物"，对持不同见解者，大用权势，予以抨击，坚持大开发大利用的主张。直至邓小平两次发话批评混迹于文物界的一些人唯利是图以后才不敢大喊大叫。而其大挖大用的思想却根深蒂固，或明或暗地在流传、涌动，影响长期存在。

（三）"文物搭台，经济唱戏"。这一口号出于20世纪90年代中期，而且流传很广，有的地方还以此作为文物利用的好经验传授、推广，以致后来扩大到"文化搭台、经济唱戏"，最近又有"宗教搭台，经济唱戏"之新说，真是令人哭笑不得！所有的文物、文化都是戏台子，作为经济唱戏的工具，对文物文化的低俗化、庸俗化竟到如此地步，哪还有心怀敬畏之可言！这个口号影响之大，持续时间之长，接受、执行者之众，最为突出，直至今天，利用文物，甚至制造假文物搭台唱戏牟利现象仍然暗流涌动于一些地方。但自真相毕露之后，公开喧叫之声似乎已多绝于耳？

（四）"强强联合，捆绑上市"，文物单位被承包、转让。世纪之交，在渭水之滨，泗水河畔，突然卷起一股强劲的文物保护单位由旅游部门承包经营之风，秦兵马俑博物馆、秦始皇陵等交由旅游部门承包经营管理，同样曲阜三孔也如法炮制，整个管理体制被改变为非文物部门管理文物，文物管理市场化冠冕堂皇出台了。直至"水洗三孔"事件爆发，成为全国爆炸性新闻以后才引起文物部门的关注。当时文物界专家纷纷发声维护现行文物管理体制，文物必须由文物部门管理，文物不是商业资源。传媒界也同声呼唤不能以承包形式改变现行文物管理体制。一向重视和关心文物工作的习近平总书记，此时正在福建省任省长，2002年他应邀为《福州古厝》作序全面阐明了他的文物保护理念、思想。其中有一段精辟的论述，正是针对当时文物被承包管理说的，直至今天仍是经典之见。"现在有些地方名城保护、古建筑的保护出现一些问题，根源就在于只顾眼前的一些经济利益，随意改变文物管理体制，将原为文物部门管理的文物保护单位移交别的部门管理。殊不知古建筑的保护，传统街区的保护，任何文物保护单位、文物保护点的保护，都需有专门业务知识和掌握国家文物法规政策才能保护好。福建也出现有这样的苗头，我们不希望出现问题，要求依法加强管理保护"。这些意见对今天和明天的文物管理工作仍然具有重要的指导意义。捆绑承包之风，在当时确是冲击着文物管理的全局，分管文化文物工作的国务院副总理李岚清同志已经觉察到它的危害性。他在全国文物工作会议上讲话指出，文物工作与旅游是两个不同性质的事业，彼此不能取代、捆绑，国有文物不能作为资产经营，并亲自赴陕西收回被旅游部门承包的秦陵和秦俑博物馆，指出其做法是错误的。修改后的保护法据此特别在第二十四条明确规定国有文物不能转让、抵押，不能作为资产经营。如此这般，才在一定时间内、一定程度上遏制这股"文物管理市场化"之风。

（五）曾几何时，主张保护利用平衡发展；提倡文物应该像国有土地一样可以"自由流转"；鼓吹"认领"、"领养"等承包之风又悄然兴起，而且有的还出自"少数关键人物"之口，在社会上、舆论界又引起了不同反响。保用"平衡发展"之说，显然与"保护为主，抢救第一"相背离，既然是平衡发展，半斤八两，就何"为主"、"第一"之有！文物、土地均属国有没有错，文物与土地的性质、特点可否同日而语，也无须赘言。其使用、管理形式之异，更无人不晓。认领、领养、承包之风在一些地方盛行起来，其结果或初见分晓，或分歧尚在。但违反现行法律规定，则无可辩驳。在文物业内，在社会各界，尚难取得一致性意见，最终有待于实践的检验。文物保护是民族文化传承、发展永恒的主题，将与民族共存亡。任何保护管理形式都必须有利于文物传之于后世，用之千秋。诸如此类的言论与思想，正是文物管理事业进程中不断发展的必然，是四十年前进路上的不可抹去的新纪录。这些问题、现象的发生，正犹如天要下雨，娘要嫁人，不可避免。事物的发展，永远不可能改变其波浪形、螺旋式的轨迹。四十年文物管理事业的发展，同新中国各项建设事业一样，是一个探索、创新、攻坚克难的过程，是一项前无古人的崭新事业。困难依然在前路，坎坷同样在脚下，探索、创新永远不可停歇。保护与利用，社会效益与经济效益两大关系、两大核心问题仍有可能发生的歧义、争执。但正是这些歧异、争持将继续推动事业的行进。也正是这种歧异、争持的推动力，将把事业推动上新的高峰。至于歧异、争持的是非正误终将在正确的理念、思想指导下的实践中得到一致。

六、关于学习、贯彻习近平总书记系列论述和指示，走出一条符合国情的文物保护利用之路。 中国共产党和人民政府对于民族的历史文化遗产传承的重视与维护是自始至终一以贯之的，新中国历届党和国家领导人都深知历史文化的重要价值与作用。随着时代的发展、历史文化对治国理政的借鉴也正在与日俱新。党的十八大以来，以习近平同志为核心的党中央对民族历史文化遗产的重视与关注更是有增无减。习总书记对历史文化遗产的保护、传承和利用，从理念、思想、理论、实践诸多方面作出系统、全面、精辟的论述与指示，把党和国家对文化文物事业的重视和关怀推上新的高峰。他的论述之多，洞察之深，判断之准，涉及之全，视野之广，见地之高，独步天下。他把民族对文化的自信与道路、理念、制度并列为治国理政之要道。更认定文化自信是"更基本、更深沉、更持久的力量"。必须坚定不移地坚持这种自信。这个写进十九大报告的论断对于认识民族历史文化遗产，认识文物保护管理的重要性是肝肠锦绣的经典之言。它当与传统文化是民族根魂之见一样是前无古人的精辟论断。作为"半路出家"的老文物工作者，对总书记关于传统文化的论述，总心怀百读不厌、常学常新之珍爱与拥护，总为文物管理事业所增添的这一重大的新动力、新指针而满怀自信与自喜，并曾为此而写过多篇浅薄的学习心得。许久以来，心中总深感到国家文物保护、管理从此有了最可靠的思想保障，过去那些纷争不息的歧义，从此有了可供判断、分辨是非的标尺，冲击、干扰文物工作的歧见、异说等等，从此应统一到习总书记的论述与指示上来，统一到十九大精神上来，统一到提升文化自信的责任担当上来。坦率说，文物工作至今还处于安全危机四伏的被动局面，必须坚决全面、贯彻、执行习总书记的关于文物工作的系列论述和指示，确保习近平新时代中国特色社会主义思想对文物工作的指导作用。纵观习总书记对历史文化遗产的系列论述与指示，可以大体体会到他对文物保护的几个基本要点：

一是文物性（本）质，是民族的根与魂，是民族生存发展的精神支柱，"每个国家和民族的历史传统、文化积淀、基本国情不同，其发展道路必然有着自己的特色，中华文化积淀着中华民族最深沉的精神追求，是中华民族生生不息、发展壮大的丰厚滋养"，"是中华民族的突出优势，是我们最深厚的文化软实力……"

二是文物的价值。"文物承载灿烂文明，传承历史文化，维系民族精神，是老祖宗留给我们的宝贵遗产，是加强社会主义精神文明建设的深厚滋养"。"抛弃传统，丢掉根本，就等于割断了自己的精神命脉。博大精深的中华优秀传统文化是我们在世界文化激荡中站稳脚跟的根基……为中华民族生生不息，发展壮大提供了丰厚滋养"。

三是文物的保护与利用，我们在文物保护、管理和利用水平不断提高的同时，"也要清醒看到，我国是世界文物大国，又处在城镇化快速发展的历史进程中，文物保护工作依然任重道远。各级党委、政府要增强对历史文物的敬畏之心，树立保护文物也是政绩的科技理念，统筹好文物保护与经济社会发展，全面贯彻'保护为主，抢救第一，合理利用，加强管理'的工作方针，切实加大文物保护力度，推进文物合理适度利用，使文物保护成果更多惠及人民群众。各级文物部门要不辱使命，守土尽责，提高素质能力和依法管理水平，广泛动员社会力量参与，努力走出一条符合国情的文物保护利用之路……""保护文物功在当代，利在千秋"。"我们保护不好，就将是罪人，就会愧对后人"。发展经济保护文物，同是领导者的重要责任，二者同等重要。在这里，必须强调指出，习总书记在指示中，使用"全面贯彻""切实加大""合理适度"三个词分别表述对方针、保护、利用的要求。显然这不是随意和泛指，更不是例行公事用词，而是针对现实所需而要求认真付诸实施的重要指示。是他确认当前文物管理工作的首要任务。这三者彼此相互关联，不可分割。习总书记曾多次要求"按照时代的新进步，推动中华文明创造性转化和创新性发展，激活其生命力，把跨越时空，超越国度，富有永恒魅力，具有当代价值的文化精神弘扬起来，让收藏在博物馆里的文物、陈列在广阔大地上的遗产、书写在古籍里的文字都活起来，让中华文明同世界各国人民创造的丰富多彩的文明一道为人类提供正确的精神指引和强大的精神动力"。让文化遗产"活起来"的目的就是"为人类提供正确的精神指引和强大的精神动力"。就是"努力用中华民族创造的一切精神财富来以文化人，以文育人"。就是化腐朽为神奇，复古物之新活力，供今日人民群众精神食粮之需。现在有人据此引申为"活化利用"，但愿"活"在文物内涵、价值的充分揭示，固有生机、魅力的充分复活，以文化人、育人功能、作用充分发挥。

四是关于文物事业与产业，文物博物馆的主体是文化事业属性，文物产业是部分非主体的产业存在，并有所作为，例如文物图书出版、音像、影视、网络制品，文物仿复制品，文物展览交流等等都是间接或直接使用文物制作的文化产品，具有文化与商品双重性能，在把社会效益放在首位的同时要保证应有的经济效益。正如邓小平曾经指出的"思想文化教育卫生部门都以社会效益为一切活动的唯一准则，它们所属的企业也要以社会效益为最高准则。"一切造假贩假，低俗庸俗产品都是违背这一原则的产品。文物，由于其不可再生、绝无仅有的属性，是不可能通过生产制作而进行商品交易的，它不具备产业流通交易的可能性。少量依法出售的文物品，是有限的特殊商品，也只能是文物产业的极小部分，文物博物馆事业的保护管理都属于文化事业。总书记曾经说过："深化文化体制改革，有一个明确的界限，就是区分事业和产业，文化遗产保护就应该是事业为主，产业为辅……主要的是事业……主要的保护、抢救，更多的是花钱，而不是赚钱，这个问题在体制上要把握好"。

五是关于管理体制的问题，文物管理制度最根本的一条，文物要归文物部门管理。习总书记强调要区别事业与产业，文物要按事业来管理，不能只为了眼前一点经济利益随意将文物转给非文物部门管理。文物要有专门业务知识和掌握国家文物法规政策才能保护好。"要深化文化体制改革，完善文化管理体制，加快构建把社会效益放在首位，社会效益和经济效益相统一的体制机制……加强文物保护利用和文化遗产保护传承……"总之，文物事业为主，产业为辅，两者既有联系，又有区别，都要有足够的认识。

六是中外文化交流互鉴，从20世纪70年代初打开大门以后，文物对外交流日益处于发展繁荣状态。改革开放以后更处于日新月异的大开放、大发展之中。近几年随着"一带一路"的提出和建设，交流互鉴更是广开天地，大有作为，大有前途。习总书记对文化交流互鉴的论述与指示，对于推动交流、发展将发挥保障、指针作用。习总书记指出："提高国家文化软实力，要努力提高国际话语权。要加强国际传播能力建设，精心构建对外话语体系，发挥好新兴媒体作用，增强对外话语的创造力、感召力、公信力，讲好中国故事，传播好中国声音，阐释好中国特色""展现真实、立体、全面的中国，提高国家文化软实力"。习总书记关于对外文化交流互鉴的论述是全面、系统、深刻的。直至十九大报告还作了专门的论述，对继承、发展对外交流将发挥重要的指导作用。以笔者一孔之见，一己之知，如此重视文物保护利用和对外交流互鉴的党和国家领导人，乃是古今中外之所仅有。早在十八大刚刚结束，他携领导班子到国家博物馆参观展览，宣布中华民族两个百年的复兴之梦，宣告"人民的向往和追求，就是中国共产党人的奋斗目标"的理念。十九大结束，他又率中央班子专程赴上海、嘉兴瞻仰中国共产党诞生地，集体庄严重温入党誓词，参观展览，重申不忘初心，"方可告慰历史，告慰先辈，方可赢得民心，赢得时代……"井冈山、遵义、延安、西柏坡等革命旧址他都先后亲身凭吊、瞻仰。他外出考察所到之处，都不忘参观博物馆、纪念馆，对革命传统文化，对历史文化遗产都无处不表露内心的敬畏与尊重。他的发言、指示无一不是发自内心的真知灼见，所以无一不是掷地有声，最动听，最感人的金玉之言。习总书记对文物对民族文化遗产，对历史文化、革命传统的系统论述与指示，是他治国理政理论的重要组成部分，是习近平新时代中国特色社会主义思想的重要支系，是新时代社会主义新文化事业与产业繁荣发展的纲领性的指导思想。只要贯彻得实实在在，执行得扎扎实实，落实得真真切切，文物文化事业与产业必将迅速大繁荣大发展、真繁荣真发展起来！各类分歧与异见必将厘清订正，统一到习近平新时代中国特色社会主义思想上来。

七是坚决走出符合国情的文物保护利用之路，正在文物工作者脚下行进。习总书记在对文物工作的一个长篇指示中，要求各级文物部门要不辱使命，守土尽责，提高素质能力和依法管理水平，广泛动员社会力量参与，努力走出一条符合国情的文物保护利用之路。显然，这是习总书记对当前文物工作提出的总要求、总任务、总目标。中国国情是什么呢？这是首先必须明确的底数，也是走符合国情的文物保用之路的出发点和落脚点。据此，中国文物的保用，必须立足自己的国土国情，做自己的事，创自己之新，保自己的物，沿着习总书记指引的方向，一步一个脚印，让符合国情的文物保用之路永远在中国人的脚下延伸！这是中华文明之大幸，中华民族历史文化遗产保护传承之大幸，是中华民族子孙后代之大幸。

春色恼人，秋色醉人，"一年好景君须记，最是橙黄橘绿时"。笔者所拾捡到这一叠落叶秋光，首先闪烁的是金光大道之悠长，一眼望不到无尽的远方。同时闪亮着一串风情万种的金色之果，展现着新中国文物保护管理历程的多姿多彩。这一叠落叶也将收藏到一位"半路出家"僧翁的心里，将随他走向生命的终点。

落叶秋光书底藏，题诗无句只留香。

文章枯草亏时力，药鼎书囊助老郎。

2018年（丁酉）除夕于北京寓所

文物市场杂谈

(一)

依法对文物市场实行管理，是整个文物工作的重要组成部分，通常与地上（建筑、遗址）地下（考古发掘）文物保护和博物馆建设同列为文物工作的三大版块。国家文物局早期就曾据此设立三大业务机构。从工作对象来说，以文物市场（商店）为主轴的社会流散文物管理，至今依然是国家文物局的第四大主要任务，同样设有相应管理机构。文物市场是社会流散文物管理的重要内容之一，同样要坚持"保护为主，抢救第一"的方针，通过市场交易手段，承担文物保护与利用的职责。一方面，通过收购社会流散文物，抢救、保护珍贵文物，为国家博物馆提供藏品来源；另一方面，将所收购的其他文物投入市场，开展商业经营，实现文物的"社会效益与经济效益的最佳结合"，达到为两个文明建设服务的目的。文物市场经营的文物品，是法律允许并经过鉴定符合标准的特殊商品，既按价值规律体现商品属性，又在交易、流通过程中展示其文化内涵与价值，发挥其研究、赏鉴和教育，审美作用，保持文物的基本属性。改革开放前后一个相当长的时期内，文物市场（商店）按国家规定，在全国范围内实行统一收购，归口经营，统一管理。由于社会流散文物货源必然日渐减缩，因而对外只能实行"少出高汇，细水长流"的方针。由于文物商店合法经营的文物品，取之于民间，流通于社会，同社会各界、各阶层有着千丝万缕的联系，对社会流散文物的收藏、流通情况十分熟知，因而始终引起人们极大的关注与兴趣，文物工作的政策性、专业性与群众性也随之更突出、更鲜明，管理工作的科学化、法制化、规范化要求也就更高、更迫切。合法文物市场的存在与发展，不论过去与现在都是国家保护文物，防止珍贵文物外流的需要，也是促进文物流通，满足国外文化需求的需要。随着形势的发展，文物市场的管理与经营，将通过强有力改革措施，取得更大的进步与发展。现在，有的知名人物公开要求取消现行的文物市场管理政策、法规，"彻底实行文物自由贸易"，而且反对文物市场打假，主张把历史文物品、文物仿复制品、赝品、伪劣品、新艺术品、新工艺品等煮成"八宝粥"，统统"彻底自由"买卖。这样的要求显然脱离国情实际，违反国家法律、法规，违背民族国家利益。把国家所有文物都作为商品，统统投放市场，彻底实行自由买卖，在世界上任何地方都不可能成为现实。但是，这种要求改变文物与文物市场性质的"彻底自由"论倾向，却也从一个侧面反映了当前文物市场面临的挑战的严重性，很值得人们关注与思考。

（二）

现在，文物界、社会上都有人抱怨国家不开放文物市场，不实行文物自由买卖，有悖于改革开放大势云云。其实，这是对历史和现实的遗忘和误读。中国文物市场的存在和开放，在世界历史和现实上都是独一无二的。中国的文物市场，历史悠久，驰名中外，独具中国特色。据至今健在的圈内知情者考证，中国文物市场的萌芽时代，以北京琉璃厂古玩街为代表，当在明末清初。那时的琉璃厂一带尚未形成街市，但"风景宜人，茂林颇似江南"，"居住着名人、学者和告老不还乡的京官"，因而"引来进京赶考的举子前往拜会"，逐渐成文士聚会之地。清乾隆中期，因开馆纂修《四库全书》，原本有书肆兴起的琉璃厂，又成为纂修学者寻访之地。旧书业的繁荣，又带动了文房四宝、碑帖、书画和金石、古玩业的兴起，逐渐发展成为"上至公卿、下至士子，莫不以此地为雅游，而消遣岁月"的文化街市。此间，以物易物的文物古玩交换活动也有了新的发展，观光游赏和搜集文物古董者日趋兴盛，堪称文物市场交易雏形。所以有人考证琉璃厂古玩铺不是摆摊开设而来的，而是由文物鉴赏者或懂文物鉴赏的文人学士和落榜举子兴办起来的。但是，作为中外古玩交易的文物市场，却起始于清道光年间。西方列强的坚船利炮冲破了中国的城门，他们在进行政治侵略的同时，肆意掠夺中国的珍贵文物。八国联军侵入北京，琉璃厂被德国兵占领，古玩铺文物几乎被洗劫一空。自英法联军火烧圆明园到新中国诞生的近百年间，琉璃厂经历了新兴、发展、繁荣、衰败的全过程，历尽世事沧桑，饱经国难民愁，既是切磋、品评、鉴赏古代文化艺术的平台，又是洋人、巨贾、奸商、官宦、冒险家的乐园。纵观琉璃厂百年历史，从中不难发现：

一、它是中国社会发生重大变动的产物，是中国近代历史风云巨变的见证，铭刻着深深的时代印记，其丰富多变内涵与经验，可为后人提供宝贵的借鉴与教益；二、对中国文物的保护、流通、鉴定等等起过积极作用，其中的经营者更不乏爱国的有识之士从中抢救了大量珍贵文物；三、开了文物自由买卖之先河，成为中国珍贵文物外流的集散地，大量的国宝，在内外奸商、政客勾结策划之下，不断流失异国他乡，损失之大，影响之坏，至今仍然令人感到悲愤；四、旧中国的文物市场，始终处于自生自灭，"无法无天"的无政府状态。国家既无法律规定，又无管理规范。"古玩商会"之类的群众性组织，在更大的程度上，是维护古玩同仁的自由买卖，对防止珍贵文物外流很难发挥作用。作为那时的政府，由于自身腐败无能，对外屈膝投降，根本不具备保护国家文物，维护国家主权的意愿与能力。相反，每当国难临头或皇朝更替之际，"大内之物，经乱散佚民间"，或典当，或变卖，或窃取，皇亲贵戚大发国难之财，成为国宝流失的祸根。因此，旧中国文物市场的兴衰变幻，中国文物任人巧取豪夺的历史，正是国家丧失主权独立，备受欺凌、压迫的具体写照。旧中国文物市场的存在与延续本身就是一笔无形与有形相结合的历史文化资财，也是对那些抱怨"中国不开放文物交易市场"的人们一个强有力有据的回答。应该通过总结、分析，取其精华，去其糟粕，吸取历史的经验教训。

（三）

新中国成立后，党和国家坚持唯物史观，实事求是，对历史的文物市场进行了根本改造。首先以法律法规形式确立其国有、国营性质，并逐步实现由国家行政管理部门专管专营，作为国家文物事业的组成部分，承担文物保护与流通的双重任务，实行社会效益与经济效益有机结合的经营原则。同时，颁布禁止珍贵文物出口和文物自由买卖的法令、法规，成立国有文物商店并确定其为防止珍贵文物出境而承担设卡把关，同文物走私、倒卖、黑市活动作斗争的职责与任务。文物商店的经营、管理人员不论其过去的身份如何，一律作为国家事业单位组成人员，接受政府领导与管理，享受国家工作人员待遇。通过50年的改造、发展，取得了前所未有的巨大成果。合法文物市场遍布全国各省、市、自治区，现在120余家大小商店，联通一批代购、代销店、点，构成网络，发挥着购销主渠道的作用。50年所收购、销售的文物品，都数以万计。为国家提供的珍贵文物也数以万计，成为国家博物馆藏品的重要来源之一。其中许多珍品价值连城，成为稀世之宝。在市场经营销售方面，其数量更是远远超出向国家博物馆所提供的藏品，直至90年代，全国每年销售的文物品都达数万件之多。改革开放以来，国家采取改革措施，扩大内销，有效地满足了日益增长的国内需求。这说明中国文物市场的开放程度，在世界上都是无可比拟的特殊现象。总之，50年的改造、发展，从根本上改变和扭转了珍贵文物由文物市场外流的局面，改变和终止了文物市场无政府状态的自由买卖的传统，也改变和消除了曾经一度流行的文物品"论堆、论袋、论斤"的廉价销售现象。这是最大的成功，而且有力地证明了国家对旧文物市场施行改造、利用、发展方针的正确性与必要性。所谓取消禁令，"彻底实行文物自由买卖"之说，实际上就是要求回到旧中国文物市场的老路上去，而且要走向"无边无际的远方"，让人们为所欲为，得所欲得地进行文物交易，让国家文物可以无关无卡畅通无阻地自由出口、出境。这当然是梦幻般的天真烂漫，在任何一个主权国家都是也不允许存在的。国家珍贵文物必须一律禁止出口外流，文物市场必须由国家依法实行管理，文物造假、走私、倒卖、盗窃等犯罪活动必须进行严厉打击，这在任何情况下都是不可动摇的。

（四）

由于客观条件与环境的不断变化与发展，中国文物市场的管理与经营问题，确是当前文物工作中的难点，也是社会各界广为关注的热点。而其难与热的症结，还在于文物管理部门和社会各界都存在思想认识的分歧，对文物市场的现状与发展的评估大相径庭。而分歧、争论的焦点是，国有文物商店是不是已经"穷途末路"，没有继续存在的必要和文物市场能不能彻底放开，"彻底自由"的问题。"彻底实行文物自由买卖"论，在当前的特殊情况下，确在强势传播，有其一定的社会基础和影响力。这一现象，反映了文物市场现状的复杂性与严重性，也证明了正确评估当前文物市场面临的形势与任务，并找到其根源所在的必要性与紧迫性。现在应该面对现实，抓住机遇，总结经验教训，取得对形势的清醒认识，采取对策，澄清局面，制定、修订相关政策、法规，切实推动文物市场的新发展。实际上，文物市场存在的许多问题与弊端，早已露出水面，飘浮多年，有目共睹，无可回避。例如随着市场经济的迅猛发展，"统一价格"规定过时，收购价格过低，许多商店生意萧条，效益低下，难以为继；非法经营现象严重，黑市、倒卖活动猖獗；各类拍卖公司遍地开花，文物成其主要拍卖标的；混迹于文物市场，伺机暴发的唯利是图者日益威胁着合法经营秩序等等，日积月累，对合法文物商店的冲击严重到危及生存。究其原因，一是法制不健全、不完备，缺少市场管理的专项法规；二是改革滞后，管理不力，经营手段陈旧；三是思想认识分歧，政出多门，各行其是；四是舆论误导，监督不力，个别媒体对"彻底自由"论推波助澜，影响很坏；五是国家专管专营体制面临名存实亡的境地；六是管理部门底气不足，举棋不定，畏首畏尾，不敢监管，如此等等，有如"下雨挑稻草，越挑越重"，成为社会不满，当局棘手的大难题。这个评估是否完全符合实际，也是否言之过甚，当然有待当局者和民众判断。但是，强化改革，健全法制，创新管理，改善经营，适应市场经济体制，恢复和发挥现有合法文物市场的生机活力，使之走上健康、规范发展新路，却是无可置疑的当务之急。

（五）

中国文物市场作为中国社会发展的产物，在世界上确是极为罕见的。世界各国，特别是文明古国都未曾有过如此普遍、活跃，如此为世人所关注、热衷的文物市场现象。它们都明令禁止开设文物商店，进行文物自由买卖。它们对文物在国内流通、交易的管理、管制都有明确的法律依据，其严厉程度都远远超出我国现行法规、政策规定。它们对文物的经营、交换、转让、馈赠、拍卖等等都有严格要求，国家文物主管部门始终把握着审批决定权，坚决防止珍贵文物流失。对私人文物的转让处理，凡有可能影响国家文物保护和公众利益的，国家文物主管部门有权禁止和处置。特别是涉及有偿转让时，在任何情况下，国家都拥有优先购买权。这都是载之于法律，见之于实施的客观存在。

禁止珍贵文物出口，打击文物走私犯罪也是世界各国通用的法则，是一个主权国家所必须坚持的基本政策。埃及、希腊、意大利、西班牙和印度等文物大国都依法禁止珍贵文物出口，埃及甚至禁止像木乃伊一类的珍贵文物出境展出，印度法律规定"任何机构和个人一律不得擅自出口古物和艺术财富"，西班牙法律规定古物可以自由进口，但却禁止出口具有文化价值的、属于国家所有的和国家行政当局宣布不能出口的三类历史文化遗产。至于国际公约所规定的文物主权一律为本国所有，打击文物走私、侵占文物的条款，更为各参与国所遵守。所有这一切，无不是以证明禁止珍贵文物出口的必要性与正确性，也无不是以证明"取消禁令"，"彻底实行文物自由贸易"之说的虚幻、荒诞，违背国家根本利益。

汲取人类优秀文化科技成果和先进的管理经验，古为今用，洋为中用，已经成为我国现代化建设必要的有利条件。近年来，要求中国文物管理同"国际接轨"的呼声很高，这是合理的有识之见。在文物管理方面，国外确实有许多有益的东西值得认真汲取、借鉴。外国的文物收藏、文物出口政策、法制健全完备、管理经验十分丰富，中国大有必要借鉴它们，特别是著名文物古国的经验，向它们学习，很有必要。

（六）

对事业的管理实行什么样的方针、政策既取决于事业的外部联系，取决于国家全局发展的需要，也取决于事业本身的特点与规律，取决于事业存在与发展所需的条件。管理科学的日新月异，日益引起人们的高度重视，就是基于物质资源的有限，必须通过科学和管理，最大限度保护利用有限资源，发挥其最大效益。文物作为人类活动的绝无仅有的历史文化遗存，是世界上"有限资源"中不可再生、不可替代的"有限资源"，因而通过强有力的法制手段，正确的方针、政策，合理的体制、机制，实行科学管理，更是理所当然，必不可少。通过改革，制定适应新情况、新形势的新政策、新法规、新措施，也是再也无可拖延的紧迫任务。在文物市场作为国家文物事业管理组成部分存在、发展的前提下，只要做到文物的有效保护，合理利用，保护防止珍贵文物外流，维护国家权益和民族尊严，坚持打假、缉私的斗争，防止有人利用国家文物谋私利、发横财，只要通过文物的交易、流通，真正满足社会各界人士研究、品评、鉴赏的文化需求，并取得应有的经济效益，各种改革要求与措施都应该大胆、放手进行，而且务求及早出台。目前，面对文物市场的种种混乱现象，人们各有所思，各有所待，思想活跃，潜能涌动，议论纷纭，是正常现象，是出于对事业的关心。这对管理工作来说，既是压力，又是动力，既是挑战，又是机遇，应该引起高度重视，抓紧改革，力行根治，使文物市场真正成为两大文明建设的阵地。

注：此文作于世纪之交前后，由于种种原因未能公之于世。现在时过境迁，收入集内，留作记忆而已。

发展旅游与文物保护的关系认知

—— 与记者闵瑶专访的谈话

　　文物保护与发展旅游是国内近10年来一直存在着的矛盾。国家文物局领导成员彭卿云日前接受笔者采访时欣喜地谈到，经过多年实践，文物部门与旅游部门对解决这一矛盾正逐步达成共识。

文物保护工作面临的新问题

　　文物是历史上人文活动的遗迹，旅游是旅游者到异地的审美观赏活动。这看似一静一动、一为主体一为客体的事物，却是互利、互惠、互相支持、共同发展的。之所以处于矛盾状态，是由于一段时间里，双方从各自的角度出发，对文物的开发与保护持着不同的态度。文物的一个最基本的属性就是不可能再生产，任何精巧的复制品、仿制品，都不可能是原有意义上的文物。因此，在目前条件下，对已探明或已发掘出来的文物、古迹，只能有选择地进行重点发掘、开放，不能急功近利、过度开发、竭泽而渔。而旅游业的迅速发展，给文物保护工作带来了许多新的问题，最为典型的有：

　　一、片面强调"文物为旅游服务"，致使一批具有重大历史文化价值的文物遭受严重损失甚至毁灭。浙江某地为吸引游客，将出土的一种象牙展出。虽然下了大气力加以保护，但限于技术条件，结果出土仅一个月，象牙便成了粉末。

　　二、把旅游当作"无烟工业"有其片面性，认为旅游业是一种低投入、高产出的功利产业，忽视了旅游早在魏晋时代便出现的以"审美取代事功"的转移。旅游者外出旅游追求的是一种特殊的多层次的文化享受，是人衣食足之后的一种需求，绝非机械化的产品程序。旅游业是为旅游者服务的特殊产业，在抓经济效益的同时，必须重视旅游的"文化效益"。

　　三、把文物作为旅游资源无限制"开采"。文物作为一种特殊资源，不能像矿藏一般被动地无限制地被开采。文物是旅游文化的重要内容，是旅游业发展的重要条件，是旅游观光的重要对象，如果没有适宜的文化氛围，就难以展示文物的优势。所以，在西糊景区周围新建宾馆饭店、西安小雁塔周围耸立起高楼大厦，有如古朴的泥陶放进偌大的水晶馆，使人再也嗅不到传统文化的气息。旅游部门与文物部门经过近10年的协调，已经下决心在保护好文物的前提下，进而揭示与展现这些历史文化"见证"的固有光辉。

搞中国特色的旅游，文物是支柱

80年代以来，随着中国改革开放的深入，来中国旅游的人数急剧增长。仅1991年国内旅游人数就达3亿人次，而旅游外汇收入已超过27亿美元。已拉开序幕的1992年"中国友好观光年"，来华游客可望突破500万。中国的名山大川固然吸引人，但对于许许多多的旅游观光者来说，中国五千年的古老文明才是真正的吸引力，而文物正是古老文明的载体与重要见证。仅中国历史博物馆通史陈列的展品，实际就是一部自180万年前元谋人至今一脉相承的实物通史，这在世界上是独一无二的优势。古埃及公元前3000年多前的法老文化十分辉煌，但后来由于外来民族的入侵，冲击并中断了本民族的文化延续发展，古埃及文化就没有一脉相承地发展下来。印度与巴比伦也同样如此。"皮之不存，毛将焉附？"唯独中国文化，绵延不断，历久不衰。搞中国特色的旅游离开中国的古文化与文物，是断乎不具生命力与吸引力的。

旅游景观一为自然，一为人文。中国的自然大多是人化了的自然。自然之美、历史之美，通过碑文、石刻、古建、岩画、园林、雕塑以及诗文等手段，上升化文学艺术之美。背负着时代沧桑而成为人文胜迹时，就更具魅力。全国62个历史文化名城，500多处国家级重点文物保护单位及1000万件文物藏品，有如一部巨大、生动、直观的编年史，展示着黄河、长江流域孕育的伟大中华民族生生不息的发展历程。有人说，中国五千年的文化及文物古迹，才是中国旅游的魂，这是不过分的。离开长城、故宫、颐和园、天坛、兵马俑等文物古迹，中国历史就成了无本之木，无源之水。故宫博物院与中国历史博物馆同为国家文物局的直属单位，但两地客流量悬殊。原因之一，故宫不仅是世界上现存最完整的皇宫，还因它属中国文物古迹之精华所在，而中国历史博物馆建筑还属"现代"。发思古之幽情，是游客普遍的心理，故中国的旅游在很大程度上是吃老祖宗的饭。但我们不能坐吃山空，要保护好、利用好，才能不愧对先民与子孙。旅游的投资如能促进文物的保护与利用，那才是高层次的和富有远见的。

文物热与旅游

文物的常保常用，形成文物保护工作的良性循环，这种良性循环又促进了旅游事业的发展。

文物出展与旅游者汇聚文物景点，成为一个双向流动的环线。1981年后国家文物局组织的中国青铜器展、秦皇兵马俑展、中国古代文明展、中国古代陶瓷展、中国宫廷生活展等在30多个国家和地区巡回展出，每到一地无不掀起一股"中国热"。不少人为数千年前璀璨的中国古代文明所倾倒，从而产生到中国旅游观光、进一步了解中国的强烈愿望。

为满足大量涌入中国的旅游者愿望，1990年国家文物局曾调集全国近30个省、区、市的文物精品270多件，在故宫举办"中国文物精华展"。不少海外同胞参观后情不自禁地抒发作为炎黄子孙的自豪感。有的当即表示，要再次携带子孙回来，真正认识自己的祖国。海外游客的大量涌入，使长城的壮观、故宫的宏伟、兵马俑的阵容走人越来越多的游客心中，成为世界"七大奇观"外的又一组奇观群。

河北满城的陵山汉墓，是年代最早的金缕玉衣的出土地。金缕玉衣的展览不仅在国内，在海外也是到一处轰动一处。但陵山洞穴以及其他珍贵的文物却封闭多年。若不是近年来开发成旅游景点，那具有很高科技价值与艺术价值的一切，还会"远在深山人未识"。陕西扶风的法门寺，原已为一片废墟，其中还有释迦牟尼舍利塔遗址，如不投资构建将会随着时间的推移荡然无存。这一遗址修缮后开辟成旅游景点，游人络绎不绝。不少地方由于把残破文物古迹珍视、保护、维修起来，推动了旅游业，为当地方经济发展创造了有利契机。

"阿房宫"因战火已不复存在，但那千古名篇《阿房宫赋》不正是游览者对阿房宫艺术性的记录吗！如果不是这位游览者的功绩，炎黄子孙恐怕连那可贵的遗憾都不曾有之。文物工作者与旅游工作者的心是一起跳动的，而且越跳节律越齐。最近国家投资300多万元用于西安华清池的建筑维修保护，由旅游部门和文物部门对半分担。还有陕西黄陵县黄帝陵的修复，双方又都做出了积极的姿态。

文物与旅游携起手来，不是我们走向历史，而是历史向我们走来。

1991年5月

关于文物保护法修改的意见

——在一次座谈会上的发言（摘要）

我很同意前面发言的同志们的意见，特别是有些对修改问题作过充分思考、研究的老同志谢辰生老先生、傅熹年院士、李晓东同志等人的意见。他们对法律修改的结构、章节、内容作了全面的分析和思考，其中许多都是我想到过也想提出的看法，所以都表示同意，不再重复了，我现在只补充和强调几点作为一己一孔之见，供修改时参考。

一、保留现行法律基本框架、基本原则、基本内容。修改、修订不是将原法推倒重来，重新制定新法。原法的基本内容实践证明是正确的，必须保留的。伤筋动骨的大删大改，很可能搞成另一个样子，这是值得注意的，在现在每日数以万计的文物史迹遭受破坏的形势下，保护为主，抢救第一，是铁定不能动摇的。修法的目的是有利于更好地保护文物，更好地把文物传承后世。舍此，将带来不可估量的后果。现行法的结构是合理的，适应现实需要的，修改、修订应以此为基础，不宜大拆大改，推倒重来。

二、关于"合理利用"问题，不要独立成章。明确合理利用正负面的红线与底线，实际工作是需要的，但是，一、古今中外的文物法都是"文物保护法"，也从未见有文物利用法或保护利用法，现在可见到的外国文物法律法规也从未发现有专门的"利用"章节或条款；二、现行法律明确规定的十六字方针，是保护为主，抢救第一，合理利用是在"为主"、"第一"的前提下进行的，是要服从"为主"、"第一"的需要的。如专立"合理利用"章节，显然有悖于这一原则。实际是把保护与利用等量齐观，这也是一个时期以来一些地方和一些人士热衷宣传保护、利用平衡发展、平行并重的主张的体现；三、关于"合理利用"的条款、条文原则不宜作为条文入法；四、文物保护的最终目的是"合理利用"，但是，不能忘记文物"合理利用"的根基和前提是有利于文物保护，有利于文物为"子子孙孙永宝用"。

三、不同意将现有三级文保单位之外的尚未定级的不可移动文物统称之为或认定为"一般不可移动文物",这既不合理、也不符合实际。现在全国普查出70余万处文物史迹,除去现有国、省、县市三级保护单位不到十万处以外(粗略统计),这就是说"一般不可移动文物"达50余万处,占整个不可移动文物的85%到90%,如此众多的文物史迹作为"一般"即"等外"物,而且规定可以由县文物部门认定、公布、拆迁、撤销,这不就意味着中国不可移动文物就只有现有的三级保护单位了吗?如此巨大的文物史迹,未经鉴定、评估就由县文化部门定论终身,执掌生杀大权,这无论如何是不可行的。文物的生杀大权应该交给谁,由谁来定夺,无论如何,必须慎之又慎,不能轻率决定。这是个重大原则问题,非认真看待不可。

四、关于国有不可移动文物转让、抵押或认领承包的问题,本人认为应该保留并遵守现有法律24条规定。这个规定原本就是为了遏制世纪之初盛行一时的转让、承包之风几经争论才得以确定的,也是为了防止"水洗三孔"之类的事件重演,将文物交给非文物部门管理,改变现行文物管理体制,确保文物由有专门业务知识和掌握国家文物法规政策的单位和人员管理。文物由非文物部门管理的历史教训太多了,不能再开这个门了。现有私人拥有的不可移动文物为数不小,拆转出境的事例也不罕见,而且不止于转让、抵押。文明无国界,文明的载体(实物)是有国界的,最终要受国家法律统一管制的,毛泽东曾经指出保护历史遗产,"其意义不亚于保卫国土"。私人文物同属于民族历史文化遗产,是有国界的,随意转让、抵押、出卖给外国人是不允许的。埃及文物保护法修订(2010)版明确禁止文物交易,明确规定"任何人不得将其拥有的文物出售到境外"。"未经最高文物委员会许可,任何文物不得出境"。因此,应该借鉴外国经验,禁止私人文物向外国人转让、出售。否则,"法无禁止即自由",到时你想管也管不了了。

五、关于尚未建立文物管理机构、博物馆……的国有市、县级文物保护单位和一般不可移动文物,公民、法人和其他组织可以参与其保护与利用的说法,其涉及文物之多,可以参与者之广,可以说是门户洞开,没有门槛可言了。这与曾几何时一些地方一致提倡的通过"认领"、"领养"形式向社会组织、个人转让不可移动文物使用权与受益权,文物应该像土地一样,可以自由流转等等言行并无二致,实质仍是转让使用权与受益权。对此,我仍然坚持应该按习总书记的论断办事,时任福建省领导的习总书记曾在世纪之初(2002年初)针对当时盛行一时的文物保护单位由非文物部门承包，授予有使用权、经营权的做法及其所发生的"水洗三孔"问题曾经郑重指出："现在有些地方名城保护、古建筑的保护出现一些问题，根源就在于只顾眼前的一些经济利益，随意改变文物管理体制，将原为文物部门管理的文物保护单位移交别的部门管理，殊不知古建筑的保护，传统街区的保护，任何文物保护单位、文物保护点的保护，都需要有专门业务知识和掌握国家文物法规政策才能保护好。福建也出现了这样的苗头，我们不希望出现问题，要求依法加强管理保护。"（《福州古厝》序）。文物部门要管文物，文物只能由文物部门管理。文物交给非文物部门管理，随着改变文物管理体制不可取、行不通。为了眼前的一点经济利益，搞文物转让，必然出现问题，必然重走"水洗三孔"的老路。为此，我们应该按习总书记的这一论述办事，不宜轻易或贸然改变既有的符合国情的管理体制。总书记的诊断，既从实际出发，又适应文物和文物保护管理规律，应该认真贯彻执行。历史的错误不能重犯，现行文物管理体制不能随意改变，不能为了眼前的一点经济利益，将文物交给非文物部门管理！

最后，文物保护，是全民族的共同事业，是全体国人的共同责任。文物保护法的修改，要广泛听取人民大众的意见。这是对国家对民族对祖宗和子孙后代负责任的做法，也是以人民为中心的正常要求。文物保护，小事业，大责任。保护好，管理好，活起来，传下去，是我们这一代文物工作者义不容辞的历史使命，必须竭尽全力守责尽责，使之与民族共命运！

2015年1月

努力建设中国特色文物管理学科体系

　　管理、管理学的定义、概念的解释与界定之多与异，不知其数，论述与专著亦不可胜数。作为涉足边缘人士，不可能悉数知其所以然。笔者比较同意有关媒体传载的以下关于管理定义的解释：管理是指在特定的环境条件下，以人为中心，通过计划、组织、指挥、协调、控制及创新等手段，对组织所拥有的人力、物力、财力、信息等资源进行有效的决策、计划、组织、领导、控制，以期高效的达到既定组织目标的过程。或简而言之，是指管理主体组织并利用其各个要素（人、财、物、信息、时空），借助管理手段，完成组织目标的过程。管理是由计划、组织、指挥、协调及控制等职能为要素组成的活动过程。

　　关于管理学的定义，简而言之，就是研究管理活动和过程的学问，或者说是系统研究管理活动的基本规律和一般方法的科学。

　　据此，文物管理和管理学定义的界定，尽管同样有多与异存在，但总有其基本之大同，脱离不开上述管理之普遍定义，即共性。文物管理的定义界定，近年来，随着文物事业的发展，也逐渐又多又异起来，研究文物管理的著述也早就不是寥寥可数了。文物管理及其理论建设的特殊性，是所有论述与研究者的核心任务和最终目的。其实，这种文物管理的个性或特殊性还仅仅是世界性的文物管理个性，并非中国特色文物管理的个性。现在通行的文物管理定义，如文物管理是一项庞大的系统工程，从宏观控制到微观保护，内容极其丰富，涉及极为广泛，其中主要包括法规、政策、计划、调控、技术、专业等管理。而这些管理又涉及多方面多层次的不同内容。当下急需谈及的只专重于探索"中国特色文物管理"的"特色"何在？并就此提出问题，呼吁探讨、创新，建设适合国情的中国文物管理学理论体系。而构建这个体系的出发点和落脚点就是"努力走出一条符合国情的文物保护利用之路，为实现'两个一百年'奋斗目标，实现中华民族伟大复兴的中国梦做出更大贡献。"实践积近七十年之经验，深知欲速到此目的，必须构建中国特色文物管理学理论体系，作为"走出一条符合国情的文物保护和利用之路"的思想理论基础和实施行为指导规范。

管理，作为中国文物事业存在与发展的关键词，在全部工作的进程中，可以说无处不在，无处不讲。自打 1930 年国民政府颁布中国历史上第一部文物保护法《古物保存法》，成立第一个国家文物管理机构"中央古物保管委员会"时起，管理正式成为国家文物保管及其机构的主要职能和职责。新中国成立以后，全国各级政府所设的局、所等各类文物机构，无不冠以"管理"或"保管"之名。1961 年公布的新中国第一个文物法规同样称之为"文物保护管理暂行条例"，同样都以"管理"为核心内容，都明确确定管理的地位、职能、权力、方法，更为重要的是把"管理"推向法制轨道、纳入法治规范。1973 年国家文物局成立就称之为"国家文物事业管理局"。现行文物工作的十六字方针的最后四个字"加强管理"，既是方针，又是法律；既是职责，又是权力；既是手段，又是目的。凡此等等，都体现出管理是开展文物工作，发展文物事业的第一要素，第一前提，第一手段，第一任务，第一职责。新中国文物事业的成就，举世称赞，正是国家重视管理，民众参与管理，文物工作者献身管理，专业技术人员善于管理的综合成果，也足以证明文物事业的成败，取决于政府对管理的重视与否，取决于管理工作质量的优劣，管理水平的高下，管理力量的强弱，管理手段的长短。文物工作的理念、思想、方针、政策、法规等等都需要依靠管理工作实施、落实，文物的保护、抢救、发掘、征集、研究、展示等等也都需要通过管理工作实行、实现，没有管理，就没有文物事业。文物事业的成就，就是管理工作的成功。不建设中国特色的文物管理学科理论，就不可能"走出一条符合国情的文物保护利用之路"。唯其如此，文物管理的重要性和"加强管理"的必要性，就不言而喻了。也正是基于管理是文物保护的第一要素、第一要务的理念与实践，新中国成立 68 年，特别是改革开放近四十年来，全国各级文物管理工作，从国情实际出发，根据文物和文物管理的内在规律，开拓创新，继承发展，取得了文物保护的巨大成果，积累了大量系统性的经验。这些经验，包括理念、思想、理论、原则等导向性管理；方针、政策、法律、法规、指令、规划等宏观全局性管理；机构、体制、机制、手段、形式等行政管理；调查、收藏、发掘、保护、研究、展示、流通、创意、衍生、复仿制等专业管理；考古学、古建筑学、博物馆学、古器物学、交流互鉴等科技学科管理……这些经验，都在中国土生土长，都有着中国的原汁原味，都凝聚着中国几千年一脉相承的古色古香，保持着中国气派中国特征，而且都行之有效，用之有果，为世界各国所公认。其中居世界之先列者，亦不乏其数也。要建设中国特色文物管理学理论，走出"符合国情的文物保护利用之路"，当前最亟须探讨、认识、确定如下几个问题：

（1）高度重视和正确对待中外文物管理的历史经验。中国几千年的文物保护管理特别是新中国文物管理事业的实践成果和经验，是建设中国特色文物管理学理论的基础，必须认真总结、分析，使之系统、系列化、理性、理论化，更有效地发挥其现实指导意义。脱离或忽略这个基础，等同无源之水，无本之木，文物管理学理论建设等同沙堆建塔，空中楼阁，这个结论并非耸人听闻，而是现实存在，历史必然。世界各国文物保护管理同样有其丰富的历史经验和科技成果，对中国文物管理有着重要的借鉴意义，实行这种借鉴和比较，乃是改革开放的重要内容。中国特色文物管理理论论建设必须坚持"古为今用"，"洋为中用"。但是既有的丰富经验，在一定意义上说，至今仍然一堆堆的原生矿物，正有待于挖掘、整理、提炼、加工，进而升华而成为理论结晶。而这一理论化过程，就是管理学理论建设过程。

（2）探知和认识中国国情的实质实情，站稳立足点，瞄准落脚点。习总书记指示"走出一条符合国情的文物保护利用之路"的"国情"，自然包括国家民族的历史、地理、传统、现实等全国的"国情"，也包括国家历史文化遗产的"国情"。前者内涵博大，是全局与大局。后者独具个性，是保护利用的先决条件，其重要性不言而喻。探索、理清和认识这些"国情"内容，才能有的放矢，对症下药，发挥建立中国特色文物管理学理论决定性的作用。关于文物"国情"的实况，迄今还是正在探讨的新课题，现在诸多论述，依然存在许多歧见和变异。但是，历史和现实的存在，一是大家的认识基本一致。例如中国文物源远流长、博大精深，上下五千年一脉相承，绵延不绝，举世无双。二是中国文物和国家是命运共同体，"国强，则文化兴；国昌，则文物聚"。反之，国弱，则文化衰；国贫，则文物失，文物主权当与国土齐观。三是中国文物对外开放举世仅有，古董行、文物商店存在百余年，近现代更是极盛一时。四是中国文物之富，包括地上、地下、水下、国外所存，堪称未知的"天文数"。其中地下不可移动文物现已查到近70万处文物景点，百分之八十尚未经专业考查、论证、评估、定位（级），但其重要性决不可等闲视之。中国五千年文明的初期源头，主要以文物史迹实物为依据，现存的文物史迹乃是一部中华民族实物大通史。但是，其中还有诸多方面、层面、环节存在空缺、单薄、误差等问题，尚须依仗对现有文物史迹的考察、发掘，以新的文物史料补史之缺，正史之讹、证史之实，详史之略、续史之原。五是中国文物质地、品类、形式和制作工艺因气候、地理、历史和审美观念之异，同样在世界上独树一帜，保护管理亦须随之独具特色。凡此例证，皆属中国文化"国情"的主要内容，也是中国文物管理无可规避、忽视的大问题，更是中国文物管理学理论建设的主要任务。

（3）习总书记曾经指出，文物"都需有专门业务知识和掌握国家文物法规政策才能保护好"。这就明确文物管理必须掌握专业知识和文物法规政策，也就是人们常说的文物工作的专业性、政策性和法治要求都很强，不是什么人什么部门什么单位都可以管理好文物，都可以承担保护传承文物的重任。专业性，包括对文物本体的特性、内涵，对其保护传承的价值、作用及其利用的特殊要求等等的认知、了解，都是管理专业性的重要内容，都要总结实践经验，建设科学理论，指导新的实践。如前所指"专业管理"，就包括这一特殊需求。文物管理的根本手段，就是法治，即通过政策法规实行管理。中国历史上的古物保护管理都是通过严厉的法治手段实现的，早在汉代就实行"盗墓者诛，盗窃者刑"，往后历代都将"毁宗庙、山陵及宫阙"列为"十恶不赦"之罪，就是历代法治之严以确保重要文物安全。而今，从中外古今借鉴文物法治管理经验、理论，无疑是文物管理学研究的重要内容与课题。文物学，作为综合性、边远性的新兴学科理论，在中国确属新课题，所以大胆探索、严肃求证，十分必要。但是，坚持以建设、完备文物管理学理论，使管理工作由必然王国走向自由王国，可能是"曲径通幽"之路，更可能是"捷径通天"之路？

从文物的国情出发，中国文物管理学必须探索、论证综合管理，专业管理、法治管理、宏观与微观管理等等，其核心仍然是组织、计划、监控三大职能构成的链环关节，管理的过程，也都是这三者循环往复。文物管理的特殊性质与要求，也都通过这三者来实施、体现。符合国情的文物保护利用之路，也都需要通过科学的管理理念、理论、方法、手段来实现。科学的管理和管理理论都必须建立在本国文物的"国情"基础上，两者相依相存，互为因果，相伴始终。国情是建设中国特色文物管理学的依据与基础，管理，是"走出符合国情的文物保护利用之路"的重要手段与保证。中国特色文物管理学，符合国情的文物保护利用之路，两大课题、任务，同一目的、结果；两大命题、求证，同一道路、根源。在当前文物事业全面发展，中华优秀文化传承发展工程全面实施的重要时期，加速深入探讨这两大课题，努力实现这两大任务，乃是中国文物保护传承的当务之急。没有理论的实践，是盲目的实践。对这两者的理论探索和建设，是事关文物工作成败和文物事业兴衰的决定因素所在。立足中国现实，古为今用，汲历史经验之精粹；洋为中用，取国外管理之长技。古今互鉴，中外交流，中国文物管理学理念建设已趋于成熟时期，应该提上日程，列入课程，踏上行程，计时日以取成果，计里程以树碑标。为此《中国文物科学研究》将一如既往，加倍努力，为建立以中国特色文物管理学为中心的中国文物学科理论提供更多的支持，开辟更大的园地，与作者、读者更好地互动互建，推动文物管理理论建设，为走出一条符合国情的文物保护利用之路，为实施中华优秀传统文化传承发展工程做出应有的一份贡献！

2017年3月

关于抢救"中华一绝"保护和发展
南京云锦传统工艺的呼吁书(代拟稿)

关于抢救被誉为"中华一绝"的南京云锦工艺，建立中国南京云锦博物馆的热议与建议，由来已久，社会各界呼声很高。

锦，作为多色花纹织物，是各类丝织品中最为高贵的一种。早在汉代就有学者解释说："锦，金也。作之用功重，其价如金。"云锦，乃锦织物中之极品，因其绚丽多姿，灿若云霞而得名。

南京云锦，则集历代织锦工艺技术之大成，位居古代三大名锦之首，是我国传统织锦工艺史上的最高峰，素有"中华一绝"之美誉。元代，蒙古人习尚真金装点官服，对南京云锦倍加重视，专设"建康织局"以事督造，从而使以织金夹银为主要特征的云锦脱颖而出，成为织造工艺水平最高的丝织品种，受到宫廷贵族的特殊宠爱，也为蒙、藏、维吾尔等少数民族所青睐。

此后至明清数百年间，云锦均被指定为皇室专用品，既是龙袍冠带、嫔妃衣饰的主要用料，又是馈赠国外君主、使臣和赏赐朝廷大臣、贵戚的高贵礼品。尤其是清康、乾盛世期间，因袭元、明两代旧制，在南京设立云锦织造局，即著名的"江宁织造局"（府），云锦生产规模和工艺创新都前所未有。全城共有织锦机三万多台，秦淮河一线机户云集，机杼声彻夜不绝，真可谓盛极一时。此时织造的品种主要有"织金""库锦""库缎""妆花"四大品类。其中"妆花"织品则是云锦织造高峰最为杰出的代表作。

特别值得关注的是，就在这个清代"江宁织造局（府）"里，不仅创造了中国云锦鼎盛的辉煌，而且诞生、成长了一位伟大的古典文学作家曹雪芹。由于其父祖三代先后继任"江宁织造"共达六十五之久，其祖父曹寅更为康熙所重用，官至通政使，除主管江宁织造外，还巡视两淮盐政，对云锦织造业贡献卓著。康熙六下江南，五次住在江宁织造府内，可见这座府衙的规模、完美、重要程度及其主管者与康熙的关系皆非同小可。曹雪芹在这样的官府里土生土长，所受熏陶、影响自可见一斑。毫无疑问，没有江宁织造府，就没有曹雪芹，当然也就不可能有《红楼梦》。此书名称《石头记》，即源于南京"石头城"。《红楼梦》所反映的生活，同江宁织造府密切相关。《红楼梦》里对云锦衣料之类的描述如数家珍，同样说明《红楼梦》与"江宁织造府"关系之紧密。事实上，江宁织造府才是曹雪芹的故居、故里，其他种种，都无实史可证，无实据可查，尚待查证与研究。

无可争辩的事实证明，南京云锦织造工艺的确是中华民族创造能力和智慧的结晶，是中国优秀传统文化遗产中最可珍贵的一部分，具有永恒的历史、艺术与科学的价值，在当今的社会主义物质文明与精神文明的建设中，仍然具有重要的文化、经济潜力，是一个急待保护、利用的物质与非物质的文化遗产大宝库、大传统、大"品牌"。然而，自康乾盛世之后，逐渐衰落，直至濒临绝境，那个盛极一时的"江宁织造府"亦早已夷为平地，建筑荡然无存，文物散失殆尽。

就在这个存亡绝续的危急时刻，引起了党和政府的重视。1956年，毛泽东主席发出指示："提醒你们，手工业中许多好东西，不要搞掉了。我们民族好的东西，搞掉了的，一定都要来一个恢复，而且要搞得更好一些"。这个指示，无论过去、现在和未来，都具有重要的指导意义。同年十月，周恩来总理又亲自指示："一定要南京的同志把云锦工艺继承下来，发扬光大"。几乎与此同时，文物局长郑振铎先生发出"紧急呼吁"："我们现在是处在承前启后的一大时代。老祖宗（也就是历代的勤劳智慧的劳动者）留传下来的许多绝技、绝活，眼看就要随着少数老年的技术专家们的衰老、死亡而'人亡技绝'了。我们得赶快抢救那些美好、有用的、有益的技术……"1957年，江苏省政府落实领导人的指示，批准成立了"南京云锦研究所"，专力承担云锦织造工艺的保护、继承和发展的重任。改革开放以后，有关部门开阔了视野，看到云锦工艺的潜力和前景，加强了对云锦工艺的抢救、研究和开发、利用的力度。20世纪80年代初，国家轻工业部、国家文物局先后拨出专款，在原研究所的基础上，先后筹建了"中国织锦工艺研究生产实验中心"和"中国织锦工艺陈列馆"。40多年，南京云锦研究所的技术员工奋发图强，在十分艰难的条件下，挖掘、整理、保存了大批珍贵的云锦实物和图文资料，抢救、保护、培养了一批身怀绝技的老、新技术人才，恢复、继承、保留了云锦织造的传统工艺技术的成果和经验，特别是在复制包括帝王龙袍在内的锦织文物方面进行了成功的探索，为保护国家文物和继承云锦工艺做出了贡献。

但是，所有这些，均属于抢救、保护性的基础工作。云锦织造，无论作为传统工艺还是作为手工产业，都未能达到毛主席"要搞得更好一些"和周总理要"发扬光大"的要求，也远不能适应当前文化、经济大发展的需要。由于现仅有60多名员工的云锦研究所实力单薄，场地狭小，设施简陋，人才短缺，效益低微，基本处于维持、守摊状态，因而既不可能从根本上摆脱云锦工艺的濒危困境，也不可能使之在当前急剧发展的市场竞争中取得立足生存的一席之地。为此，南京云锦研究人员发扬开拓创新精神，开展调查研究，广泛征求有关专家、群众的意见，为发展云锦工艺开始从长计议，提出改革、发展构想，并就建立"中国南京云锦博物馆"等问题进行了初步的研讨和构想。

一、在原址恢复部分"江宁织造府"的建筑

鉴于如前所述云锦工艺的发展历史同清代江宁织造府及其曹雪芹的密切关系，也鉴于江宁织造府尚有遗址可考，已毁建筑亦有图文资料可查，因而多有在原江宁织造府遗址内，参照或恢复部分原有建筑形式，兴建云锦博物馆馆舍的建议。博物馆应以陈列、展示中国丝绸织造发展历史，云锦工艺发展历史、新旧云锦实物和锦织品产销等为主要内容，形成有形文化财产（云锦文物）与无形文化财产（传统工艺技术）有机结合的现场生产的活性博物馆。此外，在馆内建立曹雪芹与江宁织造府史料专题陈列馆（室），作为云锦博物馆的组成部分，扩充和丰富博物馆的文化内涵，也使之成为真正意义上的曹雪芹故居纪念馆（室）。

二、博物馆建设必须多功能化

博物馆建设起来，必须集多功能、多样式、多效益于一体，特色鲜明，底蕴深厚，为人民群众所喜闻乐见。只有这样的博物馆，才能充分发挥其收藏、研究、展示云锦文物史料的三大基本功能，确保文物传之后世，成为永久的社会文化教育阵地，也才能更有效地继承、利用、创新、发展传统云锦工艺技术，扩大云锦织造产业，开拓云锦织品销售市场，满足海内外日益增长的文化、商品需求，还要充分发挥旅游景点作用，使之成为中外旅游者观光、购物的优先选择。这三者结成一体，云锦工艺的潜力、优势必将逐渐凸显出来，实现两个效益双丰收，而且在专业性博物馆建设方面也独树一帜，不失为创新之举。

三、申请世界人类非物质文化遗产

南京云锦是中华丝绸织造中的"独秀"，是世界无与伦比的中华瑰宝，其精美绝伦，中外垂慕。随着云锦传统工艺技术的抢救成功，原汁原味地复制龙袍等古代云锦文物已经不再是难题。在此基础上让南京云锦的成果成为美化千家万户的装饰品、高档衣饰，也有指日可待之望。因此对我国这一历史悠久的传统手工业，理所当然应申请列入世界人类非物质文化遗产保护名录。

新中国成立之初，曾经有过"一出戏"（《十五贯》）救活一个剧种（昆剧）的创举，而今，在实现中华民族伟大复兴的进程中，我们坚信一定会出现一个博物馆救活"中华一绝"（云锦工艺）的盛事。

2001年5月于柏林寺

关于文物宣传工作
与文物产业问题的随想

关于宣传工作，是整个文物事业链的重要环节，是文物保护、管理、利用的先行先导。宣传工作，对于文物文化事业，是手段，也是目的，贯穿全过程，渗透全领域，无论何时何地，何人何事，都要置之于首位，借以推动进程，保证质量，实现效益。

文物宣传工作的重要性，同其他事业一样，首先在于启发民众的认知，唤起民众的觉悟，动员民众的参与，赋予民众的责任，传授文物保护、管理、利用的"游戏规则"，使之懂得"保护文物人人有责"。但是，更重要的还在于通过对文物实体的宣传，解读文物的内涵，揭示文物的价值，发挥文物的作用，帮助民众回顾先人生存、进击的足迹，认识民族的历史和创造力，感受祖先的情感和理性，领略历史文化的辉煌与魅力，从而激发起对民族之尊，对历史之珍，对祖国之爱，为传承民族根脉，延续文化基因，铸造民族之魂尽职尽责。凡此等等，都无可置疑地决定了文物与文物事业的文化属性和特质，也决定了文物宣传与文物工作的出发点和落脚点。天降大任于斯人也，舍我其谁！

文物宣传工作，如上所说，分为两大部分，一是文物保护、管理，利用的"游戏规则"，即文物工作的方针、政策、法律、法规、技巧、方法等等及其决策理念、主旨、理论等等的传播、解读、论述，目的在于动员群众，规范行政，营造文物保护管理的健康、良好氛围。二是笔者所想的与文物产业关联较深的关于文物本体的宣传，其目的发挥文物的文化教育功能，满足民众的文化需求。这两者既有联系，彼此相互促进，又有区别，彼此不可相互替代。文物宣传工作作为文物工作的重要组成部分，必须将两者视为车之两轮，鸟之双翼，齐抓共管，同时推进。国务院新近发出的《关于进一步加强文化遗产保护的通知》，对文物宣传工作提出了加大力度，营造良好氛围的要求。其中同样强调这两大内容的宣传，以增强保护意识，激发爱国情。其实，道理很简单，对于事物的认识，取决于对事物内在本质的了解。要真正认清保护文物的必要性，就只能在了解、掌握文物的特质、价值、功能及其对现实生活和民族利益的作用与影响之后。否则，既不深刻，也不持久，只能是知其然，不知其所以然而已。

文物宣传工作，随着综合国力的不断增长和科学技术的日新月异，已经进入一个崭新的时代，也面临着许多新问题。一是宣传途径之广，手段之多，远非昔日可比。电子、信息、网络、数字化等技术的应用，使宣传手段发生了革命性的飞跃，也对文物宣传工作者的思维模式产生了难以招架的冲击。二是现实之需，既普遍又迫切，层位要求也日益深化。"盛世兴文"现象，尤其凸显在民众对文物爱好、欣赏、收藏、流通等方面，并以此形成社会主流文化之一。三是如何适应并融入市场经济体制的问题，无论认识与实践，都还处于探索、起步阶段。四是面临文物宣传大普及、大竞争的新局面。近年来，各类传媒、出版机构，对文物的宣传报道，无不争先恐后，形式、方法无不尽其所能，技术手段无所不用其极。其中有的单位竟不顾跨行、跨业之忌，把文物作为传播内容，或招徕读者、观众，获取利益，或点缀风雅，提升品牌。真可谓百花齐放，令人眼花缭乱。凡此种种，对文物宣传工作，既是挑战，又是机遇，既令人鼓舞，也发人深思，而且事关大局，只能应对，无可回避。

文物宣传，作为社会文化现象，其内容大抵可分两类：一是对文物实体的直接利用，主要包括不可移动文物的开放、旅游，可移动文物的展出、展览和市场流通等等。人们通过对文物实体的直观、直感获得文化需求。二是对文物的间接利用，主要包括文物图书、报刊、影视、音像、电子网络等等。也还包括文物仿复制品和仿古工艺品的制作与销售等等。所有这些制品，实际上都是文物的介质品，人们对其所见所赏均非文物本体。这个直接与间接之分，能否成立，可当别论，也可视为一孔之见。但是，两者同具文化产品与市场商品属性，既是精神食粮，又是营利商品。开放旅游的文物景区、景点，自然不可与商品同日而语，也不在经营、交易之列。旅游本身更是一种文化活动。而文物的开放旅游，更是文物宣传展示的第一需求、第一任务、第一功效。但这必须通过保护、管理、服务等投入方能实现，同样存在成本核算的问题，获取必要的营利效益，合理合法，无可置疑。至于对文物展出、展览的文化商品属性全同于文艺、文化创作品的认识，而今也已不存疑义了。

关于文物宣传工作与文物产业的关系问题，主要是宣传文物载体或产品，可以也应该通过经营方式或手段保持运作、发展、壮大的态势。所谓经营或市场运作，就是以赢利为根本目的，就是应该伴随社会、市场和产品自身的发展而设置合理的获利目标。有些文物宣传品，既是文化产品，又是入市商品，既要宣传，又要赚钱，要求社会效益和经济效益的完美统一。在计划经济体制下，许多文物宣传品只管宣传，不管赚钱。在市场经济体制下的今天，显然已经不适时宜，难以继续了。但也不能只管赚钱，不管社会效益。任何文物文化活动，任何文物文化产品，任何文物宣传与文物产业，都要以社会效益放在首位，实现两者完美有机结合才能富有生机活力，持之以久，行之以远，利之以民！

2003年6月于柏林寺

关于地志博物馆建设
与博物馆多样化的一点浅见

"地志博物馆，又称综合性博物馆或地志性博物馆，即以当地的自然资源（包括地理、民族、生物、资源等），历史发展（包括革命史），民主建设（包括政治、经济、文化等方面的建设成绩）三部分为陈列内容的博物馆。省级博物馆以地志性博物馆居多。地志博物馆不同于地质博物馆。"这是网络传媒所下的地志博物馆定义。其内涵基本准确无误。但若简而言之，就是展示地方自然、地理、历史、人文资源的地域性、综合性博物馆，以省、区、市为重点建设对象，中国地志博物馆最早提出于20世纪50年代初期，也有学苏联博物馆建设一说，苏联确曾有伏尔加地志博物馆存在。但是否真是如此，笔者以为不尽然，未必如此也。中国的方志学、地志文化，历史悠久，两千多年来，不断创新发展，修志几乎延续历朝历代，遍及全国，各省、郡、州、府、县都有志可查。无论内容、体例、结构都同制同体，成为该地域内自然、人文、地理、历史、风土民俗的实况记载，是必备的地志百科工具书。如此地志文化，是中华民族传统文化的一个重要支系，是独具特色的历史文化遗产。郑振铎局长早在1952年新中国文物局的发文中指出："各地的方志，为地方的百科全书，不仅包括地方历史、人物传记、名胜古迹，也包括地方物产富源和地形险要，交通关津，有关国家资源和国防的机密至巨"，致使"帝国主义者曾极力搜集"。为此，将地方志书，作为珍贵文物禁止出售、出境，由国家统一收购、收藏，不得"任其在市上流通"。因此，地志博物馆的由来与其说受外国的影响，不如说是中国地志文化的另一新形态。地志博物馆的内容、结构，实际就是从借鉴地方志而来，两者的差异只不过地方志是书，是文字与图画的结合体。地志博物馆是通过实物陈列体现出来的实物形态的图书。一个是用文、图印刷出世；一个是用实物组合展现出场。两者关系是同宗同源而不同形态而已。现在，随着社会经济、文化、科技的繁荣发展，地方修志已成为各级地方政府的一项专题任务，几乎县县有修志组织、机构、人员，每五年或十年就要或续修或重修，内容也随之增大增多。由于地（市）、县（市）资源、发展之异，自然各具特色，各有千秋，其历史价值也在不断提升，其作用与功能自然也在与时俱进。有鉴于此，独具地域性、综合性的地志博物馆，在各省区、地（市）、县（市）自然独具特色，可以帮助当地当时民众认识本地区自然、地理、历史、人文、民情民俗，普及科学文化知识，增强思想道德滋养，接受爱乡爱国主义教育，增强文化自信，是有益的、可行的、必要的文化教育活动场所。现在有些地（市）、县（市）正在积极策划和兴建这样的综合性的地志性博物馆，笔者认为这是一项继承和发展中国博物馆建设传统，并富有创新精神的文化建设工程，值得有条件的点赞和支持。由于其内涵的综合性、地域性，每个地区都有其独特的自然、人文、地理、历史等实物、实体（即文物、标本）存在而且需加妥善保存，传之后世，因而从实际出发，按实际办事，强调实际效益，真正实事求是，建设切合实际，适应本乡本土的地志性博物馆，并非无益多余之举。这与过去反对提倡，今日仍不宜鼓励的所谓"县县办博物馆"的主张有其实质性的区别。20世纪中期，大跃进迅猛之风席卷全国。文化卫星满天发放的时候，曾有人提出"县县办博物馆"口号，在全国产生不良影响，也带来一些地方盲目冒进建设一些徒有馆名、牌匾的空头博物馆，最终难以为继，什么都空空如也。那时，许多人们并不知道博物馆建设是有条件、讲规律的，最起码的，一要有文物史料藏品，二要有适宜馆舍，三要有懂博物馆、懂文物的专业专员人才，四要有必要的经费财物基础。舍此，即是无米之炊，巧妇强为，必然无果而终，或硬背包袱，咎由自取，教训深重，所以大跃进之风过去，国家正式否定这一冒进之举。但是，事过多年，有些热心文博事业的好心人包括个别"少数关键"人物，乘改革开放东风初起，改革热情迸发，又提出大办博物馆的主张，重复"县县办博物馆"的口号，而且曾经要把大批文物保护单位改名博物馆，追求博物馆之多，什么祠、堂、寺、庙等都冠上"博物馆"的芳名。由于前车之鉴，这一大办博物馆的主张，也在争执与反对声中逐渐消失。一个口号，两度反复，教训还是不可忽略的，问题根蒂还在于重实务实，在于实事求是，讲科学，守规律。而今，中国博物馆事业与时俱进，发展到一个崭新阶段。"县县办博物馆"仍然不宜重演，但发展地志性、综合性博物馆应该在有条件、讲规律，应需要的前提下提倡、鼓励建设。过去，主张办省级地志博物馆，笔者认为现在应以市、县地志博物馆为重点。

建设地志性、综合性地方博物馆一个最大的好处和需要，乃是实现各地博物馆多元多样化，解决和克服博物馆"千馆一面"的问题，习总书记最近指示："博物馆建设，不要'千馆一面'，不要追求形式上的大而全，展出内容要突出特色"。总书记这一重要指示，不是无据而言，无的放矢，而是有实可指，是一个对博物馆事业发展的方向、纲领性的重要指示，值得文物管理部门和广大博物馆工作者重视、学习、深思并对照检讨博物馆建设的实际。国家富起来了，文化建设实力大起来了，人们自然容易"追求形式上的大而全"，而忽视乃至放弃内容特色这个博物馆赖以安身立命的依托。特色，首先或根本取决于资源，取决于资源多样多元和本乡本土，取决于有人之所没有，异同地之所异。没有本乡本土资源之特异，照搬人家之所有，复制人所共知之珍奇，那必然千馆一面，再全再大，也必然黯然失色，甚至失去建馆之本意。特色，作为事物本姿本色，原质原味，在其成百上千的同类中，乃是生死、存亡、发展的决定因素。特色，取决于内涵，也与其表现形式相依存、相辉映。脱离内容的形式再全再大、再新再美，那也是"嘴尖皮厚腹中空"，"好看不好吃"。对发挥博物馆作用无可裨益，对克服"千馆一面"的鄙陋毫无意义。文艺作品，文化创作，文博建设最亟须的是突出内容特色与个性，最忌讳的是雷同、千馆一面。这个道理文博专业工作者都深知其弊端之所在，他们的创造发明所追求的正是独具特色，防止千馆一面。没有特色，没有创新，就必然千馆一面。建设地志博物馆，在很大的程度上可以防止千馆一面，实现多样化、多元化。单纯的文物博物馆，在更多的地（市）县（市）很难建设成功。中国文物多少、分布是不可平衡的，许多市县不可能有建博物馆所需的古代或近现代文物史料。如若像地方志那样，将自然、人文、地理、历史、经济、文化、民风民俗、技艺、特产等等都作为收藏、研究、保护、展览的资源、对象，那就大不同于单纯的以文物建博物馆的要求了，必需的地志性博物馆就可以有条件建设起来了。地志性地方博物馆，作为乡土实物教材，对教育、启迪、滋养本乡本土民众的文化思想素质是很有意义的。有条件、有原则、有前提的地志博物馆建设，应该给予正名，得到肯定。新中国首任文物局长郑振铎先生曾在1956年指出"在地志博物馆方面，要防止狭隘的地方观念，过分强调地方上的人物，好像通志馆的具体化或先贤祠似的。"应该考量到"把地方经济文化的发展恰当地而又突出地表现出来"。在少数民族地区，"要表现少数民族在中华民族大家庭里所做的贡献和其特殊的风俗、习惯、信仰和生产……"这里所谓"过分强调地方上的人物"的现象，在修志、建馆中由来已久，涉及全国，且愈演愈烈，直至今天已经演得蛮不讲理，笑话百出，成为难以合理解决的大难题。这也是地志性博物馆建设值得重视的大问题，避免在争闹声中伤害名人，伤害历史，伤害地方民众感情。

总的说来，适当提倡，鼓励建设一些地域性、综合性的中小型地志博物馆，是增强人民群众文化自信，提升国家软实力的好事。对克服博物馆"千馆一面"的短板也是有益的、必要的。但是，鄙见以为建设地志性博物馆必须坚持下列原则与要求：

立足乡土，因地制宜；天人合一，百科兼备；就地取材，量体裁衣；彰真善美，长德智文，育人化人。贪大求全，讲排场，求阔绰，都是奢靡之风，应该坚决防止和遏制。

鄙见者，粗鄙之浅见也。胆敢公之于众，乃出于学习习总书记博物馆不要千馆一面，不要追求形式上大而全，要突出博物馆内容特色的重要指示之所思所想。由于领会肤浅，又远离地气，很可能是奇思怪想。一孔之见，了无新意，实在所难免。不妥不当之处，恭请读者指正。

2017年11月14日《中国文物报》

大运河"入世"颠覆中国人
"不会保存古迹"的偏见

　　大运河保护工程的推进,申报国保和世界文化遗产目录的相继成功,为时达10余年之久。这不是简单地走论证、审批、公布的程序之路,而是一个综合性的规划、研究、论证、整治、保护过程,也是一项有组织、有计划、有领导、持续不断的努力成果,更是国家文物局一项富有远见的文物保护重大决策。大运河的保护工作,不论新中国成立前后,也不论建设和改革时期,都没有得到应有的重视,使中国原本并驾齐驱驰名世界的万里长城和京杭大运河两大古代人工奇迹越发成为不对称的历史文化遗产,也越发处于被遗忘状态。万里长城早在1961年公布为第一批国保单位,大运河却到50余年之后的新世纪,才成为第六批国保单位。更严重的是此前运河现状令人担忧,全河许多段落或残或废,或淤或堵,或断流,或改道,不能连贯相通,几成残存遗迹。如不是国家文物局对此引起充分重视,不失时机,全力施行整治、抢救,则绝无今日"入世"之喜。因此,在为大运河申遗成功的欢庆之余,认真回顾既往工作经验,展望未来保用前景,是很有必要很有意义的好事。这样的总结与回顾,首先应该肯定国家文物局多年坚持不懈、奋斗不止的新经验,肯定局领导坚持文物工作方针,扩展文物保护视野,丰富文物保护对象的新成果。大运河、丝绸之路成功"入世",是我国文物保护工作的重大发展。中华文明古国雄姿再展,惊羡世界,充分展示出国家文物管理部门正确的决策和引领职能。

　　在这里,笔者出于明智、思辨之想,再次重温一位外国古人关于大运河的一段记载。这位外国古人19世中末期来到中国,在华生活达50年之久,88岁时去世。此人就是美国公理会传教士阿瑟·史密斯,中文名字叫明恩溥。在他的传教生涯中,写下多种关于中国的书,其中《中国人的特性》一书是他关于中国著述的代表作之一。书中有中国人《不会保存古迹》一篇,其中关于大运河的记叙,笔者以为在大运河得到抢救并申遗成功的今天,很是值得重读,也很是耐人深思。该文开门见山直言:"当今(19世纪末)世界各国中,没有一个国家的人民会像中国人那样理由十足地尊崇古代。但是也没有一个国家像中国人那样,对于遥远的过去只能找到如此可怜的一点现存古迹。""严格说来,在中国没有古老的庙宇,因为没有一座中国寺庙能坚持存留几十年,几十年往往是最大极限……""要重申的是,像中国人这样特别保守的民族,如此缺失长久流传的纪念碑或公共建筑物,是一个极其特殊而又富有启发性的事实。关于这一主题,首先映入脑海的便是长城、大运河、城墙与河堤。长城无疑是人类的一座辉煌丰碑。"但"要确定特定一段的真正建造年代是不可能的,并且大部分城墙只剩下一堆碎石"。关于大运河不断遭受破坏的状况,这位传教士却描述和评论得更多更细。他说:"大运河是显示隋代时中国高度文明的一项伟大工程,它的正式挖掘正值隋朝统治时期,当时欧洲根本没有重要的运河存在。但是,运河此后一直遭到破坏。"太平天国运动,黄河改道都加速了大运河的破坏进程。曾"经常有人描述它能'容纳最大吨位的船只','大部分航道两边还镶有花岗岩',但游客亲眼看到天津的'大运河'北端时,便失望地发现,在其下流淌着的是狭窄的河流,根本就不是运河,也根本算不上宏大。如果继续前行300公里,抵达山东临清时,便会发现所谓的'大运河'只不过是一条泥沟,宽约一两竿(约合5.5米),其水量仅仅够行走一条装运泥土的平底船。古时修建的堤岸现在仍然大量存在,而且非常漫长。可是人们平时对它们不闻不问,反正又不是我家的,不关我的事,而一到雨季,滂沱大雨骤然而至时,人们才猛然想起附近的大堤,想起堤下自家的田地……而雨季一过,又漠然处之"。因而对这些工程是否有用,"人们的意见往往争议很大,不时还成为分歧的焦点"。

这位传教士对于长城描述的似是而非,在此姑且不予置评。而对大运河的这段描写与评述,当然可能是当时的现实状况。但是,现象的真实,掩盖的往往是本质的虚伪;事例的罗列,未必带来结论的准确。中国人"不会保存古迹",中国现存古迹"少得可怜"云云,乃其"只见树木,不见森林"的固有思维模式使然,不必苛求;也是其居高临下,传教救世的傲慢心态所致,无须理论。唯独令人匪夷所思的是,他对中国当时所处的时代背景和社会现实却视若无睹,听若罔闻。他于1872年来到中国,定居天津。此时此际,火烧圆明园的余烬未冷,中国人的国耻之殇,他当然心知肚明。他的《中国人的特性》一书出版于1899年,中日甲午海战的惨烈情景,中国人所蒙受的国难家仇,他更是可见可闻。八国联军的侵略,瓜分中国的蓄谋,他同样可以亲历目睹。然而,如此等等,在他的文章中却不置一词,对侵略战争所造成中国积贫积弱的后果,统统三缄其口。他知道太平天国运动加速了大运河的破坏,却偏偏只字不提接踵而至的外国侵略战争对中国古迹的摧残。其所持立场,选边站队,一目了然!作为传教士、学者,他完全懂得一个国家、民族对历史文化古迹保护的好坏,同其国运兴衰息息相关。盛世兴文,国弱文衰,自是一条"普世"规则。此时此际,中国人连自身生存都难保,哪还有可能去保护古迹呢?事实是,当时许多文物古迹不断遭到损毁,正是外国侵略者直接或间接摧残、掠夺的结果。大运河正是随着列强坚船利炮入侵而衰败、断流,成为中国人民饱受欺凌、侵略之祸的历史见证。而今,整治、抢救、申遗成功,整体恢复昔日概貌,恰恰是中华民族开放、包容、创新、进取优良传统的继承和发展推动民族复兴的历史必然,也无可争辩地颠覆了中国人"不会保存古迹"的偏见,颠覆了中华民族"特别保守"和具有"保守主义天性"的奇谈。随着建设与改革事业的快速发展,中国人民更加"理由十足地尊崇古代",对文物古迹和历史文化遗产永怀敬畏之心,并像爱惜生命一样加以保护。中华民族保存至今的文物古迹,数量之多,保存之好都已名列世界前茅,令世人倍加惊羡!新中国六十五年的文物保护事业,从理念、理论、实践、成果、经验都独具特色,自成体系,同样足以比肩世界先进国家,不失世界文明古国身名。随着中华民族崛起、复兴之梦加速推进,也使得这位外国传教古人的后辈正在顺应时代潮流而发出开明、理性之声。他们终于认识到"只有一个伟大的民族,才能建造出(万里长城)这样伟大的工程"。也终于知道了"中国历史的千年比我们的百年还多"。甚至还谦虚地告诫人们:对待一个拥有五千年文明史的国家,是不能随意指点,应该怎样怎样的。正是这些客观、理性之士,正在把中外友好关系不断推向前进!也正是中华民族的开放、包容,推动中外友好合作关系的不断发展,使中国大运河得以赫然"入世",荣登世界文化遗产保护之高峰。从此,她将与万里长城比翼飞齐飞,永远成为世界人民向往,驻足,流连的文化胜地!

2014年8月

《新中国捐献文物精品全集》序

　　《新中国捐献文物精品全集》（以下简称《精品集》），从现在起，将按人物分卷陆续问世。此书酝酿已久，筹办亦已经年，而今，终于在国家文物局及相关众多单位及其领导人等鼎力相助之下，玉成其事，偿人夙愿，令人欣慰！

　　酝酿之久，乃出于对文物捐献者无私奉献的爱国精神的感动与崇敬。随着民族振兴，文物事业兴旺，人们对文物捐献者的感佩之情正与日俱增，久久不可释怀。长期以束，每当谈到、看到、想到新中国成立之初许多仁人志士慷慨捐献的稀世珍品时，那令馆舍熠熠生辉、观众啧啧称奇、研究鉴赏妙趣横生，中华民族文明与智慧之花绽放的种种情景，总是激发我们为这些国宝捐献者们对国家、对民族之精忠，对共产党、对新中国之拥戴而心潮澎湃，感奋由衷。深感他们的事迹精神，理当勒石记功，传之后世，启迪后人。他们人数之多，来地之广，皆史无前例。上至党政军顶层领导，下到各界各阶层民众。其中以来自文苑、学界的仁人志士为中坚。毛泽东率先垂范，将友人所送名人书法作品慨然转赠给国家。于是许多党政军领导人纷纷相继捐出所藏文物。文物捐献者之中的仁人志士，学识渊博，才华横溢，对民族文化遗产独具慧眼，研究有素，因而情有独钟，终生至爱。为了收藏保护珍贵文物，他们都不惜变卖家产，倾其所有，殚精竭虑，奔波天下，不达目的，决不罢休。据粗略统计，文物捐献者成千上万，全国各博物院馆所受捐文物达40余万件（套）之巨。有的著名大博物馆文物藏品六成以上是捐献品，成为该馆文物藏品的主体。所捐文物品位之高，都在"珍贵"之列，其中大量堪称国宝级极品，因而成为国家博物院馆的"镇馆之宝"。各地捐献文物是现有国有馆藏文物的重要来源之一，是国有可移动文物的重要组成部分，其价值与作用无可估量。张伯驹先生对收藏精品更是费尽心机，不遗余力，成为一代收藏精英代表人物之一。其所捐文物之精、绝乃位居顶、极。他为了收藏隋代展子虔《游春图》，所到之处，总是大声呼唤"此卷有关中华历史，万万不能出境，谁为了多赚金子，把它转手洋人，谁就是民族败类，千古罪人，我张某绝不轻饶他"。为此，他把这些珍贵文物无私捐献给国家，对国家、对民族尽职尽责，以此为快，以此为荣。他说："予所收蓄，不必终予身，为予有，但使永存吾土，世传有绪，则是予所愿也！今还珠于民，乃终吾夙愿！"在他看来，文物捐之于国，乃"得其所哉"！著名的古籍版本学、文物研究专家傅增湘、傅忠谟、傅熹年祖孙三代所收藏、研究的稀世绝品宋刊本《资治通鉴》和宋内府写本《洪范政鉴》等多种古本图书，以及他们各自收藏、研究的自新石器时代及唐以后数以千计的各类古玉器等珍贵文物，最终和盘托出，慷慨捐献给国家，堪称举国罕见的义举。商衍鎏、商承祚、商志馥姐弟也是祖孙三代相承，他们所捐文物的数量、品种、质量、持续时间和受捐单位同样为全国之最。商承祚先生一贯主张"藏宝于国，施惠于国，施惠于民"。其祖孙三代言出必践，倾其所藏，捐之于国，可钦可佩！著名古陶瓷学大师孙瀛洲在1950年为了抗美援朝，特义卖了一批所藏文物珍品，所得全部捐献给国家。1956年，他出于爱国情怀，毅然将毕生省吃俭用、节衣缩食所藏自晋、唐至宋、明、清无所不包，自成系列的陶瓷珍品共2900余件（套）全部捐献给故宫博物院。他把自己的一生嫁接于文物事业，为文物而生，为文物而活，为文物呕心沥血，为文物献出自己的全部心力、才智和成果，无愧为新中国文物事业的一代功臣！忠诚的爱国志士、著名的民族工商业者周叔弢，同样以其毕生的心力收藏古籍和文物。1952~1972年间，他先后4次将几十年收藏的宋、元、明抄本，清代善本及其他中外珍贵图书40000余卷和文物1200余件全部捐献给国家，被誉为"忠诚的爱国主义者、中国共产党的亲密朋友"。他还通过自己多方努力，于1950年将家祠"孝友堂"所藏古籍图书380余箱约60000余册，其中包括明刻本《南藏》及百余部丛书捐献给南开大学。他曾说道："自己在七十多年的藏书生涯中，常为搜求到一本好书而其乐无穷。如今我为这些书籍来自于人民，又归之于人民，得到了最好的归宿，最好的主人，无限欢快，非昔日之情可比拟。"如此发自肺腑之言，乃是无私捐献者共同的心声，其价值当与所捐文物等同珍贵！即将陆续问世的《精品集》所承载的仅仅是所捐献文物的一部分，是珍品之中的精品，其主要目的在于让今人和后人观其物，思其人，记其事，感其恩，仰其德，从而步其后，效其行，使"三立"俱得，传之不朽也。

此书出版，乃是时代之需，使命使然。新中国成立初期，百废待兴，各项经济、文化建设事业全面推进。大批收藏、研究文物的文人、学者爱国热情迸发，纷纷慷慨捐文物于国家，投身文物保护事业。其人其物之多，其行其事之义，于国于民之利，于先于后之德，皆史无前例，后无来者。如此种种，都是永远的国家财富、民族勋业！永远的爱国主义教材、民族文化瑰宝！然而，春秋代序，世事沧桑，当年文物捐献者中许多已经物是人非。大量震撼国人、感人肺腑的故事都日渐湮没在时过境迁的洪流中，湮没在收藏"产业化"的大潮里，正处于被遗忘、被消失的历史拐点，令人忧虑不安。因此，编辑《精品集》，乃是这个关键时刻的关键之举，是对新中国文化捐献者及其捐献事迹的一次全面回顾，是对新中国文物捐献历史的一次重新记录，是对无偿捐献文物的一次无可替代的保护与抢救，是时代赋予当代文物工作者一份义不容辞的历史责任。其决策正当其时，其意义将与日俱增，其价值将历久弥新！

策划出版此书，还在于当今文物收藏乱象丛生，环境恶化，民众为之震惊，社会引起公愤。有人竟称之为坑、蒙、拐、骗者的"集中营"，假、冒、伪、劣品的"集散地"，等等。不论此语是否言之过甚，而其现实危害的严重性，确实到了不堪忍负，非改不可的地步。究其根源，一是无法可依，无章可循，无人监管，严重助长一些人肆无忌惮、为所欲为的放纵心理；二是当今收藏成为营利的行业和产业，以私为主导，以利为目的，以财富保值为需求，既颠覆了藏物于民、藏宝为国的历史，又颠覆了收藏国粹、赓续文脉的传统，更亵渎了无数仁人志士无私奉献的家国情怀和通脱博雅。面对这一片雾霾笼罩的灰暗天空，我们试图通过《精品集》的编辑出版，来个否定之否定，颠覆再颠覆，让捐献精品重光天下，捐献事迹重放异彩，捐献人物风范长存！让今天收藏界各类人物有"珠玉在侧，觉我形秽"之悟，让那些"昧着心子，赚着银子"的所谓师、家们起见贤思齐、见利思义之心，最终唤醒收藏家们的良知，促进收藏活动健康有序，实现收藏历史、收藏文明，为国家、为民族做贡献的最终目的。这也将成为《精品集》出版的又一份可喜收获！

《精品集》的出版，是贯彻习近平总书记保护、激活文化遗产，增强国家文化软实力等一系列指示精神的一项工程，是全国文物界为实现中华民族伟大复兴的中国梦所做出的一份贡献。主持和承担编辑工作的同志们"苦恨年年压金线，为他人作嫁衣裳"所付出的艰辛，所经历的困难，只有他们才"得失寸心知"！其劳其苦自在此书出版工作首位。令人欣慰的是，此书自始至终得到了所有受捐单位及其领导者的高度重视和鼎力相助，特别是故宫博物院、国家博物馆以及上海、天津、广东等受捐大户负责同志的全力支持，并参与编辑过程中一些重要节点的工作，从而得以按时、按计划获取相关图片资料。他们都怀着对捐献人物的敬佩和感激之心参与此项工作，乃是此书成功的基石所在。同样不可或缺的成功因素之一是国家文物局及其所属部门的审批和支持，没有他们的这把"尚方宝剑"，没有局领导同志的重视做后盾，编辑出版工作也就无从谈起。

以上，就是我们对所有新中国无私捐献文物的爱国志士所表达的由衷感佩之声！但愿继续得到广大文物捐献者及其后人以及专家学者的指正和支持，确保出版工程的顺利竣工！但愿此书的问世，成为对新中国文物捐献盛举的一份永恒纪念！

2015年1月

藏宝为国 施惠于民

——商志醰先生的家国情怀

　　商氏祖孙三代，即商衍鎏（1875~1963年），中国科举制度史上最后一名探花，书法家，中国文史研究馆副馆长；商承祚（1902~1991年），商衍鎏之次子，考古学家、古文字学家、书法家、广东省文物管理委员会副主任委员；商志醰（1933~2009年），商承祚之次子，考古学家、中山大学人类学系主任、教授、中国文物学会副会长。祖孙三代同根同源、同文同业，藏宝为国，捐献国家，矢志不渝、一脉相承。三代人所捐文物数量之多，质量之优，分布之广，影响之大，享誉之高，皆居全国前茅。他们这祖孙三代的收藏与捐献，以第二代商承祚为主体，也是他最先在全国捐献人士中提出"藏宝为国，施惠于民"的理念，并全力付诸实施。他们所藏所捐文物，作为当家做主的主要决策人物商承祚先生，早已立下遗嘱，倾其所藏捐献国家。第三代商志醰三姐弟对父祖所藏文物坚守父亲遗训，一律捐给国家。商志醰，作为商氏家族文化遗产的代表人物，坚定不移地执行其父遗嘱，并编辑出版父祖两辈遗著之大半，成为商氏家族十足的"孝子贤孙"，也成为"藏宝为国"的著名仁人志士。他秉承遗志对全家所捐献文物负全责。他们姐弟三人，唯他学考古，教考古，做考古，熟知文物价值，熟悉全国文博界人事，理所当然秉持遗志，承担家藏文物捐献的协调、联络任务。凡所藏文物，三姐弟一律协同一致，捐献国家，不出售、不交易。其中最集中最大量之一，就是支援新建而又稀缺文物的深圳博物馆。除去故宫博物院、广东省博物馆等之外，这算是他们三姐弟执行的最大最珍贵的一次文物捐献。对新建的深圳博物馆，这是雪中送炭。深圳文物部门和文博工作者满怀感激之情。由此也成为深圳文博事业发展的一大盛事。经商氏家族第三代所捐文物，共计1200余件（套），珍贵品占60%。商承祚经手捐献文物先后20余年共9批次。捐献单位遍及故宫、国博、广东省博、陈家祠、深博、中山大学等多个国家、省市文、博、校单位，数量、品位都居全国文物捐献者之前列。其最可宝贵的是商承祚先生对文物收藏的观念与初心。他早年不惜工本收藏时，就慷慨陈词"独乐不如众乐""藏宝于国，施惠于民""文物传之子孙莫若藏之国家。传之子孙，日后难免散失，藏之国家，万无一失。"如此公心，如此情怀，如此风范，如此境界，都堪称中国文人学者的典范。他们捐献的是文物品，而留给后人的却是永恒的精神财富，是中国一代贤良的榜样。商氏家族的文史成就，同样是清、民国、新中国三个历史时代的典范。商志䜣作为商氏家族的传承、开拓的新一代代表，不愧为孝悌忠信的优秀后代。在其父商承祚先生逝世后，对捐献文物的坚定不移，对传承、展示其父祖的文研和书法成果，可谓抱病编著，不遗余力。他不顾年迈体衰，南北奔波全身心地投入整理、编辑、出版工作，特别是为其祖父的科举史论研究，付出了更多的心血，与上海嘉定科举博物馆通力合作，有力地推动了历代科举制度的研究。遗憾的是时命不与，正当这些学术活动正在取得重要进展的时候，他却因病过早地离开了人世和事业，致使其尽孝尽忠成为未竟之业，未了之情，令人扼腕痛惜。此人，对于他所要做的事，是不惜拼命的。北京、广州飞来飞去，严寒酷暑，都不在话下。议事编校，事无巨细必躬亲，直至成品在案，方视为成全。他明知有病在身，却视之等闲，有劳无逸，自信父祖长寿基因，必将确保他长寿，所以事事都是求成的心理，处处都是玩命的心态。他在商氏家族中同样是有理想、有素养、有作为的子孙；在事业上，无愧为有创新、有开拓、有贡献的学人教授。古人云："孝子之养也，乐其心，不违其志。" 商志䜣先生这个孝子之养，确确实实乐其父祖之心，不违且忠实承其父祖之志，把家藏文物图书完完整整地捐献给了国家。他曾经对我表示过他们三姐弟传承父祖遗愿都心无二致的，但是如何捐献，唯他心中有谱。如有不同意见，亦唯他协调、定夺。三姐弟都是高文化、深素养，深明大义，情系先人，所以一切和谐、圆满。如若他能多活5年，其父祖的遗文著述，都将全其心志，全部整理问世，真正做到四维悉张，八德并举。好个家国忠孝！

志䜣为人处事，总是远谋远虑，急谋急办。凡事计于先，行于后。自他退出教学工作，完成香港考古发掘任务之后，随其退休而将全部时力投入完成父祖遗留的任务，其他社会学术活动都不再过多涉足。他心里明白父祖收藏之物，不及时捐出很有可能生枝节、出变故；父祖遗著不及时整理问世，也可能永世尘封作废。事情正是如此不幸，他的去世，正当他的计划正在顺利付诸实施并功成大半之际，他却摔伤而脑病复发，悄然夺去他精力旺盛的生命，致使他的计划未能圆满实现，留下一些遗憾，其父祖留下的文稿、书法未能如数如期出版问世。但是商氏家族后继有人，据知其新的一代又在接力进行，并取得可喜成果，最终必将为商氏文化遗产事业的保护传承画上圆满句号。志醰同志为此所付的辛劳，既承其先志，全其孝道，功不可没、行可垂范，全其父"藏宝于国，施惠于民"的遗训，为商氏家族利国利民的事业做出重大贡献，也是志醰同志一生的又一大功绩！

志醰离开人世已经8年之久。他的未竟事业，当然自有后人接力完成。但他万万不可能想到的是他们商家捐献的文物及其事迹而今即将随着《新中国捐献文物精品全集》出版工程的实施而公行于世，商氏三代人"藏宝于国，施惠于民"的嘉德懿行亦将传播于众。三代人辛劳心血的付出，成为后人永恒的精神财富。他不可能想到的是这项工程的实施，出之于见证文物捐献的老专家的倡议，出之于国家管理部门的领导，出之于受捐单位的支持，出之于同仁故交的执行。他们家所捐文物及其相关事迹，将作为《新中国捐献文物精品全集》的重要长卷，流芳千古。商家文化遗产事业正在超其所望而大放光彩！志醰及其父祖可以安息无憾了！

2017年（丁酉）4月于北京寓所

揭露伪造文物案的《编者按》

　　伪造兵法八十二篇的事件已在社会各界广为流传，引起了"轰动效应"。据传，有关当事者正在待价而沽，扬言要一字千金（元）计售，以圆他亿万富豪之美梦。但是，伪的就是伪的。历史上多少高明的以伪乱真的古董伪造术，最终都要被众多的鉴定专家的火眼金睛识出真伪。至于破绽百出的伪造术，在专家面前更是一眼便穿，无须证论推敲。现在，事实俱在，证据确凿，该是真相大白于天下的时候了。为此，本报今天发表专访专家报道，其目的在于辨真伪，正视听，让读者了解当前文物造伪之风的严重性。

　　搞伪古董，造伪文物，同制造伪劣商品一样，都是见利忘义，祸害人民的违法犯罪行径，其危害之大，却远远甚于伪劣商品。伪造篇鱼目果真一旦成珠，其后果岂止于损人钱财！对于中国古代兵学的研究，对于中国军事史乃至整个中国历史将产生多大的干扰、破坏作用！为了哗众取宠，或一己私利，不惜篡改历史，欺世盗名，实为天理、人伦所不容。所以必须予以曝光，坚决杜绝伪造文物之风。

1998年4月于柏林寺

二〇〇〇年中国文物学会通讯
第一期开篇词

与读者暌违已久的《中国文物学会通讯》，现在又姗姗来迟地同大家见面了。作为一个不定期的内部"通讯"，主要任务是传递学会活动的信息，交流学会活动的经验，引导学会活动健康发展。同时也发表学会成员的与学会学术活动相关的文章，促进学术研究，为国家的文物事业发展服务。

本期"通讯"，内容之多，分量之重，涵盖时间之长，可能并不多见。其主要原因是今年是社团组织重新注册登记之年，也是本学会整顿、改革之年。其间大事较多，变化较大，特别是管理工作要求严格，制度建设必须相应加强。本期内容对此反映充分、全面，读者一见便知。也正是这一主要内容说明文物学会正在紧随时代的步伐，按照国家关于社团工作改革的要求，强化自身建设，焕发生机活力，沿着正确的前进方向，更好地为两个文明建设服务。

本期"通讯"问世之际，正是世纪之交的钟声萦回环宇之时。中国文物学会的同仁们同环球大众一起，满怀豪情，回首往事，放眼未来，感人生之可贵，喜事业之有为，歌国运之昌盛，颂宇宙之无穷。中国文物学会作为专家、学者荟萃之所，尽管大多数成员都垂垂老矣，而且屡为"无米之炊"，但是生命不息，耕耘不止，凭着对事业的追求，对国家、民族的热爱，对时代、历史的责任心，依旧拼搏在事业的第一线，作四化建设军中的马前卒。"老当益壮，宁知白首之心，穷且益坚，不坠青云之志"。在新的世纪，万类争荣的春天，本学会的同仁们仍将不愧于老朽，不齿于贫穷，为促进文物事业的可持续发展，为弘扬中华民族的优秀传统文化发放自己的全部光和热。

2000年3月

在中国文物学会青铜器专业委员会首届学术年会上致辞

各位专家、各位同事、各位来宾：

中国文物学会青铜器专业委员会今天在草绿花红的阳春时节，在奔腾不息的黄河之滨，在著名的历史文化名城郑州举行成立暨首届学术年会，我们同在座的诸位一样，来到这里，都是一路欣喜，一路好心情。为此，首先，请允许我代表中国文物学会对会议表示热烈的祝贺！对与会的各位专家、学者和来宾表示热烈的欢迎！对河南省、郑州市文物局领导同志的光临指导，对承办和赞助单位的全力支持，表示衷心的感谢！

中国文物学会青铜器专业委员会，是根据中国文物学会团结专家学者开展学术研究与交流，促进国家文物事业繁荣发展的基本宗旨和自身的专业特点而成立的学术专业团体。其基本任务是通过多种形式开展学术研讨，提升学术水平，促进学术交流，继承、弘扬中国青铜文化，满足国内外的文化需求。正是由于它的宗旨、职能、任务，符合国家关于学术社团的要求与规定，有关审批部门都给予有力的支持，从而使整个筹备与登记注册过程都进行得比较顺利。也正是由于在筹备、注册过程中坚持循章守法，坚持以学术研究为主旨，因而得到了中国文物学会和业内外同仁的普遍支持。今天的成立和首届年会的顺利举行，就是一个有力的证明，也就是专业委员会一个成功的开局！

青铜文化，是我国历史文化的一束奇葩！青铜器研究，是中华国学的一大热门！也是中国考古学的一大分支！她，既古老而又现代，既是民族的，又是世界的，既是严肃的高雅的，又是科学的大众的。她，形式绚丽多姿，底蕴精深博大，因而对于她的研究，受到古今中外专家学者的高度重视和专力投入，其研究成果，也无论古今中外都为世人所瞩目。特别是20世纪以来随着现代考古学方法的引进和运用，开辟了青铜器学研究的新时代。新中国成立以后，又随着文物考古事业的全面丰收，又把研究工作推上了前无古人的高峰。其所取得的巨大成果，为推动中华国学研究，弘扬中华历史文化，帮助国人了解和认识自己的历史和创造力，满足民众的文化审美需求，作出了前所未有的巨大贡献，从而使青铜器研究及其专家学者登上大雅之堂,参与国家重大科研课题研究,受到党和国家以及社会各界的赞赏和尊敬。我们深信,一个为多学科所利用的青铜器学研究成果,将在弘扬古代文明,建设现代新文化的历史进程中发挥更多更大的作用!

实践已经充分证明,中国青铜器学的研究,任重道远,意义深远,大有作为,有着光明的前景。为此,今后中国文物学会将努力为青铜器专业委员会的学术研究活动,作好管理和服务工作,为今后开展各项学术活动提供必要的支持与帮助。青铜器专业委员会更将在现有的有利条件下,充分发挥优势,团结更多的海内外同道同仁,把学术研究开展得更好,更有实效。同时,我们也希望出席今天会议的海内外专家、学者以及各界同仁借此机会,对青铜器专业委员会今后的研究活动提出意见和建议,帮助我们改进和完善专业委员会的组织建设和学术研究,力争每届年会都办得更好更大,使之成为我国又一个青铜器研究的基地和学术交流的平台,也成为海内外同仁同道相互沟通、联谊、团聚的纽带。在努力团结专家学者开展学术活动的同时,也要搞好贴近社会,贴近民众,贴近生活的文化普及工作,使青铜器学研究成果逐渐成为社会和民众的文化生活的一部分。

最后,在这里,我和我的同事李晓东、杨焕成副会长要再一次感谢各位专家学者和省、市文物局领导同志的光临,感谢为这次会议的召开提供各项良好条件的单位和个人。

预祝大会圆满成功!

2009年4月

新年的期待与诉求

——写在2013年《中国文物科学研究》首卷之首

    《中国文物科学研究》，作为传媒之海的一叶扁舟，随着新年伊始而悄然起动了第八个年头的新航程。值此新年新展望之际，作为编辑人员，在检视过去，盘点得失的同时，更对刊物的前景充满新的期待，对广大读者、作者寄予新的诉求。

    《中国文物科学研究》已经走过了七年多的路程，得失优劣，事实俱在。但是，随着时光的流逝，也带来了读者、作者、编者的自然更替、增减、更新，对刊物既定宗旨、性质、任务的理解、认知也因之不尽相同，甚至产生歧义。为保证刊物新年更上一层楼，再重温创刊主旨及其相关约定，仍然是现实所需。原《创刊词》中所确定的办刊宗旨、方向，就是不可忽略和遗忘的指导原则。《创刊词》指出：刊物的创办，为我国文物科学理论建设和发展再添一个广阔的交流平台，一定要坚持文物工作方针，积极配合我国文物保护的中心工作，不遗余力地推动文物事业的科学化和现代化；刊物要力求反映文物保护科技发展前沿的新动态、新成果、新进展。七年多的实践，充分证明这一办刊宗旨、方向的正确性和坚持贯彻执行的必要性。广大读者、作者充分理解并遵循这个宗旨、方向，积极参与，慷慨支援，不断输送正能量，确保刊物拥有坚强后盾。这就是新年伊始，编者满怀热切之心，对读者、作者寄予的最大的期待和诉求。

    办刊伊始，编者对刊物的内容、特点和相关要求，也都有过约定和宣示。每份期刊都标有"综合性学术性期刊"主题词，对所设学科论坛和科技高地两大版块及其栏目亦在努力付诸实践，并再三强调以此区别于国内现有各类文博期刊，全国"只此一家，别无分号"。"学科论坛"集中研讨文物的保用、法制、方针、政策、管理等实践与理论问题，不刊载有关考古、古建筑、博物馆、馆藏文物等专题性报告、论文。"科技高地"依然是集中展示文化遗产保护科技所涉及的各领域、各门类、各学科的研发成果与经验的园地，也是文化遗产保护科技工作者相互交流、借鉴科研成果与经验的平台。两大版块的共同功能就是交流、传播"中国文物科学研究"发展前沿的新动态、新信息、新创造、新发明……这就是区别于其他文博刊物的特点、个性所在。个性、特点，是事物存在与发展的原动力。任何事物存在的价值与魅力都在与众不同，而不在与众相同，"使人大迷惑者，必物之相似也"。强调保持和突出刊物个性、特点，是办好刊物的出发点和立足点，是读者、作者、编者都在追求和奋争的共同目标。这就是本刊新年伊始对读者、作者的另一由衷的期待与诉求。

人们常把传媒的受众称之为"上帝"。作为最传统、最稳定的大容量纸质平面媒体之一的期刊，其优劣高下最为读者"上帝"所关注，也最容易为读者"上帝"所发现。编辑人员的职能、职责就是"为他人作嫁衣裳"。其资源、成品最终都以满足需求者所需为目的。本刊七年多的编辑出版工作，从无到有，从蹒跚学步到自立自强，从"无米之炊"到粮丰自给，都是与读者、作者同舟共济走过来的，也都是在既定方针指引下，稳扎稳打走过来的。而今，文物科研事业正在围绕"建设文物强国"的中心而加快改革创新，扩大研发视野，力争以更多的新成果、新发明，服务文物事业全面发展、繁荣的大局。为此，刊物在适应新机遇新形势的航程上，充分发挥其传播、展示、交流功能更为现实所亟须，更需要广大读者、作者一如既往，把办好刊物视为己任，利用现代化的各类便利手段，随时随地对刊物赐以佳作，授以机宜，指点疵瑕，评论优劣，更有力地发挥"上帝"的指导监督作用。媒体的本质就是开放、透明，就是从实践中来，到实践中去，从群众中来，到群众中去。一以贯之坚持这一理念和原则，确保刊物质量与时俱进，乃是本刊新年的又一恳切的期待与诉求。

新年的诉求，责任的呼唤，心灵的互动，都是为了将《中国文物科学研究》办得更好，并确保其在落实党的十八大精神的关键之年起好步，开好局，稳中求进，稳中求优，为国家文物科研事业的发展做出一份实实在在的新贡献。

2013年2月

新年的宣示

　　《中国文物科学研究》，作为科技传媒族群的一员，现在又卸下"金蛇狂舞"之年的春华秋实，跨上春风得意的骏马，奔向新的旅程、新的目标。岁月不待人，却推动着人类的创造，科技的发展，文明的进步。同时，也把中国文物保护事业，把助推文物保护的科学研究推上新高度、新境界。党的十八大及其三中全会吹响了全面深化改革的号角，神州大地涌动着改革的春潮！中国文物事业同样正在加快建设文物强国，增强国家文化软实力的脚步。《中国文物科学研究》无疑也将更好地承担起传播、展示理论、科技成果和经验的新任与重任。

　　其一，努力宣传、贯彻党的十八大、十八届三中全会和中央领导人对文物工作的指示精神。近一年来，新一届中央领导人对文化文物事业的发展关怀备至。他们既高瞻远瞩，关注顶层设计，又广接地气，深入调查研究，对文物工作的关键、决策性问题，相继做出系列性指示。他们从就任伊始，就高度重视传统文化对实现"中国梦"的地位与作用。习近平总书记近日指出"坚守我们的价值体系，坚守我们的核心价值观，必须发挥文化的作用"。"要加强对中华优秀传统文化的发掘与阐发，努力实现中华传统美德的创造性转化，创新性发展……把继承优秀传统文化又弘扬时代精神、立足于本国又面向世界的当代中国文化创新成果传播出去"。文物，作为传统文化承载主体，蕴涵丰富的传统美德。努力将其"创造性转化、创新性发展"是文物工作的主旨、目标所在。一年多来，从城镇化建设中的村落文化遗产到历史文化名城，从馆内收藏、地上保存到文字记录等所有各类文化遗产，无一不在他们的视野之内，无一不在他们的关注之中，无一不针对现实需要及时作出指示。习总书记指出，我国五千年的文明史，丰富而深厚的文化遗产，是提高国家文化软实力的重要资源。要求我们努力激活各类文化遗产，展示中华文化的独特魅力，为建设社会主义强国尽义务，做贡献。这都是对中国特色文物理论创造性的继承和发展，具有深邃的思想内涵。《中国文物科学研究》作为文物保护、利用、传承的学术科技传媒，宣传、贯彻这些指示精神，乃是今年的当务之急，必须从不同的层面、角度，用多种形式来解读、宣传这些指示精神并以此作为新的一年的首要任务担当起来，践行下去。

其二，国家文物事业正在党的十八大和十八届三中全会精神指引下，全面深化改革，推动各项工作的全面发展。许多工作在改革创新的进程中，必然出现各种新情况、新问题、新创造、新成果、新经验。《中国文物科学研究》理所当然要围绕全面深化改革的总任务，坚持服从大局，服务大局的总需求，把理论探索、研究推向深层位，把科技研发、交流推向新高位，为文物工作提供理论与科技保证。《中国文物科学研究》的主旨、任务与文物工作的每个门类、部门、行业密切相关，不可切割。文物事业各项工作，都是文物科学研究、探索的对象、项目、内容，都应更充分地发挥交流成果与经验的平台、渠道作用，更好地适应、服务文物保护大局的需求。

其三，国家文物局根据文物工作的实际需要，决定在今年内修改《文物保护法》。这是依法治文的一项根本性的重大措施。文物是全民共享的珍贵文化资源，保护文物人人有责，文物保护成果人人共享。《文物保护法》修改，既要充分听取广大文物工作者的意见，又要广泛倾听社会各界人民大众的呼声，更要依靠全民全社会的参与。《中国文物科学研究》自始至今，把法制建设与实施的研究、交流，作为重要内容，特设置《法制经纬》专栏，为专家和民众提供议论平台。在保护法的修改过程中，将更多更广泛刊登相关文稿，以呼应和支持法律修改和法制建设工作。

其四，据知文物局已决定编撰《中国文物志》，并开始起步筹备工作，5年内将有大成果问世，此事乃是落实习总书记"高度重视修史修志"指示的"三立"之举，意义重大。《中国文物科学研究》为促进其顺利进行，将加大《史志钩沉》专栏，更多地发表相关文章，为修"志"成功提供更多的史料。希望专家和专业工作者参与支持，为完成此项千年大计做出更多的贡献。

《中国文物科学研究》现在正驰骋在马年的康庄大道上，决心以加倍的努力，以新的行动和成果，交出一份无愧于新时代、新要求的满意答卷。

2014年2月

新年新事新里程

雄鸡一唱天下白。新的鸡年又载歌载舞来到神州大地！

创刊于上一鸡年的《中国文物科学研究》也满怀新春之喜伴随着举国迎春的歌舞迈进第二个"本命年"，即将从小学升中学，跨进新门槛，踏上新里程，并得"皇家"之助，从今年起，将有幸入宫"受宠"，成为文明艺术之宫的新知新雨。自此，其气度，其颜值，其内蕴，其容姿，都将得皇宫之滋养而新貌焕然！

由于文博事业的日新月异，改革创新必须与时俱进。又因11年的实践证明，一刊之内人文与自然两大学科体系平分天下，编辑工作确多不便。读者也为之增添选择难度。原有合作双方都深知个中不足，如期解约，纯属事业之需。现在，经与故宫博物院反复磋商，双方同意确定本刊人文主体主位，开展以中国文物管理为中心，以故宫博物院90余年的管理实践为主鉴的文物科学研究，建立中国特色文物学科体系，这正是适应国家文博事业全面发展之急需，也是总结、梳理六十余年国家文博管理实践经验，并使之升华为指导、推动实践的理论体系之急需。对此，《中国文物科学研究》已坚持探索11年之久，也取得较丰成果，获得广大文博工作者的认可和支持。但更多更深刻的总结、探索，而今正处于更紧迫、更有利的时间节点。办好刊物，创新文化园地，增强国家文化软实力，提升国人文化自信，更是实现两个一百年奋斗目标的中国梦之急需。习总书记再三强调民族优秀传统文化的滋养和借鉴作用，强调激活文物史迹，以文育人，以文化人的必需。这种激活过程的实现，首先要通过加强科学管理把传统文化保护好、传承好，更要通过管理把文物史迹合理合法地展示和输送到人民群众中去，让人民群众从中受到感染、受到启迪、受到陶冶、受到净化、受到教育和滋养。故宫，是中华建筑艺术之宫，是华夏文明瑰宝之宫，是承载和见证文明古国历史之宫，其底蕴之深沉，形式之富有，品类之纷繁，应有尽有，无穷无尽。其保护维修之重要，研究鉴赏之急需，激活展示之紧迫，早已受到党和国家顶层设计者们的高度重视和关注，也久为故宫领导、专家、群众所认知和领会。在长期实践中,特别是改革开放以来不断开拓创新所取得的各类成果,正在连年相继涌现,在文博界,在社会上,在国内外,影响日益深远,赞誉日益升涨,不仅成为国之"首博",而且已是世界之名博。其所以如此,与其一向广纳人才,重视科研,传播成果密切相关,也与其家底厚、资源富因果相依,更为其创新、改革、激活、致远的理念所推动。凡此种种,正是我们创新合作的出发点、落脚点,也正是双方合作的信心和希望的依托所在,更是刊物"入宫"的优势和期待所在。

根据协商,双方各应其所需、尽其所长,恪守职责,提升刊物质量。其一,坚持综合性学术办刊宗旨;其二,确保以文物管理学为中心的文物科学研究性质;其三,力求内容充实、丰满,形式大方、朴实;其四,立足合作双方工作实际,面向全国文博工作者和社会文物爱好者,改善发行途径,力保刊物普及性、群众性。

刊物内容的多元多样性,是杂志期刊的禀性。有位编辑老专家曾经说过"杂志者,杂而多也"的名言。"杂花生树,群莺乱飞",何其美也!"四方来杂,远乡皆至",又何其快哉!文物多姿多彩,管理必然多元化的,其理论科研同样多门多类,展示科研成果的文章自然要随之多姿多彩,文质有兼备,切忌千篇一律,枯燥乏味。好文不怕长,长文必须好,拒绝言之无物的长文。新版期刊拟更新结构,新设有多个专栏。栏目设置,实际就是刊物内容展示和布局,为杂志之所必备。所设"文物学说",主要论述文物工作理念、政策、方针和体制、机制、措施等理论问题;"管理纵横",探讨文物管理纵向、横向的改革、创新、实践的成果、经验、理论;"法制经纬",传播交流全面依法治文、依法管理的实践、成果、经验,研讨文物法制建设理论、实践问题,宣传执法典型事例、人物;"保用视野",扩展文物概念、品类和被忽视、被遗忘文物史迹的界域、视野,激励对保护利用理念、机制、措施、手段创新创造;"史志钩沉",记录历史上保护文物的重要人物、事件,包括思想、理念、论述、事迹和经验教训等具有借鉴或纪念意义的文字、口述资料;"工匠绝技",故宫博物院的一大特色与优势,是各类人才济济,其中包括大批名不见经传却心怀绝技,能化腐朽为神奇的文物修复、护养、鉴定大师、高手。现在正值国家大力提倡弘扬"工匠精神",鼓励发明创造的大好时机,开设此栏,正逢其时,与文物保护现实和国家建设事业之急需两相契合,也正是发挥优势,抢救人才,培养新人,传承绝技之绝好时机;"展览新艺",故宫建筑与馆藏文物异彩纷呈,以创新创造引领展览艺术更新、发展,也是故宫的一大传统与特色,而且随着国家文博事业的昌盛,近年又有新、大、全的长进和成就。许多展示、展览新技艺正在不断涌现，为广大观众所欣赏、点赞，认真总结、推广、交流其成果、经验，将有力促进博物馆展览艺术的发展；"故宫学论"，专刊"故宫学"论述文章，坚持百花齐放，百家争鸣，推动故宫学深入发展；"文物医院"，以现有"故宫文物医院"为基础，广泛介绍传统和现代文物保护、修复科技成果和经验；"支江汇流"，中国文物学会多年来，一直坚持文为本，学为宗，以学术、专业活动为其基本职能。现在学会共有30余个分支机构，每个都有其学科学术门类归属，充分体现学会社团属性。支江汇流，顾名思义，即汇支江于一流，反映各分会学术专业活动实况，汇报各分会的学术专业成果，小河满满，大河滔滔，体现学会活动之盛。其他如"他山之石"、"交流互鉴"等等，将根据需要设用，以处理某些特殊稿件。

科学研究，是事业发展的原动力，是人类文明进步的引擎。以人类物质文化遗产为研究对象的文物科学，其立足点、出发点、落脚点就是要把遗产保护好，使之发挥育人化人的滋养作用，并且传承下去，成为后世认识历史和创造力量的文明财富。文物科学研究类期刊，是文物科研成果的载体和传播器，是国家文物事业发展的重要传媒和园地，因而必须认真学习贯彻习总书记关于文物工作的系列指示，落实《关于实施中华优秀传统文化传承发展工程的意见》，执行相关的国家法律、政策，必须服从大局，服务现实，坚持正确的办刊方向，努力开拓创新，实实在在推动文物事业发展。作为国家正式期刊，首先必须将其定性、定位、宗旨和内容、结构等等，如实奉告广大读者、作者，以期众人拾柴火焰高，使刊物办得有血肉，有温度，有光彩。刊前寄语，年年写岁岁寄，看似老生常谈，实则年年岁岁各不同。一个调，一种腔，一本经是念不了十多年之久的，也更难持之以长远的。人间正道是沧桑。春秋代序，人事更新，事业更新，无可阻挡。合作单位的更换，刊物结构的微调，同样是人事更新！思维理念更新，实施方式更新！也意味着刊物将迎来新发展，新进步！让我们在万象更新的新年伊始，沿着全民圆梦之新里程，担当责任，再出发，在行进！让刊物在新的合作里程上尽显新颜值，新风采，为文物科研创造新成果、做出新贡献！

2017年3月

在全国重点文物保护单位优化管理调研会议上的讲话

同志们：

全国重点文物保护单位优化管理调研会，经过近两年酝酿与筹备，现在全国魅力城市东莞市正式举行。首先让我代表中国文物学会向出席会议的国家文物局、广东省文化厅、东莞市政府的领导同志和来自全国各地的全国重点文物保护单位的代表以及特邀出席的专家、学者表示热烈的欢迎和衷心的感谢。正是你们的光临和出席，才使这样一次前所未有的国保单位管理工作调研会得以顺利召开。正是由于东莞市政府和市文化局提供了财力、物力、人力的全面支持，才使会议的筹备工作获得可靠的保证。为此，我谨代表全体与会人员向东莞市政府和市文化局再次致以诚挚的感谢。

这次调研会，不论内容与形式，都是一次新的尝试。官民合办，上下结合，行政与专业统一，专题调查研究文物保护单位管理工作，在中国文物保护史上，是一次稀有罕见的创新。会议经国家文物局同意并责成文物保护司参与主办与领导，东莞市政府作为主办单位之一并责成其文化局承办各项事宜，从而赋予这次会议的官方、行政的性质与特点，也成为会议成功的关键所在。中国文物学会作为学术社团组织，对这次会议仅仅承担了倡议和策划任务，所能起的作用很有限，所以应该说这次会议真正的主办者是国家文物局文物保护司和东莞市政府。有关会议的部署和议题，应该以国家文物局领导同志的讲话为基准，针对当前文物工作发展现状，按国家文物局的要求开好这次会议。而有关会议议程、食宿、参观等各项事宜，都由东莞市文化局全力统筹安排，确保与会同志能够集中精力开好会议。

举办这次调研会的出发点，正如我们在会议通知和计划中所指出的，就是贯彻落实新修订的文物保护法及其实施条例，加强优化国保单位管理工作，更好地发挥国保单位的功能与价值；会议的最终目的就是通过与会同志的发言汇报，了解、掌握当前国保单位管理工作中的新成果、新经验、新情况、新问题，特别是其中的热点、难点、疑点和重点问题，为建立新型的文物保护单位管理机制提供现实依据。令人鼓舞的是，在我们筹划这次调研会期间，国家文物局对文物保护单位的管理问题的重要性先行先做，已经把它列入议事日程并起草了"文物保护单位管理办法"的征求意见稿，现在作为会议材料发给大家进行讨论，听取大家的意见。这个征求意见稿，不论其是否完备、成熟，对这次会议都是一大重要议题，因而必须安排时间，开展讨论，听取意见，促其修改、完善，争取早日出台，推动全国文物保护单位的管理工作的创新和发展。

管理工作的极端重要性，今天已经为人们所认识，任何领域、部门、行业，不论政治的、经济的、文化的、社会的，其兴衰成败都取决于管理工作。在当今的文明时代，管理是人类生活进步无所不包的一门大学问。在人类群体活动中，无处不有，无所不在。党的十六届四中全会关于加强党的执政能力建设的决定，把动员和组织人民依法管理国家和社会事务、经济和文化事业作为执政能力的重要内容加以强调。从宽泛意义上来说，执政能力，也可以统称为管理能力。管理在文物工作中的位置是十分明确的。我们的国家文物局曾长期称之为文物事业管理局。作为国家文物行政管理机关，其基本职能、根本任务就是管理，就是管理好文物保护和利用的工作，这都是不争的事实。现已作为法律条文存在的文物工作方针更明确了管理的地位。"保护为主，抢救第一，合理利用，加强管理"。管理成为整个方针的四个组成部分之一。但是，加强管理与其他三个部分的关系，还是一个需要继续深入探讨的问题。作为方针，四者组成不可分割的整体，彼此相互联系，而又各自成为文物工作的指导原则。但是，管理是执行整个方针的手段，是做好其他三项的根本保证。管理作为一门科学，内涵很丰富，任何群体活动，都要通过计划、组织、人事、指挥、协调、控制等基本管理环节去实现其共同目标。文物的保护、抢救、利用的过程，必然自始至终贯穿着管理工作。因此，在一定的意义上，加强管理，是实现保护为主，抢救第一，合理利用的第一要素，第一前提，第一要务。是文物工作方针不可或缺的组成部分。也只有通过加强管理，才能把文物工作方针融化成为整体，贯彻至实践中去。因此，认识管理科学的重要性，掌握管理技能，建立各项管理机制，提高管理水平，对于文物工作者，特别是国保单位的管理人员，乃是第一需要，第一职责，第一任务。管理，作为学科存在，固然有其自身的规律性，有其固定的内涵、模式、程序等等，但它绝不是孤立的、模式化的、不可捉摸的东西，而是随着管理对象、环境、条件、目标的千差万别，必须坚持开拓创新，与时俱进，坚持在管理过程中有所发明，有所创造，有所前进，实现管理的科学化、民主化、法制化、服务化、人性化等等。因此，我们希望通过这次调研会，集中讨论国保单位的管理问题，特别是希望通过来自第一线的管理人员，了解当前国保单位管理工作中鲜活的现状，交流各单位鲜活的经验，听取直接管理人员鲜活的真知灼见，为优化强化管理工作提供鲜活的、可靠的依据和经验，也为国家文物局修改制定文物保护单位管理工作的文件提供第一手材料。这就是我们举办这次调研会所基本要求、基本目的。如能达到此目的和要求，必将无负于为此调研会议的举办而付出诸多辛劳的人们的期盼！

2004年12月于广东省东莞市

在中国文物学会第六次代表大会上的工作报告

各位代表、各位来宾：

按照学会章程规定，现在我受罗哲文会长和本届学会会长的委托，向代表们报告五年来的工作情况，请大家予以审议、批评。

本届学会工作班子，系1999年冬选举产生，迄今已工作期满，完成了章程规定的工作历程，现在要正式换届改选，开始新一届的活动旅程。在这五年中，我们根据章程规定的宗旨和职能范围，在上级主管部门监督、指导下，做了一些工作，也取得了一些成果，维持了学会的正常活动，得到了广大会员的支持和肯定。现在，我要报告的主要内容如下：

第一、紧跟国家文物事业前进的步伐，努力组织会员专家参与《文物保护法》的修订、宣传、贯彻活动。在本届学会五年内，经历了《文物保护法》修订、审议、公布的全过程。广大会员对这项活动十分关注，大家都希望有一部适合国情，适应现实，确保国家文物事业健康发展的强有力的文物保护法，因此，在修改过程中，都希望有机会发表自己的见解，提出自己的建议。为此，学会曾多次举办专家座谈会，让大家各抒己见，畅所欲言，提请有关立法、行政部门考虑。审议公布以后，又在北京、外地相继举办座谈会，配合政府部门进行宣传、贯彻，也收到了较好的效果。

第二、开展学术研讨交流活动。这项活动，是学会职能范围的一个重要方面，历来受到学会及许多分支机构的重视。2000年末，新世纪伊始，学会组织了一次百年文物保护研讨会，试图对过去百年的中国文物保护与研究，作一个全面的回顾，把历史的成绩与经验总结出来，为新世纪的文物事业发展提供借鉴。来自全国各地的文物管理、研究方面的老领导、老同志、老专家都一致指出，这样回顾百年的文物保护，是历史赋予的唯一机会，因而他们满怀热情地参加会议，使会开得很成功。

在过去的五年内，学会先后两次举办文物与旅游研讨会，进一步探讨了文物旅游的性质、价值，对正确处理文物与旅游的相互关系起到了有益的促进作用。

许多分支机构都坚持把学术活动作为重要任务，定期举办研讨与交流活动。文物修复、玉器研究等分支机构的成果较为显著，每次研讨会议的成果都汇集成册，印刷出版，在国内外同行中产生良好的影响。

古建园林、摄影等分支机构，同样重视学术活动，定期开展研讨会，在同行业中起到了带头作用，受到广泛的好评。

文物保护与宣传分支机构，在宣传贯彻文物法律、方针、政策和打击文物盗掘犯罪等方面也做了很多有益的调查研究，发表了一些有分量的文章，引起了社会各界的关注。

其他一些正在筹备申报的分支机构，也都根据自身的职能和条件，积极开展学术研究与交流活动。

在学术研讨、交流方面，学会工作班子是重视的，始终把它摆在主体活动的位子，特别是希望在文物学科理论建设方面有所创新、建树。几年来，学会一直在努力争取创办一个期刊，作为文物科学研究的园地。最近，通过多方面的反复工作，终于取得成功，国家科技部正式批准学会主办《中国文物科学研究》期刊，登记注册手续也已办妥，明年上半年将同读者见面。要办好这个刊物难度很大，人、财、物都要从零开始，刊物自身如何保证高标准、高层次、高质量，更是一道难爬的高坡。为此，希望各位代表和领导同志给予指导和支持。

第三、开展调查研究，为协助政府部门解决文物工作中的重大事件和课题提供参考依据。2000年，受三建委有关部门的委托，学会承担了三峡文物保护规划关于古建筑项目单价测算的复核任务，组织专门人力，进行为期半年之久的实地考察和其他地区的对比调查工作，证实了原有规划的科学性和可行性。

2002年初，应湖北丹江口市政府的邀请，对南水北调工程中线库区文物保护任务进行先期的初步考察，写出专题报告，提出了该库区"文物遗存十分丰富"、"抢救任务十分艰巨"、"抢救时间十分紧迫"等评估与看法，现在看来，这个初步考察是有益的，同现有考察结论也是一致的。

2002年末，学会应邀组织专家赴珠海、香港、澳门和东莞等地进行文物博物馆工作的考察活动，与当地文博界开展对话交流，对上述地区的文博工作有了更多的了解，开阔了专家们的眼界。专业考察是学术研究交流活动的基础，学会及其一些分支机构，一向比较重视，许多专家、学者也一再要求更多更好地开展起来。最近，对外交流委员会也在开拓思路，在职能范围内组织这项活动，希望在考察中吸取营养，增长知识，促进文博工作的发展。

为了充分发挥老专家的才智、专长和经验，探讨当前文物工作中存在的重大问题，促进文物事业的繁荣与发展，学会最近又成立了以罗哲文会长为主任委员的专家委员会，特聘请了包括文物界各行业、各学科在内的大批专家学者作为委员会成员，得到了他们的支持和赞许。

第四、培训文物专业人才。五年来，学会及其分支机构都先后开办过文物鉴定、修复、摄影等多类专业培训班，对参加的专业工作人员进行充电式的培训，收到了比较好的效果。由学会主办的文物鉴定系列培训班，已坚持了近一年之久，共计培训了1200多人，文物界的许多专家担任了讲课任务，保证了教学质量，得到了学员的好评。文物修复、文物摄影等分支机构举办的技术培训，得到国家文物局有关部门的支持和指导，效果和影响都比较大。

第五、开拓创新，在职能和法律规定范围内扩展业务活动。2003年，学会成立了"文物旅游规划与研究中心"，同中国科学院地理研究所的旅游规划中心合作，参与文物保护与利用的规划活动。先后承担了浙江、湖南等地的市、县文物保护和旅游开发的规划任务。其中杭州市南宋皇城遗址的保护利用规划，将保证作为国保单位的皇城遗址建成为遗址公园，归还文物部门管理，并对保护区和建设控制地带周围环境做出开发利用规划。这项工程较大，涉及的问题较多，学会充分发挥有关专家的作用，专门组织了专家小组参与论证和决策。现在规划工作取得了阶段性的进展。对于涉及文物保护的旅游规划，由学会组织专家参与，是有利的。我们的专家在这方面具有优势，参与这样的规划，可以更好地依法办事，确保文物不受损失。

同样，在开拓创新的思想指导下，今年，学会又在文物保护科技交流方面进行了初步的探索和尝试。广州白云集团经过几年的研究、实验，生产了一种古建防水的有机硅氟材料，初步实验效果不错，引起文物部门的关注，他们希望同学会合作，对该材料进行专家论证、鉴定，从而使之进一步改善和完备，真正用之有效。为此，学会同意参与合作，为文物保护材料的开发、研究和交流做点工作。

最近，北京警察学院，因为侦察犯罪的需要，购置了一批国际先进器材、仪器，其中许多可以利用于文物鉴别、检测。经专家实地考察，初步认为其规模、条件很好，确实可用于文物的检测、鉴别。为此，我们有一个合作的设想，即成立文物检测机构，首先开展民间文物的检测，为广大收藏者服务。在此基础上争取成立全国文物检测中心，承担部分博物馆文物的检测任务。现在筹备工作正在进行，等到条件成熟将向政府主管部门申报，争取设想的成功。这些活动，在过去都是未曾考虑的，现在纳入学会活动之内，应该说是创新的尝试，也是全面发挥学会职能优势的体现。尽管困难很多，但从根本上来说，有利于文物事业的持续发展，所以还是要坚持探索和尝试下去。

第六、按民政部的要求和规定，本届学会加强了自身的管理和组织建设。本届工作班子经选举产生以后，即行着手加强自身管理，就会长和法人代表职能、秘书长职能、财务管理等问题制定了五个文件，做出了若干细则规定，力求依法办事，照章办事，做到规范有序。这些规定尽管执行情况各有差异，但遇到实际问题却发挥了规范和依据作用，效果总的是好的。实践证明，这是加强自身建设的必要手段。有章在案，总比无章可循好得多。有了这个经验，对学会今后的活动极为有利。

2002年以来，国家民政部要各社团组织整顿所属分支机构，对职能重叠或与学会宗旨、职能不相符，在规定时间内不开展活动，有严重违反国家法律、法规并拒不改正等几类分支机构，均应按国家规定予以清理整顿，并进行重新登记注册。学会对此进行了认真贯彻执行。截至现在为止，清理、登记工作已经取得了阶段性的成果，第一批重新登记注册的分支机构，已经民政部审定颁发证书。第二批需要重新申报的分支机构，也力争年内完成登记注册手续。与此同时，学会还开展了会员重新登记发证工作。

由于多年的积累，学会会员越来越多，但其中许多长期未与学会联系，也未缴纳会费，有的由于时过境迁，人事沧桑，长期情况不明，联系不上，鉴于这种种情况，对会员进行重新登记，势在必行。为此，我们正式通告全体会员及时重新登记。直至目前，这项工作仍在进行，但进展不快，大部分登记在册的会员仍未及时履行登记手续，需要继续努力，坚持做下去。这些，都是加强管理，搞好学会自身自律建设的重要工作，尽管进展缓慢，但效果显著，希望各位代表和全体会员共同关注和支持。

以上，就是本届学会在近五年内所做的一些主要工作情况。除此以外，还有许多临时或一次性参与或主办的活动，例如举办文物仿制品展，编纂出版《世界遗产大观》等等，学会工作人员也付出了较大的劳动，取得了一定的成果。但是，作为一届五年的学会工作班子，这所有的活动成果，都微不足道，与各方面的期望和要求相距甚远。而且，我们在工作中还存在许多缺陷和不足，甚至可能还有这样和那样的处置不当的情况和问题，这都是值得今后学会的工作引以为戒的。对此，我们同样希望代表们批评指正。

各位代表：中国文物学会是一个有着20年历史的，在全国文物界和社会各界富有影响力的社团组织。20年来，许多老领导、老同志、老专家出于对国家文物事业的热爱和责任，为学会的成立、生存和发展付出了大量的心血和艰辛。今天许多老会长、老领导出席会议，同样体现了他们对学会的支持。为此，我谨代表本届学会工作班子和全体出席代表，对他们致以崇高的敬意和衷心的感谢！

文物学会作为学术性的社团组织，既有专家云集，智力雄厚的优势，又有财源匮乏，经济拮据的困难，因此，如何因势利导、扬长避短，确是一个必须解决的实际问题。今后要本着开拓创新、求真务实的精神，努力探索，开拓新局面。

文物学会作为全国文物界和社会各界的文物专业工作者的群众团体，20年来，在老一辈领导人的倡导下，始终高举大团结的旗帜，真正做到了地不分南北东西，人不分男女老少，只要热爱文物事业，有志于国家文物的保护、收藏、管理、研究、宣传等等，都欢迎他们自愿加入这个队伍，共同奋斗。这是一个好的传统，今后应该坚持这样做，团结更多的致力于文物保护事业的同行，开展更多的有利于文物事业繁荣的活动，为政府部门的全局工作拾遗补阙，建议献策，使之真正成为国家文物事业的一支别动力量。当前，全国文物事业的形势很好，国家文物主管部门工作得力，成绩显著，广大文物工作者的热情高涨，这些都为学会开展活动提供了广阔的空间和有利的环境，让我们在邓小平理论和"三个代表"重要思想的指引下，在上级主管部门的正确领导和监督下，脚踏实地，团结奋斗，把文物学会办得更加名副其实，更加富有生机活力。

谢谢大家！

2004年6月

在中国文物学会民族民俗文物专业委员会年会上的发言

中国文物学会民族民俗文物专业委员会年会在"天下三分明月夜，二分无赖在扬州"的历史文化名城举行，是一项独具特色的学术专业活动。作为国家文物工作队伍中的一名老朽，有机会应邀与会，也算是一份幸运。唯独感到遗憾的是对于民族民俗文物专业知之甚少，学之甚浅，很难发表有价值的意见，更难作什么专业性的发言。但是，既来之，则学之，学习专家们的专业论述。同时借此机会对会议的召开表示祝贺！对与会的专家学者表示敬意！

正是由于见之不多，知之甚少，我的意见只能从ABC说起，也只能从名词、概念谈起。在在座的诸多专门学者面前，班门弄斧，不好意思。

首先是民族、民俗文物的概念、定义与内涵的界定问题。民族民俗是两个各自独立的名称、概念。但是把连在一起作为一个专有名词，自然两者会有其内在的联系，彼此有其不可分割的内涵。民族，在中国近现代史上是一个普遍使用的常用词，而在中国古代汉语中，却没有民族一词的存在。古汉语中，有家族、宗族、世族、士族、氏族、贵族、望族等等诸多族称，但唯独没有民族一词。据有关学者考证，民族一词在中国始于清末，也有人说民族是始传来自国外。但是，迄今没有查到外来的文字依据。《简明不列颠百科全书》中的"民族"被释为"美国最早的舆论刊物"（至今仍在出版）"民族学"被释为"研究人类社会的行为、信仰、习惯和社会组织的学科"。在美国被称为文化人类学，在英国称之为社会人类学。这个民族与民族学的解释，与我们通常的理解与应用似乎不尽相同，甚至有些距离。在中国，从近代始起用"民族"一词，辞海已有明确的解释：民族，在汉语中，古代文献对民和族这两个概念均有阐述，但将它们合成"民族"一词使用则始于近代。王韬1882年所著《洋务在用其所长》一文中已有"民族殷繁"的说法。"民族"一词的普遍使用，是同中国近代史和民族民主革命相联系的。实际情况正是如此，在此期间，章太炎在《序种姓》等著作中正式涉及中国民族的形成、由来、发展问题。

163

梁启超在《历史上中国民族之观察》,"之研究"等论述中,不仅明确使用"民族"一词,而且提出"中国民族"的问题。蔡元培更是从理论和实践两方面提倡和探索民族问题。孙中山先生在其"三民主义"中,民族主义已是三足鼎立居其一。自此,民族、民族主义、民族问题,在社会上,在学术界已经广为传用。"民族学"也随之形成一门重要的学科。自此,民族的概念、定义也有了明确的阐述。辞海、现代汉语词典都用相同的语言做出如下的表述:"一、指历史上形成的,处于不同社会发展阶段的各种人的共同体。二、特指具有共同语言、共同地域、共同经济生活以表现于共同文化上的共同心理素质的人的共同体。"这就是目前的经典之说。

关于民族文物,广而言之,理所当然包括汉民族文物在内。但是,在当今的现实工作中,民族文物却专指汉民族文物以外的55个少数民族文物,因而形成一个特定的专有名词,而且在时间上,仅仅特指近现代史上的少数民族文物。近现代以上不使用民族文物一词。中国古代史上有大量少数民族文物遗存,一律涵盖在中华民族文化遗产之内,不分汉族、少数民族。这个问题,早已约定俗成,因此,也应该成为文物学会民族民俗文物专业委员会用来界定自己的活动对象与内容区划。对此,《中华收藏大辞典》也明确指出:"民族文物,文物品种。国际上泛指具有不同民族特色的文物。我国则一般指少数民族文物。这类文物的产生以民族的形成为前提,其本身又鲜明地体现了不同民族的不同物质文明与精神文明特征。如各民族的传统服饰,文献典籍,工艺品及日用器皿等。"这一表述基本确定了民族文物的特征与内涵。

关于民俗与民俗文物的概念与内涵问题,就没有更多的话可说了。民俗一词,自古有之。古汉语中常有民俗、世俗、习俗、礼俗、流俗等等名词,其意义也都有相通之处。民俗,现代汉语词典就释为"风俗习惯"四个字。民俗的内涵,既古老又现代,既传统又时尚。任何民族的风俗习惯,总是不断传承,不断发展,不断潜移默化,因时因地而变,内涵多元多彩。而其传承发展,则有赖于专家学者的研究和人民大众的实践。所以,民俗学就是"研究人们在日常的物质生活和精神生活中,通过语言和行为传承的各种民族事象的学科"(《辞海》)。《辞海》对民俗学还有"民间传说"的另一个意义的解释。1922年北京大学《歌谣周刊》的问世,一般被认为中国民俗学研究的发端。并指出民俗学的研究范围不外乎语言、行动、心意传承三方面,如过去各种劳动的组织、操作的表现形式和技术特点、宗教信仰、年节风俗、人生礼仪、各类赛会、民间文学艺术活动等。关于民俗学的这些解释，也为我们认知民俗和民俗文物提供了理论依据，凡是民俗学研究所涉及的对象、范围，都有也必须透过实物来承载、来体现。这些作为民俗学研究对象的实物，必然作为文物存在或与文物相关联。民俗文物，《中华收藏大辞典》的解释是："文物品种。指反映不同风俗习惯特征的文物，突出体现不同内容和形式的风俗习惯的代表性实物。"由于自然、社会、历史发展的变异，同一风俗习惯的民族文物也存在风格迥异的多样性、变异性。正是由于这种同一性与变异性的存在，许多民族文物与民俗文物往往相通相同，不可切割，但两者又有区别，价值也不尽相同。其中多数包括婚丧嫁娶、岁时节日、信仰迷信、生活起居、生产交通、娱乐游戏等方面的实物，往往既是民俗文物，也是民族文物。所以，通过实物把民族民俗联结在一起，把民族民俗的内涵风采承载起来，展现出来，必然多彩多姿。文物学会把民族民俗文物作为专门的学术专业来研究、宣传，并由此设立民族民俗文物专业委员会，都是合理的，科学的，适应文物保护与传承之需的，符合中国国情的，因而也是很有意义，很有价值，很有作为的。通过年会，开展民族民俗文物保护、利用、传承等多方面的研究、探讨，提高认识，发展理论，推动民族民俗文物保护事业，正在成为文物学会活动的一项可喜的新内容、新业务。

关于民族民俗文物的保护、利用、传承问题，随着时代的进步，也面临着一些新情况、新问题、新机遇、新挑战。中华民族传统文化源远流长、博大精深，中华民族富于传统，重视传统，敬畏传统，因而对于多姿多彩的民族民俗文物更是情有独钟，与之有着不可分离的天然联系。大量的民族民俗文物，至今还在人民大众的生活生产活动中发挥着实用价值，与现实生活紧密相连，同人民大众情感习俗息息相通，有着永恒的强大生命力。唯其如此，民族民俗文物的保护、利用、传承，最具有深厚的社会、群众基础，也最容易受到人民大众的重视和担当。这是民族民俗文物最突出的特色，也是民族民俗文物专业委员会活动得天独厚的优势，在文化事业大发展大繁荣的今天，更是可以大作为的大好机遇。在民族民俗文物保护、利用、传承中，一要坚持依法办事，二要坚持弘扬优良道德传统，三要坚持高扬真善美、健康向上的主旋律，四要坚持弘扬爱国主义精神，五要坚持服务大局，释放正能量，推动文化事业发展，建设精神文明。民族民俗文物品类多，数量大，分布广，底蕴深，但是，也不乏伪、恶、丑的糟粕存在。那些封建迷信和不健康、不科学的礼仪习俗品最容易掺杂其中，鱼目混珠，伤害主流习俗，因而要坚持合理的拒绝和摒弃。

当前遇到的新问题最突出的是如何同非物质文化遗产保护传承活动既结合又分工，既互动又区别的问题。民族民俗文物中，确有大量的实物承载着众多的非物质文化遗产的内涵，或者说就是非物质文化遗产的实物载体，两者不可分开。但是，民族民俗文物，作为物态实体原本就是物质的，它所承载的非遗内涵，恰恰就是文物的价值所在，也就是保护、传承民族民俗文物的出发点与归宿。最典型的事例之一，就是传统戏曲、曲艺等方面的非物质文化遗产，大都是通过现存实物来体现、来承载的。例如梅兰芳、余叔岩等京剧表演大师遗存的演唱艺术经典，大多保存在当时录下的老唱片中。这些唱片实物既是物质文化遗产，又是非遗的实物见证和载体，是应该保护的珍贵文物。事实是这两者并不矛盾。我保我的文物，他保他的非遗，保持合作、互动，拒绝合并、取代。这是民族民俗文物保护、利用、传承应该也可以处理好的新问题。

在这里，我想借此机会，陈述一个历史事实。民族民俗文物也罢，非物质文化遗产也罢，我们的民族，我们的国家，特别是新中国成立以来，党和政府历来十分重视民族民俗文物的保护、利用与传承，始终把民族民俗文物工作作为一项重要任务，特别是在少数民族地区以此作为主要工作之一，置于工作议事日程，因而取得了可喜的成果，抢救、保护了许多濒危的民族民俗文物。我们党和政府早就重视民族民俗文物和非物质文化遗产保护的最突出、最有力的证据是1957年6月3日当时的文物局长郑振铎先生在《人民日报》上发出《传统技术的继承问题——我的一个紧急呼吁》一文。他语重心长的指出："我们现在是处在承前启后的一个大时代。老祖宗（也就是历代的勤劳智慧的劳动者）留传下来的许多绝技、绝活，眼看就要随着少数老年的技术专家们的衰老、死亡而'人亡技绝'了。我们得赶快抢救那些美好的、有用的、有益的技术。今天如果不做这种抢救的工作，后悔将莫及！我们有许多重要的工艺美术品，其出现与其作用都称得起不仅是中国的宝贵的财产，而且也是人类的可骄傲的晶莹的珠玉。像'缂丝'这个至精最美的丝织品，从宋朝朱克柔以来就是一种最高级的精工绝伦的工艺美术作品。"他列举了众多正在濒临灭绝的传统工艺品和身怀绝技、绝活的工艺大师的事例，充分说明当时面临的现实"人亡技绝"的严重性，"后悔莫及"的抢救的紧迫性，以及重视不够，保护不力的原因等等。他最后呼吁"一切美好的，有用的，有益的绝技、绝活，我们都必须继承下去。不仅继承之，而且还要发扬光大之。处在这个承前启后的大时代，继往开来，责无旁贷。绝不让任何一样美好的、有用的、有益的工艺美术品，或任何绝技、绝活，在我们这一代绝了种！"大家读到这个"紧急呼吁"，一定会联想到56年后的今天的情况又是怎样呢？物毁、人亡、技绝的现实改变了吗？改变了多少呢？应该说，随着文物保护事业的发展，也随着非遗保护的提出与加强，情况有所改变，也取得了多方面的成果。但是，要实现已故老局长的呼吁，达到呼吁所提出的愿望，仍然差距很大，问题很多，任务很重，现实依然很严峻，应该引起广大文物工作者认真对待，高度重视。作为民族文化遗产的重要组成部分，保护传统工艺品和工艺绝技、绝活，文物部门，非遗方面都有责任，都应该更好互动合作。作为民族民俗文物的重要组成部分，民族民俗文物工作者更是责任在身，应该当仁不让，勇于担当。我们应该从文物的角度，去努力研究、宣传、推动保护传承，力争取得应有的成绩，做出应有的贡献！

2013年11月8日

落红不是无情物

——写在《中国文物报》而立之年

《中国文物报》，从其前身河南《文物报》问世算起，今年已是"三十而立"之年，进入成长、成型、成熟时期，并以其蓬勃之势，向着巅峰登攀。三十年来，我与中国文物报同行相守近其一半之久，是区区人生一段难忘之旅。当年新知，今日旧雨，友谊弥坚，情缘未了，难舍难分！为此，我为其日益成长、壮大而欣慰，并谨此致以诚挚的祝贺！

《中国文物报》创办及其初始阶段，作为主持人，我曾有过多篇小文叙述。其中《发刊词》《迁京寄语》《改刊寄语》、为"出版千期而作"等篇（均收录于拙著《萤光集——文博文存》），对其中几个节点、拐点多有涉及。《文物报》悄然问世、主办单位确定与转换、国家主管部门审批、编辑部迁京重组、豫京两地协作，其源本，其过程，其人员，其财物以及办报主旨、方向、任务等等皆记录在案，有据可查。例如《发刊词》中指出：

《中国文物报》的前身，是河南省文物管理委员会、河南省文化厅于1985年创办的《文物报》。这张报纸创办以后，立足河南，面向全国，为文物工作做了许多有益的宣传，也为《中国文物报》问世提供了宝贵的经验和条件。由于文物事业的不断发展和社会各界的迫切需要，河南省文化厅从大局出发，主动建议将《文物报》改名为《中国文物报》，由国家文物委员会主办。国家文物委员接受这个建议，并在国家文物局的全力支持下，经国家报刊主管部门批准，圆满地达到了预期的目的。

又如为"出版千期而作"一文更详尽记载着《中国文物报》在河南草创时期编辑出版工作实况：

千期报纸，千记脚印。其中的深浅、艰辛，当事者感受至深，体验最切。《中国文物报》在郑州编辑出版期间，经费有了基本保障，但条件甚为艰苦，"十几个人儿七、八条枪"，挤在两间小房间里，除了一台"现代化"的电话机，却别无长物。交通一律以步当车，稿件一律手写笔抄，在一定的意义上说，恰似抗战时期的流动报馆。但是，报社人员奋发向上，以作中国文物报人为荣，以开创文物宣传新路为乐，充满生机活力。报社主编人员更是全身心投入，无怨无悔，为他人忙做嫁衣裳。已故的武志远同志本是考古学家，到报社任主编以后更加焕发老黄牛精神，勤勤恳恳，任劳任怨，默默耕耘，直至报社迁京后不久，因不治之症英年早逝，真可谓"鞠躬尽瘁，死而后已"。而今当人们追寻中国文物报千期足迹的时候，自然不会忘记这头为报纸创业而操劳至生命最后一息的老黄牛武志远同志，同样也不会忘却为创业而拼搏的青年朋友。拓荒者的足迹，往往更有深度，更能经受时空的磨洗。

重温上述纪录，足以证明报纸因改革开放而生，随事业发展而长，改革产物、创新成果、时代宠儿，都应运而生。其所有相关记载，都是亲身经历，不失真准。但是，作为过来人，无论曾经为之做过什么事情，起过何等作用，有过多少贡献，其所持"话语权"，唯见证既往，鼓呼后人而已。

一、有所为，有所不为。报纸，作为信息主体传媒，信息来源形形色色，变化多端，时刻面临抉择取舍，为与不为，时刻考验编者才识与素养。特别是作为事业主流媒体，更是喉舌与旗帜，重任在身，非同小可。其所有言论、信息，不论好坏，都是覆水难收，影响之大，遍及天下。为此，鄙人不才，只能笨鸟先飞，持勤补拙。宁肯放弃出差、出国，谢绝交往、应酬，也要坚持参加编辑、审阅稿样，签字把关，确保不出大错。在报社自身建设方面，由于迁京之初，有七年多为兼职主管，通常每日只有半天在报社执事，且无副职协管，确是压力山大，付出更多。唯其如此，却又随之产生负面心理，即畏首畏尾，谨小慎微，敢担当却不作为，敢负责却固守成业，开拓不足，创新乏力，小打小闹，小作小为。例如报纸原在河南采用小四号字体排印，老人看得较为顺眼，但对容量影响较大，读者多有异议，编辑部内也有改小之议，可我却因循守旧，久久才下更改决心，实则不思进取。作为报人，面临日新月异之变，越发需存进取之心。看摊守业，犹如逆水行舟，不进则退。常言道："君子，有所为，有所不为。"报人更应以此为训。有所为，必须有作为，敢作为；有所不为，首先是不妄为，不乱为，不作无谓之为，但"有所不为，亦将有所必为"，对此辩证关系，我却处之失衡，自多缺失。所以，我曾在迁京出版二十周年感怀小诗序中说："回首初创，五味备尝，虽勤俭以自律，又奋力以图强，然谨小慎微，不成大气，无足道也。"

二、立足长远，全力造就青年一代。我曾在"迁京二十周年感怀"诗中说"迁京创社苦经营，房物人财都是零。聘老筹谋兼教练，从长计事重年青"。在为"出版千期而作"一文中，更细述其中艰苦："由于客观原因，原郑州编辑部的全部人、财、物统统移交河南省文物局接管、处理。当时在京筹组报社，地无一垅，房无一间，一切从零开始，一切计时到位，其困难可想而知。经过半年多的紧张工作，新报社终于同年（1989）国庆节后在租赁交道口中学的教室内启动，并初具规模，为国家文物局所认可。1990年元月1日，作为（国家文物局）机关报的第一张《中国文物报》在京城问世。"其实，当时最大的困难，是人，是报人。本人作为总编辑，虽有书刊编辑经历，但纯属"半路出家"，并无编报历练，乃是基本外行。当时在文物系统，屈指盘查，在线在职者几无报人可请。再三考量，只能从零开始，寄希望于青年人，所有业务人员一律延揽考古、历史等相关专业新毕业学生，半老不新者一概谢用。坚信等待三五年，必然办好报纸，出好人才。当时所定在编28人，除却一两位特殊来由者，全部是青年学生，且绝大多数为本科、硕士以上学历。与此同时，为保证报纸编辑和重要业务管理工作规范化，特别邀请人民日报、故宫博物院等单位退休老报人和老业务干部参与"筹谋兼教练"，对年轻编辑和财会等业务人员进行传帮带，把住业务关口。果然几年工夫，编辑队伍基本成型，业务运转日渐规范。1997年通过改版、扩版，从内容到形式都面目改观，发行量骤然上升，真正跨入国家行业报之林。历史证明，实践出真知，出专才，出英才。最初和九七年改版扩容先后进社所有在编人员，除却本人"鬓雪飞来成废料"，其大多数如今都是年富力强，德才兼备，在报社，在文物局，在局所属单位，在全国文博行业，担当重任，成为中青年干部之佼佼者。作为主要决策者，老朽对此至今仍视为"得意之作"。报社也由此多年没有离退休人员，人人身强力壮，个个朝气蓬勃，安定团结，奋发有为，成为文博战线上一支实至名归的生力军！

　　三、惨淡经营，节俭办报。这是报社草创时期另一大特色。如前所述，在京重建报社从零开始，白手起家。国家文物局经费开支并不宽裕，拨款有限，创收更是路子狭窄，整个经费开支趋紧。工作人员工资福利不高，属于偏低收入单位。对此，本人唯恐"一日无粮千兵散"，只得硬着头皮，积极应对。其办法：一是开源创收。建社伊始，社内确定专人负责与日本有关出版、传媒单位先后合作摄制《汉字发展史》、《三国志史迹》等专题电视片；社内成立事业发展部，以广告、专版为中心，开展创收活动；与中国香港、台湾，以及加拿大等地华文报刊合作开办《中国文物专版》，宣传中国传统文化。其中在香港《文汇报》上所办《中国文物专版》（双周刊）持续九年之久，取得两大报社、两大效益丰收，其影响远布世界各地。作为报社编辑任务之一，这也堪称成功之举。二是节俭节流。建社之初，"三间课室三冬度，一驾篷车一社乘"。设备购置紧之又紧，非置不可者，亦简之又简。办公室迟迟未备空调，全社人员在陈旧简陋、阴暗狭小的柏林寺"僧房里十度春秋，在享受鸟语花香幽美之余，却饱受寒暑之苦。"那时电脑办公开始普及，报社却依然一台多人共用，很是寒酸。然而，在那些岁月里，社内却没有人抱怨环境苦，任务重，工资低，福利少，人人任劳任怨，专心致志于事业。作为报社，读者、作者、编者之间交往频繁，彼此请吃、吃请，实属平常，乃至必要。但是，鄙见却以为如若有来必请，有请必吃，彼此都将不堪重负。所以曾明确规定有关人员来往"不吃请，不请吃"六字原则，且自己率先执行，财务部门严格掌控，以致多年社内招待费为零（外事除外）。对此，曾几何时，因世风多变，引发歧义，见仁见智，自在情理之中。或许是"天道酬勤"。以上各路军马，各项举措，都在小打小闹中小有收获，累计更为数可观。直至本人离任前，仍以近二百万元之结余为部分特困人员救购房之急，而且按既定标准还足以维持二至三年社内福利之需，处境日益改善。

三十年后，再数落这些记忆碎片，全然出于点赞和感谢当时诸多青年朋友和全社同仁。正是他们推动新建报社之舟扬帆启航，撑起一片蓝天！正是他们与我一路同行，艰苦备尝，成全了事业！记忆，可以因时光磨洗日渐淡漠，而历史，却随时光流逝弥足珍贵。友情，可以随生命之旅或消或涨，而事业，却仗新人之力与日俱新！

"落红不是无情物，化作春泥还护花"。如此而已！

2015年1月6日

纪念中国文物学会成立30周年座谈会发言

首先我要祝贺新一届领导班子，在单霁翔老局长的领导下，这两年来所打开的新局面，创造的新成果，取得的新进展表示热烈的祝贺！

万事开头难。在30年中的前18年，文物学会经历了一个艰难的创建过程。在当时1984年的那个年代，社团组织在我们的国家还是一个新生事物，从法制、政策、到组织、机构、管理都没有前例或可循，也没有经验可以借鉴，这些老同志包括陆定一这样的大人物，都来参与这个学会的创建，在那个年代是一个很有胆识的创举。在文物界最早的社团组织是1982年成立的中国博物馆协会。考古学会不属于文物系统管，可能还要早一点。不管怎样1984年成立中国文物学会，确确实实是一个很有胆识的开创。今天我们更深深地感受到，30年开头的前十几年，一批老同志为这个学会的建立和发展做出了重要的贡献。他们的功，他们的劳，在我们学会继续发展的道路上应该好好地记住，感谢他们。在这里我作为一个老代表，首先应该对这批老同志、老专家、老学者、老领导所创办的学会，所留下来的业绩，表示衷心的感谢和崇高的敬意！对其中已经谢世的好几位，从名誉会长陆定一开始，金紫光、郑思远、罗哲文等老会长表示深深的怀念！对现在健在的多位老会长、老领导，其中特别是今天到会的，对文物学会自始至终关怀备至的王定国老表示最崇高的敬意！她老是这个学会发展的见证人，创始人。她这位百岁老人今天能够到会，是对纪念座谈会的一大支持，也是我们的一份荣幸！在这里我对现在健在的，参加创办文物学会的老领导同志，特别是对王定国老表示衷心的祝愿，祝愿她长命120岁！对今天在座的老朋友、老专家、老领导表示衷心的祝愿，祝愿他们健康长寿，对他们对我在职时所给予的支持表示感谢！

30年，在没有终结的文物事业中，是一段并不太长的时间。在我主持文物学会工作期间，我有一个很深的感受，就是许多活动都是在实践的探索中开展，没有现成的模式可以遵循。原来罗哲文会长提出来的一个基本理念，文物学会要为文物事业"拾遗补阙"，我初时来的时候我觉得这句话很好，但是我又觉得还不够完满，所以我又加了一个"建言献策"。"拾遗补阙，建言献策"的基本内容，和刚才励局长讲话的意思是相通的，我觉得也是对的，所以把它作为文物学会的一个理念来遵循。但是，我也深感到真正要拾遗补阙，建言献策并不容易，有一些遗我们没法拾，有一些缺没法补。因为学会不是管理部门，没有行政职能，所以拾不起，补不上。在这里，一是有条件、机会和可能的问题，二是要看我们拾的、补的、建的、献的管不管用，合适不合适，是不是现实的需要。三是要看有没有人愿不愿意听你的意见。所以在实践中尽管我们做了一些事，但做得并不好，效果也不显著，很难坚持下去，所以后来我不再强调这八个字了。而针对实际情况，又提出了以人为本，以学为宗。学会以学为会，所以我在办公室里挂出了"人为本，包容五湖四海；学为宗，接纳诸子百家"的牌子。这也算是一个新的领悟，学会就是应该搞学问，搞学术，搞专业。如果说我还小有作为的话，还主要就是在这些方面做了一些事，刊物也好，编书也好，搞调研也好，搞论证也好，都是围绕着一个学，一个专业来搞的。这个思想我慢慢地明确了。

我们的单会长当时在国家文物局担任局长，他对中国文物学会的支持，对我本人的支持和指导，起了很重要的作用。如果说我能够在学术、在专业上有所作为，有所建树的话，是同当时文物局的领导、文物局的支持分不开的。刚才黄元同志讲到《新中国捐献文物精品全集》这部书的问题，是在我们这届的后期筹划、筹备起来并付诸实施的。这件事情是谢老倡议、提出来的，然后报到局里经单局长批准的，在他们两位的支持下，《新中国捐献文物精品全集》经过几年的努力，即将按人物分卷陆续出版了。应该说这是一项前无古人出版工程。这样一些事我们这一届只是开了一个头，这个头是从"学"、"专"的指导思想下搞起来的。在单局长的引导之下，这个思路我更明朗，更清晰，更深刻了，所以取得许多新进展，出现了许多可喜的新气象、新成果。我到学会十二年，思想有一个发展过程。学会是不容易的，在我工作的那个情况下还是比较艰难的，所以我没有更多更大的成果。但是有一条我可以说，就像我两年前讲的那样，我们看住了摊子，守住了牌子，而且小有作为，把这个摊子这根接力棒交到了今天这个领导班子手里。今天在单会长领导下，以他的能力、影响力和充沛的精力打开了新局面。在这里干了十几年，跟大家能够同甘共苦走过来，确实还有一份感情，也有一份思念。

最后是一个希望。会议通知上面说要学习习近平同志的系列讲话太重要了。这是一个很好的安排。习总书记关于文物保护的系列讲话，刚才局长也讲了这个问题。我觉得习近平总书记关于文化遗产、文物工作的讲话是他所有系列讲话中的系列，从毛泽东到习近平历代领导人还没有一个像习总书记一样对文化遗产和文物保护论述是如此之丰富，如此之深刻，如此之系列化。要像爱护生命一样的爱护我们的历史文化遗产，有这一句话就足够了。但到现在为止各行各业都有关于学习习近平的讲话的专题文章。《人民日报》、《光明日报》其他一些主流报刊，都有关于文化的、文艺的、思想建设等方面的专题文章，可是我还没有看到关于学习文物系列讲话的有分量的文章。所以我有一个建议：学会举办个学习研讨会是有必要的，文物局没有搞，我们文物学会也可以搞。学习总书记讲话很有必要。我希望我们文物学会在这个问题上有些作为，我也希望我们的文物报能发出一些这方面的有分量的文章。这就是我一点点的希望。

2014年5月

在罗哲文先生追思会上发言

罗公的一生确实是为中国古建筑保护、为中国的万里长城、为申报历史文化遗产、为历史文化名城的申报和保护努力奋斗的一生。说他是"万里长城第一人"当之无愧，说他为中国古建筑保护奋斗了一生更恰如其分。

我与他相识是我到文化部以后，大概在1961年我们就认识了，但真正的交往和心灵的沟通是从"干校"开始的。刚才谢老也讲了，罗哲文搞的"九翻九供"确实如此，每晚都要搞到天亮，白天只睡几个小时，晚上要连轴转地应付审查和批判。我比他被批得还厉害，所以我们都是"劫后"的人物，同命相怜。他始终讲：我们是"干校"的难兄难弟。

回到文物局后我和他相处很融洽，他年纪比我大，我非常尊敬他。在文物局他一向对我有求必应，既是我的老师，又是我朋友。他去世后，我给两位朋友发的短信是：痛失师友，悲痛万分。

我讲两件事。刚才谢老讲的"九翻九供"在当时的文化部"干校"是出了名的。"造反派"骂罗公狡猾，晚上招供白天推翻。我比他被搞得时间长，但是我没他的智慧，所以我吃亏最大。他晚上折腾就是不睡觉，吃不消了就招供，白天又说自己是在胡说八道。看似"笑话"，实际上是一段"佳话"，这反映了他面对斗争的智慧。最后，"造反派"拿他没办法就把他放了。现在回想起来，这就是他的高明之处。

罗公非常有原则，也是很有智慧的人，他认定的事情会为之奋斗终生。大运河的申报他做了很多工作，查阅了很多历史材料。他认为隋炀帝是有功的，不是暴君也不是昏君。他引用了唐代皮日休的一段绝句，讲的就是隋炀帝："尽道隋亡为此河，至今千里赖通波。若无水殿龙舟事，共禹论功不较多？"意思很简单，如果隋炀帝不搞水殿龙舟，那他的功劳是和夏禹治水一样大。罗老把这些诗句抄下来，我认为他是敢于坚持原则敢于说话的人。隋炀帝是历史上的暴君，奢侈豪华的腐败人物，罗老的看法却不一样，他查隋炀帝的诗，去颂隋炀帝的功劳，我觉得这是很难能可贵的。

在罗公晚年我和他接触很多，我觉得他晚年时的心态就是一个战士的心态，始终不放弃自己的事业。他为陈独秀的墓没有成为国保单位而抱不平，他找人写材料要往上面申报，为此事他做了很多努力，最后他借陈独秀两句诗来反映他晚年的心态："此身犹未成衰骨，梦里寒霜夜渡辽"。这是陈独秀在"九一八事变"后写的诗句，意为我这个人现在骨头也还没衰老，我在梦里还想去渡辽打仗，为祖国效力。这两句完全让罗公移到了自己身上，后来他给别人写的题词也始终是这两句。用陈独秀的诗来说他自己，也是他作为一名文物保护战士的不渝之心。

从这两件事都不难看出，他是有主见、敢于说人家不敢说的话的人。

文物学会自1984年成立以来，罗公一直坚守岗位。我到文物学会后他是会长，2004年他才退下来，我接他的位。他对我的工作一向很支持。他对文物学会的成立和发展所付出的心血，我们不会忘记。前不久我与单局长谈文物学会换届一事，单局长一再强调，罗公一定是名誉会长，罗公所担任的职务一个也不能换。但是很遗憾，罗公没能赶上换届，职位不换的事情也只能变成我们对罗公的一份感情了。这是令人悲伤的。

还要特别谈一句：罗公的照片资料要想办法整理出来。他的照相技术很高，为了古建筑，为了长城，他是照相机永不离身；他的摄影作品对于今天和未来都是一笔财富。他掌握许多资料，望罗公的家人和张之平同志想想办法。我认为这份资料比他的诗句价值还高。

2016年5月

战士型的学者　学者型的战士

——在《苏东海思想传》座谈会上的发言

我和苏先生是老朋友了，几十年的交情，关系是相当密切。《中国文物报》30 年的时候他写了一篇文章，讲了我们的缘分。这本书里头也点了我的名字。我们的交往，除了以文会友，就是我负责文物报以后，他很多文章都是通过我发的。我提一些意见，他都能改。所以文物报三十年的那篇文章就讲到这些事。从文物报的合作来讲，我们不是单纯的以文会友，而是为了文物事业，特别是为了文物保护。他比较认真，思想相当敏锐、深刻、准确，所以能及时发现问题，这是他的一个特点。他的文章是行云流水的，很自然，没有故意舞文弄墨，言浅意深。这本也证明了我对他的想法和评价。

从这本书里能看出来他对做学问是非常有素养的。他写的第一本《博物馆的沉思》出来以后，让我写点东西。当时文物出版社列了一个项目：文物专家专辑，正好他的文集还没出。所以我写了罗哲文和苏东海两个人。在那篇文章里，有半篇文章是评论苏东海的。当时我对他的评价，今天看来还是站得住的，主要讲了几点意见，第一点是实事求是，有的放矢，立足中国，立足现实。从这本书和《博物馆的沉思》几卷来看，他确实立足于中国，立足于现实。如果脱离了中国的实际，脱离了中国的土壤，不可能有这么强的生命力。第二点，继往开来，承前启后。这一点也是比较鲜明的，他对博物馆学的研究确实是继往开来的。中国博物馆学的创始，在苏先生之前一些前辈人物已打下了基础，比如，张謇是开山老祖，然后就是曾昭燏，现在有人说她是中国博物馆学理论的奠基人；此后还有傅振伦、沈之瑜等等。这些老一辈在苏先生之前在博物馆理论上已有很大贡献，而苏先生是在他们的基础上，继前人研究之往。当然他在博物馆理论上有很多创建，有很多建树。其中生态博物馆，从外国引进来，在中国生根。看法上、理论上虽然有不同意见，但生态博物馆放到中国来的实践，这个创新、这个开来，苏东海确实算是第一人，而且也是从理论到实践成就比较大的一位。他在理论与实践上对整个博物馆事业的发展，最大的继往开来，主要就是洋为中用上的贡献。他把现代国际上博物馆的新理论，都做了阐述、收容。这在中外兼容、中西合璧上超过了前人,这也是其理论在社会上影响比较深比较广的重要原因。中国博物馆的发展受苏联的影响比较大,很多博物馆的东西苏式的比较多,但他有新的见解、新的创建,理论上有新的建树。

苏东海先生的经历是丰富多彩的。他的童年是幸福的童年,整个人生之旅是丰富多彩的,个人的生活也是丰富多彩的。他的职业、事业也是丰富多彩的。军旅十年、动乱十年……这为他树立马克思主义的世界观打下了基础,经受了时间的考验,他的为人、他的历程、他的足迹,都反映了他是一个战士型的学者,学者型的战士。自己讲述,由老伴记下。这么大的年纪在这么样的身体状况下写这么一本书,反映了他战士的风格,战士的精神。生命不息,战斗不止。生命不止,耕耘不息。从他战士型的人生之旅来看,我们文博界一批老同志为了学术,为了事业,矢志不渝,鞠躬尽瘁,值得我们,特别是值得年轻人学习。

作为老朋友,多年来,他对我有很多指点、很多帮助。有些事情也能谈得比较深。在文物报的这段交往,他对文物报的发展给予很大支持。他说,报纸的主要领导在文物局要有发言的机会和了解情况的渠道。他对报纸的帮助和支持,我是非常感激的。从1990年到2006年,十几年我们都是国家文博职称评定委员会的评委。在此期间,我们两个合作得相当好的,他在一些问题上的见解相当深刻,把握得也很公正、公道,有分寸。因文博职称评定很复杂,行当又很多;尤其是对人的问题上,看法分歧很大,但苏先生的理性、公正,看问题的全面,我是有亲身感受的,也是值得大家学习的。

2016年11月

我的编辑小路纪行

编辑活动。在我的法定工作年限里，累计起来，占有不小的比重。但终究是副业，是兼任，乃至是业余，而主业却是抄抄写写的"机关文学"，身份也是"公务员""机关干部"。唯其为此，我的编辑活动，无论是报、刊、图书，都未曾有过正规的技术、理论训练，缺乏充分的专业素养，而且从未对既有的实践进行过反思、总结，至今仍然是冷暖自受，得失自知，不足与世人道也。退到社团任闲职以来，更是超然物外，同编辑专业活动少有交往，孤陋寡闻，没有发言权，只专心于杂志编辑实践。但凡作为"机关文学"工作者，参与一些编辑活动，是很平常的，了解掌握一些编辑常识，也很有必要。我的编辑活动，起始于20世纪60年代初期。那时在文化部艺术教育司工作，常随领导调查、采访戏曲界包括马连良、姜妙香等在内的老专家、名演员，了解戏曲传统人才培训的经验、资料，并经过整理编辑，以简报形式印发，供全国戏曲教学参考。浅尝辄止，算不上真正意义上的编辑活动。但毕竟使我经历了编辑活动的启蒙、扫盲阶段，并非一无所获。

1979年初，改革开放伊始，国家文物局紧跟形势，开拓创新，成立政策研究室，创办机关工作期刊，为全国文物界提供工作信息，交流工作经验，并指定我主持创办、编辑、出版事务。由于当时限于人力、物力，一切从零开始，事事亲自动手，连印刷纸张都是由我们带着干粮乘车到远郊区去装运，真正做到从头至尾一条龙服务。同年夏天，一份由原副局长、书法家齐光同志题写刊名的"文物通讯"双月刊悄然走进全国文物界的千门万户。其形式之简，内容之薄，稚气之重，皆可想而知。但是，新鲜事物容易为人所宽容，大家都以欢迎、爱护的心态接受它，支持它，从而逐步成熟起来，成为全国文物工作的宣传阵地和交流平台。这使我们编辑人员在饱尝草创之苦的同时又得到了一份可堪自慰的回报。1984年春，应广大读者的需求改名为《文物工作》，并按国家规定登记注册而成为系统内部发行的正式刊物。从创刊到2000年春的21年间，都在我的主持之下编辑出版，自然也就成为我正式兼任编辑活动的一个重要部分。

我兼任的另一项编辑任务则是办报。1987年春，由河南省文化厅主办的《文物报》，在全国独树一帜，成为文物报刊的新生事物，受到文物界的普遍好评。出于扩大影响、提升知名度的考虑，河南省文化厅主动提议将"文物报"改办成"中国文物报"，由国家文物局主办、主管。国家文物局经过协商、研究，接受河南方面的建议，决定先以国家文物委员会的名义主办，国家文物局出人出钱主管。同年10月1日，《中国文物报》在原《文物报》的基础上，在古老的中原大地上正式出版。我作为主管部门的代表之一，主持了创办工作，并参与此后编辑出版的重要活动。1988年，国家文物局决定改办为局机关报，并按国家规定将编辑部迁回北京，新建报社。翌年春，任命我为总编辑，当时实行总编负责制，无社长职设。负责在北京新建报社及迁京后的编辑工作，直至2000年春为止，从创办到离任，共计13年，为时不算太短。其中前10年为兼任编辑。主职乃是副局长。

　　在此期间，即从1982年起，在局领导下，我还主持了"文物系列辞书"工程等编著工作。共计成书问世五种十一卷册，约1500万字。这个系列辞书包括《中国名胜词典》（修订三版）《中国历史文化名城词典》（上、续编、再编三部）《中国历代名人胜迹大辞典》《中国文物精华大辞典》（共四卷）《华夏胜迹——全国重点文物保护单位五百处》（上下卷）。其中《中国历代名人胜迹大辞典》和《中国文物精华大辞典》分别在港、台、沪分别印刷出版三个版本，后者还获得"全国辞书一等奖""国家图书奖"，受到国内外读者的广泛欢迎。其所以称之为系列，既各自独立又相互联系，共同组合起来涵盖中国可移动不可移动文物的全貌或整体，基本满足业内外初、中级读者的需求。在普及文物知识方面，都是前所未有的工具书。其发行量也居文物图书的前列。《中国名胜词典》分别成为内地与香港的"畅销书"并正式在全国获奖。

　　但是，这套系列辞书的编著，毕竟不是如前所说的刊物、报纸的编著活动。尽管编著工作有编有著，但其最终的成品，不是直接流向社会的信息文化的载体，而只能作为出版社编辑活动的客体，仍需通过出版社的编辑活动和印刷出版流程才能成为负载信息、知识的文化产品。因此，这也不是出版社专业意义上的编辑活动。但却丰富了我的编辑活动的经验和业务感受。

　　古人云：往者不可谏，来者犹可追。这对一个已经远离编辑活动，再也无力重操旧业的老朽来说，谏也罢，追也罢，都是"明日黄花"。但是，人，只要活着，并且能够正常思维，就不可能有思想的空白，就必然受既往职业惯性的驱动，或见景生情，或抚今追昔，或与人交往，总要通过思维来保持身心活动的平衡。正是出于这种无回避的现实，我对既往的编辑活动仍然有一些零碎而肤浅的感受。特别是现在主持文物学会的活动，心中总有办刊为学会正名附实之想，为学会学术研究提供交流平台。没有刊物，没有喉舌，没有园地，何学之有？为此，不惜气力，托人情、找关系，力争成功，确保学会有个小园地为学人交流学术成果。"有志者事竟成"，在我身上验证的事例并不多，学会《中国文物科学研究》杂志的诞生，可算是成功之一例。有了刊物这口国字号的锅，即便一时的无米可下，希望存在，面包最终总会有的。经过一年的抚养，现在开始牙牙学语了，绝望之为虚望正与希望相同。成功之喜慰，自不在话下了。如若三生有幸，我将把这个幼小的"生命"从婴幼期长大成"小学生"，乃至"中学生"，为"以人为本，学为宗"的文物学会构制出别具一格，不复仿制其他各类文物期刊的文物管理学术期刊。只要学会有必要也可能存在、发展下去，这个幼小婴儿必将与学会共存亡，也必将成为文物界一朵别样的学术之花。

2008年于柏林寺

为中国考古"黄埔"四期部分学员教师五十周年纪念座谈会草拟"倡议书"稿

  十月的北京，正是"霜叶红于二月花"的金秋时节。当年（1952—1955年）全国"考古工作人员训练班"的20余位学员教师代表有幸出席了国家文物局在京召开的训练班五十周年纪念座谈会，实现了白首重逢的夙愿。会上，大家共叙衷肠，重温五十年前激情燃烧的岁月，心潮澎湃，感慨万千。在座谈会中，大家各自畅抒己见，为国家文物事业建言献策，祝福祖国历史文明光耀千秋。为此，作为新中国培养的第一代文物考古工作者，我们谨以与会代表的名义郑重地向至今健在的同窗学友和正工作在第一线的中青年考古同仁发出如下倡议：

  据我们所知，当年训练班的学员，绝大多数都是退休不退职，离岗不离业，依旧全身心地投入或关注着祖国的文博事业。其中许多人或奔波田野，调查研究；或蛰居书斋，默默耕耘；或登台授业，培养新人；或出谋划策，作管理部门参谋……实实在在的余热发光，老有所为，老有所用。但是，也有部分同志由于种种原因，至今未能完成过去所主持、参与的某些发掘项目的资料整理和报告编写任务。他们正在为此感到焦急和苦恼。这是一项重要工作，也是一个值得重视的问题。国家文物局曾反复要求抓紧落实。时不我与，舍我其谁！我们应该振奋精神，抓住机遇，竟未竟之业，了未了之情，真正做到鞠躬尽瘁，为自己终生奋斗的事业画上圆满的句号，为后人树立尽善尽美，有始有终的楷模。与此同时，我们也要吁请各级文物主管部门对此加强领导，给予足够的关心和支持，为他完成这项任务提供条件，协调关系，搞好合作，确保他们愉快而又顺利地开展工作。

  作为训练班出身的老文物考古工作者，我们还要一如既往，同广大中青年文物工作者携起手来，互励互勉，保持艰苦奋斗，谦虚谨慎的优良作风，发扬埋头苦干，求真务实的科学精神，奉公守法，忠于职守，率先垂范。在当前社会转型时期，一些消极因素和不正之风也不可避免要冲击和影响文物界和文博工作者，因而大家更要提高警觉，加倍洁身自爱，看准法律坐标，把握道德规范，继承和发扬老一代文物工作者不收藏文物，不垄断资料，不涉足文物倒卖活动，不见利忘义，弄虚作假，努力成为德艺双馨的专家、学者。

当前，我国文物事业正在沿着法治轨道不断健康发展，各项工作都取得了喜人的成果，我们为此尤感欣慰和鼓舞，并有力地激励着大家再接再厉的信心和不屈不挠的意志，坚定不移地要为祖国的文物事业发出自己的全部光和热！让新老文物工作者团结起来，同心同德，推动文物事业的持续发展和全面繁荣，为建设小康、和谐社会，为中华民族的伟大复兴做出新的贡献！

2005年10月26日于北京

迟到的礼赞

——读《南岳衡山古今诗词集成》感言

"文凤集南岳,徘徊孤竹根……岂不谋稻粱,羞与黄雀群,何时当来仪,将须圣明君。"

刘桢的这首五言古诗,乃是谭岳生等主编《南岳衡山古今诗词集成》(下称《集成》)的开卷之篇,也是吟咏南岳衡山最早的文人诗作之一。诗虽无屈宋之沉郁恢宏,也不及李杜之深沉豪放,但作为建安七子之诗篇,仍不失风骨本色。其中文凤、朱鸟之称,亦成为南岳的别名,对于南岳衡山堪称里程碑记之名作……

《集成》问世已经十有五年之久。记得书送到手时第一感觉即确认其为古迹胜地之第一与唯一,望外之喜,更生礼赞之想。名山胜迹诗词,历来以多种形式传诵遐迩。改革开放,旅游兴起,三山五岳等自然与人文胜地,都有各类古今诗词印本,发挥着重要的宣传、鉴赏作用。但是却未曾见到如此集大成之巨编。全书上中下三册,入编诗词共计1700000余字,时间跨度之大,编选功夫之细,以及印刷之精,均为迄今之所仅见。正如编者所言:"是全国风景旅游区中首次出版的独家大型诗词专集。它从馆藏图书及报刊等两万八千多册文史资料中搜选编辑而成","这是一部集古今吟咏南岳衡山诗词之大成,是一部有历史文献价值可以珍藏的精品诗词汇要。"其运作之繁,涉猎之广,用心之苦,成果之丰,精神之可嘉,事实昭然,令人钦佩!

关于名人与名胜,诗词与胜迹关联互动的关系,古人多有所言及,甚至久成聚讼。"境入东南处处清,不因辞客不传名。屈平岂要江山助,却是江山遇屈平"(宋·李觏)。总体说来,这是正确之见。许多江山正是以辞客之诵而传名天下。但是,也有人认为"屈平所以洞鉴《风》《骚》之情者,抑江山之助呼"?(刘勰·《文心雕龙》)否认江山有助于屈平洞鉴风、骚。陆游则认为"挥毫当得江山助,不到潇湘岂有诗。"这也与李觏屈平不要江山助相左。其实,有助与无助都有片面性。唯有宋代岳州太守滕子京约范仲淹作《岳阳楼记》时说得更准确:"天下郡国,非有山水环异者不为胜,山水非有楼观登临者不为显,楼观非有文字称记者不为久,文字非出于雄才巨卿者不为著。"江山之美,有助于激发诗人诗兴灵感,为诗人提供题材、意象,不到潇湘确实难写潇湘诗篇。反之,正是诗文作品,为江山之虎添翼,为胜境之龙点睛,使之翱翔天外、穿越时空,显露天姿秀美。也正如一位当代山水美学家所指出:"'山水者,有待而名者也,曰事,曰诗,曰文,之三者山水之眼也'。先贤圣哲的活动,或轶事遗闻,或诗人所作山水诗文,是山水之眼,使人从中窥见自然的奥秘,领略山川的神采,感受其中的美意,从而使山水为人所亲,所爱,所闻! 当然,山水诗文也依附着山川而永存。"(《山水美论》,丘振声等主编)为此,衡山是诗的山,长江,是诗的江,黄河是诗的河,长城是诗的城,故宫是诗的宫,西湖是诗的湖,桂林是诗作成林……不论古今,都是诗写的史,诗作的画,诗的艺海,诗的文物史迹,诗的文化遗产……"江山留胜迹,我辈复登临""羊公碑尚在,读罢泪沾襟"(孟浩然)。"丞相祠堂何处寻,锦官城外柏森森"(杜甫)。"六朝文物草连空,天淡云闲今古同"(杜牧)。"石麟埋没藏春草,铜雀荒凉对暮云"(温庭筠)。这些史迹诗篇,载之典籍,传诵千古,验证史迹,见证历史,启迪人生,是活化活态的历史文化遗产。然而,更多的史迹诗篇,迄今依然藏在深山人不识,实在是一大浪费,令人扼腕叹息。《集成》问世,却是一大突破。由此把巨幅衡山画卷推到世人眼前,集史、画、艺、文之大成,见证衡山风光之美,人文史迹之盛,该是何等的弥足珍贵、何等的应世适时啊!

南岳衡山,道佛共生共荣,乃是全国五岳名山绝无仅有之一大特色,历来有道佛共生圣山之美称。两千多年来,随着朝代更迭,世事沧桑,佛道兴衰此起彼落,但最终不改共生共荣之常态。从魏晋南北朝到唐代,历经多次起落的史实,在同时期诗词作品中,都有篇可证,有句可考,其信实无可置疑。唐太宗下诏"先道后释",武则天借佛登基,唐玄宗《送薛天师往南岳》诗,"犹期传秘诀,来往候仙舆",其宰相张九龄同样有多首崇道诗作,可见道佛起落与时与人同在。连从小受道家影响,与道人过从甚密的李白,在衡山也有尊佛之佳作,"圣寺闲栖睡眼醒,此时何处最幽清。满窗明月天风静,玉磬时闻一两声"(《方广寺》)。如此这般,不既是诗篇,又是史实吗! 唐代南岳衡山道佛共荣不是无可争辩的存在吗? 其诗歌的历史、艺术价值不是凿然有据吗?《集成》定南岳衡山为"风景名胜旅游区",自然是言其现实,指其眼下。其实,此山为五岳之独秀,自然之美,人文之盛,独具一格,比之其他四岳,毫不逊色。作为国保文物单位,南岳大庙号称江南最大古建群,有"南国故宫"之美名,其优势,其特色,恰恰为江南之独有。另一处国保单位南岳忠烈祠,其规模之巨,内涵之深,意义之远,均堪称全国之最。作为二战纪念性大型建筑,举世之公认,无可置疑,必将与世长存,历久弥珍。其他人文古迹,数量之多,品类之繁,底蕴之丰,都有物可考,有史可据,更有诗词可证。由此或发申遗之想,并非非份。《集成》问世,启南岳衡山自然人文双遗产保用之新境,开历史文化遗产活化活态育人化人之新路,成为南岳文物史迹不可分割不可或缺的珍贵史料。其成就,其经验,其裨益,其影响,皆不言而喻。其中最堪称道与借鉴的经验,乃是"集成"集群体智慧之成。即专家受命而起,行政坚持主导,多方给力支持,纳入南岳大庙修缮工程计划,作为工程专项任务之一,从人、财、物提供保障。唯其如此,编选工作才得以从容应对,也才有可能对二万四千余首(篇)珍贵诗词倍生珍爱之心,不忍其束之高阁,直待灰飞烟灭。"集成"证明,文物保护必须有新视野,新理念,新作为,把附着于文物史迹、文物保护单位的历代诗词作为文物史迹组成部分和保护对象之一,把保护这些诗词,作为文物管理和修复的任务和责任之一,乃是南岳衡山文物保护工作的一大创新,但愿"集成"的成功经验推而广之,能在全国各地文物史迹上开花结果。扫尽尘封还绚丽,文华不老自重光。

关于文物史迹诗词的保用问题,笔者早有所思,也有所言,曾经不止一次呼吁重视文物史迹诗词保用。也曾有编注《长城诗集》之想,并搜集部分资料。还有过《古迹与诗词》专项课题的设想,"拟把一个个原本就是文物资料,对文物保护利用十分重要而又往往为人们所淡忘的古迹诗词搜集编辑出版,公之于众。但由于主客观的种种原因,终于力不从心,只能留下终生的遗憾……但深信早晚会有高明之士致力于这个课题的研究。把全国重要的名胜古迹所保存的历代诗词赋咏以及楹联、匾额等汇编出来,并作专门论述,既补文物资料保护的一项空白,又供人们鉴赏借鉴。这将是为古人之所未为,为今人之所应为的'三立'之举,对文物保护也是一大贡献!"(拙著《萤光集——文博文存》)今日重申己见,既寄语同人后来居上,又对《集成》问世致以迟到的祝贺。可以深信,随着人们视野扩展,观念更新,才智增长,那许许多多诗的山,诗的河,诗的寺观、宫苑、园林、名胜等等,都将集成付梓,飘香书肆,成为与文物史迹共存亡的"命运共同体",成为强化国人文化自信的丰富源泉。

2016年7月

祝贺与感谢

　　欣闻隆回县级文物保护单位——星塘彭氏宗祠修缮工程竣工，并将于近日内举行竣工典礼。据悉，市、县都将有领导同志出席庆典。本人作为星塘村彭氏家族的老朽和老文物工作者，对此感到十分欣喜和感动，现在特致以热烈的祝贺！对支持、领导维修工程的湖南省文物局、隆回县党政领导部门和主持、指挥维修工作的隆回县文化局、隆回县文物保管所以及参与施工管理任务的星塘村委会和星塘村彭氏门中全体父老、长辈、兄弟、姐妹们表示衷心的感谢和崇高的敬意！正是你们在湖南省文物局、隆回县委、县政府的支持和领导下，上下一心，团结奋斗，勤俭办事，尽职尽责，投入必要的财力、物力、人力，对星塘彭氏宗祠及时进行抢救维修，使之恢复旧貌，仍然保持全村主体建筑的地位。星塘彭氏宗祠的维修成功，充分反映了隆回县的文物工作得到了省、市、县相关领导部门的高度重视，也反映了保护文化遗产，建设和谐文化的事业已经列入各级党政领导机关的议事日程，成为现代化建设的重要任务。这是令人振奋和鼓舞的好事，应该得到人们的称赞和敬佩！

　　宗祠，最早称为家庙，作为古代乡村建筑的重要组成部分，具有重要的历史、艺术和科学价值，是十分稀有，不可再生的宝贵历史文化资源。尽管它在中国建筑历史上属于后来的晚辈，最早的祠堂只能出现在宋朝以后，也只属于平民百姓所有的祭祖家庙，不入宗庙、宫廷、官室之流。宋以后，特别是明、清两代，朝廷准许庶民立祠（家庙）祭祖，因而各地建祠之风大盛，一姓一村一族一房所建的祠堂遍布大江南北城、乡。而今，历经岁月风雨，大浪淘沙，所剩无几，所以弥足珍贵。

　　星塘彭氏宗祠初建于清道光年间，至今已有一百六十七十年的历史，其间几经修缮。20世纪40年代初期，星塘村彭氏家族的孝子贤孙，冒着抗日战争的烽火进行了一次大修，其规制、格局、功能都保持着原状原样，特别是正堂三大厅的神龛、牌位、拜台保存完好，其雕刻古朴、精美、高雅，令人称奇叫绝，是罕见的艺术珍品。按照清朝皇帝"圣谕"规定，凡祠堂皆有"荐蒸尝"（祭祖宗）、"课子弟"（兼学堂）、"赡贫乏"（积谷救贫）、"修族谱"（联疏远）四大功能。20世纪40年代初期大修后的星塘彭氏宗祠，四大功能齐备，成为全星塘村的主体建筑，也是全村、全姓、全族人民节庆、文化活动的中心。它以无形的文化、精神力量维系着全村全族的和睦友好，维系着全村全民的正常生活，维系着全族的民生民利。自此至"文革"期间，虽历经土改、合作化等风风雨雨，却始终保持着丰富多彩的艺术内涵和完整无缺的形制、格局。"文革"风暴兴起之后，原有华美的神龛牌位雕刻全部作为"四旧"横扫殆尽，从此只剩下空空的祠体躯壳，其文物价值损失极为惨重。即便如此，由于其建筑形制、格局仍然保存较好，在附近的乡村建筑中，仍然具有宗祠建筑的代表性、典型性。对此，隆回县文化部门独具慧眼，在20世纪90年代初期即确定公布为县级文物保护单位，受到国家法律保护，这是星塘彭氏宗祠之幸，也是彭氏家族之幸，今天又及时得到党和政府的支持，再一次进行抢救维修，使之得以益寿延年，继续昭示后人。我深信，星塘彭氏家族全体民众一定会更加珍惜这份历史文化遗产，继续精心加以保护，使之聚子孙于一堂，祀祖宗于百代，也一定会衷心感谢党和政府的关怀和支持，在保护好文物的前提下，充分加以利用，更好发挥其历史文化的特殊作用。

2008年4月2日于北京

贺母校邵阳市二中九十周年华诞

在群贤毕至，少长咸集，欢庆母校九十华诞的幸福时刻，现在生活在北京、天津的全体校友满怀喜悦，推举代表专程返校，表达自己的热烈祝贺！并借此机会，向现在母校从教就学的全体老师、同学致以亲切的慰问！向海内外所有的校友问好！

忆往昔峥嵘岁月稠。每当我们回忆起在母校度过的日日夜夜，内心的感奋之情，久久不能平息。老师的教诲，同学的切磋，宿舍里的争吵，操场上的奔腾，山坡草地的书声，青龙桥上漫步，邵水之滨谈心，田村月色，农舍炊烟，朝霞夕照，风雨、泥泞……场场幕幕，星星点点，一切都那么清晰，一切都那么深沉，一切都是我们心中纯美的诗和画，一切都是我们人生初始的闪光的里程。岁月的流逝，年龄的增长，智能的积累，希望的展现，事业的成功，都只能更深化我们对母校的依恋，对故土的相思。正是这种发自心底炽热的桑梓之情，桃李之恋，促使我们每个"身在异乡为异客"的校友，都为母校的繁荣兴旺感到振奋和鼓舞，为她所哺育成长，遍布海内外的莘莘学子感到幸福和欣慰，特别是对他们之中那些攀登科学高峰的院士、学者，那些聚天下之英才而教育之，桃李高枝遍布九州大地的"人类灵魂的工程师"，那些身怀绝技，救死扶伤，延续人类生命的白衣天使，那些以身许国，献身戎伍的军科战士和两弹一星的专家、功臣，那些以智慧、远见从政为民的人民公仆……正是这一批又一批，一代又一代，有如资江、邵水长流不息的壮苗、良种，留在哪里，就在哪里生根发芽，开花结果，成为国家、社稷的铮铮之士，佼佼之才，使我们感到无限自豪和荣耀，感到骄傲和鼓舞。现在京津两地的众多校友，尽管年龄差甚大，职业各不相同，但是，他们都有一颗思故乡、念母校的心，他们都牢记母校的哺育之恩，决心为民族的富强，国家的昌盛奋斗不息。他们深知，自己的每一份劳动创造成果，都曾凝结着母校的教诲与期望。因此，只有通过自己更好的劳动，更多的创造，才能为母校争光，为故乡争气。古人云："致天下之治者在人才，成天下之才者在教化，教化之所本者在学校"。

母校九十年的历程，九十年的辉煌，再次证明了学校是培养人才的摇篮，造就栋梁的工厂。

"芳林新叶催陈叶，流水前波让后波"，随着历史的发展，社会的进步，我国的教育事业将在改革开放的新形势下得到更大的发展，一批批，一代代新人将在建设有中国特色的社会主义事业中发挥更大的作用。我们深信，积九十年之经验的母校，一定会充分发挥自己独有的优势，再作百年之计，造就更多的彦俊贤良，为民族为人类做出更大的贡献，我们衷心祝愿母校从欢庆九十华诞之日起，以自己更加优美的英姿，阔步登上新的历程，新的高峰！以更加光彩夺目的成果去迎接新的世纪，新的时代。

邵阳市第二中学京津全体校友贺

1990年11月8日

开展为家乡建设
"一人一年一件事"活动的倡议书

新年已至,春节将临,值此送旧迎新之际,我们几位老乡冒昧牵头向在京的全体同乡祝贺新禧,恭拜早年! 预祝大家身体健康,家庭幸福! 在新的一年,家事、国事、天下事,事事有成! 事事开心!

"身在异乡为异客,每逢佳节倍思亲",我们这些身在京华的"异客",尽管退休的老有所养,老有所为;在职的风华正茂,前程似锦,大家的生活、工作、事业都称心如意。然而,越是如此,就越倍思故乡故土,倍思亲人亲友,倍思乡官乡长。同样,家乡亲友和乡官乡长也更加思念我们这些异乡异客,真是一种乡思,几处牵怀,谁也割舍不了谁。正是出于这种乡思乡情的涌动和惦念,年前,隆回县的领导同志,不远千里来到京城,同在京老乡聚会座谈家乡脱贫致富大业。在座谈中,彼此共叙衷肠,沟通信息,其情也切切,其乐也融融! 许多在京老乡以发自肺腑之声,向家乡领导致敬,为家乡发展建言,为家乡建设献策,同时倡议在京老乡从今年起,开展"一人一年一件事"活动,为家乡建设做贡献,为此,我们自告奋勇,把这一倡议书面告知所有在京老乡,希望得到大家的赞同,并且付诸行动,实实在在,无偿无酬的为家乡做好事。

游子之于故乡,有如人类之于地球,彼此时时刻刻,相依为命,不可分离! 水土之恋,草木之缘,父祖之爱,亲友之情……对于异乡游子的感召,有如地球引力对于人类万物的维系,彼此息息相通,感知相应,永恒永远,无穷无尽! 唯其如此,任何他乡游子总是以故乡之乐而乐,以故乡之忧而忧,总是不遗余力,献计献策,无怨无悔,为家乡尽才尽智,尽情尽力,而且以此作为对家乡父老养育之恩的回报。

所谓"一人一年一件事"的活动,就是大家以往所公认的"有钱出钱,有力出力""自觉自愿,量力而为",所谓一件事,没有固定标准,各自从实际出发,或投资开发,或搭桥引资,或牵线招商,或出主意,提建议,或提供信息,通报情况等等,只要有益于家乡建设事业,就可以不拘形式,不计大小,不求一律。各人的能力、才智、职业等等千差万别,只要各尽所能,即便"蚁衔一粒",也可与"驼负千钧"等量齐观,同样是一份乡情,一份心意,一份责任! 地球,我的母亲! 故乡,我的母亲! 我们爱你,永远永远!

2006年1月6日于北京

191

天涯处处有芳草

——访埃及途中趣事

1989年2月，中国文物工作考察团应埃及国家文物局之邀，对世界第一大文明古国埃及进行了为期两周的考查访问。由于两国没有直航飞行，来回辗转多国，顺路观赏了多国别样风光，收获之多，乃平生之仅有。正是由途中转机之烦，自然也要生出一些故事和趣事，引发许多意趣、启迪和感慨。

一、皮箱被撬，清凉油惹祸

经过7个多小时的飞行，穿过茫茫云海，跨越莽莽昆仑，正午时分，飞机安抵友好邻邦巴基斯坦卡拉奇机场。在办理进关和转运行李过程中，只见一张张黝黑的笑脸，在人声鼎沸的火热候机室里，不断向我们招手示意，表达似曾相识的友好。他们大概都很熟悉中国人"投桃报李"的习性，因而一双双比比画画的手势，亲切地向我们索要中国特产清凉油、风油精。由于人数众多，所求热切，自然供不应求，使我们难免有点始料不及的尴尬。有人还等候在门口恳切索要，诚实的翻译一再表示歉意之后，又指着跟前的行李箱说：那里头的已经封锁不能再打开了，我们热情的访埃团长，又遍搜衣袋和手提包，终于找到几瓶风油精分送给他们，然而没有得到的却并不满足地怅然离去。在国内并不看重的"万金油"，没有想到出了国门特别是到了西南亚、海湾、北非等地区竟如此身价百倍，弥足珍贵了。这对我这个很少出国门的"土老帽"，可谓开了眼界，长了见识！次日凌晨，我们改乘土航飞往世界历史文化名城伊斯坦布尔。9个小时的夜航把人颠簸得昏昏欲睡。抵达目的地，取到行李时，我们的团长突然发现自己的行李箱被撬开了，拉锁也扭坏了。开箱检查，发现一个小礼品盒被敲碎了，礼品也被拿出盒外，其他东西都被翻得乱得乱七八糟，但都没有丢失情况。据此判断，事情还是发生在清凉油的问题上，撬箱碎盒的动机是为了窃取清凉油，而不是为了其他物品，所以行李物品只是乱而未失，确保平安。显然，他们从箱外摸到了礼品盒，断定清凉油就在盒子里，故欲碎而取之。所幸我们备带的清凉油却在翻译同志的行李箱内，致使他们窃而无果，失其所望。我们也因此庆而幸之了。然而，这一切都发生在卡拉奇机场。严格言之，这也不能视为完全意义的行窃行为，而只是当事者出于一物之好而一时失守尊严，最终还是无损良知的好人。

二、照相机失而复得

按照行程安排，访埃途中在伊斯坦布尔参观访问三天。我驻伊城总领馆为我们作了周到安排。次日上午参观该城最著名的新老皇宫。冬暖如春的地中海滨古城却意外下起纷纷扬扬的鹅毛大雪，总领馆同志打趣说是"迎宾雪"，欢迎我们到来。由于舟车劳顿和时差原因，坐在出租车上，我又昏昏然感到不适，到达皇宫门口，匆匆忙忙赶着下了车，出租车也随之离去。团长的游兴正浓，刚刚到皇宫门口就提出要照相留影，并且开玩笑说外国的雪景也许更有风味？天啊，我背来的照相机、行李包都落在出租车上了，现在到哪儿去找呀？出访任务刚刚开始，就发生如此不快的事情，简直把我这个"土老帽"吓蒙了，这如何是好啊？团长和同伴们无不为之愁眉紧锁，怏怏然踏进宫门。在3个多小时的参观中，金碧辉煌的皇宫建筑，琳琅满目的宫内陈列，异彩纷呈的壁画装饰，生动有趣的历史故事……都令我观不入目，听不入耳，统统失去光彩，统统心不在焉。参观结束，大家正准备打道回归时，一位高举起印有"中国民航"字样的旅行包的中年男子正向我们招手、吆喝。我们仔细一看，正是送我们来的那位土耳其出租车司机，与之沟通后将相机、提包等全部物归原主。此情此景真太令人意外了！也太令人感动了！团长最先与之握手致谢，对他如此拾金不昧的精神表示崇高的敬意。我更是从心底感佩他们信义和无私。大家和他一起合影，并给予足够的误工补赏，还要请他一起午餐却被谢绝。这位司机，无疑只是伊斯坦布尔的一位普通平民，但他的品行、素养、风格以及他对中国人的友好，却很不平凡，对我们更是难以忘怀。真个"天涯处处有芳草"！

三、沙漠受阻遇救

在埃及10天的旅程中，所见所闻都是平生之仅有。历史如此悠久，文物如此丰富的文明古国，有幸身临其境尽情观赏、体验、思考，实在是难得的文化大餐，作为文物工作者更是绝佳的欣赏学习良机。10多天的参观，我们都进入了一个古老而又新鲜，陌生而又亲切，壮观而又震撼的大千世界，心情每时每刻都沉浸在激奋与欢乐之中。最后一个参观项目，是离开罗98公里法尤姆老金字塔。九时从开罗出发，回程时已是下午二时，汽车穿过茫茫无际的沙漠地带，笔直的黑色柏油路有如一柄长剑把沙地截成两半。"奔驰"车冒着火热的骄阳，像离弦之箭直向开罗回奔。忽然，在离开罗35公里处车子抛锚了，两个轮胎漏气，半身瘫痪在路上。司机立即卸下左后轮在路边招手求救，接连招挡了十多辆过路车，都未得到响应。随后一辆大轿车停下了，见状二话没有说，连人带轮就拉走了，陪同参观的主人马斯奥德先生告知回到开罗修好轮胎来回至少四个小时，那我们回到开罗已是入夜时分了。烈日当头，沙漠里热浪翻腾，而且大家饥渴交加，炙热的沙地连个坐处都没有。主人大概感觉到我们的焦急，也就一个劲儿招手截车求助。如此等待了一小时许，一辆空车终于停下了，当即答应把我们拉回开罗。主人因要看守车子，只好继续留在沙漠上，饱尝日晒、饥渴之苦。临上车我们问他如何支付报酬时，主人马斯奥德先生笑着说："他是一个忠诚的、伟大的、善良的埃及人，不要付给他钱的"。果然，把我们送到宾馆门口，十分有礼貌地请我们下车，并希望我们再来埃及。我们在衷心感激时也将最后所剩的几盒清凉油送他。他也满意表示谢意。我们也为此异口同声称赞"他是一个忠诚的，伟大的，善良的埃及人"，而且是一个友好的亲切的埃及友人！我们的埃及之旅也就此圆满结束了，披着古埃及的文明之光，载着对古埃及的新知新见和埃及友人的古道热肠，满怀依依不舍的惜别之情圆满结束了。

1989年2月于北京

《梦在西藏》序

高原驰骋二十载，纵笔横枪十万程。

肝胆河山皆冰雪，孤光自照互钟情。

金桐的大作《梦在西藏》一书，以其数十万言之钜，洋洋洒洒，悄然问世。作为第一读者之一，持续66年之故交，不胜欣喜，谨以小诗贺之！近日作者又约为之作序，心情却有点忐忑不安！一是隔行隔山，对作者充满传奇色彩的边陲生活，知之甚少，全无感性体验，写来自多行外之见，或触及皮毛而已。二是大作内容之丰富，涉猎之广，短短序言，势必不足言其十一。惶惶然，义不容辞，友命难违……

《梦在西藏》问世，是作者人生之旅一大喜事，也是汉藏同胞和高原雪域一大幸事。作者以饱蘸激情之笔，从新闻视角、用纪实手法、质朴语言、细腻文风，缜密思维，还原当年现实，再现昔时情景，激活沉淀记忆，依然一派新闻记者笔锋！其现实与历史价值都不言而喻……

往事堪回首。遥想64年前的盛夏，一位十几岁满脸稚气的中学生，以其主客观之优势，拥百里挑一之荣幸，从掌声与鲜花丛中走出校门，告别亲人，踏上建设新中国的征途，迈进国家干部之林，其勇气，其激情，其对前程对未来的憧憬与自信，皆溢于言表，令人钦羡，获得夹道欢送人群的欢呼狂喜！而我的内心却深感自愧弗如，带着几分惆怅和不舍挥手与之告别。而今重温这般场景，才认识到金桐和其他入选者的勇气和信心都非同寻常，有其固有的素质、基因，因而敢于独立潮头，争为人先，崭露"湖南少年好身手"……

四年后，京城春色满园时节，又是这位土生土长的湖南少年，肩负重任的国家机关干部，又义无反顾，毅然决然从党和国家设计顶层办公室走下来，以非凡的勇敢、忠诚、热忱做出人生转折性的新抉择，会同一群新同仁、同道，背负行囊，乘坐大蓬卡车，攀登世界最高峰，走上新闻传媒大道，充当党和国家建设大业的耳目、尖兵，开始人生之路的新拐点、新起点。历经半月之久的艰难跋涉，这位年方弱冠的青年终于胜利抵达目的地古城拉萨，成就人生第一次长途颠簸之旅，经受人生艰难险阻的初次洗礼，迈开高原生活的新步履。金桐的人生新旅又旗开得胜，马到成功了！可以想象，如此重大的转折，无疑是犹豫、迟疑之后的决断，是勇气、激情的升华，是意志、品质的成熟，是献身精神的驱动，是"明知山有虎，偏向虎山行"的超越！是如花似火的青春在燃烧，在绽放！作为老友，同样难以望其项背，徒呼奈何……

令人欣喜的是，金桐而今集二十年高原驰骋之所见所闻所历所为所得，毕其功于一书之兼容，使得人们可以尽情去细读、欣赏、领略、品评，从中看到雪域高原大千世界，领略那里的生灵万象和绚丽风光，这该是何等的文化美餐啊！全书融物象、意境、现实于一体，集景物、理念、行为于一身，新闻本色，更胜当年。关于全书内容及写作动机，作者已有前言陈述，业外之言，无须更多饶舌。作者明白指出：在西藏工作十六载有余，作为新闻记者，走过那里无数地方，同藏胞兄弟有过广泛交往，每当静下心来，回首往事，那西藏的一切又总是历历呈现于眼前，漂浮于脑海，如若付诸笔墨，再现当年美好，"不又能给后人以享受和启示，激励他们去为她（西藏）的进步和发展而奋斗吗！"就这样，一篇篇发自心灵底处的作品，从火热的手笔中流淌出来。

诚然，他笔端流淌出来的都是历历在目的心迹，都是铿锵作响的心声，都是一幅幅雪域风光的画卷，一道道地球之巅密码的破译，一篇篇沧桑正道的实录，一首首汉藏同胞相依相伴的赞歌！在这部多姿多彩的巨著中，每个单元都有精彩之篇，每个精彩之篇都有感人的妙笔之花。青海湖的玉盘风景，日月山前的"发思古之幽情"，五道梁口的"风雪夜归人"；喜马拉雅的雄伟，藏北草原的苍莽，雅鲁藏布江的咆哮，拉萨河水的温柔，森林峡谷的幽险；布达拉宫的神圣，大、小昭寺的传奇，八廓街的风情，文物史迹的奥妙；珠穆朗玛的仰止行止，蓝天白云的俨然诗画；信徒的虔诚，农奴的新生，歌舞的豪壮，牛粪举火，融雪取水，夜半枪声，生冷饮食，宿露餐风，还有帐外狼嚎的险遇，跨马持枪的英姿……总之，自然的雨雪风霜，人世的艰难险阻，事业的苦辣酸咸，情感的喜怒哀乐都融化在作品深处，流溢在字里行间。大千世界，万象纷呈，娓娓道来，栩栩如生。全书贯通一个"实"字，即着眼于事实、史实、真实；着笔于纪实、朴实、丰实。她的悄然问世，为西藏文苑增添一树新葩！为高原进步历史记录一部新证。出版社的编辑人员慧眼识珠，全力支持出版，宣传"老西藏精神"，弘扬藏汉同胞共同奋斗的优良传统，助推西藏发展繁荣，必将获得全国广大读者的点赞和好评。

在这里，毋庸讳言，此书的写作成功，首先应归结于作者20年高原驰骋业绩之卓越和打拼精神之突出，归结于作者20年如一日，对新闻职业的牵怀，对昔日风云之难忘，对雪域风情之依恋，对藏胞兄弟之不舍，对那方热土充满喜爱、向往、追求、迷恋，磁心指向，矢志不移。作者在西藏拼搏期间，曾与我时有书信来往。他所诉说的总是对工作的专一，对环境的赞美，对同仁的称道，对藏胞的挚爱，一副淡定、从容、坦荡，举重若轻的胸襟，一派陶然自乐、傲然自得的心态。而对那里的艰难险阻，即便偶尔提及，也只作为趣事笑谈自赏，全然无怨无悔的满足。我记得他曾在信中写道：高原道路崎岖，路边多是怪石荒草，偶见几树鲜花都生长在荆棘丛中。我为之赞叹不绝！他有时也讲些采访途中猎奇览胜、历险求新的故事，或者披露点敢为人之所不为的勇气，都致使我的艳羡几近乎崇拜！现在看来，如此一往无前的进取精神，铁石般的意志品质，岂止一个"湖南人气质"了得！没有理想驱动，没有信念支撑，没有精神动力，决无如此持之以久，善做善成之可能！真个"孤光自照，肝胆皆冰雪"……

而今，时兴以"零后"称人年岁。金桐与我同是"三零后"一代。这一代人，大多生于贫困，长于变乱，都怀着希望与梦幻迎着新中国的诞生，又凭着激情与勤奋，同新中国一路走来，是新中国建设与改革事业的建设者、见证者，在其所在的行业、专业上又是承前启后的执行者、担当者。这一代人爱乡爱国融于血脉，无时无地不在为振兴中华大业付出艰辛和心血。这一代人，大多长期打拼在坎坷途中，挣扎在贫困线上，却也马不停蹄奔驰在前进路上。这一代人，大多已走上人生之旅的最后十公里，但依然尽余生之光热，为民族之复兴，弘扬主旋律，输送正能量。金桐无愧为其中之佼佼者也。古稀之年，又如此抱病奋笔疾书，直至大作成功问世，实乃"古稀"之古稀，多乎哉不多也！这一代人，大多是少小离家老不回，对父母、对亲人乃至对妻儿都亏欠很多，同应有的付出远不对称。在高原驰骋20年，与家人关山阻隔，相去万里，鱼雁鲜通，常有古人"烽火连三月，家书抵万金"之悲喜。而金桐却一腔心血倾注于新闻事业，播洒在高原热土，全心全意为人民服务，自也当之无愧！他的大作，作为他一生新闻写作高峰巨著自将有如一叶新舟，承载着20年拼争事业的峥嵘岁月，承载着世界屋脊的绮丽风光，承载着光彩照人的"老西藏精神"和最堪回首的往事与记忆，航行在拉萨河，在三江源，在三湘四水，在五湖四海，在读者和汉藏同胞的心河……

梦回西藏，梦在西藏，梦圆西藏。20年激情燃烧的岁月，在这里留下的路路心迹，串串足迹，般般事迹，都足以见证金桐是艰难困苦中的强者，是一往无前的勇士，是家国赤子，人间汉子。而今，这一切都付诸笔端，以其诚挚与华彩向读者吐露心声，向高原倾诉衷情，向同仁表达真诚，向藏胞敬献哈达！伫立潮头，自领风骚；备尝艰苦，善其始终；"捧着一颗心来，不带半根草去"，最终圆满成功。如此人生，值得陶然自乐，傲然自得！值得永远的淡定、从容、坦荡！

2016（丙申）孟夏时节于北京柏林寺

《镇远诗选集》序

　　山不在高,有仙则名;水不在深,有龙则灵;城不在大,有文则兴。贵州镇远古城,则仙、龙、文三者兼备,名、灵、旺三气同扬,名副其实之谓也。试想,如若青龙洞、古城垣、和平村、天后宫等文物古迹之不存,如若古镇不当湘、黔、滇等西南交通之要冲,如若无政要、商贾、旅行者之往来,如若无往来文人骚客之吟咏,古镇山水,灵性何来? 生机何在? 魅力何存? 镇远"三气"之扬,实乃乘人文之仙龙,驾诗词之羽翼而驰名天外也。《黔山流咏·历史文化名城镇远诗词选注》一书问世,集古镇之精粹,驾㵲舞阳之舟帆,传名城之史略,振文化之和风,自当灵性重光,生机勃发,魅力激扬。白玉生辉,且凭他山石琢;龙能破壁,自须妙笔描睛。力莫大焉,功莫大焉!

　　《诗选》时间跨度近600年,空间覆盖1800平方公里,民族包容23个,人口共计20余万,古城历史长达2000余年,秦时明月汉时关,于今仍有山河作证。其地势得天独厚,素称"黔东门户"、"湘黔要塞"、"滇楚锁钥";凭先人智慧,古城内外,寺院、城垣、驿道、祠庙等等棋布星罗,数当以百计。历代守土政要、驻足官宦、途次军旅、登览诗人学士等等,或醉心山水而抒怀,或触景生情而咏志,或身居异域而思乡,或感叹身世而唱衰,或匹马孤帆,越关河而歌行役,或摅怀旧之蓄念,或发思古之幽情……题材大同小异,风格各有不同,才情更分高下,百籁齐鸣,同工异曲也。开篇作者周瑛乃镇远知府,在任期间,留有多篇诗作。"山含细雨衣全湿,水泛青天身若浮;人世几番尘土梦,视闻万里鬓毛秋。"(《游西峡山》)"春尽客初到,雨晴山益佳;看花怜少伴,听鸟忆同侪。"(《西峡山》)融身景物,情感苍凉,"外来和尚"(知府)到此地念经也难免孤独之苦。明代著名哲学家、教育家王守仁(阳明)贬谪贵州龙场时,也曾到过此地,留下多首诗作,"境多奇绝非吾土,时可淹留是谪官。""蛮烟喜过青杨瘴,相思愁经芳杜洲。身到夜郎天万里,五云西北望神州。"作者不服贬谪,不服水土,不适风情,满腹离愁,心不在焉,与其"连峰际天兮飞鸟不通,游子怀乡兮莫知西东"之句(《瘗旅文》)同出一辙。林则徐在流放新疆,历尽劫难之后又任云贵总督时,再次在此见景生情留下感人诗篇。"恩叩再造愧兼坼,敢道抽簪学息机。壮志不随华发改,孱躯偏与素心违。霜侵病树怜秋叶，风劲边城淡夕晖。重镇岂宜容卧理，乞身泪满老臣衣。"(《己酉九月归闽，同人赠言惜别，途中赋此苍之》)全诗共四首(七律)，字里行间，一腔热血，满腹辛酸，不改英雄本色。郭沫若《题和平村》一首，当是镇远古城上日本战俘收容所，现为全国重点文物保护单位。其诗云："英雄肝胆佛心肠，铁血余生几战场。革命精神昭日月，和平事业奠金刚。风声飒飒流松籁，鸟语嘤嘤庆草堂。同是东方好儿女，乾坤扭转共担当。"盛赞反战同盟正义之举。乔羽《潕阳泛舟》云："也曾潕阳泛轻舟，青山妩媚水温柔。照影时见凤摆尾，临波又见龙抬头。既有怨女望夫婿，岂无征人思归舟。难言桂林甲天下，权将三峡作同俦。"情景交融，别有一番滋味，无愧为著名词作家之大手笔，亦堪称《诗选》压卷之作也。

诗词选注，绝非易事。自古有选而不注，也有注不选。选注并行，乃诗词艺术之再创造。其时代背景，作者生平，作品内涵，艺术风格，诗词格律等等，选注者无一不可不知也。选注过程，乃考据、分析、判断、赏识、综合之功也。选注者胡朝栋同志积二十余年之辛劳，数易其稿，终于今年初大功告竣，即将问世于旦夕，可喜可贺！其坚持不懈，不言放弃之心更堪钦佩。"选注"问世，乃历史文化名城保护、传承之盛事。再与古镇添羽翼，又给名城加墨彩；历史讯息倍丰，艺术含金更重。为后人赏识古镇风光史迹，辟眼下之新途；为振兴名城文化事业，开动力之新源。胡先生默默无闻，老有所为，殚精竭虑，选注、传承先人之作，委实难能可贵。海棠无香，修竹无花，色艳韵清是也。

老朽曾有幸多次观赏古镇风光，驾舟潕阳河上，所见所闻，至今历历在目。出于对该地风景人文之留恋，欣然应约为"选注"成功而鼓呼，为古城文兴业盛而呐喊。匆匆草草，文不尽意，斯为序乎？其为赘耶？

2011年6月19日于北京

读刘家玮印象

老朽与刘家玮同志是新交，也是忘年交，更是亲故交。乐莫乐兮新相知。难得的人生幸事。近日，又有幸拜读其所传多类艺术作品，包括书法、绘画、竹刻、诗词、楹联、散文、评论等等，令人大开眼界。欣喜之余，特欣然作小文贺之。

人对事物的第一印象，虽多浮光掠影的皮相之见，但往往纯净真实，不带偏见，引导认识深化。家玮的艺术作品给我的第一印象是多方面的，也都是有其个性与内涵的。

其一是多类多门齐全，尽显多才多艺，令人惊喜。书法、绘画、雕刻等作品，因行业之隔，自然读不出"门道"，说不出所以，但就凭直观直觉亦足以感受其"热闹"，心目为之愉悦，情怀为之感染，其艺术之美，灵性之光，苗势之盛，皆跃然纸上。这对广大非专业读者、观众来说已经足够了。艺术愉悦人、感染人的目的也已达到了。

其二是天赋、勤奋、执着三位一体，为其成功之本。一位刚过而立之年的青年作者如此爱好之广，才艺之优，成果之丰，恰恰出于他的八分天赋，十分勤奋，十二分执着。否则只能是"空中楼阁"之美。"天才就是勤奋"，并不等于"勤奋就是天才"。多少成功业者，就是以勤奋点燃天赋之火，以执着激发秉性之光，以如醉如痴的心志开发潜能之源，以铁壁钢躯攀缘智慧之梯，最终必将登峰问顶。家玮现在行进在这条成功路上，必将把这三位一体发挥到极致，成功可以计时日。

其三是务实求真，步步脚踏实地。家玮出身村野，土生土长，自幼好学向上，俭朴持身，农家子弟之佼佼者。他凭恃自身奋发之志，坚持求学图新，争命运之自立，以拼搏求自强。出于衣食之需，他立足现实，瞄准未来，将事业与爱好，职业与追求，特长与生计，文化与商业，奋斗与自由等等，结合得完美无缺，做到一举多得，几全其美。才智之高，思维之缜，又可见一斑。

其四是所兼多项艺术门类功底之实，素质之高，求索之勤，为其长进、发展、成长、成熟提供了可靠保证。他的各项造诣之功正在向高原挺进，所主事业已经遍布潇湘、华夏，才艺与事业齐飞，追求与成功并进。再苦心面壁十年，兼收并蓄，厚积薄发，待到知命之华年，必有高峰耸立，文成一家之言，艺树一派之风，独步一方，成为民族传统文化复兴的中坚之才。

其五是文风今古通变相融，文质并重，驾驭自如。这在他的诗词、楹联、评论作品中都历历可见，很是令人欣赏。传统文化艺术工作者，一定要扎根于传统文化，汲取传统文化之精髓。时髦可赶，"洋货"可用，但不可一味追求以取代传统，丢失国文本色。家玮对此做得很好，无愧为中国文化人，国粹继承者。为往圣继绝学，必将由家玮一代青年来担当！尤为可喜的是家玮的文章正在苦练"中国功夫"，追求中国气派。他在评论欧阳志华绘画一文中，竟以一副短联为题，"丹青创妙境，丘壑蕴灵心"，天然去雕饰，充满功力、灵气。文章通篇以画笔评画、以诗语作文，潇洒、通脱，一气呵成，其"积学以储宝，酌理以富才"之想显而易见矣。他的诗词、楹联作品，格律对仗之工整，自不待言，而其对境界、意境、意象之追求，对语言文字雅丽、清新之讲究，对气韵、风采之重视，几乎已成为他诗心的潜规则。如此精心于写作，决非存心做作，而正是储宝、宣才以期后发。如此认真务实的学问功夫，实在难能可贵。将来必有"清水出芙蓉"之美。

其六是艺随业长，学随业广，奋斗与自由有机统一。家玮从实际才艺出发，以经营文房四宝作桥梁，"未成佛果，先结善缘"，广交师友，遍结同仁，以期业通四海，学誉九州，以此视为人生的机缘、幸遇。他积极参与各类相关社团活动，与同仁、同道交流互鉴，获益自是良多。其中一些精英荟萃，久负盛名的社团正给他"程门立雪"之良机，也给他"敏而好学不耻下问"之历练。我很赞同他的做法，并认为这不是要"浪得虚名"，而是借以取长补短，使自己更强大。我也很赞赏他的事业选择，希望他沿既有的成功之路走下去，坚持再坚持，必将胜利再胜利。

作为"三零后"的老者，面对家玮一辈有才艺，有理想，有作为的年轻人，羡煞之余，不禁心潮起伏，感慨系之。想当年，我们而立之年的黄金岁月，都被雨打风吹去！"臭老九"的紧箍咒，"红与黑"的小灰帽，一戴就是二十年，劳锻劳改为业，农村干校为家，青春何在？事业何在？而今，家玮一辈，凭知识、才艺、学识可以安身立业，追求、努力、拼争可以自立自强。国家求贤若渴，聚天下之英才而用之。为此，每当回首往事的时候，总不免有"书生老去，机会方来"之憾！如若生命真有来生来世的第二次选择，我一定会比今生今世生活得更好，学识必将有所长进，事业必将有所成就。家玮而今少壮正努力，老大事业必有大成。老夫正等着为之再写读后印象呢！衷心祝愿他的青春、才艺之火熊熊燃烧，成就之果香满乡邦！

最后，我也借家玮作文形式，谨以小诗打住。

能诗能画亦能书，

笔底波澜任卷舒。

少壮有为还面壁，

龙飞天外楚才殊。

2017年5月1日于北京

《王景芬诗集》序

　　王景芬同志，年当耄耋，笔走龙蛇，耕耘不辍，驰名遐迩，成就斐然。早年毕业于美术学院，对书画艺术历练有素。20世纪60年代初，调文化部艺术教育司工作，与我相识并共同经历"文革"风暴的冲扫。1969年9月又同赴咸宁干校劳改。不久，乘假日之闲，他、我同已故王玉贵三人在"452"高地路边新盖牛棚里聊天，谈初到干校的趣闻和"革命形势"……次日，所谓"牛棚攻守同盟"之说，成为当时"深挖"运动大事件，大字报揭批铺天盖地而来，震动全干校文化部系统十二个连队。我们三人更始料不及的被吓得懵然若梦。接着三人连上厕所都被监控，并分别受到夜以继日的审讯。正如景芬"干校有感"诗篇所揭露审讯中的真假颠倒，黑白难分的恶行。自此，干校三年多，被此隔绝，见面视同陌路，可笑又可悲！从干校回京后，他在文物出版社做编辑，彼此又同楼办公，恢复交往。但是，不久他又调往书协，回归本行，开始他的人生成就巅峰之旅。书艺大为长进，在全国享有著名"书家"之美誉。同进深研书法史，涉猎甚广，著述颇丰，《中国书法基础知识》《银鼠》《颜真卿》《怀素》等著述和影视剧本获得成功，在书画界、影视界、文艺界都负有盛名。人生之异、成就之别，机遇之得失，起着重要作用，或成或败，或顺或逆，往往就是一次之有，瞬息之变。景芬关节时刻，毅然决然，回归本行，抉择良机，成就一生，乃是天作之美。倘若当时犹豫不决，误失时机，就将是另一种结局。

　　人生之成败得失，性格、天性也是重要因素。景芬天性朴实、平和，与人之交，往往能忍善耐，不计较，不苛刻，也有时不修边幅，不重检点，或被视为粗拉，或称之为书画家本色。但是，正是他的大大咧咧，粗粗拉拉，往往容易招人喜欢，愿意与之交朋结友。直至而今，当年在文化部一起经风雨见世面的同事同仁，不论见解之异同，都对他多有好感，结怨交恶者却少之又少，都经得起时空的磨洗，至今交往犹在，友好依旧。其人缘人气之好，众所公认。

人之性，千差万别，一人一样，绝无等同互代之可能。景芬的粗拉随意，决非其本色本质，他的著述与书法的造诣与成功，正说明他是个有心人，是个有恒有志之才，不吃苦中苦，焉能"家上家"？他的外柔内刚，外粗内秀，恰恰是他成功之秘诀，也恰恰是为人处事之良方。许多事，有的人看似不往心里去，实际上他常常看在眼里，记在心上，写在笔下，他所存的诗作起始于干校挨整时对真真假假的评判。这是为人所料不及的。本人在干校挨整几近疯、傻之边缘，对那些"得志猖狂人变鬼，贪心膨胀友成仇"的恐怖场景却一字未记，一言未发，更何言写诗记之？这就说明他心谱之周密细致，却胜于本人，读到他的这些诗名，才得知他早有"变天账"在案，政治思想上的成熟可见一斑。

古人云："诗言志，歌咏言，声依咏，律和声"。讲的是诗的内容和形式都有其特殊的规范和要求。景芬的诗作主要是言其自身生活的志趣和情感，不是无病呻吟，为诗而诗。现在作者要加工整理自己言志的诗作，无疑求其流传于世，长久保存。为了"声依咏，律和声"作者也在力求诗的形式美，做到声和律畅，朗朗上口。由于时间跨度大、内容自然丰富多彩。例如《人要自由歌》就亦庄、亦谐，很有味道，"牲畜生来不自由，时受主人鞭子抽""穷苦人家不自由，柴米油盐天天愁""贪官污吏不自由，保钱保官时刻忧"……都是意味深刻又流畅自然的好诗句。又如赴美探亲时所有的纪实也是感情迸发的好诗。其他许多纪游、题画之作同样富有特色。可以肯定，诗集出版将补充作者生活的多元化，与作者书画成就交相辉映。国家民族的历史是人民以劳动、创造、发明编写的，个人的历史当然只能是其自身的生活、劳动和创造成果的总和。景芬既有书画、著述的成名成家，又有诗歌之作相补充，可谓多才多艺，勤奋勤劳，无愧人生一世啊！

景芬的诗多随身行而纪事，见景物而抒情。诗与影同行，情以诗而抒发，生活气息，人情滋味都很浓，虽无格律之美，却有流畅之实。总之，作为人生行迹实录实情，是很值得一读更有流传价值的。

人，是社会的人，离开人际，脱离社会，是无可久存的，桃花源中人，是空幻之想。鲁宾孙漂流孤岛28年，那是到岛之初的生活生存所需齐备，但最后的追求，还是离岛回归社会，回归人际。也由于有星期五之助，才得以漂流不死。但是，人本质还是个体的独立的，无可替代无可等同的，这就是人性之差异，人性之独立。景芬的成功正是他的个性、特质所在。景芬的书画、著述和诗作成果正是其人其事其作为的特别，也正是他独立于世，区别于人的根本。所以，他的诗作就是其人其能其性的独立存在。事物优劣高下也只能因人因事而论。所以我赞成他在成就的宴席上再添一道时鲜好菜以富宴席之盛。我们都是耄耋之年的老朋友了，彼此无话不说。我还记得他在五七干校挨"挖"的时候，心态转变较快，看得清，想得宽，一切处之自然。咸宁的夏天，是武汉火炉的中心地带，热得令人恨不得把自身的皮都扒下来。很多人坐在田头扇扇煎熬，而他却躺在床上安然自得。我问他为何如此不怕热？他说"心静自然凉"。作为当时的"难兄难弟"，自此对他增加了几分好感。此前，一是监视紧，对面不对话；二是他挨审时为了应对那残酷的通宵"审讯"，故意说了些假话，搞了假交代，又被利用来整了一些无辜，自然产生了反感恨和怨。现在看来这种逼供之下的无奈，也是急中生计的聪明。人们当时的反感，自然也是无可奈何的宣泄！回首那段伤心往事，至今历历在目，千言万语也言其一二。所以历尽风雷人尚在，诗情书画慰平生。拉扯无序，言辞粗浅，其意却在为诗集出版而真诚鼓呼！是以为序。

2017年4月2日

独具特色的石钟山石窟艺术

这里说的石钟山，并非宋代大文学家苏轼的《石钟山记》中的石钟山。《石钟山记》中的石钟山位于江西省的彭蠡（鄱阳湖）之口，我们要介绍的石钟山地处云南省大理白族自治州的剑川县境内。二者之间相差何止千里。徐霞客《旅滇日记》中描绘云南的石钟山峰崖涌起，"如狮如象，高者成崖，卑者为级"；崖壑之间，"古木盘耸，悬藤密箐，蒙蔽山谷"，以致"绿云上幕，而仰不见天日，玉龙下驰，而旁不露津涯"，真是美如画图。在层峦翠谷中间保存着一座古代石刻艺术的宝库，就是石钟山石窟，它像一颗明珠，镶嵌在由点苍山、洱海所组成的山水画屏之上。但是，千百年来，它幽居天隅，很少为世人所知。直到新中国成立以后，在党和政府的关怀下，才扫去历史的封尘，露出本来的姿彩，成为全国重点文物保护单位。

石钟山石窟艺术，始刻于晚唐的南诏，极盛于大理国时期，历经五代至两宋完成。唐开元以前，在今天大理白族自治州一带，居住着蒙巂、越析、浪穹、邆睒、施浪、蒙舍六诏。"诏"即王的意思。"六诏"也就是六个少数民族的部族，乌蛮的支属。蒙舍诏，在六诏之南，故称南诏。唐开元以后，在唐王朝的支持下，南诏统一了其他五国，建立了以夷（彝）族为主体的南诏国。公元902年，南诏清平官（宰相）郑回七世孙郑买嗣灭南诏，建立大长和国。公元938年，原南诏清平官段俭魏六世孙、通海节度使段思平，又在南诏疆域里建立起以白族为主体的大理国，从而结束了30多年来政权更迭频繁的动乱局面。大理国历时300余年，与两宋相始终，于公元1253年灭亡。石钟山石窟，正是在南诏至大理国期间相继开凿成功的。因此，石窟的开凿，直接反映了南诏——大理国时期的宗教、文化的发展状况。据史料记述，从南诏时期起，随着佛教寺庙的兴起，石钟山就一直是白族地区佛教最盛的地方。每逢旧历八月初一，白族群众从远近赶来。年老的烧香拜佛，年青的对唱赛歌，人山人海，夜以继日，热闹多日，才渐渐离去。

石钟山石窟，主要分布在沙登村、石钟寺和狮子关一线，现存十七窟，造像139躯，崖画一处，碑碣、题记40余通、则。论规模并不算大，比之于云岗、敦煌、龙门、大足等著名石窟，自然小得多。但它题材广泛、刻艺精巧、表现手法多样，时代特征和民族风格独树一帜、自成一体。造像大多数（共十四窟）为佛家人物。但是，它们和同时期修造的大理三塔一样，标志着白、彝、汉、藏各兄弟民族之间文化融合的进程，也反映了南诏——大理300年间我国西南边陲与缅、印邻邦文化交流的历史。一号窟上、下两层造像29躯和二号窟的甘露观音等作品，均为大理国盛德年间所造，是佛教造像中的精品。甘露观音头戴化佛冠，身着褒衣博带式袈裟，胸垂璎珞，体态自然、匀称、神情温柔、娴静，宛如一个美丽的中年妇人。旁立侍者二人，梳双髻、手捧侍物、大袖长裙曳地、露出云头履，姿态健美动人。这些作品雕刻成功，集中证明了大理国盛行佛教更甚于南诏的历史。

石钟山石窟有一部分取材于历史人物的造像。这些作品，不仅具有浓厚的地方色彩和民族风格，而且生动再现了南诏——大理国的社会风貌，富有鲜明的时代特征。无论在云南还是在全国的石窟艺术中，都是稀世之珍。全部人物造像计有40多躯，其体态面貌、衣服装饰各不相同，有南诏的官、臣，有宗教师、徒，有唐朝人、天竺人，内容丰富多彩。其中特别珍贵的是七号窟南诏国阁罗凤出行图。此窟共有16人像，窟高1.37米，宽2米。窟形仿一间宽大木构堂屋，内外两层屋檐，分别刻有连珠，瓣状花纹，门楣内挂起人字形帷帐，左右两头高高收起，和两边雕花槅扇相连，俨然一个富丽堂皇的大客厅。正中的龙头椅上盘坐着一个神态威严的达官贵人，这就是南诏极盛时期的第五代王阁罗凤。右手边正面椅子上坐着一个和尚，椅背后插着一把伞，这就是吐蕃（西藏）奖给图罗凤弟弟阁陂和尚的"红伞"，可见此人即是阁陂和尚。阁罗凤左右两侧对坐着二清平官，并簇拥着侍从多人，有的佩带"铎鞘"，有的系"金佉苴"，有的执剑、有的举旗，场面十分威武。据考证，天宝年间，唐玄宗一反开元以前对南诏一视同仁的政策，三次出兵伐南诏。南诏则北联吐蕃，以兄弟之邦联合抗唐，而阁陂和尚就是当时结好吐蕃的特使。由此可见，这一窟刻画的是当时阁罗凤联吐蕃抗唐后的胜利场景。

第八窟造像的中心人物，乃是南诏六世王异牟寻。这位南诏盛世王，是阁罗凤的孙子，执政以后，在老师郑回的劝说下，对唐王朝采取了由战至和的政策，主动归顺中央政府，并以郑回为清平官。窟中身着汉服的两位清平官造像，显然反映了历史的真实。其他侍从人物，神态生动，朴实悍勇，表现了少数民族纯朴憨厚的性格特征。在这里，石刻艺人独运匠心，取材于现实生活，大胆创新，勇于突破宗教造像的仪轨，努力再现人间生活，为我们研究南诏、大理国的历史提供了多方面的珍贵资料。

1982年2月

大节不亏　小节不纵

——忆同宋木文同志共事交往的一些小事

去年年底，宋木文夫人送来《宋木文同志纪念文集》。粗粗翻阅之后，第一时间想到的是鲁迅先生那句名言："死者倘不埋在活人的心中，那就真真死掉了"。如此众多的名人、政要和生前同仁友好在其周年祭时纷纷撰文悼念木文同志业绩、言行、风范之崇高，可见其还真真活在"活人的心中"，真是"死了还活着"的人。继而发现的第一印象是纪念文章基本出于出版界人士。而在此之前，木文同志曾长期在文化部经风雨，见世面的工作历程却少有涉及，乃是一大缺憾。其实，"老宋"其名之鼎鼎，最早通称于文化部，其后才随其在文化部"故旧"而流传至今。老宋早在20世纪50年代末期从中国戏校调文化部艺教司工作，时年尚不及"而立"，其"年轻有为"很快为部内外所传，名气不小。其文字功夫，更享有"秀才"之美称。但自"文革"伊始，却被人称之为"黑秀才"、"黑笔杆"，转而受到精神上的冲击、打压。直至1972年从湖北咸宁干校回到出版局工作，其在文化部共计十四、五年之久。作为出校门的新人，1961年初夏我同老宋相识于文化部教育司，并同室办公，那时，他是"老资格"的无职领导干部，是司长头号得力助手，但凡文字"活计"，非经他手则难以定格。在群众中，既受人钦羡，又难免被嫉妒。"文革"中的"黑"亦多出于此类"良民"。但其实力所在，终究奈何不了他。那时，我作为初来乍到的学生小辈，对于国家机关要务，实在不知深浅，对"机关文学"写作，也笔路迷蒙，因而对"老宋"既有"程门立雪"之尊，也有"半间不界"之窘。现实就是如此。1962年上半年，我独自受命到北京电影学院蹲点调查教学问题，共计大半个学期，导演、表演、文学、美术等科系都既听课，又访谈，全面了解教与学中的师生意见，最后写出调查报告，这对我乃是一次机关工作、"机关文学"的大考，报告能否成文出手，心里确有点诚惶诚恐。报告出来第一关就是老宋的评估，所幸他给打了个"及格"分，后经他修改逐级送到主管部长林默涵阅示，事出意外，林部长看了做出充分肯定的批示，还问及报告执笔者何许人也，并要求重视对年轻人的培养等等。这个批示在司里传开以后，自然引起一些反响，有的同志还以刮目待之。但我始终看得平淡，处之平静，因为我深知没有老宋的通篇修改，是拿不出手，通不过领导的。老宋也很谦虚，表示没有基础，修不好，改不成，做的还是有米之炊。然而，就是这样一件平常小事，却埋下了日后"祸根"，几年后文革风暴在文化部"中心开花"，我也因为黑帮部长的表扬也被称为"黑须""黑爪牙"，要求站在批评修正主义的前线，与黑帮分子划清界限。在五七干校更成为"5·16"分子的"罪证"，批判烈火直扑到我头上，所谓至今还在负隅顽抗，拒不交代自己"5·16罪行"云云，令人既愤慨不已，又哭笑不得！

老宋是一位有头脑，很政治、很原则的国家机关干部，"文革"初期所遭受所谓"人下人上，不可一世"之类的旁敲侧击，他能不动声色，静观其变，终于免于正面冲突。但他心中有数，对是非黑白，泾渭分明，又善于猫着身腰，压着心火，"平安"度过"文革"前三年，1969年国庆前，随着文化系统大队人马下放到湖北咸宁干校，又经历了三年多的政治与自然的大风大浪，加倍忍受无端的政治运动的冲击和不堪重负的劳动生产的泥水之战，深挖"5·16"的斗争，横扫干校每个角落，冲击包括名人、学者、专家、老艺人、老革命等等在内的绝大多数"学员"，其来势之凶猛，手段之残酷，令人不寒而栗。老宋虽自身依旧未受到直接冲击，但因故旧之关联和一些人的旧恨未除，仍然遭到不点名的"批评"，因而其内心之煎熬，更远甚于"文革"初期。他曾在一篇回忆干校生活的约稿中表示有关方面曾多次约写回忆干校文章，却总难于付笔，原因是在那里很少有令人愉快的记忆，也很少有可以轻松付笔的快事。这都是发自内心深处的实话。干校初期"深挖"运动，实在搞得乌烟瘴气，审讯、批斗、控诉、追查……昼夜兼程，杀声震天，湖山上下弥漫着一片"黑色"？"红色"？"白色"？恐怖！被审、被斗者承受着心身生死的折磨，其残忍、残酷程度，不亚于法西斯，令人发指！曾作"黑须"、"黑爪牙"的一介蹩脚书生，此时此际又成为"5·16"的深挖对象，被审讯五个回合五十个昼夜，直到逼疯逼死的边缘。老宋对此看在眼里，记心里，小心翼翼，不敢轻言妄行。记得"审"我之初的一天下午，我正躺在大仓库宿舍的床位上等待晚上的"审讯"，突然，老宋回宿舍拿东西。见我躺在床上苦想，由于有他人在场，他不敢跟我打招呼。但他拿到东西快走出门时，走到我床前高声喊道："小彭，你为什么干躺着，没烟啦？来，我给你两盒烟！"他把烟送到手，转声对我说："沉住气，不要急"！转身走出门外。这个细节，正是当时"深挖"情景的写照，这哪里还是正常人的生活？老宋如此作为，全然出于内心的豁亮和行为的无奈。"深挖"的进展，更冲昏了当权得势者的头脑，他们处心积虑地开展被"深挖"出土的"5·16"分子的"控诉"、"悔改"群众大会。文化部机关被挖供出来的几个"分子"也作为"交代"好的代表面对群众"痛哭流涕"地到处控诉，引起大多数群众嗤之以鼻，斥为无耻！由于有老宋身边的人被安排如此做戏，这对他的内心震撼，更是难以言语，事后见到我时，也只能十分无奈地以苦笑摇头置之。我很明白，他有苦难言，有怒难遏。他如此对待，正是他历练有素、政治思想成熟的表现。既义愤填膺，又泰然自若，原则、风度恰到好处。唯其如此，他所任田管班班长之"要职"，始终如一未曾动摇。其为人之"大节不亏，小节不纵"可见一斑。

1972年以后，我们不再在一个单位共事。但因原单位的同仁在风雨中结下的友情不可动摇，所以交往、聚会依然与日俱存，遇有疑难，总要听听他的高见。20世纪80年代初期，文化部又实行"五合一"建制，老宋升任文化部副部长。正在此时，文化部有人向我提及调文化部部长办公室的意向，我当时有些矛盾，一时难置取舍，于是登门征询老宋意见，谁知他也未置可否，要我全面考虑利弊。最后，我坚决弃之不去了。其实，他们两可两不可的表示，并非敷衍待人，而也有其周到之处。单位越大人事关系越复杂，面对的问题更多，还是图个简约、平静的好。

老宋在文化部时间不长，分管过文物局。他得知文物局班子内团结存在问题，他满怀信心，要调节好，局里也对他寄予希望。但时间未来得及，很快又回了新闻出版署任署长了。老宋对国家文物事业也很关切，很支持。世纪之交的文物保护法修订工程，他以全国人大教科文卫委员会委员身份参与讨论修订工作，会上意见分歧很大，对文物的保与用，对利用的宽与严，对文物流通的守与放，两种意见针锋相对，争论十分激烈，老宋凭着对文物保护重要性的深刻认知，坚决站在"保护为主"的一方，同当时多位常委一道坚守阵地，为保护法修订工程的圆满成功，付出了辛劳智慧，做出了关键性的贡献。记得在一次讨论会上，老宋的一位熟人以文物局老领导名义在会上发言走火，宣称"文物的价值就是人民币"，引起会场的震动。老宋对此十分意外，深感不快，会间休息时，他把那位老熟人请到身边单独交谈，严肃指出其发言失之偏颇。冷静下来的老熟人接受老宋的意见。并在会上补充发言，软化和转变自己的立场。老宋此举既出于他对国家文物事业的维护，又出于他对友人的真诚，对会议讨论发挥了无可替代的积极作用。其"大节之不亏，小节之不纵"，几近乎完美。

就在此前后，我与谢辰生先生合写了一篇题为《文物大国的危机》的文章，在《光明日报》内参刊出以后，引起一些人的反对并告到当时中央领导，对我们进行打压。老宋得知此事后，想看看这篇文章，我当时寄给他。不久他电话告诉我："文章内容、观点我都同意，所提出的四大倾向问题，是现实存在，值得重视"。所谓四大倾向性问题，即"文物价值经济化""文物工作产业化""文物管理市场化""文物产权国际化"。作为业外人士，老宋关心文物保护，支持文物工作的事例很多，也很难能可贵，其政治文化素养同样可见其高深之一斑！

老宋走了一年多了，但其音容笑貌、言谈举止，依然历历在目。今天重温与之处事交往的点点滴滴，好似同他促膝谈心，亦如与之调侃开心，一切如同昨日。见文思其人，读集知其事。老宋留下的多部文集，正是他的业绩、言行、品格、风范的笔记，是他献身文化出版事业的足迹、轨迹、心迹、史迹的实录，是留给后人后世的宝贵财富，也是他长"埋在活人的心中"不灭的生命生机！老宋的人生是追求事业，奋斗不息，大节不亏，小节不纵的光彩人生！

2017年2月

摄于下干校初期。后排右起第三人为宋木文同志。前排左起第一人为本文作者

君子之交淡如水

——忆麦英豪同志为人处世二三事

　　文物界的一代"英豪"走了！噩耗传来，悲恸万分！第一时间，想起的是他我之间最后一次通信、通话。随即找到我回信的记录稿，以《忆往事，悼英豪》为题公诸报端，谨示哀悼。但是，悲痛并未因此而消减。去年他得病之初，电话告知的那种乐观自信，要友人免念的声音，仍旧萦留在耳，那么亲切，那么深沉，那么底气十足，以致40多年之交的往事又历历在目。其人品德之高，学识之广，襟怀之阔，言行之善，友情之诚，总是令人感佩由衷。我与他相识较早，20世纪70年代初期，在他首赴美国主持文物展览时已有一面之熟。但正式相识却大抵始于20世纪70年代中期，在广州市流花宾馆召开的广东省文物工作会议上，他得知我毕业于中大，又看到我在会间同商承祚老先生交谈甚欢，于是认定我是商老的学生，因而打趣地问我，"广州是你的第几故乡？"我回答是"第二故乡"。他又用广州话问"会不会讲广州话？"我说"能听懂一点，讲可不行。"他还问及我在广州最喜爱吃的是什么饭菜？我说沙河粉、芥蓝、菜心都百吃不厌。自此，他来京办事总给我捎来一捆鲜绿的菜心或芥蓝。有时还托人捎带。如此"无功受禄"，很有点不好意思，曾多次表示谢绝，却仍然时不时地可以品尝到他带来的时鲜。其实，此时此际，我在国家文物局是地地道道的"区区一卒"。接受他的馈赠，乃是不折不扣的"无功受禄"，是真真切切的君子之交，纯纯正正的朋友之情。1998年春节前，谢辰生先生和我一起托人分别给他捎去古井贡酒和五粮液各一瓶。我在信中附言"花好人常好，春浓酒更浓，望予笑纳。"对此，他曾在信中电话里多次提及酒与函一并保存在柜，"有待羊城把酒共话情谊"。直至2013年年底，仍然告知"信与酒保留至今，有待我兄他日回归第二故乡时把酒话旧了，企盼此日早点到来"。他还将我的信稿复印出来寄给我以资记忆。可想而知，而今酒还在，人已去，留下的是永远的遗憾！如此心细行谨，正是一位老文物考古学家的素质、修养所在，我真为之感佩之极。我们都退下来以后，南北上下见面的机会日渐稀少，但依然在书、电交流的同时，逢年过节，他总要给我寄点广州特产月饼、糕点、腊肠之类，并且明言不要给他回赠东西，北方特产广东人感兴趣的不多。2014年12月邮寄糕点、信函、书法作品等一大包。信中高兴告知他荣获20世纪广东著名考古学家称号。我当即回函表示谢意，并附小诗以贺之。然而谁能想到这是我们最后一次书信、邮件往来？此次，他再次书写的书法墨迹中还引用我的"清明召唤老还乡，两袖清风两鬓霜"的诗句。所写楷书古拙、遒劲、圆润，很见功底。信中提及把我的拙作《萤光集——文博文存》"放在床头，随时翻阅"，并对其中关于文物概念《文物是什么》一文说了"最为完整，绝佳"等溢美之词。他对获得20世纪广东四大著名考古学家之一的殊荣，与容庚、商承祚、梁钊韬等大家齐名的内心喜悦更是跃然纸上，我自然也无限欣喜，分享他的荣耀。

2009年，由本人策划、主编作为新中国成立六十周年献礼的较大型文物文献图书《中国当代文博专家志》出版，我最先送他一套（上下册）。他见到后当即给我来信说：书洋洋大观，又是文物出版社出版，名位不低。但一是缺席专家甚多，缺乏完整性；二是黑白照片印刷效果太差，缺乏时尚性；三是印刷用纸档次太低，不够大气精美；四是定价太高，购者寥寥，有偏重营利之嫌等等，只能视为有胜于无也。主编用心良苦，功不可没云云。其实，他并不知个中艰难和周折，我也只能无奈地被他"打脸"，未作任何辩解，并对其如此不留情面而深感其为人之正直，为友之诚挚，处事之严苛，治学之精细，都达到学者素养之极致。众所周知，作为考古学者，其学问之精专，往往言与行须并举并重，田野与案头应同力同功。在诸多情况下，田野操作之躬行，又往往更重于案头之立论。老麦的学问，总是深造于田野，成就于躬行。他主持发掘每个遗址，每座墓葬，扮演的都是总工程师的角色，成就的都是一部部考古学专著。他的全部著述都足以证明他就是一位言与行并驾齐驱，实践与理论都登上高峰的著名考古学专家。

老麦天性豪爽，言语率直，从不隐讳己见。2004年11月，中国文物学会同东莞市文化局共举办全国重点文物保护单位管理研讨会，他作为专家被邀与会。期间，南社古村落主管部门茶山镇领导特意邀请到会专家和文物学会同志座谈南社古村落的保护工作，镇委书记亲自到会听取意见。老麦作为广东文物专家，自然要尽"地主之谊"，先行慷慨陈词，盛赞南社、塘尾两古村的保护成果，并称之为广东古村落文化完美传承的典范，应该好好总结经验，推动广东全省现存古村落文化遗产的保护，使之永远成为海外广东游子寻根问祖的乡愁故土。但他也严肃指出要保护好岭南宗祠文化的本色、特点，努力保护建筑的原真、完整，并重视保存其内在蕴涵，"不要进门一看，都是空空如也。"由于他的率性直言，会上发言热烈，对南社保护的成功经验作了多方面的探讨，引起镇委书记的高度重视。

老麦在治学路上最为突显的两大特征，一是城市考古造诣之深，二是文物保护之力。两者都硕果累累，堪称领兵之帅。作为广州历史文化名城标志性历史文化遗产的秦船遗址、南越王墓、南越国宫署遗址等等，都深埋在广州城市中心地带之下，其现今地面之繁华，同样是今日名城之标志，其土地价值之昂贵，堪称寸土尺金。文物保护与城市建设的矛盾，随着现代化建设发展而越发尖锐、激烈。要现代化之新，还是保地下文物之古？对城市建设"顶层设计"者和"少数关键人物"都是文化素养和战略眼光的一大考验。对文物保护和考古工作者也存在如何正确对待、担当的问题。事情终于不期而遇地发生了。1995年的城市建设施工中突然发现南越王国宫署遗址。老麦经现场考察判断其重要性无可比拟，非保护发掘好不可。于是他怀着惊喜和忧虑交织的急迫心情，上下纵横奔走呼吁、公关，并以他历练有素的专业才智和责任担当，把工作都做到了家，进展很是顺利，最终得到党和国家领导人的全力支持，指示省市领导"务请关注，依法保护"。国家文物局也全力参与保护协调工作，组织专家直奔广州，落实中央领导指示。为此，时任市长黎子流正式表态："广州现代化不缺高楼大厦，缺的正是历史文化古迹。"从而使问题得以圆满解决。发掘成功之后，又建设宫署博物馆，成为广州历史文化名城闪闪发光的"金名片"。党和国家领导人李铁映同志为此对省市领导同志给予充分的肯定和表彰。这位市长掷地有声的表态也随之成为名言、佳话，为全国各地城市文化遗产保护发挥了示范作用。老麦对此事件，自始至终成为专业主角，保护、发掘、建馆的成功，都成为他学问业绩的高峰，都绽放出他的心血、才智之花。坦率说，广州的古城保护和文博事业独领风骚，紧紧地同老麦的言与行、鼓与呼、守与护联结在一起，真个功莫大焉，善莫大焉！唯其如此这般，老麦真个是"死了还活着"的专家、学者，将永远活在粤海和全国文物考古界同仁、晚辈的心中！老麦为国家为事业为学问和处事交友所留下事迹与精神将是文物考古界永存的财富。他的确无愧于"岭南四杰—英豪"！无愧于以诚待人处事的真君子！

2017年1月

一个不可也不能遗忘的文物卫士

——忆陈滋德同志二三事

大江东去，浪淘尽千古风流人物。而那无数无声草木，无名士卒，芸芸众生，自然永远是浪底沉沙！这是无可奈何的"天命"。然而，作为半路出家的文物退伍老兵，面对"每一天都可能是自己的末日"的晚景，回首往事，也是无可奈何的必然！在文物局四十六年的路程，风雨阴晴，酸咸苦辣，五味杂陈，微不足道。但是，近日有一位退伍新兵向我提起为一位老上级草拟大百科词条的事，再次引起我为他写点回忆文字的意想，并曾为此未能如愿而深感不安。一个正在被遗忘而又不能遗忘的文物卫士，知情者可不能漠然处之啊！我回忆他的动机并不出于感恩感激之情，更多更主要的还是对其人其品性的感佩！

陈滋德同志，作为我"半路出家"到国家文物局修炼文物管理课业的首位顶头上司，那起始于1973年四五月间。那时，东、西两套文物出国展览都准备就绪，正在装箱托运抵英、法等西欧和日本、美国等国同时开展。参与筹备人员，除少数随展专业人士外，都或回归，或转移，事成人散了！我也是其中之一，从故宫武英殿转到红楼文物局文物处，受到陈处长接纳，并在办公室内安排了一张一头沉办公桌。具体工作没有特别交代，只要每天上班就是了！处长言谈，严肃、干脆中带有几分随意、爽快，并不令人望而生畏！

在这次见面交谈中，我第一时间想到的是关于陈滋德同志的一桩往事。在文化部工作时，由于彼此不同司局，相见不相识，实同陌路。但是，大概在"文革"初期，文化部机关干部到京郊农村支援夏收。午餐好像是集体发放，每人分领一份，坐在田头各自享用。当大伙吃完休息的时候，领头的"造反派"突然叫喊开会，大家只好正襟危听主持人讲话。原来是批判有人当官做老爷，搞修正主义，走资本主义，把农民辛辛苦苦种出的粮食往地沟里倒……凡是与此沾上边的上纲上线的帽子统统扣在倒粮食人的头上！打倒之类的口号声震荡田头。最后高声叫嚷"有胆的你就站出来认错赔礼，接受教育！否则……"很快，坐在人群中的一位双鬓微霜的男子站了起来，沉着、冷静地承认"是我陈滋德，因身体不适吃不下……"说完就坐下了，批判闹剧也在一片"打倒"的吼叫声中收场。这就是我第一次见到我们这老处长。当时我对他的印象很深很好。到底姜还是老的辣，好汉不吃眼前亏。他那理直气顺，敢做敢当的姿态，他那不急不躁，不温不火，不多不少的回答，他那老延安的素养和风格，确保了他的涉险过关。印象终归是印象，认识不等于熟悉，直到文物局共事前，彼此无任何联系。

陈滋德同志在文物局任处长达40年（1954~1993年）之久，如此的耐心、韧性在国家机关是罕见的，而且长期在王冶秋局长的领导下，成为不可或缺的最得力的助手。这要在今天，可能是不可思议的"咄咄怪事"事吧？可是，在那个时代，那个人际环境中，一个是勤勤恳恳，任劳任怨，尽职尽责；一个是信任放手，高标准，严要求，一切行动听指挥。一个是四十年的老处长，安分守己，对自己，对领导，对同仁，从未表现过半点埋怨，真的视名利如浮云；一个是不离不弃，重视人才，专力于事业！一个是老延安，老革命，老资格，积四十年之艰辛而成为老领导，老行家，老公仆；一个自始至终，依赖有余，关照不足的老关系，老上司。"草色人心相与闲，是非名利有无间。"老实说，这在一个国家机关（官场），不论古今中外，很难有如此的人际生态！杜牧，其人生不得志，内心颇多郁闷、苦恼，所以只好以诗自遣，自慰，恰恰是他同现实的落差。这是人生人性的普遍现象。其实，陈滋德同志晚年也是不乏苍凉、凄苦的。由于人、事的接连变动，打乱了他多年养成的工作习惯、思路与方式，因而抱病工作并不顺心，难有作为，自然生起去留之想。对此，同业同仁颇多反响，一是对他四十年的处长职务强烈抱不平，二是对他"俯首甘为孺子牛"的工作精神倍感钦佩与留恋，三是对他深接地气，扎根底层的求实作风有口皆碑！这位老处长有一个独一无二的特殊性格，这就是对人之助，有求必应，特别是对那些并不被看好，或多奇思妙想，或喜标新立异的人们，不论何时何地，总有一种偏爱偏护心理。其源盖出于对新生事物、新生力量的爱护。例如唐山大地震发生后，有的古建专家根据古建筑变化、保护资料提出了地震考古的课题，他就喜形于色，把它作为地震科研的新发明创造而给予大力支持，并力图推而广之。有的专家在文物修复保护方面有新思考，新探索，新尝试，他总是不遗余力给予支持、指导，因而被称之为"导师"。

陈滋德同志另一个独一无二的特点，就是喜欢同人交流长谈。20世纪

70年代的文物处，是国家文物局的处室之一，9个人分住在一大一小的两个房间里，处长在靠墙角处使用一张两头沉大办公桌以区别于一般干部。他一早就骑着自行车到办公室，往往未等倒水泡茶抽烟完毕，或者刚刚点上一支烟，找他的人就赶到了，长谈也就此开场，大多直到中午饭时分才分手。而且，这些人大多是常客，三天两头来，主人照旧兴致勃然，热请相待。我心想他40年老处长的耐心和韧性，大抵就是这样无怨无悔，日复一日，年复一年历练、积累起来的吧？这怎能不令人感佩、难忘呢？他的工作需要也喜欢出差在外。我在他领导下的文物处工作5年之久，单独作为随从同他出差不多。现在记忆犹新的一次是70年代中期"文革"末尾，到湖北商谈革命文物宣传保护工作。一到武昌，省文化厅、文物处、省博物馆的有关人员都赶来见面欢迎。安排好食宿以后，陈滋德同志就指着省文物处长和另一工作人员说晚上来谈谈工作问题。晚饭后，他们如约而至，在他的住房间里，就烟茶齐备，谈笑风生地聊开了。从盘龙城到铜绿山，从武昌起义到农民运动讲习所，把湖北地上地下的文物都数了个遍！直到十点过后，才在言犹尽中送"客"暂停。所谈是互动式的，随意式的，是老朋友聊天、叙旧，但又不是闲聊、调侃，也不是例行公事！此次湖北多日之行，正式开会谈事可能就是一次，其他所有活动就是大小不等的反复交谈。那时没有宴请，没有游玩，真真切切的风清气正！在各式各样的交流中，也包括不少拜会、看望性质的友好往来。陈处长因工作结交的友人实在太多了！他没有吃喝嗜好，大概出于营养之需，自带瓶装炼乳，睡前热水冲服，同时也给我一份，这也算是对随员下属的一份关照吧？我记得他还给过我"大桥"牌香烟，这是当年湖北的王牌烟，我当然在"受宠若惊"之余，更有一桥飞架南北，"当惊世界殊"之喜！

在陪他的差旅途中，在平常的工作中，对我总是一副不温不火，少言寡语，更少谈政治和个人的事。但也不冷漠，不严苛，不摆架子，还是好相处的。后来我知道这是他对交往不深的年轻下属的一贯态度。也可见他的健谈之风也是有原则有选择的。我在他领导下工作了5年之久，他对我的工作能力、心态、长短自然有较多的了解，甚至对我的未来也可能有过思考，但从来未曾正式谈及过。工作任务的分配，也往往直截了当交代干什么怎么干就不管了。只要不出差错，对任务完成情况也不作过多评论。总之由于交流较少，我在他眼里，可能是一个有则不多，无则不少，成事不大，败事极小的"新生代"。为此，但凡街道、机关派公差、劳动的事，我总是被点的第一名，1972年从湖北文化部干校回京，1973年进文物局，1977年又去河北国务院干校，因为"年轻"，"责无旁贷"？但这并非处长有意为难，他也是出于无奈！唯此种种，我和处长的关系既非深知，又无恩怨，充其量有点捉摸不透而已。例如，1979年春节后彼此的一次闲聊，他对我简短的一段话的情景，至今历历在目，记忆犹同昨日，而且至今也还捉摸不透其真正用意何在？那是一个上午，上班不久，我们两人同在故宫慈宁宫东配殿石台阶上抽烟，言谈中，他非郑重但也非似随意地说：现在形势大变了，要搞经济建设了。小平同志提出要尊重知识，尊重人才了。唯成份论那一套不能再搞了。其中"不是党员也可以发挥作用干事了""是不是党员也不那么重要了"两句特别明确无误！他今天为何突如其来谈起政治了呢？他的话似泛言亦似有所指？我当即感到愕然！怦然！因为那时我还不是也不可能是党员。"得君一席话，胜读十年书"。这是平生唯一如此的一次教诲，心中无比的快慰之余又留有几分疑惑！但对老处长的为人处事的真诚却有更多更深的了解了，并深深为之感动和感激！话到此就东拉西扯，使劲吸烟了。事后我反复思考他的话肯定另有用意，其内心在为党的十一届三中全会开创新时代而欣喜，其所指必定是我这个"半路出家"的"小和尚"。这次短暂的交谈，乃是一次话别，不久我就被调到为贯彻三中全会精神而新成立的局政策研究室筹办刊物了。自此，对老处长最后十多年心力交瘁、身神疲惫的苍凉晚景就很少关心了。直到最后的春节因爆竹声的干扰而心脏病爆发不幸辞世，享年76岁，今年正是他25周年忌日。他的逝世，在全国文物界引起的悲痛和震撼，是前无古人的！正是由于他位卑职小功劳大，正是由于他是老革命，老延安战火话剧社创始人之一，正是由于他是十二级的老干部，40年的老文物处长，正是由于他为人忠诚耿直，工作勤奋担当，置个人名利得失于度外，是全文物界的名副其实的老领导，老黄牛，正是由于他同全国文物干部心心相通，平等平易相待而得到最真诚最广泛的拥戴……这位老处长才是老一辈文物工作者的又一光辉典范！尽管他没有做过惊心动魄的大事，没有写过一鸣惊人的文章著述，但是他的工作成果，桩桩件件都历历在案，可见可数！他是全国文物界不可以也不可能遗忘的老文物卫士，好领导！他应该随着国家文物事业不断发展而名垂千古！

难能可贵的纯朴、诚实

——沉痛悼念侯菊坤同志

侯菊坤同志走了，带着牵挂和遗憾悄悄地走了！对一个60出头，充满生命活力的劳动者，这仍然是"英年早逝"。而对于另一个年临耄耋的老者为之撰写悼文，这依旧是"白发人送黑发人"。如此死别生离，心中的悲恸，真难以言喻。

菊坤同志从大学毕业后，到国家文物局工作整整35年，为国家文物事业奉献毕生心力。1980年，国家文物局成立档案资料室，作为首任主任的罗哲文先生慧眼识珠，物色多名青年女同志作为室工作人员。小侯乃是其中之一。我与之相识自当从此时起。1982年10月，局政策研究室与档案资料室合并为研究资料室，由我主持工作，罗公则另有任用。我同小侯就成了同室共事的同仁。记得一天中午，在红楼四楼办公室见她怀抱着女儿闻亭一起用餐，从此也就认识了小闻亭，对小侯的家人和闻氏家族也有了新的了解。我与小侯同局共事直至1997年我离开局机关，持续15年之久。在此期间，研究室的工作主要是书刊编撰，局统一部署的"文物系列辞书工程"全部由研究室承担策划、主编任务，小侯参与编撰编审的是《中国历史文化名城词典》（上、中、下三卷）、《中国历代名人胜迹大辞典》（沪、港、台3种版本）、《华夏胜迹》（上下册）和《中国名胜词典》（修订本）等多种文物普及读物。由于包括本人和外请专家在内的编审人员，都是从事前无古人的工作，从内容到形式均无先例可循，特别是对辞书的行文格式与特点不懂不熟，谁都感到难于操作和驾驭。所以定稿过程中的反复修改难以计其数。在如此持续十多年之久的磨砺过程中，苦、辣、酸、甜、嬉、笑、怒、哭，百味杂陈。加上本人天性急、直，言谈往往不拘形式，以致有时竟不欢而退，使人多日不展愁眉。但是，彼此并无怨、恨，更无弃、退，再大的委屈与尴尬，都在忍让与坚守中消失，直至"系列辞书工程"成功问世。那时，她的住宿条件简陋，一间统子房居住了多年，但一家都乐在其中。有时还把我们和外借专家请去小聚，吃光她们节省下来的"佳品"，其友好热忱可见一斑。正是这些前所未有的艰难、苦涩却把"多年的媳妇熬成婆",包括小侯在内的一批年轻女将都成长成熟起来了,文物普及宣传工作也随之开辟了新蹊、新路。小侯在大学是学历史的,与文物专业相通又相隔,来局不久,就要承担如此重任,难度可想而知。但她自始至终全身心投入,无怨无悔,坚守到底,不断进步,为其后的长进和发展打下了坚实的根基。同时与室内同仁结下了互励互助的友情。在我和她之间也成了"忘年之交"的挚友,彼此互助勉励一以贯之,直至今日的生离死别。在我们之间,从第一次见到她怀抱女儿用餐到她躺在病榻同我执手相看泪眼,做诀别"长谈",始终心心相通,惺惺相惜,不减35年故交之诚。

小侯在文物局35年工作中,从研究室到博物馆司到党委、人事司,从副处到副司到人事司长,工种、职务几经变易,能力、才识不断提升,品格、作风尽显优良,在局机关、系统有口皆碑。我,作为退居闲职的老朽,屡有所闻,也多亲历目睹,为之深感欣慰。她作人事司司长后我曾问她上下班是否使用公车,她说不论住所远近,始终骑自行车,直至迁住西郊仍然坚持不用公车,不领车补。我肯定和支持她此举的明智、可贵。同时对她表示自己对一些新提拔的年轻干部以不享受此等待遇为"遗憾"而遗憾,对一些三四十岁的新领导被50多岁的老司机开车拉着洋洋得意满地跑的现象感到不是滋味。她很同意我的看法。如此琐碎小事,在菊坤同志身上常见不鲜,充分体现出她严于律己,遵纪守法的基本素质。在我和小侯共事中,早就发现她对娘、婆两家老人之孝,对夫、女之爱,对家事之勤,非同寻常。所以经常戏称之为"贤妻良母好儿媳"。其实,这只说对一部分,另一大部分却是"勤政清廉公务员",是"气正风清好官员"。她勤于工作,拼于事业,不戚戚于一己私利,不耿耿于人际恩怨。她胸襟坦荡、宽容大度,淡泊名利,颇有女丈夫气质。官不大,任很重,工作平凡,成绩显著,在人们心目中获得了认可和点赞!

"人生自古谁无死,留取丹心照汗青"。这并不止于少数特殊人物。更多的却是既没有慷慨赴义,视死如归的壮烈,也没有驰骋疆场,叱咤风云的气概,更没有统领江山,心系邦国的权威,他们留下的只是一颗"足赤"的丹心,一种平凡的纯朴,一股公信的力量,一副人格的风范。他们的死去,留给生者的只是好感、眷念和悲惋。菊坤同志显然属于更多的后者之一。在我的心目中,她兴许更简单一些,那就是情感的朴实,为人的诚实,作风的踏实。她,生活上,朴实无华,本真本色;为人处世,待之以诚,重之以实;工作作风,求真务实,要事、难事敢担当,顺境、逆境有襟度。如此之"实"，在我的心目中，一以贯之，由衷钦佩。在部门、单位、系统、群体里，心悦诚服，同声称赞。她的离世，引起系统内的剧烈悲恸，就足以表明这一切都不是虚谈。

菊坤同志人走了，带着牵挂和遗憾悄悄地走了！党失去了一公而忘私的好党员，国家失去了一位德才兼备的好干部，文物事业失去了一名执着坚守的好卫士！人们为此而感到无比的沉痛。安息吧，菊坤同志！你的家人、友人、国人都将永远怀念着你！你的家国情怀、献身精神、善良品德都将历久长存！

2015年5月

但求气节不自亏

——我的为"官"小记之一

"官"加引号,乃因"七品芝麻"之类,实难称其为"官"也。但联想起郑板桥这位大画家所为"些小吾曹州县吏"的行迹,是那么责任担当,那么关心民间疾苦,深感自愧弗如,与其境界、其素养落差之大,复何可言? 尽管有不同社会、不同时代之大异,却有情感、心态之小同,所以郑氏为官之难能可贵。"衙斋卧听萧萧竹",疑是民间疾苦声"。这样的"些小吾曹州县吏",而今又有多少呢? 所以毛泽东曾经感言"共产党员不如魏征者多矣"。我看不如郑板桥者更多矣。

在我的为"官"小路上,可以自认的是家国情怀有之,民族大义有之,勤奋自励于工作有之,专心刻苦于事业亦有之。不贪不腐,不欺不诈,不吹不擂,不卑不亢,或多或少,或轻或重,都有之。近日,因在文物学会受聘做编辑工作,曾经领取了酬金,同时挂了名誉会长之名等原因,受到纪检查证,提出退款要求。经过沟通情况,我明确表态:只要合规合纪,唯实唯据,公平公正,则决然服从服行,退聘退款,无怨无悔,并望不要久拖久累。但是,此事对内心震动很大,因而由此盘点58年之久的工作生涯,确实感慨系之。其中在勤政廉政方面,遗憾与欣慰,愧疚与坦荡,卑微与磊落,多有交织,主次抵牾,发人深省。回顾起来,这还要从40多年前的一件往事说起。

那是20世纪的1976年初夏,我同文物出版社几位编辑赴韶山调研文物工作,并为《革命文物》撰稿,歌颂伟人青少年时期的革命事迹。工作任务完成之后,我决定顺便回15年未见的邵阳老家探望母亲和弟妹。从韶山直达邵阳165公里,那时公路客车以分计公里,全程共计5元多。当时心存"小算盘",将韶邵两地公交单程汽车票(还可能有邵阳至长沙火车票?)作为出差费一起报销,等于自身省去几元钱开支。事后不久,局里会计人员把韶邵单程车票放在跟前,严厉指责我违规报销车费,必须从下月工资中扣补。那时,结婚干部没有探父母亲人假期,所以面对会计人员的批评指责,十分难堪,无言以辩。此事给了我心灵击一猛掌,实在是占小便宜吃大亏,颇失颜面。自此,我明白小聪明、小伎俩、小便宜,都是以小失大的愚蠢、卑微，必须弃若敝屣，其教训之沉痛，至今铭刻在心。

自此，我真正彻悟到钱能使鬼，也能杀人。必须记取既往之失检。在今后人生旅途上，在对待公款公费事务中，让这一句震彻心灵的警钟，永远长鸣在耳际心头！

自此，那位去世多年瘦个会计同志的那副凶相，总是在我处理公费公款事务时悄悄出现跟前，每次我对他总是由厌恶到尊重，由反感到感谢，他终于成为我的魔鬼与天使。

自此，我在文物报社坚持勤俭治社，提出并坚守"不吃请、不请吃"六字原则，多年做到招待费零纪录。尽管有"不识时务"、抠门、小家子气之异议，而我却并不以为然，仍以"惨淡经营"为本分。时务之变，与时俱异。"不吃请、不请吃"既应时务而生，又随时务而易！从1991年起，文物报与香港文汇报合办《中国文物专版》双周刊，每期由文物报编供稿件，文汇报整版刊出，直至1999年6月合作终止，持续近9年之久。期间，本人前后两次偕有关编辑人员赴港商办合作事宜并结算稿费，每次都结取几十万元港币。但是，每次都公事公办，不曾给编辑人员分发分文私用，全部兑换人民币交归报社所有。这在曾几何时的那个"开放"年代，自然又生出"小气"之议。

自此，1993年9月，我率文物报社多人应邀赴日参加《三国史迹》电视片开播与学术讨论会，回国途次东京时，日方一传媒单位与我合作的中介人请吃饭后，特意塞给我一个未曾书写文字的信封，我再三谢绝无果，只好随身带回北京。当时合作项目的意向书，由我代表中方签字。此番热情招待，用意昭然。但合作所引发"惊天动地"的反响与争议尚未爆发，其中的细节与内情我全然不知，但其与信封的关联，当然心中有数，不管怎样，这是不可收取的关系、人情。所以回京后第一时间第一件事是原封未动将信封送交文化部纪检部门处理。为防止内部关系惹是生非，特回避局纪检而秘密上交文化部。不久，文化部告知开封处理结果，并肯定我原封未动上交的做法无懈可击，应该肯定和称赞。

自此，1994年前后，韩国新闻媒体，通过人民日报社联系，要求拍摄故宫部分建筑与藏品，有关申报函件到局后，由我负责审批。拍摄结束后，人民日报社长邵华泽专请我吃饭。出于对大社长的盛情难却，我去"吃请"了。饭后有关人员告知韩方承诺给20000美元作为审批酬金。考虑到此酬的合理性，当场表示接受，并要他们将钱支付给局机关服务部门保存。翌年春节，我向机关服务部门王志伟处长提出将此款全部作为全局工作人员福利平分给每个同志。当时，由于我在文物报社领工资，表示不领这份福利。王志伟同志说"这就不必顾虑了,钱是你弄来的,你现在作为副局长当然应该拿一份呀"! 我觉得这也不无道理。不久,故宫办公室一位副主任告知韩方还给我夫人预备了一份小礼物,将由他送到我家。我当即表示谢绝,但晚上他果然来到我家。为求稳妥,我特把住在隔壁的也是故宫办公室的一位工作人员姜舜源请过来做见证人,一起交换处理办法。礼物是一条粗型金项链,其分量超出一般款式。对此,我慨然拒纳,请他转退韩方并致谢意。为此,我从心底感到轻松和坦荡!

自此,在20世纪末期,由本人主编的《中国文物精华大辞典》(国家文物局文物系列辞书之一)收到上海辞书出版社支付的再版版税共100余万元,全部在我名下存银行,并另托文物报社一位会计人员作为第三方代管,相继近20年之久。由于全国各地参与编撰人员数以百计,十多年时过境迁,人事代谢,无法再行分配。经反复请示、磋商,最终于2012年决定捐献给中国文物学会作为重大学术工程项目补贴经费。其本利合计共125万元。其中不包括代管人员部分劳务费。而作为主编的本人自始至终分文未取,毫厘未动。尽管个别参与者持有异议,但自认如此断然行事,乃是最佳结局,所以同样心怀坦荡,无怨无悔! 党的十八大以后,更庆幸此举之妥当。

自此,凡事心中有一根清俭之弦,也算是一条必须坚守的底线。但凡公款公费一律谨慎处之,不敢乱花乱用,更不敢私拿私占。我主持文物报社工作13年之久,对工作人员的工资福利,始终执行"两头小,中间大"的橄榄型分配原则。1996年以前,社内一律不设职务工资,其他种类标准也都偏低。当时的社办公室主任即将退休,他提出不实行职务工资补贴将影响退休工资收入的意见,我才设立偏低标准的职务补贴。社内所设年终"社长奖金",除去社长我本人外,所有人员都有多少不等的一份。有人提出社长也应该有一份,我却以"社长不能给社长发奖金"为由谢绝他们的好意,所以从未享用过这份实惠。

自此,我在文物学会任法人、副会长、会长主持工作12年。由于社团没有固定经费来源,驻会人员,除聘用者外,一律实行有则发,多则多发,少则少发,无则不发的补贴原则。但不论多少,本人始终同大家基本持平,不突出个人,不借故揩油占小便宜。2006年起本人独个"一条龙"全包编辑《中国文物科学研究》杂志整6年之久,全程义务劳动,未取分文补助。有人多次提起补贴问题,考虑到自身独撑门户,自己给自己支付酬劳,总觉得不大便当。

凡此点点滴滴,都不足道也,其源盖出于自警、自励、自勉,或许还有几分慎独、清高,可全然谈不上自觉、自醒,更无觉悟、境界、高尚可言。古人云:"不取于人谓之富,不辱于人谓之贵,清俭之人最富贵"。我从心底钦佩那些对民间疾苦"一枝一叶总关情"的些小州县吏,也欣赏那些将"一丝半粒"都视为"百姓膏脂"的清廉达贵。他们那才是境界、情操之高洁。故常自有不及古人风范之感慨。当然,贪腐,是中外古今人类恶性之一。也是中国几千年不曾根除的余毒。"三年清知府,十万雪花银"的坏传统,其影响依旧不减当年!

凡此点点滴滴都不足以证实我的为"官"小路之高低长短。常在河边走,谁个不湿鞋呀?世风国俗对社会生活的影响和渗透力是不可估量的。曾几何时那股"当官不发是无能"的歪风该是何等猖獗啊?结果金钱至上,人情、关系取代法律、纪律,人伦败坏,道德沦丧……面对这些,自然由反感转到痛恨,不断有所警惕,但仍然有失微之误,出差在外,有请便吃,烟酒茶叶之赠,虽多出自友人熟人,但终究拒之者少,占小便宜之心仍未绝根,境界、格调之平庸,依然如故。在学会,对一些私有单位与个人的小礼之赠多有所放松,拒之者不多。但凡借名做广告、充场面、站台推销之类却坚决拒之门外,绝未为钱物所动,对所谓论证、研讨、评比、首发之类的营销活动,一概谢而绝之,所以从未委身于人,占这类低贱之小利。如此这般,实际上,依然时而游离于义、利和清、浊之间,时而也纠结于所谓大节不亏,小节稍纵的自辩、自量之中,并非一尘不染的"干干净净",其"小家子"气度,又可见另面之一斑!

凡此点点滴滴,都足以表现我的为"官"之路的狭窄、低小,大事做不来,坏事不敢做;小打小闹,小作小为;无亏大节,不毁小节;无愧良知,如此而已矣!一介碌碌书生,自无持满之术,决无非分之想,如此而已矣!

凡此点点滴滴:

不是清廉炫热门,坦然无愧对天人。

人生若做真君子,大小公私厘忽分。

2017 年 3 月 14 日

我的为"官"小记之二

——三十八年编辑生涯拾遗

在此，又以引号加之于"官"，乃指似官非官，"苦力的干活"，微不足道也。而所谓"拾遗"，乃如古人云：作为国家工作人员，"进则尽忠，退则补过，献可替否，拾遗补阙。"这里所要拾的乃是国家文物编辑出版之遗，补的是民族文化遗产保护利用史实之缺，如此而已。

2017年3月19日，或是我人生之旅的最后一个拐点，或曰此生最后十公里路程的起点，开始真正含饴弄孙的全职养老阶段。此日，我正式上书学会单霁翔、黄元两位会长，要求照准辞聘。信中最后一段话说：

关于文物编辑工作，我是拥有几分话语权的。我主持策划、创办并主编的刊（《文物工作》21年、《中国文物科学研究》12年）、报（《中国文物报》13年）、图书（"文物系列辞书"、文献史志前后共29年、《新中国捐献文物精品全集》7年）。从1979年创办、主编《文物工作》起，整整"三十八年过去，弹指一挥间"。所得成果自不及"等身"，却也堪强其半也。"驼负千钧，蚁含一粒"。一只在编辑报、刊、图书路上爬行了半辈子之久的老蚂蚁已经尽力了！古代风云人物曾有"对酒当歌，人生几何"之感慨。蚂蚁大小的人生，更当感叹几何之几何了？

请辞文物学会编辑报告书送上以后，我反复思考这段旅程中的经历、作为、成果、经验、感受，深知这是百味人生之多味留存，难以忘怀，于己于人于事都还有点"剩余价值"，拾其所遗，或有补缺之益。从中聊以自慰的是作为创办、主编者流，也并非尸位素餐之辈。笔录当年记忆，留与后人知晓，不当以炫酷摆功视之，则甚幸甚幸！"文章千古事，得失寸心知"。即便区区小事，亦非己莫知也。

一、《文物工作》破土迎春

1979年初，党的十一届三中全会的东风吹开神州大地千家万户的门庭，也吹进了国家文物局所在的故宫古老而沉重的慈宁宫门。不搞运动，以经济建设为中心，实现四个现代化等关键词，唤醒文物工作者以亢奋的

心态跨进历史新时代。有一天，文物处的老延安、老革命、老处长陈滋德同志同我在慈宁宫东配房办公室门外石台阶上抽烟聊天，老处长说："现在好了，要尊重知识，尊重人才了，不是党员也可以有所作为了。"这话像是发议论，又像是有所指？因为我当时不是党员。这位十二级的老处长历来心直口快，平易近人，专心事业，淡泊名利，30年的处长做得挺欢，全国文物界对他的工作精神无不为之敬佩！他的这几句话，令人感慨良多。不管他有意无意，至少使我产生更多的思考。此后不久，三中全会的春风又吹开了局领导的心扉，贯彻全会精神，开创文物工作新局面，成立政策研究室，创办《文物工作》内部期刊，加强方针政策研究、宣传，引导全国文物工作。于是十分意外地把我调到研究室创办刊物。王冶秋亲自撰写文章，副局长齐光老革命家题写刊名《文物通讯》（初用名），请故宫相关专业人士设计封面，创编工作就这样悄悄起动了。那时唐山大地震已过去近3年，文物局仍然在慈宁宫内办公，由于用房拥挤，又在慈宁宫正殿门前搭了一个帆布棚供临时商谈、接待办公之用，创办、编辑刊物事宜多在棚内进行。那时办刊物，既新鲜又生疏，缺专业，少经验，领导也很放手。先是我一个又一次"半路出家"的新手单打，后又增加一位新手赵作炜，平反落实政策恢复工作的老文物工作者，20多年没有舒心工作，业务、心态、性格一时不相适应，实属正常。但他很努力，也很谨慎，长期压抑、低头生活的阴影并没有消失，还是一副小心翼翼的心态。巧妇难为无米之炊，第一期稿从何得手，乃是首大之难。当年五月，文物局在安徽召开博物馆工作座谈会，各地代表发言多有佳作，于是灵机一动，稿源有了着落。那时办刊，经费、物资和公杂人力之缺，同样是难上之难。到同在故宫墙内的文物印刷厂排印，倒是一大方便，但厂里没有纸张供应，幸亏在局总务处张松林同志安排和引领下，三条大汉子坐着130敞篷车，带着中午饭干粮开到到昌平山下的

229

一幢砖瓦小屋库房里扛搬出几十拎作为战备物资储存的印刷用纸上车运抵印刷厂，解决了一大难题。这位带领我们扛运纸张的张松林同志，是一位婆婆嘴却古道热肠的好同志。他预备的午餐烙饼、鸡蛋、咸菜齐全，特别是一暖壶热水更雪中送炭，三人都美美地饱餐了一顿。遗憾的是此人早早离开文物局并过早地离开人世，每当谈起《文物工作》的创刊时总要记起这难忘的一幕。

经过几个月的努力，1979年8月局办的新刊《文物通讯》问世了。大32开的小本，白底黑字的封面，虽有几分土气，却也秀巧新鲜，在彼时彼地并未贻笑大方。简短的前言明确交代刊物的宗旨、任务。其中写道："改版后的《文物通讯》，仍然是个内部刊物。它的主要任务是：宣传党的文物工作方针政策，交流文、博、图工作经验，探讨文、博、图工作的基础理论问题，介绍国内外文、博、图事业的动态，反映文、博、图工作者和各方面的建议、要求等等。同时，对文、博、图工作中一些带方针政策性重大问题开展争鸣讨论。"这些任务，经历38年风雨的洗礼，依然光彩如新，与当今文物工作的要求、方针相契合。作为前言的草拟者和刊物的创办者之一，其欣慰与获得感至今仍旧不减当年。

关于前言所提"文、博、图工作"，乃是创刊当时，国家文物局因袭前"图博口"职责，图书馆工作仍是其中业务工作之一大版块，直至20世纪80年代初期才转归文化部专设图书馆司管理。前言中所提"改版后"，却有较远的由来。早在1950年文物局成立之初，即创办《文物参考资料》不定期刊物，其内容一是文物考古、古建的发掘、维修资讯；二是报道文博管理工作的信息，是专业与政策相结合的产物；刊物办到1953年第七期以后，《文物》月刊创办，将文物考古、古建资讯的内容剥离出去，《文物参考资料》就此停刊，其中关于文物工作内容的报道也就随之中断，直至26年后才新办《文物工作》得以恢复，为了衔接前刊业绩，故以"改版"称之，其实，是重启锣鼓另开张，所谓"改版""复刊"都不贴切，其内容继承之外，更加扩展、完备。新办刊物经国家出版部门定性为内部发行的正式期刊，并非一般的"内部准印"资料集刊。新刊从此由局研究室主管主编，1985年正式更名为《文物工作》，并改为16开大本。1990年随《中国文物报》迁京出版而转至报社主管主编，直至2000年又回归局机关研究室主编。据知，几年前，又回归报社主管主编。这个刊物从创办到2000年的21年始终未曾离开我的主编之手，我为之付出的心力，对个人来说是可堪回首的往事。遗憾的是2000年与之分手之后，

再也未曾见到它的身影，是人走茶凉？还是人去人情散？但愿它与文物事业成为命运共体，长盛长荣！

二、"文物系列辞书"相继问世

按时光逝序，我主持编撰文物系列辞书，是我做编辑工作的第二段履程。同《文物工作》的创办一样，都是改革开放催放的文物宣传普及的新花。所谓系列，即包括《中国名胜词典》（三次修订版）、《中国历史文化名城词典》（上、中、下编）、《中国文物精华大辞典》（四卷）、《中国历代名人胜迹大辞典》《华夏胜迹》（上、下册）五种十一卷共1400余万字。此外，还包括《中华人民共和国文物博物馆事业纪事》（上、下册）、《中国当代文博专家志》（上、下卷）共500余万字。因为同一主编，又均属文献工具书故列入"系列"不为过也。

1981年上海辞书出版社，趁机捷足先登，与国家文物局合作编撰出版《中国名胜名词典》第一版，在全国受到热烈欢迎，在香港则与《彭德自述》、《傅雷家书》同时成为三大畅销书，多次重印，发行量达百万册之多。这一炮打响，出版社则得陇望蜀，在1982年第一批全国历史文化名城（24个）公布之后，又马不停蹄要求与文物局编撰《中国历史文化名城词典》。那时，人们开始关注著作权归属问题，名城词典合作，明确著作权归主编单位享有。名胜词典因为当时缺乏版权意识，又是由出版社资编

撰，所以其著作权归出版社享有，文物局参与编审人员和国家文物局仅署名得书而已。名城词典的编写，我们吸取经验，文物局投入全国人力、财力，负责编撰工作计划、组织、编审，最后交稿出版。从1982年起组稿、编审，1984年正式出版第一册，历时两年整。当时这项任务作为局研究室的常务工作，主要人员都投入组织、编审工作，初稿由各名城撰写，由于24个名城的高度重视，工作进展顺利。词典的出版对名城的宣传工作发挥了重要作用。这部词典的上、中、下编，是随三批历史文化名城公布而先后编写的，第二编始于1987年，第三编1993年，最后出版于1997年，前后费时15年之久。此书三编共99座名城，是国务院分三批公布的，此后，改为分个上报分个审批，现有全国历史文化名城129座，分个公布的30座尚未编第四编，按理应该如此，不知现在是否有人在做这件事？这是我们的未竟事，未了情，但愿有来者竟之了之，成全事业，成全心愿！类似的词典辞书，其他出版社也有编辑出版，各有侧重，各有千秋。而名城词典三编，可谓集历史文化名城文化之大成，从史地概况、古迹园林、风物特产到城市建设，古今兼蓄，物文共录，其史料价值，文化精华皆汇而聚之，内涵丰富，价值深沉，不失历史文化名城辞书之名作。

上海辞书出版社是全国最大的辞书出版中心，许多国家级图书出版工程都在这里出版。他们出版计划的超前，确是十分突出。历史文化名城辞典第一册编撰过程中他们提出编撰馆藏文物的辞典，作为与文物局合作的大头戏，文物局方面认为地上不可移动文物的半壁江山已初有轮廓，馆藏文物的宣传也必不可少。因而同意作为合作大型项目列入计划，依旧由本人代表文物局主持编撰工作。由于种种原因，上海辞书出版社决定与香港商务印书馆合作，经反复协商，我们支持这一计划，随即签订沪、港合作协议和文物局与沪、港三方合作协议。由于港方的投入，对编撰工作提出高起点、高规格，严要求。原沪方提出文物照片不必一物一图，图也不必原物原照，可以从图录、照片翻拍印刷，港方却坚决主张原物原拍，一件翻拍照都不可取。这一要求，给主编单位增加难以估量的困难。经多次专家反复商议、推敲的入选精品（一律一级品以上）达六七千件（套），所藏单位包括大陆31个省区市和台湾所收藏的博物馆。许多一级品所藏单位又受人、财、物条件限制，拍摄原物原照谈何容易！局多次发函协商索取仍然极不顺利。曾有个别边远单位，因条件困难久久提供不出所收录文物原照，我方提出可否以个别特殊对待以图片翻拍代之，港方老总陈万雄先生则断然拒绝："如用翻拍，我们就不必与贵方合作，请专人翻拍就可以了，可那有多少发行价值呢？外国人能视为精华吗？这个要求决不能打任何折扣，哪怕就是一张翻拍，就可能伤害全书。所以时间长一点，也要以原物原照成全大局。"对此，本人认为这才是在干事业，同意陈先生的看法。好在那时行政的力量还是大于市场的神通，经再三再四的努力，全书所录5500余件（套）精品悉数到账，全部实物原拍原照。所缺台湾部分通过多方努力无果，只好暂付阙如。为此，在全书出版前的1992年5月，我在美国芝加哥，偶遇台北故宫博物院副院长张临生女士。事先我知道她同北京故宫副院长杨新先生合编的《国宝荟萃》已经问世。在宾馆休息厅幸会时，她显得平易平和，见到我时却主动向我要烟抽。正好我身边带有香烟，立即出手送她一盒"中华"，由此双方很随意谈起两岸文物交流意愿。在谈到我们正在编辑《中国文物精华大全》时，她也认同这是好

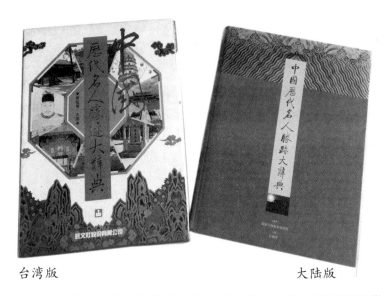

台湾版   大陆版

事。我趁机提出请台北故宫提供精华以玉成全书时，她表示可以提供部分图录重拍等等，婉拒实物原照要求。由于两岸大气候的局限，我自知所提要求乃是奢望，于是友好热情地道别。此前，港方与台方合作方商谈解决问题，台方也作过努力，都无果而终。看来，这个"暂付阙如"，只有大势大转，重编新精华大辞典时才能真正编成完整的《中国文物精华大辞典》了。此书编辑出版，是我国文物宣传普及工作的一大成果，也是文物局主编"文物系列辞书"的主体卷部。它曾相继出版港、台、沪三地三个版本。沪版发行大陆，港版发行港内和世界，三地共计发行量之大远超其他几种。沪、港版均重印多次，销售量甚为可观，可谓畅销文物辞书。大陆版曾先后获"全国辞书一等奖"，"国家图书奖"，其收录时限为20世纪90年代初中期，收录精华5000余件（套），至今还没有第二套可以替代，仍然享有"只此一家"的独誉。作为主持、主编者，为此书付出的心力，由于是"十年磨一剑"而可想而知。至于各分卷主编马承源、耿宝昌、史树青、刘九庵四位名家，特别是四卷四位副主编叶佩兰、刘炜（兼全书副主编）、白云哲、王志敏等专家所付出的辛劳更是难以计量的。人事沧桑，春秋代序，四大名家而今仅存耿宝昌先生健在了。四位副主编也由年富力强而都成为花发老人了。对此书问世而有洛阳纸贵之喜，起过关键作用的港方老总陈万雄先生及其助手张倩仪女士也早已退休赋闲了。为此，我曾有诗句说"巨制洛阳曾纸贵，友朋常忆是陈张"。代表沪方老总、著名出版家，强调编一部好辞书必须有"十年磨一剑"的韧性的巢峰，更是年近九旬的老人家了。至于本人当然也入"来日苦无多"之列了。一本书，一代人，付出与收获无亏无损，就于愿足矣。

"系列辞书"的另一部《中国历代名人胜迹大辞典》编撰工作，也是一人难啃的骨头，所费心力，所历周折，所得结果，都一言难尽。此书是上海文化出版社向文物局提出合编要求的，他们也是赶立潮头，前瞻前卫，选中了一个别出心裁的好项目，迫不及待地要早日问世，在文物出版方面占得先机。此书从定题、体例、收录对象、文字编撰等等先后多次专家论证。由于上下五千年，纵横八万里，都要以人觅物，以物定人，以物见史。以物定人以后，又以人的生平行迹而确定词目。五千年，八万里之中该有多少名人？每个名人的行迹又该多少遗迹、遗址存在？掌握这些又如何理顺其先后顺序？最后每人设"小传"条目，交代其生平行迹路线图，并照此排定其所存遗址、遗迹顺序，增强人物整体感。这一体例形式的创新，突破辞书编撰惯例，乃是此书第一难点、特点。其次收录对象从三皇五帝起始，从盘古开天地起，所有为历代所公认所崇拜所传承的历史传说人物，统统收录入典。王蒙为之作序中指出此书"别开生面，放眼洪荒远古，'破格录取'一批原始传说人物，并列居卷首。他们的入选，既丰富了历史名人胜迹的内涵，又保存了中国历史的完整，读来还饶有趣味"。他还认为"从历史人物的考证的角度来看，某些人物缥缥缈缈，难以认真对待。但作为先民文化的源头，这些或有或无，是个体或实是集体共名的'人物'都代表了、昭示了我中华文明的源远流长，不可轻视之"。这一内容的创新，乃是此书成功另一大难点与特点。大概由于为前人所未为，以其新意而获得香港三联书店特殊青睐，刚刚定稿，他们就同上海文化出版社签订香港版的出版合作合同。出人意料的是香港三联书店竟擅自将书稿交给台湾旺文书店拟与之合作出版。更匪夷所思的是这个旺文出版社又擅自行出版，自封主编，自加序言题词，自加插图片，置原著作权方于不顾。港方也想就此获取版税敷衍了事！我们得知后，向沪方提出严正交涉，如此作为，于情于理于法于德，都是不堪承受，不可容许的原则问题！经过反复面商，最后我方、港方、沪方、台方达成谅解，台方同意按我方提供原稿重新出版，恢复原有主编署名，删去擅自所撰序和题词等等。我方明确表示如若不恢复原稿原样，我方将诉诸法律或公开声明港、台方的违章行径。由于两岸大势所限和港方合作的不给力，我们未能最后见到台方新版样书，很是遗憾。港版问世后我方作为著作权拥有方，既未见到样书也未曾获取港依章应付的稿酬，而且多次交涉申索都被"婉拒"。20世纪90年代初，本人在港与三联老总赵斌先生面谈，他更是罔顾协议规定，失之诚信，令人失望。凡此种种，我方对此书的出版所付出的辛苦，所经历的周折是异乎寻常的，而所留下的却多方面的遗憾和不快？

系列辞书的第五种《华夏胜迹——全国重点文物保护单位500处》是全系列中较为顺利的一部（上、下册）。一是当时所公布的全国重点文物保护单位500处的第一手资料较为齐全；二是此前已出版过简介式的版本，在全国引发关注；三是非词目式的文章介绍，资料充分、翔实，山东省教育出版社偏重于资料、知识的普及；四是在既已出版的版本基础上，由中国文物报社多名编辑参与编写，进度较快；五是文物按类别编排，突破既有按地域、年代排序的惯例；六是每一大类由著名专家撰文总述，俞伟超、罗哲文、李伯谦、王去非、叶佩兰、刘炜、朱启新等都拨冗参与给予有力支持。全书出版后畅销全国，以至几年后，连样书都销售殆罄。由于此后的多批公布，总数已达七批4295处之多，当时的500处已是区区小数。如都按此书编写，那将是何等可观的巨制啊。即将出版的《中国文物志》4000余处如都将全部入志，也是了不得的鸿篇！

除以上所述之外，同样具有重要文献资料价值，由局党史办编撰《中华人民共和国文物博物馆事业纪事》（五十年上、下册）同样具有辞书性质，列入"系列"，当之无愧。作为此书主编，我本人的职责与付出不同

于前述五种，一是我非始作俑者，没有直接参与策划，发起、创始工作均按上级党史办指示要求办理，其成果将作为党史、国史的一部分，是正式的官方任务；二是作为党史办的专项任务，参与人员由局党组决定。即由局及下属单位退休人员全程操作；三是编撰工作持续近20年之久，等于磨两剑之功。主管人员几经更替，是一场"大马拉松"；四是文物局的老同志，包括谢辰生、稽春生、乔宏立、王醒亚、李亚珍、鲁秀芳等多人全程参与专项工作，特别是艰难的查档、搜集、编写、审议工作。谢辰生作为文物局元老，满腹史料，对全书许多地方亲笔修改、补充、订正、把关，功不可没；五是本人作为主编，是编委会推举的。作为局主管人员，我管的时间较长，大概是1989年到1997年，编撰工作渐入佳境，但是全书的结构尚未定格，与地方各省区市的合作协调关系尚无较佳方案。为此，先后两次在北京、扬州开会讨论，会议上在我的主持下决定现有的编辑体例，其中包括时日不精准的处理方法，以"本年"内收录。会议最为满意的是我提出成立大编委会，每个省、区、市文物主管部门出一位领导人负责此项工作，另定一至二名相关业务人员负责搜集、编辑本地区的50年大事记。所有这两类人员一律作为编委会委员，分担责、权、位，并由国家文物局发函定局。此后的工作实践证明这是成功之举，每个省、区、市都作为任务对待，材料编辑工作的地方部分有了保障。历史是人物、事件的积累。这部50年大事纪实，随着时光的流逝，其史料价值日益突显，常有人向我提及此书问世的重要性。但是，其不足与缺憾亦与时显露，最大的问题，就是遗漏太多，叙事不细，粗糙之弊，读者、用者深知。当然，最终还不是聊胜于无，而是弥足珍贵。

作为文献资料性的工具书，还有一部可堪入"系"。这就是作为新中国60年华诞之庆献礼的《新中国文博专家志》（上、下卷）。编撰此书的起因，一是"独出心裁"。新中国成立50周年有《中华人民共和国文物博物馆事业纪事》作为献礼之书问世。那60年华诞，又该有何作为呢？正巧这也是本人"为祖国健康工作50周年"之际，编辑出版《新中国文博专家志》，作为献礼之书，把全国现有文博专家的生平业绩记录在案，公之于世，不也是人物史书的有益之作吗？二是不谋而合。正在此时，一家文化公司即北京燕创文化发展中心在既有合作的基础上，提出献礼编书之想，并自愿承担其编辑出版发行一条龙的工作任务及其经费投入等等。我方则以文物学会名义提供与全国文物部门联系协调和全书的编审、终审等及其他关键性问题把关定夺等条件。通过三年多无数次的反复、周折以及各式各样的咨询、责问、指摘等等，使编者始料不及，多次面临崩溃、终止之边缘。但合作还是咬牙坚持不弃，在各省、区、市文物行政部门鼎力支持之下，确保所收录专家资料的真实性、准确性，最终不失为一部前所

未有的集全国文博专家之大成的合法文献史料巨编。虽然遗漏、差错诸多，部分被录专家对书的印刷、定价、发行有些意见，但所收录入编专家达4163人之众，占全国文博专家总数90%以上，全书上下册达500余万字之巨，在全国文物界迄今还是唯一的正规之作。有关编辑出版工作的艰难与周折，主编在前言和单霁翔等四位局长的序言都有所提及。但是，"不如意事常八九，肯与人言只二三"。文章千古事，得失寸心知。只要书还在，专家事迹之光，必然不会黯然失色。而作为主编所演出的这出独角戏，还有编辑、出版、发行人员所付出的辛劳，都不会付与东流。真真切切，这是又一部"为前人之所未为，为今人之所应为"的史料文献集，时光将赋予它不老的生命力。

在此，附带要提及的还有组织参与社科院主编的《中国文化辞典》关于文物古迹部分的主编工作，虽只占全书的部分内容，但数量可观，所费时力颇多，它的出版曾作为国家文物局研究室的一项任务由专人专力完成。本人作为部分内容主编的付出，自然有别于上述主编的书、报、刊。但作为一部巨型文化辞典，能参与其中，完成所承担任务，也是一份贡献。

三、中国文物报，文物工作的喉舌与旗帜

本人主管、主编《中国文物报》13年，即从1987年10月1日创刊到2000年3月离职转中国文物学会任职。1989年之前我以局研究室主任身份受国家文物局的委托主管报纸的决策性工作。其创刊策划编排我都在郑州与原报社主编、编辑人员共同商量定格。创刊词由我撰写，第一期报纸付印由我签字。此后的办报方向、主旨、内容都在国家文物局的领导下确定、实施，直至1990年元旦作为国家文物局机关报在京出版为止。

关于文物报的创办、迁京及其相关问题、情况以及本人在报社的作为，我已多次撰文谈及，相关资料都有案可查。报纸的创办、迁京建社，

是国家文物局的一项开创性的大事，是全国文物宣传工作发展的里程碑，于今整整30周年。报如其人，"而立"之年意味着成熟、壮大，更好地在文物事业中发挥着旗帜和喉舌作用。旗帜与喉舌是报人坚守的信条，也是本人为之奋斗的目标。我在13年的主管工作中，可以坦然回首，并引以自信自慰的是精心把一个呱呱落地的婴儿护养成为生气勃勃的中学生，为其"而立"之壮度过了一个健康、美好的少年时代。从丫丫学语、蹒跚学步、启蒙入学，一路顺风，迈进中学门槛，成为健美少年，这都是全社同仁心血才智的结晶。尤其可堪欣慰的是，在这段成长路上，始终朝着正确的前进方向，吮吸着党和国家纯净的乳汁，牢记旗帜与喉舌的身份与使命，始终未犯过大错，摔过大跤，受过大挫折，一路上可以说是稳正风帆，小步渐进，稳步成长，不失为根正苗青。而今"而立"，自然大有担当，作为过来人，期盼它更鲜明更精准地成为国家文物事业的旗帜与喉舌。作为国家主管的全国唯一的文物事业大报，不管其身份、职位如何称谓，到了还是尖兵、号手、旗帜、喉舌，这是毋庸置疑、无可改变的，所有报社同仁确保报纸的强大健康，乃是责任担当，义不容辞。衷心祝愿他们在下一个30年中，为祖国文物事业，为实现两个百年奋斗目标的中国梦做出更大的贡献！在编报期间，我还应时之需，加强文物知识普及和对外宣传工作，还策划主持编写了《文物三字经》一书，在青少年中，在各

240

地中小学中发挥了辅助教材作用；同香港《文汇报》合办《中国文物专版》达九年之久，开对外合作办报之先例。

四、《中国文物科学研究》的艰难成长

《中国文物科学研究》的创办和12年的行进历程，在一定意义上说，这又是我唱的一出独角戏。12年的历程，每年都有一篇新年寄语，对其每年幼小的足迹都有所印记，和中国文物报的情况很近似，从创刊词到1990年迁京出版到2000年离任共12篇新年寄语均为拙笔拟稿。《中国文物科学研究》正在12年的路上行进，每年的新刊寄语也共12篇，也为拙笔所写，形式上确有例行公事，老生常谈之嫌，但内容却年年都有差异，所经历的现实更多有变易。所缺的是其中的艰辛、周折难以明言历数。这个刊物的创办成功并坚持下来，主要出于现实与事业的亟须。2000年4月，我到文物学会履行常务主管之职，那时的学会确是地无一垄，房无一间，钱不上百，"一切从零开始"并非夸大、客气词。经过努力，最后的成功就是进驻柏林寺，有了三间小屋作为立锥之地。值此百废待兴之际，我还思考了学会办学刊的问题，一个全国性的学术社团，没有一方学术园土，有如沙漠的荒凉，怎能称之为学会呢？于是一有机会，我就申述办刊之必要性，学会主持常务的班子也同声赞成，并表示各自努力争取。当时国家新

闻出版署对申办期刊封门闭户，拒不受理，要办必须另找门路。不久，在一次学会理事会上，有人提出找科学院地理所的葛全胜帮忙，或许可以向科技部申请，经葛全胜同志（现任学会副会长）努力，终于得到科技部的支持，批准学会主办"文物科学研究"期刊，大概经过两年的努力，终于2004年申办成功，办完全部手续。此事的成功，葛全胜同志功不可没，我始终为之满怀感激之情。自此，筹款和编辑出版的系列准备工作，全由我一人单打独斗，同时另一聘一名编务人员负责录入文稿，收发稿函，分寄刊物等具体事务，严格来说就是一部"二人台"小戏，整整唱了6年。2012年起，刊物转换合办形式，中国文物学会作为登记注册的主办单位转变为第二主编单位，但仍承担主体内容的一半编辑任务。如此转换的缘由是文物学会要换届选举以后，我最担心的是刊物这个六岁童子将面临存亡的命运选择。为之费尽一腔心力培养起来的"孩儿"很有可能被觊觎已久的继任者以200万元身价作刊号出卖，从而使学会的期刊园地遭到废弃之灾。为此，我决心保住刊物不被别人谋利出卖，将它转为国有事业单位主管，同时也给学会留下"半壁江山"，以备未来发展之用。由于改选换届出乎意外的圆满，刊物生存有望，我又为之后悔，感到当时有点过虑，把情况、前景估计太严重了。

《中国文物科学研究》刊名确定为"文物科学"，虽主要出于审批须有科学之名，其实也很切题。文物学，文物管理学、文物保护科技等都是名正言顺的科学。曾几何时，我也想改"中国文物管理学"，仔细一想还是"文物科学"更好些，涵盖也更广泛些，这里要重申的是，创刊的原旨与本意是为建设中国特色文物管理学开辟一方园土，并以此特立独行于文物期刊之林，也以此区别于其他各类文物期刊，更以此突显个性，标识特征。明确定性为综合性学术期刊，就是旨在区别于其他各类文物期刊，就是不要办成第二份《文物》《考古》《古建园林》，不能成为所有文物期刊的"仿制品"，克隆体，所以强调"综合学术性"。唯其如此，又强调实践——理论——实践的规律，强调实践经验的总结、升华为理论。科学研究、综合学术性，都包含着理论的研究与发展。前11年由于学科理论和科技高地两大版块平分天下，所以综合性理论研究分量不重，特别是文物管理学研究并未居主体地位，尽管除去科技部分，所有内容都涉及管理问题，都不涉及文物、考古、古建、器物专题性研究问题，但始终未明确提出以文物管理学研究为中心的综合性学术期刊的定位。直至2017年起，刊物内容、结构有所调整时才明确管理研究的主体、中心地位。作为策划、创办、主编的初心就是为建立中国特色文物管理学而办一份"只此一家"的理论性期刊。12年的路程基本上就是这样走过来的，从婴儿到少儿，都是蹒跚学步，其混沌迷蒙、其踽步独行，自在必然。

这份刊物正在行进成长中，作为"中国"冠名，身价数百万的正式期刊，对中国文物学会乃是一笔珍贵的文化财富。本人一向认为一个以学术专业活动为宗旨的学术社团，有了一方学术园地，一扇通向天外的窗口，必然有助于凝聚专家学者之力，交流学术研究成果，促进文物科学繁荣发展！但愿她青春永驻，底蕴长丰，颜值常新。

以上，就是我在编辑工作路上爬行38年的足迹履痕。凭记忆记录于此，能否达到拾遗补阙的初衷，将由时间与读者裁判。岁月匆匆，人物区区，成就微微，莫奈天何！但是，所有编撰成果，无一不是"为前人之所未为，为今人之所应为"！无一不是前无古人的创新，也无一不是知识性、史料性的文物普及读物，无一不是科学、严谨、严肃的文物工具书。理念、追求、信守，贯彻始终。但是，俱往矣，唯来者之可望可进，时代将造就更多更好的贤能志士，编著更多更高的文物图书，让文物宣传普及工作遍开鲜艳之花，普结丰硕之果！

五、编辑工作的"终点"——《新中国捐献文物精品全集》

作为参与策划与部分编辑杂务工作的大型系列文物图书《新中国捐献

文物精品全集》，该算是我在编辑路上爬行的"终点"了。这个全集可非等闲之作。它起始文物局元老，著名文物专家谢辰生的倡议与呼吁。由于亲历足行新中国文物事业67年的发展路程，是新中国文物事业的参与者、建设者、见证者，他亲历目睹新中国成立以来大量国家领导、专家学者、名人志士和社会大众纷纷向国家无私捐献文物的感人事迹而满怀眷念与崇敬之情，对他们爱国胜家，藏宝为国的事迹、精神、风范久久未能公诸世人总有一份未了情、未竟责和不舍的牵挂。为此，在他即将90高龄之际，毅然决然上书时任国家文物局局长的单霁翔同志，要求出版捐献文物精品全集，记录文物捐献者的事迹，表彰他们的爱国精神，弘扬他们无私奉献的风范，启迪后人见贤思齐。单局长当即批示接受倡议，同意由中国文物学会组织、主编全集，并责成局有关部门给予支持。自此，2010年初，我和刘炜副会长以学会名义主持启动筹备事宜。首先是召开相关专家座谈会，讨论编辑出版的必要性和可行性，初定编辑出版筹备工作路线图。会议确定对捐献人物及所捐文物，对其主要受捐单位概况进行实地调查，初列捐献者和受捐单位名单。经过对调查结果的论证评估，基本确定编辑出版计划和实施方案和成立以刘炜同志为首的编辑部。2014年，计划全书60卷的首卷张伯驹卷悄然问世，获得其家属的称赞和感谢，2016年初，张伯驹、徐悲鸿、郑振铎三人8卷呈送中央领导同志赏阅，得到李克强总理、刘延东副总理的赞许和批示，完全肯定此事的重要意义，给予编辑工作有力支持。作为策划、启动者之一，在工程进程中，我主要参与策划，协助计划、协调，起草公文、序跋等等。具体调研、约稿、编辑出版概归刘炜、段国强承担主编责任。这也算是一位老文物工作者的一份责任，一份欣喜。也可能是我38年爬行的编撰之路难以到达的终点？此时此际，检点平生，感慨万千，特撰联以自嘲、自况：

　　一生机关文化，执笔捉刀穷苦力；

　　册载国粹书刊，为人作嫁老裁缝。

2017年4月11日

《郑振铎文博文集》文博工作者的教科书

——为纪念郑振铎先生诞生120周年和罹难60周年作

　　今年是新中国首任文物局长郑振铎先生诞生120周年，不幸罹难60周年。人类历史的发展，文明的进步，事业的成功，少不了生命与鲜血的代价。许多不测事件，往往就是人类的悲剧，历史的挫折，文明的灾难，业绩的损毁。许多家国精英，民族脊梁，历史人物，就是梦幻般地折损在不测之中，其损失之重，无可估量。郑振铎先生的不幸遇难，举国含悲，文物工作者更是无可接受的悲痛。作为早闻大名"半路出家"的老文物工作者，笔者对这位新中国首任文物局长，只知道他是中国文学史学者和左翼作家文学研究会主要成员，与鲁迅、茅盾齐名等部分经历，而对其在考古、文物研究与收藏方面的巨大成就却不曾知晓。我到文化部机关时他已遇难两年多，工作也很少涉及他的情况，仍然知之甚少。1972年调到国家文物局后，工作上也只偶有涉及，直至1998年他遇难40周年《郑振铎文博文集》

（以下简称文集）出版才有机会了解他对中国文物保护事业的重大贡献。而今，他生死两甲子，生也六十岁，死也六十年，人世沧桑，不亦悲哉！为此，通读了他的"文博文集"，因而生发许多感受与浮想，更受到许多为时已晚的教益！还留下些许悔之莫及的遗憾。唯其如此，特将所感所思所憾，示之于人，算是过来者"多余的话"，将对郑振铎先生的钦佩、崇敬付之于文，或许可供后来者参悟。

　　郑振铎先生，作为中华文明古国的首任文物局长，其才德之高，品学之优，在新中国文物局十朝"元首"之中，当然的"首屈一指第一人"。而最凸显深沉、炽热的却是他心中激情奔放，笔底波澜汹涌！指点江山，激扬文字，大家气概，令人惊艳！他的文博文集，所涉文物博物馆的层层面面。由于他的博学多才起始于文物考古，又钟情于文物考古，所以他的文博之论，都是实践真知，经验升华；都是入木三分，一针见血。专业之深，笔锋之利，文采之盛，实在是高大上，令人感佩至极！文集并非学术文集，主要内容集中于文物博物馆管理工作理论、思想和方针政策方面的论述，没有考

青年郑振铎

古学专业的古奥，特别是由于他激情奔放的文字，喜怒哀乐跃然纸上，往往激发着读者久久不能平息。其感染力、感召力、震撼力、穿透力着实不同凡响，无不为之赞叹！

爱国是其第一天赋天职

郑振铎先生作为一代大家，其"家"分类而称或超越"半打"之多。但是，首当其先，首扬其名的却是"爱国学者""爱国志士"。在他的一生中，爱国是其第一禀赋，第一天职，第一性格，第一行规，第一实践。他29岁那年，为避"四·一二"大屠杀之劫难，慨然出国留学。他出国时所写的著名散文《别了，我爱的中国》，就是一篇爱、恨交集燃烧的诗样散文。他说：

"别了，我爱的中国，我全心爱着的中国！

我不忍离了中国而去，更不忍在这大时代中放弃自己应做的工作而去。许多亲爱的勇士正在用他们的血和汗建造着新的中国，正在以满腔热情工作着，战斗着。我这样不负责任地离开中国，真是一个罪人。

然而我终将在这大时代中工作的，我终将为中国而努力，而呈献我的身、我的心的。我离开中国，为的是求得更好的经验，求得更好的战斗的武器……我不久将以更勇猛的力量加入到你们当中来……这是我的誓言！"

他用自己一生的行动，践诺了他的誓言。1928年，他带着《近百年古城古墓发掘史》一书回到祖国，依旧在风雨泥泞路上奋争进取。他的创

作、研究、著述活动，涉及学科之多，成果之富，少有同人可比。其中对考古、文物、文献、古器物的研究、收藏，更是独树一帜，成绩卓著！他说"热爱祖国的伟大的艺术传统，也就是热爱祖国……"他在对待祖国文物的保护、研究事业上，是一腔热血燃烧着爱憎的烈火！他视古文物、古文书为"民族文化的眼珠子"。"凡对此有一点爱护之心的，便都会爱护自己民族的文化遗产。"巴金在回忆他时说："他搜集古籍，抢救古书，完全出于爱国心，甚至是强烈的爱国心。我听他过着类似小商人生活在最艰难、最黑暗的日子里，用种种办法保存善本图书的故事，我才了解他那番苦心。"爱文物，爱护老祖宗留给我们的遗产、遗物，就是爱国爱乡，就是尊祖爱国。而爱国尊祖的人，一定会爱护祖国文物，这两者互为因果、源流，不可分割。作为中国人，不爱护祖国文物，甚至盗窃祖国文物，或者勾结外国人盗窃、出卖、走私祖国文物，那"简直是卖国的行为，而应该处以叛逆的罪名的"。"我们应该以全力来对这种文化上的卖国人物！堵住了大门，阻止他们的无穷尽的盗卖、偷运行为"。爱之愈深，恨之愈切。郑振铎对祖国文物的爱、憎之火就是爱国激情燃烧起来的熊熊之火。他这种爱憎之火点亮了一座真理之塔，照亮了文物工作者前进之路。一个文物工作者，首先必须是一个真诚专一的爱国主义者；一个爱国主义者，必然是一个真诚专一的祖国文化遗产的维护者。一个民族虚无主义者，必

坐落在温州的郑振铎纪念馆(图片来源：温州文化遗产网)

然会数典忘祖，也必然发现"月亮是外国的圆"。这种人甚至可能把祖国文物偷运、走私出国，成为他欣赏、享受外国圆月的资本。郑振铎先生把这种人视为祖国的叛逆、民族的败类、历史的罪人。我们的文物工作者，应该学习、继承郑振铎真诚专一的爱国主义精神，对老祖宗劳动创造留下的一义一书，一图一画，一物一皿，一技一艺等等，都要视为历史的见证，文明的成果，文化的资源，精神的财富，民族的根魂……所有这一切，都是不可再生的绝无仅有的全民族共有的"无价之宝"。生命诚可贵，文明价更高。民族根魂在，自信久弥牢。作为文物工作者应该像郑振铎一样，树立起"热爱文物就是热爱祖国"的思想理念。树立起"我终将为中国而努力，而呈献我的身我的心"的意志，"以满腔热情工作着、战斗着"的精神，真诚专一地献身祖国文物保护事业！

坚持唯物史观阐释文博理念

《文集》第二大特点是从头到尾都贯穿着文物博物馆的科学的唯物史观，对文物博物馆的性质、价值、功能、作用等等都做了历史唯物主义的科学论述和阐释，实事求是，符合中国历史和现实国情，是长期的实践探索成果。郑振铎先生指出"原来人类的进展，只在文化上表现得真切。每一个时代，各有那个时代的文化生活；而每一个民族，同时也有其特征。而这文化是禅递不断的，像抽刀断水似的，水是永远'更流'着的。每一个民族文化的特征，最好的表现，便在各时代遗留下来的古文物、古文书上。要明白今日的时代和人民生活，也非各时代（近代乃至邃古的）人民生活不可，自然也便非研究各时代所遗留下来的古文物、古图书不可。这并不是什么'发思古之幽情'，这是活生生的学问，这是活跃跃的知识，并不是什么死的学问已成了过去的知识，像画龙点睛似的，古文物、古图书便是民族文化的眼珠子。凡对于人类文化、民族文化有一定爱护之心的，便都会

1953年,郑振铎与文物局文物处同志在北海团城合影

爱护这些自己民族所遗留下来的古文物、古图书……明白过去的时代和人民的生活，便是帮助了活知识的发展"。文物是什么？文物价值、作用何在？文物保护的重要性与必要性在哪里？郑振铎的这段论述，不是回答得明明白白吗？关于文物与历史，文物与现代人

郑振铎(中)与罗哲文(右)

的生活，文物与历史学科研究的关系问题，他早在前述论断之前20年，就有突破传统之新见。他在《近百年古城古墓发掘史》一书中把挖宝与考古区别开来。前者对文物造成破坏之灾，后者则是对历史的见证，对历史学研究的证据、补充、补正，是唯一真实可靠的实物证据。他反复谴责把文物作为宝物把玩。他谴责那些嗜古成癖的人："举天下之声色货利，概不足以易其好古之心，这才是'肖子'呢！偷卖古物、古书的人视民族文化如敝屣，以古人遗宝为'利'薮，其行为可恶、可恨，其居心更可诛！"郑振铎先生无数次谴责对祖国文物价值、作用的曲解与误导："到底所谓'古董'究竟有什么用处？仿佛'古董'是远远的脱离了现代的生活，远远的超出于实际的工作，只是一小部分人'好古情深'，在那里搞那玩意儿"。"在旧的时代里，不错'古董'是被'孤立'了起来，作为封建地主、官僚、学者和买办资本家们的玩赏、摆设、摩挲之资的。它们被消极的'保存'着，丝毫不能发挥其应该发挥的作用。"把文物当"利"薮、摇钱树，自古有之，而且至今也大有人在；把"古董"当玩意、摆设，古时居多，自身富有，再不懂文物为何物，也要弄些或真或伪的古玩意，附庸风雅，显示高贵；而今此类现象多已被时风吹尽或将被扫除。但是商贾之家，仍可多见。他们在故作风雅之外，更多的是为了增值、保值，使手里资本获取最大利益。凡此种种，都不是文物作为，都与文物保护、研究不相干系。所以郑振铎先生恨之入骨，大声呼唤要破除文物为少数人玩赏的旧式传统的古董观，还文物于人民，还研究于时代，还文博于

劳动大众，还历史以真实。让文物成为人民大众认识历史，认识时代，认识自己的实物教科书。文物工作者，更要人人必读《文集》，从中获知对文物和文物工作的启蒙和滋养。

坚持文博事业为人民大众服务

《文集》内容的第三大特点是文博事业必须坚持为人民大众服务，必须坚持为人民大众现实文化生活服务。用今天"以人民为中心"的话语来形容，也恰如其分。他在《给"古董"以新的生命》一文中，又一次以燃烧的激情呼唤"到了今天，人民当了家，一切都要重新估价，'古董'也要翻身了，'古董'必须恢复它的生命——永久的生存着的生命；也必须发挥其作用，给'古董'以新的生命，就是使它复活起来，积极的表现其功用，使它同实际生活联系起来"。他强调指出："历代的文物是中国人民的最高的艺术的创作，足以表现民族文化的最可夸耀的成就。它们不单说明了它们所产生的那个时代的生活，同时，也活生生地说出了中国人民的历史的发展的过程……我们如果给它们以应有的地位，它们便会重新放射出光芒万丈的新的生命和新的光彩出来。"他强调改造旧式博物馆，因为"过去的博物馆，充其量只是'古物陈列所'，每件文物陈列在那里，都是'孤立'的东西，和别的东西不发生联系，也看不出来和'国计民生'有什么关系，和当时社会生活有什么牵连，更不说明任何问题，发生什么教育作用"。他十分重视新式博物馆建设，新建博物馆，必须成为"人民大众的文化教育服务的机构""必须担负着特定的任务，那就是：要发挥着新民主主义的，即科学的、民族的、大众的文化教育的作用。它们必须为人民大众，特别是工、农、兵打开了大门。它们必须把历代的人民大众们的智慧的创作，还之于人民大众……它们不仅保存着、陈列着那些珍贵的文物，而要通过了那些文物，建立起整个民族文化的灿烂光辉的系统来"。人民创造了历史，历史留下遗物遗产。人民大众是历史文明的主人，享受历史文明成果，认识自己的历史和创造力，天经地义，理所当然。郑振铎先生对历史文化遗产和人民大众的关系的认知与论述堪称经典，至今以至永远值得文物工作者学习、弘扬。正是基于如此深刻的唯物史观认识，他的研究、著述、事迹、精神是中国文物事业发展史上十分珍贵的精神、文化财富。

郑振铎先生作为老一辈文物专家、学者，特别重视文物专业学术研究，重视文物考古学研究密切联系实际，联系现实生活。新中国成立前

小学生在郑振铎纪念馆参观
（图片来源:温州文化遗产网）

后，同样无数次反复批判旧时学者研究文物的旧习气，对政府部门不重视文物保护和研究的旧传统也持严厉批判态度。他说:"在过去反动政权的时候，文物工作是不被重视的，无数最可珍视的民族文化遗产——古物、图书——均被无耻的买办、官僚、商贾盗运出口，成为帝国主义的博物院或图书里可骄傲的收藏品。""在过去反动政权的时候，有一部分所谓专家、学者们，往往是门户之见甚深的。谁掌握了'材料'，谁就是'权威'。彼此之间，互相嫉视，互相排斥，互相攘夺……甚至形成了一种无聊的'门阀'……这在中国科学研究的发展上是一个很大的障碍。"他们如此作为，"永远想不到学术是公开的，是应该充分的公开给人民享用的。自私自利的心理，阻塞了科学的发展与进步……但随着人民政权的建立，基本上已打垮了这种传统的不良作风……一切研究的工作，都是为广大的人民服务的;一切研究的结果，都是为广大的人民享用的;一切采集研究的成绩，都是要迅速而公开的传布于广大的人民之间的"。还文物于人民，保护文物为人民，建立博物馆为人民，文物搜集为人民，文物研究为人民，这正是由于文物事业是人民的事业，所以《文集》所体现"以人民为中心"的文物工作理念显而易见，确凿无疑。学习《文集》，弘扬文物工作为人民的传统，教益在于此，精髓在于此，要求在于此，发扬光大的重任更在于此也。

《文集》对文博事业永恒的指导意义

《文集》名曰"文博"，其实，远非一般以文物管理工作为主体内容的"文博文集"，而是集文物专业研究和文物管理论述于一身的新中国第一部文博事业综合性文集。文集篇篇有内容，有思想，有实践依据，有理论阐发，有主题主旨，有意向有要求，实实在在，真真切切，感染性、可读性很强，不是例行公事，不是官样文章。其学风之实，文风之正，作风之纯，情理之真，学问之专，实在不曾多见。他的工作报告、总结、提纲都是开门见山，直言其事，都是七实三虚，实践的总结，理论的提炼，结论的指引，没有官腔官调，没有架子派头，是非对错，清清白白，读起来，一派学者型的领导作风，真个"腹有诗书气自华"的权威。他在新中国成立前的一些文章，都是他富有远见卓识的文物保护思想的宣示，《保存古物刍议》就是他的文物保护思想宣言书，对祖国文物之热爱，对偷盗、走私文物犯罪的痛斥，叫谓酣畅淋漓，荡气回肠！《给"古董"以新的生命》《一年来的文物工作》《怎样把图书馆、博物馆服务于劳动大众》《让古人为今人服务》等等，都是要求破除旧传统，扫除旧习气，一切工作，一切学术，一切收藏，都是为广大的人民享用的。作者为人民服务的思想感情如火一样炽热，如泉水一样奔涌，没有半点官腔官调！在他的讲话、报告中，统统不戴帽，不穿鞋，不说套话、空话、闲话，而是开门见山，直入主题，陈述根据、理由。这大概也是腹内有诗书，眼中有实物，心中有底气的学者型领导干部的本事、特色所在！《文集》另一大内容是出版图书、画册和文书古籍展览等序、跋。这类文章实为专业学术文章，而且中长篇居多，但是非专业读者都能通读可懂。所序、跋对象来龙去脉的历史，所独具的本质、特征、价值、沿革及其对后世的影响都交代得一清二楚，而且还不忘批判旧时代"最可夸耀"最可宝贵的艺术品被禁锢于深宫大宅之中，被尘封于学者们的书斋之中，它们只是被特定的一部分人所摩挲、玩赏；更不忘谴责帝国主义者对中国文物、艺术品的野蛮掠夺、盗窃。读后所得的知识、教益、感化都不言而喻。他的未竟的长篇之作《伟大的艺术传统》，实际是一篇中国传统艺术史话，从殷商到两汉，纵续朝代，横分地域，讲文物、艺术品，兼收历史资料，有叙有议，亦史亦论，是独具特色的大作，唯独因故未竟，殊为可惜。他的文集，篇篇特别是关于文物管理的，都独具历史和现实价值。读之似为历史，更似针对现实，60多年的时空隧道直通眼底。例如《传统技术的继承问题》《拆除城墙问题》等，就是如此。对今天的指导意义，可谓历久弥新！久经思考，更深感其思维之深邃，鞭辟入里；眼光之锐利，洞若观火。读后不禁发出会心之微笑。"文章千古事，得失寸心知"。其实，时间、实践、群众都也自知！文章，经国之伟业，不朽之盛事也！

作为仅凭他一部文集所得而间接相识的新中国第三或第四代文物"退伍老兵"，对首任局长的认知是有限的、浮浅的，特别是对他收藏、保护、研究古物、古籍，如此如醉如痴，其成就、造诣又如此之广、深，更是无限感佩，无比惊叹！有时翻阅《文集》之后，总迷蒙感到眼前有一座林深叶密的高山，深入其内，攀登不上其顶。也好似有一片大海，只见浪涛翻滚，不知其深千尺、百丈？科学家、学问家的脑海心田究竟有多深多广，我辈庸才，只能可望而不可即啊！郑先生不幸遇难60年来，有许多与之同辈大家写过许多回忆文章，他们以自身的事例评价其事迹、精神和人格、风范，当然别有一番情景。例如季羡林先生忆《西谛先生》的文章就特别感人。大师忆大师，就是不同凡响。他们的相识有师生长少之别。但"西谛先生对青年人的爱护，除了鲁迅先生外，恐怕举世无二"，以致有时候简直感到"有点受宠若惊了"。他的"屋子里排满了书架，都是珍贵的红木做成的，整整齐齐的摆着珍贵的古代典籍，都是人间瑰宝，其中，明清小说、戏剧的收藏更在全国首屈一指……""他什么东西都喜欢大，喜欢多，出书也有独特的气派，与众不同"。"在我们眼中，西谛先生简直像长江大河，汪洋浩瀚；泰山华岳，庄严敦厚。当时的某一些名人同他一比，简直如小洼、小土丘一般，有点微末不足道了"。"反动派把他看作眼中钉，据说是列入了黑名单。有一次，我同他谈到这个问题。完全出乎我的意料，他的面孔一下子红了起来，怒气冲冲，声震屋瓦，流露出极大的义愤与轻蔑。几十年来他给我的印象是和蔼可亲，平易近人，光风霁月，菩萨慈眉。我万万没有想到，他还有另一面：疾恶如仇，横眉冷对，疾风迅雷，金刚怒目"。"西谛先生的一举一动，一颦一笑，时时奔来眼底。我越是觉得前途光明灿烂，就越希望西谛先生能够活下来。像他那样的人，我们是多么需要啊。他一生为了保存祖国的文化，付出了多么巨大的劳动！如果他能活到现在，那该有多好"！是的，如果他能活到今天，我们的文物事业该有多好啊！但是，他的思想实践，他的学问成就，他的高风亮节，将永远是中国文物事业发展的驱动力，永远是中国文物工作者永朽的楷模！他的《文博文集》将永远成为中国文博工作不朽的教科书！

而今，在郑振铎先生诞生120周年罹难60年之际，中华民族复兴大业正进入突飞猛进的新时代。郑振铎先生保护文物，树立民族文化自信的梦想也正在全民圆筑的大路上驰奔。"云山苍苍，江水泱泱，先生之风，山高水长"！

"文物资产化"断想

最近,有的正式传媒接连转载或刊登关于"文物资产"化的文章,并由此而引发不同意见,在社会上在群众中反响热烈。但所持不同意见的至今却寥寥无几,而且是七老八十的"退伍老兵",真情何以堪! 有鉴于此,笔者也不惜冒"冥顽"之险,挤入"退伍老兵"之列,作碎片之想,故题曰:"文物资产化"断想。错误之处,恭请读者指正。

一、惊人的数字,惊人的疑惑。

不久前,有正式媒体发表一个"不可移动文物价值计量"公式,并正式撰文宣布"中国不可移动文物总价值量等于或相当于137.66万亿元"。好家伙,如此巨大! 比世界超级大国一年20万亿美元总收入还要大,岂不惊心动魄乎! 能如此轻易赶超,何用乎撸起袖子加油干呢? 不过,读者仍大有疑惑莫解。一是"中国不可移动文物总价值量",那当然是"三普"所查结果70余万处文物遗迹的"总价值量"了。这就要冒昧请问是何时何人如此悄然疾速统计出来的? 是足不出户,以现代高科技手段将70万处不可移动文物驱来眼底,按公布的公式逐个统计出来的吗? 还是像普查工作一样踏遍全国东西南北中按着公式核逐个算出来的呢? 如属前者,那该何等伟大,何等惊人! 若是后者,那就大可置疑了! 最近完成的"三普"耗时五六年之久,付出人力五六万之众,开支经费数亿元之巨,此一价值量统计即便简单、容易得多,也决不至于如此悄无声息,闪亮登场? 二是现在查存的70万处不可移动文物至少有七分之六尚未经科学评估、论证定级、定位(即尚未评议公布文物保护单位),其级、位之高低,价值之大小,各有差异,甚至可能有为数不少的没有或价值很低的文物点尚不存在"价值总量统计"的基础。恕我妄言,在现有不可移动文物底蕴不清的现状下,不论采用任何高科技手段,任何特殊新式标准,任何高级专家,都不大可能如此轻易按公布公式算出准确可靠的数据来吧? 三是还有一种可能,"价值总量"统计者仅仅根据已公布的全国、省级、县(市)级文物保护单位作统计? 倘若如此,那所谓"中国不可移动文物"，不是"冰山一角"，也只能是约七分之一的一小部分。所以疑莫大焉！惑莫大焉！四是所公布公式项目达12项之多，而其每项都是堂而皇之的大名目，那所采用的科学的标准、价码、定价如何确定呢？由谁来定夺呢？其中时代、地域、质地等都大有差异，其评估论证者又是哪些方面的神通之辈呢？最后究竟如何统一定格呢？这也都不得而知，自然疑惑亦莫大焉！

二、不对称的名称，不对称的本质

关于资产的定义，不同的文字表述有多种。但是，基本的表述是：资产指任何公司、机构和个人拥有的任何具有商业或交换价值的东西。或曰：资产指企业拥有或控制的能以货币计量的经济资源。又说资产就是能把钱放进你口袋里的东西。总之，具有商业或交换价值的东西。能以货币计量的经济资源。

而文物的定义，文字表述也很多，且稍有差异。例如新中国首任局长郑振铎就说"古文物、古图书是民族历史文化的眼珠子。"谢辰生先生说文物是"人类社会历史发展进程中遗留下来的，由人类创业或者与人类活动有关的一切有价值的物质遗存的总称。"曾经也有过文物是古代人民生产斗争、阶级斗争、科学实验的实物遗存的说法。还有通常所说的文物是民族的"传家宝"等等。直至如今，文物保护法特把文物的定义作为条文明确些进法内，"文物是不可再生的文化资源。"这是无可改动的规定。所有这些关于文物定义的说法，都要以法律为准绳，都有一个铁定的共同点，即文物必须具有历史、艺术、科学三大价值"，而且同商业与货币并无干涉的根本性质。党的十八大以来，以习近平同志为核心的党中央对文物保护事业给予特别的关注。习总书记本人多年来对文物工作和传统文化所作做的系统、全面、深刻的指示和论述，成为习近平新时代中国特色社会主义思想的重要组成部分，是国家文物工作必须坚定不移地贯彻执行的指导思想。习总书记说："文物承载灿烂文明，传承历史文化，维系民族精神，是老祖宗留给我们的宝贵遗产，是社会主义精神文明建设的深厚滋养。保护文物，功在当代，利在千秋。""泱泱中华，历史悠久，文明博大。中华民族在几千年历史中创造和延续的中华优秀传统文化是中民族的根和魂。""各级党委、政府要增强对历史文物的敬畏之心……""历史是人民创造的，文明也是人民创造的。对绵延五千多年的中华文明，我们应该多一份尊重，多一份思考。"习总书记对文物，对历史文化遗产的性质、价值、作用以及今天应该如何对待等问题的指示和论述之精辟、深刻、高远，古往今来，恐怕并世无二！十九大报告明确指出保护文物，弘扬传统文化是"更基本、更深沉、更持久"的文化自信之源。文物工作者和全国人民贯彻、执行、落实之，自当坚定不移，责无旁贷啊！

由此观之，以货币计量，以商业和货币交换体现价值的文物资产之说，同文物是民族的根与魂之论断，二者极其不对称！货币与根魂其本质全然不是一码事！彼此之不可比拟，不可交易，不言而喻！再恕我狂言，中国人，无论古今男女，如若把其祖宗的灵魂与货币结缘，其结局其品性则不言自明了。137.66万亿元，每个中国人正好可分享100000元。如这个构想成真，中国的老百姓恐怕没有几个会"笑纳"吧？看来，大家还是"要增强对历史文物的敬畏之心"！对中华文明还是要"多一份尊重，多一份思考"才是！

三、非创新之举，非驱动之策

文物价值经济化，对文物资产进行评估的议论与主张，由来已久，渊源很深。最集中最激进的表现是新世纪之交前后，有人也正式撰文主张文物价值必须按经济学的价值原理来衡量。同样也请出伟大的无产阶级革命家克思的政治经济学理论证明其主张的合理性。紧接着，社会上就流传"文物的价值就是人民币"之说，有的媒体更倡导成立全国文物价值评估组织等等。所不同的是他们最先着眼于可移动文物，其最终目的是"全面、彻底开放文物市场。"更有甚者，旅游部门"强强联合，捆绑上市"承包管理文物保护单位之风从渭水河畔吹到泗水之滨，并有席卷全国之势，直至"水洗三孔"事件爆发，引起中央领导人重视才得到遏制。当时的文物保护法修订更特别为此新立第24条做出国有文物保护单位不得转让、抵押……不得作为资产经营等规定。对此，笔者曾同谢辰生先生也对当时文物管理工作的混乱局面著文发声，指出了正在蔓延的文物价值经济化、文物工作产业化、文物管理市场化、文物产权国际化四个不良倾向。其第一条就是针对上述情况的。现在提倡文物资产化，尽管理由理论有更多新见解，但说到底还是文物价值货币化，或曰文物价值就是人民币。因而不可能视为创新之举！而且，如此这般的宣传鼓动，不可能是对文物管理事业的驱动和促进，相反，是在释放种种错误信号：一是不可移动文物价值货币计量，就是宣布不可移动文物资产可以货币交换，为打开文物自由买卖大门公关造势；二是为文物全面彻底的市场化、商品化推波助澜；三是激化一直或明或暗存在的有偿转让、流转、承包、认领等违法活动；四是更严重的是损害文物"传家宝"、民族根魂的尊严与圣洁,伤害民族自信心、自豪感!

四、走符合国情之路,保文化自信之源

习总书记在2016年3月23日对文物工作的专项长篇指示中要求"各级文物部门要不辱使命,守土尽责,提高素质能力和依法管理水平,广泛动员社会力量参与,努力走出一条符合国情的文物保护利用之路……"这显然是全篇指示的出发点和落脚点。中国文物七十年来的保护利用之路,虽然历经风雨、艰辛,但其总的走向和步履符合中国国情,独具中国特色。现在的问题和任务,是要实实在在的了解和掌握这个国情和特色的实质。这是个大问题,需要作为专题深入调查研究。以笔者的一孔之见,起码有七个方面的情况要取得统一认识。一是年代久,二是数量多,三是土生土长,四是绵延不绝,五是曾经随国运之衰而被列强巧取豪夺,六是特有的尊祖爱国传统,七是要传承世代,利在千秋。这仅是客观事实存在的基本国情。仅凭这七条,中国文物的保护管理必然要走自己的路,创自己的新,做自己的事,保自己的物。一切人类先进的文明成果都要借鉴交流,这至少已提倡、鼓励、实行了40多年,也取得了大大的成效。但是所有借鉴交流,都必须从国情出发,从适应国情需要着眼。习总书记特别强调文物保护利用要走符合国情之路,自然有其特别的新意在。文物资产论的专家们也特别谈到学习外国经验的重要性,当然无可非议,但这只不过是又一次重复旧说而已。同笔者的管窥蠡测之见,仍大相径庭!上述七点国情认知,是学习、借鉴经验的前提。但凡与此不符或相抵牾的就不足以学之取之。例如昔日的西方"列强",今天的发达国家,它们的经验、特长大多就不符中国国情,无太多可取之处。正如郑振铎先生67年前所说"无数的最可珍视的民族文化遗产(古物、图书)均被无耻的买办、官僚、商贾盗运出口,成为帝国主义的博物馆或图书馆里可骄傲的收藏品。"它们"所有"的文物大多是战利品,是自身强大、扩张的见证。埃及、埃塞俄比亚的方尖碑被运到国外高高树立至今,就是在显耀它们战胜他国的骄傲。此外,则和自己国家民族的历史、文化和民族情感毫无干系。而这样的文物和原始主权国及其人民却是不可切割的命运共同体,思想感情上血脉相通,尊祖爱国传统一脉相承。如此这般,作为被掠夺的主权国能委身求助于掠夺者吗?这是最大的国情之异。至于它们宗教建筑居多、石质构件普遍、偏重艺术品收藏、私人所有比重大等等之别却无关紧要。平心而论,除去某些保护修缮科技、材料等可以借鉴交流,其他种种,则不可

也不足取也。如以此作为学习范例，高捧它们的经验，正适应它们"中国人不会保护文物"的成见而拒还原主的需要。在管理方面，倒是一些曾经被掠夺、窃取的文明古国的管理经验对我们很有借鉴之用。如埃及全国独立、统一、垂直的管理体制，严禁文物自由买卖和出境，坚持收回被非法出境文物等法律规定，其他如希腊、印度等也各有其所长，同样有可学可借鉴的好东西。所有借鉴国外经验，就是洋为中用，就是要有助于走符合国情之路，而不是回归"以古人遗宝为利薮"的老路弯路上去！

这里，还涉及一个自然遗产与人文遗产的区别问题。近年来一直流传着文物要像土地一样自由流转利用。笔者以为这也是一个无须班门弄斧问题。因为二者是两大不同范畴的问题。山川湖海，土地森林，矿藏生物气象，包括人类本身……都是宇宙星球大自然的恩赐，比起人类的起源、发展来，气势要伟大千百万倍，时间要早千百万倍，而且是人类活命不可须臾或阙的依托。而文物作为人类物质文化遗产，除了与矿产资源有同样的不可再生性之外，其性质、价值、功能、作用与自然资源完全不同。它是人类在生存、发展历程中劳动创造，生产生活及其直接关联的实物遗存，属于文化资源，人文财富，精神文明，历史轨迹……中国古代有个"伟人"盘古，是他初开混沌，始奠乾坤。这个盘古其人恐怕就是人类，就是洪荒远祖？所以，如果说人类是地球母亲的精灵的话，那文化、文明就是人类的精灵，是人类对已知星球唯一的最伟大的贡献！所以，中华五千年一脉相承的优秀传统文化不仅是培育和弘扬社会主义核心价值的立足之基，而且是我们在世界文化激荡中站稳脚跟的根基。这同自然资源完全是两股道上跑的车！如若把两种资源或其管理体制、机制、方式合二而一，把文物当土地、矿产一样使用，那文物资产化、货币化的严重后果是可堪设想的了。历史实践早已证明文物利用只要经济效益化，资源市场化，"水洗三孔"，捆绑上市事件必然呼之再出，现行文物管理体制必然再临解体之危！文物保护法第24条必然自行废除！符合国情的文物保用之路必然不在脚下而在空中！作为"退伍老兵"，衷心希望大家记住文物是老祖宗遗留的"无价之宝"，不要让货币计量迷蒙我们的视野，"不畏浮云遮望眼，只缘身在最高层"。居高临下大方家们一定要追随前贤，薪火相传，让文物为子子孙孙，世世代代"永宝用！"杞国无士忧天倾，但愿这番絮语也如此而已吧！

2018年5月

乡愁的感召

作为湖湘子弟，我离开家乡已经六十有三年了，占我现年的75%。1972年冬，我从文化部咸宁五七干校"半路出家"到国家文物局修炼文物管理功课，迄今也已经46年。从区区一卒到区区一吏，到区区一佣，"半瓶醋"逛荡到今天，其所为所得，也是一知半解的浅薄，微不足道的老者。在这40多年的历程中，我始终坚守一个或为偏颇的理念，并曾坚持付诸行动，即作为文物工作者，在力保国粹的工作中，在无私无利、无欲无求的前提下，对家乡文物保护有所关照，多一点付出，多保一点老祖宗留下的遗物遗产，何乐而不为呢？我自认但凡可做能做而不做，那是对先人的不恭不敬，可做能做而努力去做，那是对乡国的一份敬畏，一份责任，为子孙后代尊祖爱乡爱国多留下一份"传家宝"，多留下一份历史见证。正是出于如此之想，所以，在几十年的工作中，对家乡的文物保护总是多一份关切，尽其所能而为也。

例如，关于炎帝陵申报国保单位，正式公布为第四批全国重点文物保护单位，其时为1996年11月。在此之前第三批于1988年1月公布时，由于评审意见不统一而搁浅。当时的不同意见主要是陵墓未真有其人，没有文物考古价值，而且全国有多处类似的陵墓、故里，均无真实史料可考。第四批评审时，同样理由又发生分歧，最后确定上报名单时，谢辰生先生曾慷慨陈词，坚持不能把历史纪念意义与是否有考古依据混为一谈，不能轻易否认文物的历史纪念意义，黄帝陵不也是如此吗？有黄帝陵当然也要有炎帝陵。其实，历史上的"三皇五帝"等传说人物，尽管缥缥缈缈，虚虚实实，确确难以探究考证。他们或有或无，是个体或实是集体共名的"人物"，却都代表了、昭示了我中华文明的源远流长和起始源头，标识着、象征着炎黄子孙、中华民族人文初祖的神明智慧。"赫赫始祖，吾华肇造……聪明睿智，光被遐荒"。如此开天辟地的"人物"，其纪念、尊崇、赞颂意义，永世长存。中华民族的自信、自豪也因此与世俱存，永无止息。即便其所存遗址墓葬为后人所托建，同样不减其光耀千秋。唯此之故，在争得面红耳赤之后终于一致同意列入上报名单"不因人废物"，"不以物废文"的理念逐渐为更多的人所认同。炎帝陵的"国保身份"也终于得以确认并公布。作为参与者、执行者、见证者之一，早已选边站队于上述观点，自然为之欣喜。但是，时过几年，第五批国保评审工作又遇到永州舜帝陵的申报问题，评议中有的专家又以炎帝陵初评未能通过的同样理由说事而未能初评通过。因其所据史料记载过硬，随后又经考古发掘证实，西汉至元的舜帝庙遗址确凿无误，即以"舜帝庙遗址"公布为第六批国保单位。这是湖南文物考古工作者努力的结果。没有考古发掘的成功，又可能重蹈炎帝陵争议的覆辙。这次申报的成功，也证实毛泽东"九嶷山上白云飞，帝子乘风下翠微"的诗作，不是纯浪漫主义的想象之作。

现有公布的七批国保单位的评审工作，我参与了二至七批评审的全过程。而关注度与希望值最高的自然是湖南。这并非受人之托，更非炫己之能，实为乡土滋养的本能使然，也是既有理念的驱动使然。所以但凡有争议的时候，我多是自发选边站队。例如，在审议余家牌坊时，有人认为牌坊都是宣扬忠孝节义封建道德的东西，余家牌坊（又名节孝坊）自不例外。其所表彰的正是一位丈夫早亡，育有二子，24岁守节，长子早亡，上孝公婆，下抚幼子，守寡50年。含辛茹苦养大成才的小儿子，官授五品州同衔，其乡贤族人感念其德，为其请旌道光皇帝特颁旨立坊，以表彰其"立节完孤"的节孝，其子为感母恩于道光二十三年（1843年）将牌坊修建竣工。牌坊为六柱三间九楼式砖石构建。通高21.7米，面阔8米，进深5米，共以多种形式雕刻人物、龙凤等艺术形象，工艺精美，独具匠心，建筑艺术价值很高，建造过程中附会许多传说故事以丰富其内涵。然而唯独以其节孝也未能初评通过，实际又是"因人废物"，"因物废文"的理念所致。何况如此孝节之妇，即便在今天也应以人道人性而可入表彰之列，没有她50年的孝节，余氏数口之家不都早成灰土了吗？如此牺牲自我成全家人生命的精神，只要不出于提倡、强制，则合乎人情天理，无可厚非。大概出于世道之变，人们的认识也随之更新。几年后，这个建筑艺术价值颇高的余家牌坊，在第六批国保单位评审中顺利通过、公布，自是理所当然的了。

在湖南国保文物单位的申报评审过程中，颇费周折，多次未曾如愿的则是南岳大庙，以至迟迟拖延到第六批才通过评审公布。其原因主要出于专家认识不一致，而分歧的焦点又出于对修缮工程的某些正误、是非认识的差异。直至第六批评议仍反复争议而未能上评定名单。消息透风过墙以后，引发许多专家及湖南方面的反响，据说省政府方面都表示不解。素有"江南第一庙"、"南国故宫"之称，始建唐代建筑面积近十万平方米的大寺庙，为何迟迟不能公布为全国重点文物保护单位？就在即将上报审批名单之际，古建筑老专家罗哲文先生找到我，对包括南岳大庙在内的几处古建筑等申报单位未能通过评审一事十分不满，认为有失公平、公正，要我同他一起上书文物局，要求列入上报名单。我也正在为此事发愁，因不在古建评议组，没有有力的话语权，但又深感不能再错过这次机会，于是就欣然同意与罗公一起再约定几名专家联名上书单霁翔局长，并请罗哲文先生以其知情、名望、权威亲自执笔起草书稿，随后送我看时，除了加重文稿语气，明白指出不上南岳大庙有失公道，难以被人接受。此外我又趁机加入一段文字，要求将同时被刷下来的湖南邵阳县塘田战时讲学院旧址（革命文物）又郑重列入上报名单，强调其抗战时期培养大批青年干部等贡献。最后由于局长的重视，同意在上报名单中增加上书所要求补上包括南岳大庙、塘田战时讲学院在内的几处名单并最后获得可喜的成功。此事首先要归功于罗哲文先生的仗义执言，对包括南岳大庙在内的几处落选单位申述了权威性的理由。至于力争已久的塘田讲学院，自然与我趁机为它"搭上便车"有关，因而获得意外之喜。

现在，再返回老家邵阳市及其所辖县市的文物保护工作上来。作为生长之地，自然涉及更多更广一些。首先是隆回的魏源及其故居。改革开放以后，最先提出"师夷长技以制夷"，并编著《海国图志》供"师夷"之用的魏源，成为最受国人关注和尊重的近代历史人物。他的思想、论述引起更多学人的研究和宣传，其地位与影响与改革开放同时提升与增强。保护其故居文物，宣传他的事迹、思想，已经成为隆回人，特别是"少数关键人物"的"热门话题"和重要任务，他们深知做好魏源这篇大文章，将成为隆回改革开放，致富图强的巨大驱动力。所以保护维修故居文物，开展魏源学术研讨，建纪念性的魏源图书馆，开发"魏源家酒"等一系列活动都相继搞起来。1996年，故居顺利公布为全国重点文物保护单位，随后国家多次拨专款维修故居和搜集文物资料。由于其声望、影响之深远，所有各项保护工作都依规如愿。本人也顺势为之助些许之力，如遵嘱请赵朴初老先生、全国书协主席刘炳森先生欣然命笔题写"魏源图书馆""魏源故居"名牌，至今成为不可再得的墨宝。此外，去年竣工开放的"邵阳市博物馆"，也由我遵嘱请现任全国书协主席苏士澍先生题写。虽都是区区小事，却也都是出于对故乡的一份心意。

邵阳北塔，2001年6月被公布为第五批全国重点文物保护单位。公布前的维修工程，由中国文研院一位古建高工主持。申报国保时，我曾咨询她对塔的总体评价：在南方，明代的塔今天也不多了。其造型、结构都有特点，原状保存也不错等等。我说邵阳市申报国保有可能通过吗？她说要在北方文物大省就不好说了，但在江南这样的砖石塔还不多见。我请她适当时候给予支持。物以稀为奇，物以古为贵，这两条还可能算是北塔的优势吧？最后终于在犹豫与勉强中通过。我也为邵阳又可能多一处国保单位而欣喜。2002年，我回乡探亲时，我又故地重游，再次登塔，欣赏"屼扼双流合，江涵一郭烟"（魏源诗）的胜景。20世纪50年代初，在邵阳市二中读高中时，曾携来多友曾游，上过东北对峙的东塔和北塔。而今东塔已经新材新建，文物价值消失殆尽，难免有几分惋惜。"重到头将白，前山依旧青"。（魏源诗句）而我重来时却是个"退伍老兵"了，只能再次欣赏先贤诗句了。蔡锷故居、公馆、墓葬捆绑公布为第六批全国重点文物保护单位本是个时间早晚的事情。所以偏晚，可能是分合未定的原因，省文物合并上报是促成其评审顺利通过公布的关键。三合一，地各一方，管理亦各行其是，但必须统一到省文物局。邵阳故居原有一座老式农舍，背靠小山丘，林木葱茏，颇有一点农家气韵。但其左侧曾新建一栋洋式二层小楼。我2002年去瞻仰时，曾写一段这样的话：洋式楼房"把故居建筑压得不透气来，而且古今对照，彼此格格不入……成为文物保护工作的一个败笔"。大概出于"所见略同"，公布国保单位以后，市政府部门拆除洋式建筑，并在原故居左侧复建故居偏房，恢复故居整体原状，并对其四周环境进行了整理。在复建偏房过程中，审批工作颇费了些周折，拖延了不少时间。市文物部门找我到国家文物局了解情况，顺便作点疏通工作，最后如其所愿，完成复建任务。因为既未见到整修后的实物场景，也未得到照片反映，究竟实况不明，不便妄加评论。但是，内心深处但愿故居能完满再现其主人的童年风采，真实展示这位风流人物的清贫家世，充分发挥将军故居的爱国主义教育功能。这就无负故居守望、管理、整修者们的片片艰辛、心血。

第七批国保文物单位的选报工作，可能由于风传评报数量较大，激发起各地申报的积极性。此间，邵阳市、隆回、洞口、武冈、绥宁等县市都有人找过我了解情况，希望给予支持。我的回答是：自己早已是"退伍老兵"，耳目闭塞，如不被邀请参评，发言权就等于零了。同时也都建议要事先做好宣传工作，认真过细做好资料搜编，利用各类媒体传播、展示出去，并将此作为申报资料附件。我还表示对有些申报单位的文章，可以助"半臂"之力，或推荐于有关报刊，或选登于自编期刊。对于人力不足的地方，还可以约请相关专家实地考察，协助当地文物部门写文章等等。例如武冈古城墙、黄埔军校二分校旧址，记得都帮过类似的忙，刊载过他们的文章。洞口的宗祠建筑，黄慧湘所长早就寄来照片，要求申报国保单位积愿已久，我也早已有所知晓并赞成他的努力争取。但也好像有第六批的失落之憾！这一次可要保证成功才是了。为此，我建议县文物部门特约省文物局专家曹砚农先生多次赴洞口作实地考察并撰写专题文章。2008年9月至2009年6月，曹氏两篇大作《试析宗祠建筑文物的功能与价值》、《湖南洞口"曾八支祠"的古韵新声——再谈宗祠建筑文物的功能与价值》先后在《中国文物科学研究·保用视野》期刊上刊登问世，获得普遍好评。已故著名考古学家麦英豪读后欣喜异常，特地给我打电话表示对曹氏两文的赞赏，认为文章把宗祠的兴起、性质、价值、功能、发展等等都说透了，并有其独到之见，是好文章，值得拜读等等。他同时指出宗祠是古乡土建筑的重要组成部分，是古村落文化的精品，是珍贵的文化财富。文章所据的宗祠建筑气派、特色都独具一格，其价值确实不可低估，文章作者的研究也有其独到之功。最后，申报任务圆满完成，为保护古村落文物提供了新的范例。至于所刊发的文章对申报成功有无作用，那只能是运动员赛跑到了终点就是尽力了。

年年春日倍乡思，尚有余情未了时。隆回还有两处名人故居尚未完成国保申报评审公布任务。即"邹汉勋世家故居"（建议下次申报时改用此名更符史实）和谭人凤故居在第七批国保评审时因数额所限而被删除未果。基于文前所述理念的驱动，对此两处申报评审工作，我是持积极支持态度的，并为之付出一番心思，尤其深感七代人一脉相承研究舆地、地图学之难能可贵。在申报之前，我还特地建议县文化局邀请曹砚农先生专程作实地考察，并写作《山野柴扉，学人辈出——访邹氏舆地世家祖居纪实》长文，于2009年10月刊在《中国文物科学研究·保用视野》期刊上，集中把邹氏世家事迹与故居，从久久尘封于深山老林中展示于世人。与此同时，我还帮助联系在《中国文物报》上刊出专版，县书记、文化局等撰写专文宣传邹氏故居保护的重要性。在评审过程中，我曾多次致函局领导强调其特殊性、重要性。文物局为此特派专家赴隆回作现场考察，结果一致肯定其申报的合理、合条件，所以一路顺风通过，后因国务院提出所报名单数量过大，要求以不能超出多少多少处为准，而且要求从快定夺尽早报批，最后只能由少数并不悉知申报情况的专家仓促定案而被删除之。本人对这两处故居是实地观察过的，邹氏家族对我国舆地学的研究和发展贡献之大是前无古人的，我曾有拙文作过简浅介绍，并指出过去评审国保单位存在重党、政、军，轻科、技、文的偏颇，致使一个七代相承专攻舆地、地埋、地图学的家族和谭人凤以及贺绿汀等名士、名家都"名落孙山"，尘封山坳，实在令人惋惜。据知今年将评审第八批国保单位，希参评者能记住"科技是第一生产力"，记住习总书记"发展第一要务，人才是第一资源，创新是第一动力"的指示，让那些尘封百年的科、技、文发明家重光于世，启迪来人，感召后代。

"天涯倦客"，老态龙钟。正是出于乡愁的感召，我对故乡文物保护的些许关切，也算是一份感恩，一份心意！尽管是"蚁衔一粒"之微，但同是一片拳拳之情，一片眷念乡土之心。正是出于乡愁的感召和对当时县领导同志专力于家乡脱贫致富的感动，在世纪之交的一个紧要时刻，为隆回保留"国家贫困县"名分和制订全省第一个县旅游发展规划也作了一臂之助，收到可喜效果。也正是出于乡愁的感召，在人生最后十公里的旅程上，毅然将我所收藏的部分图书共1000余卷（册）无偿捐赠给隆回县"魏源图书馆"，让它所承载的文明、知识有可能传播到故乡的学子乡亲。但是，所有这一切，实实在在的微不足道！真真切切的一粒之微！拳拳款款的乡土情怀，完完全全的乡愁感召！这是我引以为自慰的人生快事！现在将此示之于人，也纯属"记住乡愁"，勿忘故土，更希望湖南文物强省更强大，为提高三湘儿女的文化自信做出更大的贡献！

2018年4月

愚顽的报应

　　活到老,学到老,老了还有三招学不到。我的为人处世,老到耄耋之年还有多少个"三招"没学到! 蠢材之蠢已经绝顶了! 伟人说"世界上最怕认真二字"。可我该认真的,精准、实用的认真却不太多,而过分的甚至愚蠢、固执的认真却不老少。例而言之,学会的刊物,现在看来,就是过分的愚蠢的固执的认真典型!

　　其一,过分的认真的千方百计坚持要办个刊物为学会正名。经近5年的坚持求助于人,终于在死不罢休的努力中办妥注册登记手续。

　　其二,过分的固执的认真的坚持做"无米之炊",策划、筹款、约稿、编辑、审稿、定稿、校对等等,一条龙地一人包打包唱坚持6年之久。整体策划、布局、包编其半亦达3年多之久。11年后的今年,因新换大单位不适应、不熟悉,生气致病,编辑工作做得不多也很不协调,很不开心!

　　其三,愚蠢的过分的认真为学会保住刊物及其主办地位。自始至终,与人合作,必须以我为主,刊物是学会的,合作不能喧宾夺主。但因钱势大于权势,所以或有主次之倒置,或名存实亡,其反辅为主之势更无可阻挡。但是我仍独自冲锋在前,死守刊物是学会刊物这一条,却忘记财大气粗,高处不胜寒,寡不敌众这几条"真理",真蠢到令人笑掉老牙了!

　　其四,顽固的认真坚持办刊原定宗旨、性质,反对复制其他文物期刊,拾人牙慧,死心塌地坚持探索中国特色文物管理学理论,坚持12年之久的办刊宗旨,因而对违背合作协议规定,明里暗里擅自改变刊物性质的做法愤恨之极,并大声疾呼刊物是文物学会的刊物! 感情之激烈久久不可遏止! 乃至差点没置命于死地!

　　其五,顽固的愚蠢的死保学会不亡不死。我在学会主持工作12年半,接手时房无一间,地无一垄,唯一的一方印章谁都可以揣在兜里为钱而使用。还有唯一的700元钱的遗产在户。七彩斑斓的大小人物,各有各的需要,各有各的作为。为了保护它活下去,我一天也没有离开岗位,一天也没有放弃职守! 在十分孤立十分艰难十分尴尬的情况下力保其不倒,苟且偷安！对其收入所得，我没有乱花分文，更没有私谋半分利好！

其六，总之，过分的顽固的愚蠢，还在于老而不懂也不信"权御天下"，"官大一级压死人"的传统；不懂也不服财大气粗的势力之凶；不懂少年得志便猖狂之猛；不懂但自信君子有"义利之辨"，君子怀德、怀刑怀公道？看来，"所谓将心比心……如此则各得其平矣"，也只不过是人性之善的梦想！爱因斯坦"都承认自己的结论有99次是错误的"。我等凡夫俗子，又何足道哉！？

总之，我在主持学会、主办刊物的17年多时间里，乃至在我的一生中，我确确实实太过分了！太愚蠢了！太固执了！太傻蛋了！太天真可笑了！！但是，我有无私利之图，权利之争，违规之得，违法之贪，般般俱在，苍天可鉴！而今，在日薄西山，朝不虑夕之时，唯一的要求是人格受到尊重！尊严不受侮辱！古人云：不取于人谓之富，不辱于人谓之贵。这是中国士的传统！

2017年10月13日

守望柏林寺二十五年

　　1992年秋，中国文物报撤出北京市交道口中学课室迁往毗邻雍和宫又早于雍和宫的柏林寺内编辑出版。作为报社主持人这回可进驻寺庙，成了"住持"人，当起了"出家人"来了。初来乍到，一切都新鲜又漂浮着几分古旧；满院恢宏又拂动着几分荒凉；一派幽静又闻不到钟磬清音。28位编辑人员随我入了"佛门"，但多是一派现代风情，心情喜中带忧。人入佛门"四大皆空"。但是，地小、水远、火弱、风大，四大皆亏，生活之不便，确是普遍性问题。在我们进驻之前，国际友谊博物馆，《中国文化报》已经捷足先登，生活、工作都已适应，也给了我们很多指导和帮助，我们的办公用房，是空大的统子间，大家只能"排排坐，吃果果"像小学生一样，耐着性子，落座练功，好在大家团结一致，对办报充满热情与信心，对即将动工复建的二层斋堂小楼充满期待，特别是对偌大一个古寺大环境的幽雅清静充满好奇和欣喜，所以很快安定下来，专力于编报工作，心情总体开阔、愉快。善于等待，是一种美德。一年多以后，斋堂新楼复建竣工，办公用房随之大为改善。不过这已经是1994年的事了，我们编报人员善于等待的美德都表现得十分充分了。但是，由于我这"住持"惯于小打小闹，惨淡经营，对斋堂装修工程潦草收场关注不够，以致四周墙壁单薄，保温防热功能很差，冬冷夏热，大伙大吃苦头。安装空调，仍然没有从根本上缓解。而今回想起来，深感忽视民生而内疚。但凡该做能做而没有做的事，自然留下来的是遗憾，是愧疚，是责任。这与本人的天性也有关系，在向主管部门要钱时，从来紧打紧算，不愿讨价还价，能实报实销就足够了，而且总是考虑欠周，计划过严，对群众生活福利和办公条件改善总是小里小气，唯恐引起上级反感，这是初进柏林寺时所造成诸多不便的主要原因，也是我应负的主要责任。同志们因此吃了些苦头，但回过头来咀嚼，也许五味俱全，别有一番意趣。

　　说起这个复建斋堂，原建只有一层，一柱撑顶，四面倒水，是个摇摇欲坠的大通堂，一口大锅置于正中央，尘土半满。自民国后，寺内香火绝止，这口大铁锅无疑是当年"僧多粥少"的见证。考虑到按原样修复，大间通堂，已无实用，僧多粥多，也不可能再在这里生火熬粥，所以决定复建成两层楼，以供实用。现有的斋堂建筑实为新建，与原建筑只有地盘地基相关联，不能作为原建原状看待。但对文物报社却是"办公大楼"，成为8年之久的社址所在。我在该楼西南角当阳的一间光线充足的小屋里，一张办公桌、一张睡床、一对小木头沙发，还有一个暖水瓶陪伴我度过了6个冬夏，同全社工作人员一起受冷热之苦，没有任何特殊待遇，现在想起来，曾对大家生活关心不够之内疚，也因此削减了几分，心情也平静了些许。报社在柏林寺度过了10年之久的窘迫岁月，我占三分之二，直至2000年4月下台离任。接任"主持"能量大，主意多，终于在局文博大厦落下了脚，开辟了新天地。我离任报社"住持"之后，随即在借用报社东配殿廊房新任中国文物学会"住持"，成为新主新庙的"老和尚"，直至2012年6月换届下台，前后近13年之久。此后又受聘作学会"书刊总编辑"，主编《中国文物科学研究》和《新中国捐献文物精品全集》杂志（实为责任编辑），直至2017年4月因病请辞，彻底离开学会，也依依难舍地告别柏林寺，前后共计实打实的25年有余，百年岁月的四分之一。"山中常有千年树，世上难逢百岁人"。25年多的时光占我一生的多少分之几呢？算来有点令人惊心。个中酸楚之深，付出之多，收获之几何？真令人寒心、痛惜！

生命是无数时间的积累。25年的生命存在，该是何等的宝贵啊！成败、甘苦、悲欢，都很值得珍惜，值得记录，值得收存！在这里，春天的青葱，夏日的浓荫，秋色的金黄，冬天的积雪，四季的鸟鸣莺唱，在京都闹市中，真真切切是片难得的净土，天趣满满的胜地。尽管难免有清贫守望之荒凉，更有孤苦寂寞之伤感，但更多更长的是清净、超然之忘我，或是耕耘、赶急之繁忙，或有浅吟、低唱之清闲……好个别样人生之我！我曾在报社下台时写过一首小诗，题为《退休感怀》：

退居斗室四门通，坐听东西南北风。

床底书香萦旧梦，窗台花好惜春红。

任晴任雨榆槐伴，随唤随来莺雀朋。

物外超然谁自得，柏林寺里老僧翁。

对柏林寺前8年办报生活还是有苦有乐，无怨无悔的。2000年到2017年的17年里，却是另一番修炼，另一番挣扎，另一番品味。故也有今日《告别柏林寺》诗二首。其一是：

柏林寺里廿五年，非佛非仙一苦禅。

树长参天人老朽，花飞满院意缠绵。

当年据理争原主，斗胆陈词抗大贤。

莺雀欢歌催午梦，萧萧风雨伴鸣蝉。

20世纪80年代后期，宗教部门坚持开放柏林寺为宗教活动场所，文物部门却坚决抵制。佛教界某大名人誓言绝不放弃。多名文物界专家联名上书中央主管领导人申述此寺1949年前已久无宗教活动，重新开放，有悖中央政策规定等等。本人也参与其中并起草上书文稿。原国家文物局顾问谢辰生先生更多次登临名府，坚持柏林寺没有开放宗教活动的政策依据。由于国务院有关领导人的依规调解，文物终归国保。

《告别柏林寺二首》之二是：

工作柏林寺，相承廿五年。

才忧荒古殿，又喜恢宏园。

倒腹倾肠肚，守贫练苦禅。

剪裁辞刀尺，书药养衰残。

这个17年，虽经选举审批手续，合理合法，名正言顺，有职有责，然而房无一间，地无一垅，钱不满百，而副职助手成群，首长上级，层层叠加，明批暗示，入会"授衔"，接踵搪挨，日复一日，年复一年，堪称最大的"常务"之一。另"之一"者，乃是想方设法巧立名目，牟利挣钱。有了几个钱，又以事出有名分而处置之，此番场面，如此情景，初来乍到，颇为"惊世骇俗"。若任之听之，随波逐流，必"如入芝兰之室，久而不闻香"也。然而凭一己之力改之则谈何容易？所幸正义之行也无可阻挡，合情合理之举，所行亦必有成。多数人还是能通情达理，遵纪守法的；立规立矩，有章有制，终究为多数人所遵从。2004年换届任会长、法人以后，情况终于有所改变，所立规矩终于发挥一定的规范作用。组织不垮不烂，职能不废不除，性质不变不改，维持下去，保持学会基本完整的最低目标最终基本达到，所有上下四周形形色色的干预、责令因遭不同形式的抵制，也慢慢失去其"说一不二"的强势，以致最后9年基本或大体保持可控的运转，学会的职能、任务也随之得以维持。几位常务工作人员大都不敢过分任性，不敢妄为犯大事。必要的人事调整，也敢于负责担当。特别是对外还多不敢踩线越界，但违法乱纪的个别事故也时有发生。社团管理法律法规的漏洞很多，不良不法分子有空可钻。学会18年前12年，整天诚惶诚恐，有时乃至食寝难安。后6年受聘做编辑，也为刊物煞费心机，甚至大伤身心，病至濒危，苦力苦役之劳，心底自明，堪称"结局之惨"。"人世几回伤往事"，老来依旧苦寒心。

在柏林寺的25年，做事不多，成效甚微。但却延续了我"为国健康工作"的年限。满打满算，大学毕业入京到2017年，作为国家机关干部整整工作了58年。本想争取到60年，唯时不我与，命不由人。但而今，一息尚存，思维尚可，依然想坚持两年犁锄耕作，不为大公大事，也为小公小事送点滴正能量，得失无常，岂能逆料！"甚矣吾衰矣，怅平生，交游零落，只今余几！""不恨古人吾不见，恨古人不见吾狂耳，知我者，二三子"。

在柏林寺办公25年的人恐怕并不多。据知，文化部管理处的同志似乎没有达到25年的。唯一的同伴就是原国际友谊博物馆的宋佑隆同志，作为该馆行政处长，随友谊馆先于中国文物报社进驻寺藏经楼，而且分管文物局所分用的东院。在我所在25年中，友谊馆先后小、大两次整修。最后一次在世纪之初，原文物报社所使用斋堂前后三栋都做了大修，特别是斋堂上下两层四壁加装保温墙和中央空调设施，冬夏冷暖的问题得到解决，还是高人有高招！

说起这个柏林寺，25年的相处，却对其历史变迁知之甚少，其建筑价值、特色也说不出个一二三。只知始建于元至正七年（1340年），明正统十二年（1434年）重建。清康熙五十二年（1713年），为庆祝康熙60寿辰，由胤禛（雍正）住持重修重建。乾隆二十三年（1758年）又拨巨资进行重修。现有主辅建筑均为清代所建。但其规模宏大，气势恢宏，正北朝南，主体建筑依次为山门、天王殿、大雄宝殿、无量佛殿和维摩阁共五进院落。东西两侧为配殿、廊房，规制严谨，全部建筑建在高大砖石台基上。山门殿前矗立着一座高大的砖砌影壁，雕刻有简约、精美图案，艺术性独具特色。第三栋大雄宝殿为全寺主体建筑，檐下正中悬挂有巨额横匾，上书"万古柏林"，为康熙60寿辰时所亲笔书题。殿内有明代塑造的三世佛和七尊木制金佛像，东配殿内存有康熙四十六年（1707年）铸造的蛟龙纽大铜钟，高达2.6米。大雄宝殿前立有乾隆二十三年（1758年）御制并书重修碑两座。寺内曾保存中国唯一存留的龙藏经版，史料价值颇高，共计78230块，经书7240卷，梨木雕刻，保存完好，1982年移至智化寺保存。柏林寺曾为北京八大古寺之一，并有"先有柏林寺，后有北京城"之说。总之，是北京城内独具特色的古刹之一，文物价值很高，特别是东西全院建筑完好，古木参天，环境幽雅，使用价值尤为突出。所憾保护专业力量单薄，寺内史料收集、研究不够充分。曾被租用单位多为商贾之家，对文物保护既不专业，也无章法，要求不严，所订规矩执行不力。室内装修有任其所需而改造文物建筑的损毁事例。2010年前后，我曾亲历目睹无量佛殿租用户胆大妄为，制造了严重破坏文物事件。

　　具体时日无从确定，大抵2010年前后，也许更早一些。我路过该殿东侧，看到殿前装修器材堆积，殿内敲打声高频震耳，乃以既好奇又怕文物受损的双重心理进殿观察实况，只见一位木工正在敲打施工，又见有两根顶梁大柱，从底至顶各挖开一条寸余宽、深的沟槽，整个柱子原有皮包麻刀都被破开，其支撑力无疑大受损失。我问施工人员这是为什么？他回答说埋装电缆（线），避免明线碍事。我问谁批准这样办的？他说老板要这样办的。我问所有柱子都要这样挖开吗？他没有正面回答，只说电缆埋好了就够了。我又整个浏览了一遍就回到办公室，深感这显然是一个严重事件，非立即制止不可。考虑到文物学会用房统归全寺管理处管理，许多事都要在它的"屋檐下"进出，不好当面交涉，且由他们出面，肯定大事化小，乃至不了了之？最后拿起电话向北京市文物局陈述所见所闻一切，强调问题的严重性。市文物局对我的"密报"引起了重视，随即派人到现场勘察，证实所报无误，立即要求停工，并召集管理、租用双方作了处理。所破坏的立柱也作了相应的填充补救。这是我事过多日第二次打电话向市文物局询问的回答。但是总的补救简单，处理偏轻，且秘而不宣，得不到以儆效尤的效果。此事我虽与人谈及，并自认对保护国家文物尽了应尽之责，但始终未向寺管理处说明所为，原因仍然是"人在屋檐下"，现在告别办公25年之久的故地了，不要进出其"屋檐下"了，不妨公布作为告别小礼送给寺内管理人员，事关重大，应该引以为训。

　　此外，还有另一件不大不小的事，也应宣示于人。大概也是七八年前，一家公司租用山门殿，开头似很简单，没有特殊摆设、张罗，但很快在正门口安放一尊金色弥勒佛像，也就是曾有名联点赞的那个"大肚能容，容天下难容之事；开口便笑，笑世间可笑之人"的佛像。像前还放有功德箱，显然是要借此打开开放佛寺大门，牟取钱财，态势令人见怪。几天后，我见到管理处一位老李同志，问山门开佛事活动的缘由，并明确告知柏林寺是国家政策规定不再从事宗教活动的文物保护单位，现在摆佛像、设功德箱，就是宗教活动性质，过去为这个事争来争去，好不容易物归文物原主，现在这个架势，可是"引狼入室"，行不得的啊！这位老李同志的解释，也表示已经发现其不可行，要马上处理。我们交谈之后，管理处采取果断行动处理了这件事，山门殿依规恢复原状。

25年内，柏林寺经过多次大小不等的维修，总的情况依法依规办事，全寺整体格局、原状都保护较好。唯独东西两路路面改成平铺大理石面，舍弃原有青条石路面，观瞻、使用效果都非原状原貌，既古旧风味无存，且排水效果远不如前，这是维修的一大败笔，应引以为戒，原有的石灰石条石路面的古朴风味丧失殆尽，可惜！

　　无独有偶，在我的人生路上，曾经有两处办公25年之久的地方。这里是第二个25年之地，此前是沙滩红楼。从1972~1997年在国家文物局机关工作的25年，就是在那里度过的。两个25年（其中因兼职有几年交叉两处分半办公），实实在在，真真切切，没有休过假，生过病，请过假，依规守法，日复一日，年复一年，早到晚退，不亦乐乎？不亦苦乎？然而，渺沧海之一粟，羡长江之无穷。而今，一切已经进入尾声！我耕耘、劳作、挣扎、斗争，喜、怒、哀、乐共享的古刹净土、文化沃土、静美乐土、争持热土都在百感交集中离我远去了！给我留下的只是无限的回首，无穷的眷念，无助的孤寂，但无悔恨的悲愁！再见吧，恢宏博大的柏林寺！再见吧，那许许多多对寺院，对事业充满虔诚、炽热的"善男信女"同仁们！那无数共事多年，视若同怀的相知男女们！还有那多个为我的书刊编辑出版付出辛勤和心血的忘年交女士们！新的春天已经阔步向我们走来。"杨花落尽子规啼"的伤春时日亦将随之而来！可惜，今后再也听不到这"一叫一回肠一断"，令人乡思，令人心碎的杜鹃啼血之声了。再见吧，充满人性乡愁的子规鸟们！还有那敲之即应，呼之即来的莺朋雀侣们！"若要人生长美满，除非世上无离别。算古今，此恨似连环，何时绝"！

2018年（戊戌）3月于北京寓所

四大发明何罪?

最近,在防范、遏制浮夸、自大之风的言论中,有的人出于加大火力,突出效果,却从一个极端跳到另一个极端,把中国科技与发达国家的差距拉开二十年,三十年,乃至断言永远都赶超不上等等,特别是把老祖宗的劳动创造成果从山顶推倒谷底。这可就令人大惑莫解,颇费思量了!

事实真相如何呢? 作为业外的草芥平民,自然更多的只能姑妄听之,或姑妄疑之,既无深究之可能,也无"看三国掉泪"之必要。一个近十四亿人口的中华民族,饱受外侮,历尽艰辛,绵延不断地生存了五千年,直到今天才站起来,富起来,并且正在强起来,再要生存五千年应该是乐观的。但若因此而否定中国古代科学技术成果及其对人类文明的贡献,例如对古代四大发明的大加贬损、否定,甚至对英国人李约瑟的《中国科学技术史》也颇多不屑、鄙夷之词,这就不单是个学者学问的问题了。那就所有知其名望的普通中国人也不禁要问四大发明到底有没有? 真不真? 算不算? 有没有价值? 这是必置可否,不可回避的核心原则问题了! 要求回答这些问题也当是尽"匹夫之责"了。如若连人所共荣的中国古代四大发明也要被否定掉了,那五千年的中国又算得了什么呢? 这恐怕有长他人志气,灭自家威风之嫌吧?!

中国古代没有科学,只有技术之说,这并不重要,因为历史是既往事实的积累,即便见仁见智,也改变不了事实存在。但是你说中国在人类史上最早发明的火药因是黑火药,那不算什么发明! 人家发明的黄火药,那才是威猛、震撼真正的火药……问题真就这么简单吗? 黑黄两药就可以这么明确定性吗? 请问:这两者的发现、发明、应用有时间先后之差没有? 如果两者有先有后,那就先到为君,后到为臣! 没有黑色之先,哪有黄色之后? 中国黑色火药成熟、应用时间始于唐代末期。当人们用黑火药做成的烟花爆竹欢庆新春佳节,"爆竹声中一岁除,春风送暖入屠苏"的时候,那是公元十一世纪宋代初年的事,距今恰好一千年左右,而且时至今日的烟花爆竹还只能使用老三样的黑火药。云贵地区一些少数民族保安、庆典所需的铳、枪就是使用传统的黑火药,你能说它没用吗?800多年后才姗姗来迟的黄色炸药,尽管性能先进,却绝无资格取代中国人为人类发明火药的才智与荣耀!当黑火药大发其威为人类生活服务的时候,黄火药的创造者们还在何时何地干何等大事呢?最后由英国人制造成功黄色炸弹(TNT)至今才一百五十多年呢,值得那么赞不绝口吗?

关于中国发明指南针的事实,更贬损得似乎不屑一顾。说那只不过是磁铁矿的发现、加工而已,而对其与地球磁场相关联的科学理论问题从来没有研究,根本没有科学的概念等等。这就是明说指南针不算什么发明。如此说来,"牛顿和苹果"的故事不也就是"天上掉馅饼"吗?!万有引力定律的发现,我看却比指南针的发现更深奥,更复杂,更简单?!人们可曾知道盛唐时期的鉴真和尚曾六次东渡扶桑五次因迷失方向都漂流到海南岛返回到原地,这显然是早已发明的指南针尚未完备而普及到航海方面的结果!而经过南宋精制完备的全新指南针却指引着郑和七下西洋都得以凯旋。这无疑是全新指南针在大显神威!90年后的哥伦布、麦哲伦们发现美洲新大陆时,是否得到过指南针之助,尚不得而知。但是他们却经历过太多的周折和艰险。指南针在茫茫无际的海洋中指引航向的作用,使地球水陆空了如指掌,有着敢教日月换新天之神奇!这又有谁敢谁能否定呢?!

还有印刷术的发明,也被说成只不过是几块膏泥的拼合(我们的印刷术发明不单指活字印刷,还包括早已成熟应用的雕版印刷)。唐代的印刷术和汉代纸张的发明,本是天作之合,自成一体。按此膏泥拼合之说当然微不足道,更算不上什么发明了。然而,直至20世纪90年代初期我们才停止使用铅体活字印刷,这对人类文明发展的推动之大,对文明成果传播之广,持续时间之长,贡献之巨,堪称举世称奇的大发明!对此也以片面、轻蔑之见加之于罪,那未免有点无所忌惮或任性所为了?

人类文明的进步和发展,是一个波浪式、螺旋形,循序渐进,不断积累,不断提升的过程。其中生活生产工具的创造发明,不论其大小优劣,只要推动着生产力发展和生活条件改善,都是历史进步的里程碑!而且越是早期就越有价值,弥足珍贵,就越促长人类智慧的发达。原始陶器制作发明,对人类身心、智慧、文明的进步、发达,曾发挥了无可估量的作用。可是如要以此比之于今天的景泰蓝或宜兴紫砂陶又当如何评述其优劣呢?

历史唯物主义告诉我们:历史人物、事件、发明、创造等等都是时代的产物。其优劣、高下、大小、成败等等,只能从彼时彼地彼客观条件出发作客观唯物的评价,不能以其前后时代的相关标尺来衡量。如若以前后八百年时差的黄色炸药的性能标准来断定黑色火药不算什么发明,那么,在原子弹、氢弹出世以后,黄色炸药(TNT)又算得上什么发明呢?! 照此放眼一看,屈指一数,今日中国人生活所有现代高大上的物质制品,都是外国人的创造发明,那么,中华五千年的科技文明成果,不就只剩下一双筷子,几瓶茅台酒了吗!? 中国人去哪儿啦? 警告、批评浮夸、自大、评估、揭示中外经济、科技差距,只要实事求是,自是警世通言,喻世明言。但硬是要以贬低中国历史,否定四大发明来证明中国人从来就是不行,中国从来就远远落后于世界,没有值得炫耀、自大的资本……如此这般,未免代价太大太重了? 所持姿态也未免太谦卑太屈尊了? 这只能是纠偏自偏,"守节失节",失去科学之严整,当然好心也就办不成好事!?

中国古代四大发明,史实俱在,驰名今古,举世公认,无辜无罪,不容否定,拒绝贬损! 面对此情此景,此时此际,确有必要重温马克思对中国四大发明的评论。马克思说:"火药、指南针、印刷术——这是预告资阶级社会到来的三大发明。火药把骑士阶层炸得粉碎。指南针打开了世界市场并建立了殖民地,而印刷术则变成了新教的工具,总的来说变成了科学复兴的手段,变成对精神发展创造必要前提的最强大的杠杆"。这该是对四大发明的最高最权威的科学评价了吧? 一百多年来未见有人表示反对过。

早此二三百年的英国哲学家弗兰西斯*培根的评价是:印刷术,火药,指南针"这三种发明已经在世界范围内把事物的全部面貌和情况都改变了:第一种是在学术方面,第二种是在战事方面,第三种是在航行方面;并由此引起难以数计的变化来:竟至任何教派、任何帝国、任何星辰对人类事务的影响都无过于这些机械性的发现了。"近代几百年西方文明发展发达的史实都证明中国四大发明所做出的历史性贡献和产生的深远影响,这两位前后相距数百年的名人伟人所做的评价,就是四大发明成功的历史见证与结论! 而今想当然地对其无端否定和贬损,乃是空前的惊世高论奇谈! 绝大多数的中国人和世界人民恐怕都要为之费解,为之拒绝,为之吐槽,为之侧目!?

2018年7月

不同凡响的导言

中央全面深化改革委员会第十三次会议《关于加强文物保护利用改革的若干意见》的导言指出：

"加强文物保护利用改革，对于我国文化遗产保护传承具有重要意义。要把确保文物安全放在首要位置，聚焦文物保护的重点难点问题，加强制度设计和精准管理，注意盘活文物资源，在保护中发展，在发展中保护。"

在新时代，新气象，新作为伊始，党中央再一次发出《关于加强文物保护的若干意见》（以下简称《意见》），真可谓非同小可，不同凡响。文物工作者，社会各界，黎民百姓，无不为之感到振奋和鼓舞，为之平添自信与期待！但是，也无不为之引发沉思和感慨，乃至反思和反顾。党的十八大以来，党和国家对文物保护事业的重视和关注，同对其他事业一样都登上一个新的台阶，进入一个新的时代，要求又新的作为。关于文物和历史文化遗产的保护利用改革的理念、决策、方针、举措、办法、实力等等，无一不需要有更新更高更严更实的改革与付出。其中关于文物和文化遗产保护利用改革的指导性文件，党和国家领导人书面的、口头的指示与批示，可以说是接二连三，再三再四，集积起来，可以成章成册。习近平总书记对民族传统文化和文物的论述和指示之多，被誉为"传统文化代言"，把历届党和国家领导人一以贯之的对文物历史文化遗产的重视与关注推上一个新的高峰，把文物保护的理念、思想、理论构建出一个新的体系，古今中外，堪称并世无二。

这段共108字的导言，是《意见》的主题主旨，纲领纲要，指向指针，关键词结论语，出发点落脚点。这不是辞澡的堆砌，也不是哗众的搬弄，而当是明摆着白纸黑字，是对《意见》全文（尚未发布）内容与格局的确定与规范，是对《意见》的总体要求的概括。"主题主旨，纲领纲要"，指的是其在文件中的重要指导意义与作用。"指向指针"，无疑是指方针方向和现实针对性的问题。"关键词、结论语"，乃是文件所需具体化、规范化、指令化、结论化阐明的核心、原则性问题。"出发点落脚点",是文件制定的缘由和目的,导言的一字一句,都是指示指令性的基本原则!最终文件所有的所有,都要坚决遵循之,贯彻之,执行之。

按照常人思维逻辑,根据导言总纲,自然而然引发人们对如下问题的思考,也自然增长他们对文物保护利用改革的自信和期待。

一、缘由何来?背景何在?近在短期内,党中央、国务院接二连三发文件、做指示,直至由国务院发出《关于加强文物保护利用改革的若干意见》,其指导性、权威性就不言而喻了。个中缘由、背景,或是现实变化太快,新情况,新问题不断涌现,原有政策、规定或未贯彻到位,或已不适应现实发展需要,或是文物保护利用改革要求要发生重大变化,原有方针、政策、模式都将失去可行性、有效性;当然,也存在管理不善,作为不力,主观努力跟不上形势发展,致使现实问题突出,文物安全长期处于被动局面的可能等等。对此,《意见》必定会做出应有的明确交代与指示。有关的文物工作者和社会各界也都应该认真学习、领会,以其来龙去脉启发自身认识,提高对文物保护利用改革的认识与能力,思路洞开,目光远大,自有源头活水来!

二、重点何在?重心何处?但凡政策性、指令性公文,都须突出其重心重点问题的特殊地位。这样的问题,可以单个,也可以多个彼此关联并重,构筑相辅相成的整体。那么《意见》的重点重心何在呢?从导言中可以显而易见!即保护、安全、传承。"要把文物安全放在首要位置,要聚焦保护的重点难点问题,加强制度设计和精准管理……要在保护中发展,在发展中保护"。文物安全保护的重要性和特殊性,被这寥寥数语说得再明白透彻不过了,人们一见便知!这与现行法律规定的"保护为主,抢救第一"同出一辙,与习近平总书记所指示的"保护文物功在当代,利在千秋","全面贯彻保护为主,抢救第一,合理利用,加强管理的工作方针,切实加大文物保护力度……"完全吻合。作为老祖宗留下的物质文化遗产,要传承后代,利在千秋,其安全的首要位置始终是不可动摇的铁定法则,始终是文物管理工作的永恒主题!坚持坚守这个理念,全身心付诸实践,是每个文物工作者第一职责,第一使命,第一担当!所以,《意见》对此,一定会对保护的重点难点问题提出新的制度设计和精准管理举措,一定会具有更高更严更可行的指向指令性与实施要求,也一定会强调把文物保护利用改革的指导思想统一到法律规定上来,统一到党的十九大精神上来,统一到习近平新时代中国特色社会主义思想上来!从而更加激发起文物工作者的自信自觉,把文物管理事业推进新时代,焕发新气象,激发新作为!

　　三、关于保护利用改革的若干意见，自然是三者的统一。这是新提法，为既往文件之罕见。但大大增强了改革对文物工作重要性和紧迫性。由于文件尚未出台，在此只能"想当然"地说点想法，也许早已不切实际，不适时宜？这里的改革，是工作的改革，是保护、利用、管理的改革，是观念、制度、法治的改革，是实践方式、方法、行为的改革，是出于确保和强化文物安全的首要位置的改革，是为了推动全面贯彻文物工作方针，切实加大文物保护力度，推进文物合理适度利用的改革，是走出符合国情的文物保护利用之路的改革，总之就是加强制度设计和精准管理的改革，就是盘活文物资源，发挥文物作用，真正做到在保护中发展，在发展中保护的改革！"制度设计，精准管理"，其本身就是改革的行为过程，就是文物保护利用管理发展的客观要求！就是文物保护思想认识的新飞跃！这里的制度含义一定会有精准界定，其与现行管理体制的关系一定会厘定分清。文物要由文物部门机构管理，要由掌握文物专门知识技能和熟知文物法律法规的专门队伍管理。这个体制必将是通过改革变得更完备更强大，而不能是通过改革而变成为另一种性质的新机构新体制。时光飞快，形势逼人。旧的东西快要闲起来了，新的东西正在强迫我们去学习，去更替。《意见》喜讯传来，沉思之后，振奋之余，想当然地匆匆写下这篇笔记，其袒露心底拙见，敢于斗胆见之于人，其源盖出于对民族遗产之珍爱也！也出于对中央加强文物保护利用改革的一份欣喜和期待！其浅薄、谬误自在所难免，望专家、读者不吝指正！

2018年7月于北京寓所

不可缺失的礼赞

——欣悉首部《中国文物志》将于近期出版

中国文物保护管理史上首部《中国文物志》（总）即将于近期正式出版问世了。悄然而起，轰然而发，雅容素质，"八合"一统，洋洋洒洒，蔚为大观，举国必将为之震撼！它，乘改革开放的新风喜雨而生而长，驾改革开放新时代新气象新作为的晴空丽日而跃而飞；既应增强民族文化自信之需，更创文物保护形式、路径、方法之新，其时遇之巧合，乃"天作之美"也。《中国文物志》（总）（以下简称《文物志》）如此因时应势，风生水起之盛况，正是中国文物保护史上前无古人而立德立功立言之创举也！搞活利用形式，讲好文物故事，开以文育人，以文化人之新路，辟交流互鉴于世界各地之通途！保文物于"子子孙孙永宝用"之远计！如此大功告成，参与者欣喜若狂；执笔者心花怒放；掌舵者心石落地；出版发行者义利双丰；文物工作者、爱好者如获至宝；作为早先曾一度参与过酝酿、策划并一直为之呼吁的业内老者，则有偿还宿愿之喜，更难免感慨良多！创业之难，成业之苦，人、财之备，行进之艰，心力之劳，感同身受，敬佩有加！所有中华儿女，炎黄后裔，必定对此有口皆碑，为之礼赞！为之庆贺，为之鼓呼，为之欣慰，为之叹服！

志，或曰方志，史书之别裁、异类也。历史上曾有地理、历史两属之辩，两者实兼容于一体，学人所见，均持之有据，无可厚非。但是，古今持史书之见者多且贯之始终也。既古既今，或留或往，亦只旦夕之分。"弃我去者，昨日之日不可留。"今天的记录，到了明天，就成为历史。可堪留下的，在过去，只有文字记录、实物绘图为证。其见证功能作用却不可视之等闲！所以，最终是史书属性更符合客观实际。但是，志书，方志，历史悠久，《禹贡》《山海经》之始到而今市县志绵延两三千年之久，早于"史家之绝唱，无韵之离骚"（《史记》）。其内容丰广，包罗繁博，多科荟萃，史地兼志也；其形式，独具规范，自成一体，与官家正史既相辅相成而又互不可替代！其地域性、综合性、包容性突显而成为标志性主要特征。

志，方志，种类之多，远胜于史传。从地界分，全国或多地区的多称"一统志"或"总志"；省则称"通志"；州、府、县、镇等皆称"志"。还有专录专业专行专事专物的则为"专志"，则为数不多。晋人张华所撰《博物志》虽也包罗甚广，但其所收录众多怪诞不经的神仙方术故事，独具特色，至少是个"专志"之先例吧？《中国文物志》堂皇问世，则堪称中国方志史上"专志"类的新例新范新创举。许多省市所修撰的文物志同样丰富多彩，展示了文物类"专志"的繁盛。此类"专志"的修撰，其价值、功能、作用都非同小可。它是文物抢救、保护工程的基石、依据、后盾。一旦实物有失，文物志就成为最可靠的根据。徐森玉、谢辰生等人编《中国甲午以后流入日本之文物目录》一书，字字记录着日本侵略者掠夺中国文物的罪证，即便实物无归路，而字据俱在，主权所属，子孙永世不能遗忘，其功、用皆莫大焉！近二百年来，中国文物被非法流失国外数量之多，几等同于现有国内所藏，损失之巨，耻辱之深，国人悲愤。据国际公约和国家法律规定，这些非法外流的文物主权永属其原始国所有，我方有权索回。但是，由于没有清单目录记录可据可证，索归之路必将更为漫长、曲折、坎坷，所以《中国文物志》的出台，虽是开卷之作，但自此坚持修撰，对于保护维权，实在不可或缺。且其内容之博，体量之大，涵盖之广，皆旷古之仅有。其功能虽有别于其他方志的"五善""三要"之多，但其"存史""通古今、表功勋"却是相同的。其所收录之物、事、人、论等等，皆全国现时现有历经时空检验的高、大、全、精的汇萃！为之付出的编、著、录、撰、审等工夫，都是参与者智慧、心力、责任、辛劳的代价！作为留予后人的史书史册，每个篇章，每个条目，每行每页，乃至每字每句，都要求其源其据确凿无误，所有文本文字差错都低于万一。这绝不可能草草成章，也不可能剪贴成文，必须呕心沥血，反复推敲，煞费思量，有时甚至不惜数易其稿，字斟句酌，方可立意就章，最终实现"书其轨则"，"龟镜将来"之功效。如此宏篇巨制，既须继承史志巨匠撰著史书的献身精神，又要发扬历代普修方志的优良传统，借鉴其丰富的成功经验。据知《中国文物志》的参与者们大多非史志专家学者，参与编志工程乃是破天荒头一回，不大可能有大笔如椽的班马之能，只能以勤补缺，以劳补短，以学长智慧，以心血著文章，以坚毅承道义，以诚信负责任！《中国文物志》的成功，活生生地证明此举此状的无可置疑！实践出智慧，出人才，出经验，出真理！自此，文物志编撰工作的延续、发展、完备，基础已经筑牢，道路已经畅通，文物保护的新创举、新途径必将与时世俱进，与文物长存！

《中国文物志》的成功，还体现在内容充实、完备，体例合理、新颖，文字简洁、规范，主次分明、适度，其综合性、整体性、轻重度符合"专志"要求。资源篇的基础坚实，管理篇的核心突显，人物篇的事迹感人，记事篇的珠穿玉串，论述篇的精辟肯綮……其最终目的，既要力争普及寻常百姓家，更要藏之名山，传之同好，存之千古！但是，作为前无古人之文物"专志"，无疑是首创性的探索，也是探索性的首创！《中国文物志》的问世，仅仅是也只能是个可喜的开端。现有的《资源篇》仅仅是不可移动文物中业已公布为全国重点文物保护单位的部分，新普查出来数以十万计的文物古迹尚待论证定级，其中必然还有许多可定为全国重点文物保护单位。可移动文物的一级品普查结果精准入志自不可或缺，但还有新发现、新出土的珍品必将不断问世，也须继续修撰新志。《中国文物志》编撰工程必将有始有续，势在必然。保护的强大，利用的合理，管理的完备，人才的兴盛，事业的繁荣，民族复兴的梦圆，人类文明的发达……都将赓续不绝，常续常新！也都既有其可喜可贺之善始，更必将有其传承永远之无终！往者奠基之功绩，必将成为来者前进之动力！史志的功能是不朽的，史书的力量是永恒的！

作为初创之功，美中不足，在所难免，无可苛求！如若言其不足，一是赶时求全，缺精雕细刻之工。"一诗千改始心安"，何况以千百万字计之鸿篇巨制！虽不失反复推敲、酝酿之力，但终究非十年磨一剑的久久为功之作！误差低于万一，也难免成奢望之想。二是文字文风的统一性，表达表述的精准性，因众手之异，习性之别，打磨之缺，有所误差，亦势在必然！其他不足，或有或无，皆非意外。

如前提及作为曾经一度参与策划、论证及此后又大声疾呼编撰的过来者，对此工程的成就，着实从心底里为之礼赞、鼓呼。但是，依然余想未尽，余情未了。记得20世纪90年代初期，编撰文物志作为国家文物局一项重要任务列入议事日程，并多次讨论过实施问题，议定出"四统一"的初步构想：收录内容统一，编撰体例统一，出版规格统一，国家与省区市分工、责任统一。国家所承担的编撰任务设想与现在出版的《中国文物志》基本一致。各省区市应在所辖区内按"四统一"照样画葫芦，最后所出书本由国家文物局集中收藏若干整套传承后世。由于当时包括大百科在内的多项编撰工程都由局主编和其他经费、人力等原因，致使各地都有力不从心之苦，最终只好中途辍弃之。其实这是必然结果。国盛则文昌，国强则文聚。《中国文物志》的出台，是时代驱动使然，国家重视文物保护使然，事业发展需要使然，瓜熟才能蒂落使然啊！但是，当时所想，于今或仍有某些参考价值。四个"统一"似可供今后之借鉴？《中国文物志》出台，正是率先垂范，可以把全国统领起来，省级保护单位，二、三级珍贵文物等内容、结构，都由省通志载之，时过境迁，可稽可考，真真切切的文物保护大工程！实实在在的文物千秋史册！至于省下地（市）、县（市），一般可不作编撰文物专志之计，由其所修地方志设"文物古迹"专题收录即可。如此在龙抬头，将领兵的大好时机，《中国文物志》编撰、出版的高人巨擘们，应该趁热打铁，一鼓作气，把工程推动、延伸开去！"三立""四科"之善举历久弥新，岂不快哉！当然，冥思之想，一孔之见，仅供参考而已?！

　　《中国文物志》（总）大功告成，中国文物保护开创新路，同业欢呼，理所当然。创新创举，唯此为贵，唯此为大！其功效、影响，必将深孚众望，远胜于预期。但是，更重要的当是爱护现有编撰、出版人才，认真总结五年砥砺前行的经验，再接再厉，承前启后，把工程坚持下去，推广开来，全国上下，把文物保护创新之路延伸到全国每个角落，让祖国文物绽开文化自信之花，让民族复兴之中国梦早日圆满实现！

2018年10月于北京寓所

沉痛悼念张文彬同志

　　国家文物局第七任局长张文彬同志因病医治无效不幸逝世，国家失去一位优秀的老文物工作者，国家文物事业失去一位称职的好领导，党和人民失去一位忠诚共产主义战士，全国文物界和他在河南省的同仁同事和亲友无不为之万分悲痛和哀悼！作为年长于他的下属同仁和友人，更是为之感慨良多，悲恸难已。但愿他依然以顽强的斗志和毅力一路走向人生的归宿！但愿他那坚强、诚挚、善良、濡沫相依的老伴及其子女亲人多多保重、节哀！生活还要继续，家庭事业还要继续和发展！

　　我同文彬同志初次相识是1995年初夏。我们一行数人到晋东南调查文物盗卖大案，途次太原宾馆。正巧文彬回故里也途次该宾馆。彼此事先都不知晓，但却不约而同获得信息，而且在相互询访中同时巧遇于宾馆大厅堂。经彼此相互自荐，对此邂逅之遇，不胜欣喜！由于曾经有第三者沟通，我对请他来国家文物局任职的态度，他心底了然。因而彼此行色匆匆，没有可能多说。我只单刀直入说了一句：据我所知，事情尚无结果，还要多方努力，可能性不致有变。他却未置可否，只坦然一笑，握手告别！这就是同文彬的初次相识之会！

　　我和他相识共事时间并不长，工作上个别交往也并不太多。在局里因职责关系，在一起议事商谈较多，但也不到一年，我就到中国文物报社工作，直到2000年4月离职，前后共计也只有四年左右的时光。但在这短暂松散共事的过程中，他却给我留下许多老一辈文物工作者所具备的精神品格，并因此而构成他作为国家文物局长的合格、称职、务实、担当的精神和现实！

　　他，北京大学考古专业毕业，标准的科班专业出身，在十届局长中居于第二，仅在郑振铎之后，乃是一大基本优势。毕业后长期从事文化文物和思想宣传工作，对专业管理的驾轻就熟，对国家对事业的忠诚坚守，对工作对职责的勤奋认真，对为人处事的老成持重，时时处处，见诸行动和成果！老实人说老实话，办老实事，乃是对他人所共识的基本看法。他做官时间不短，但架子不大，官腔不重，人如其名，文质彬彬，不乏儒士气度，特别是少有投机权势，玩弄权术的政客作风，其为人、处世之朴实无华，谈吐、文章之稳健、儒雅，也是人所共见的风格！

他，1996年四五月间从河南来京任国家文物局局长。他的履新，虽非受命于"危急存亡之秋"，但却是接班于干群撕裂，混乱无序和新旧交替之时。责任之重大，任务之艰巨，不言自喻。当时的文物局，人事、机构、职责、职能、规章、制度等等，都要按国家机关"三定方案"规定重新制定、运作。既有的乱与散现象必须及早整顿、清理、改革。作为初来乍到的第一把手，在短短几个月内，带领党组一班人，加班加点，紧追紧赶，如期如数，圆满完成任务，使文物局工作以新体制、新要求、新形式回归正轨，开创了国家文物局工作的新局面、新阶段。同时也充分展现出他突出的领导能力，老到的工作经验，务实的思想作风，都获得群众的高度肯定。其中，作为这一系统工程的参与者，我从中还发现他对局内人员、事务、问题，已经胸有成竹，评、用有度了。这是正经老干部历练有素的工作特长所在，不得不令人感佩！

他，在长达6年之久的任期中，集中展示他的素养、思想、能力、品性、经验等方方面面的特长、优势的，是他始终坚持正确的文物工作方针政策和法律法规，掌控着文物事业发展的正确方向。他到任执事之初，在紧张落实"三定"方案的同时，努力完成第二次西安全国文物工作会议未了事宜。全面宣传贯彻"保护为主，抢救第一"工作方针和"有效保护，合理利用，加强管理"指导原则，修改、完成《国务院关于加强和改善文物工作的通知》等重要任务。在六年的工作中，他自始至终坚持贯彻落实这个方针、原则不动摇，自始至终坚持保护是利用的前提和基础不动摇，自始至终坚持利用必须把社会效益放在首位不动摇，自始至终坚持尊重文物和文物管理的自身规律不动摇，自始至终坚持文物管理必须适应国家市场经济的发展需要，但不能实行市场化管理不动摇，自始至终坚持文物归文物部门管理的现行管理体制不动摇，自始至终坚持文物不能实行市场、企业等其他管理模式不动摇，自始至终坚持依法治文，依规办事的法治意识不动摇。由于市场经济发展迅速，现行保护法在许多方面不适应现实需要，1996年底他就着手修改文物保护法，安排人力进行各项准备工作。在这一系列始终坚持的过程中，尽管分歧、异见、阻力依然诸多存在，但作为国家文物管理事业第一号工作者，他却身先士卒，勇立潮头，奋力担当。当"水洗三孔""强强联合，捆绑上市"，旅游部门承包管理文物之风盛行之际，他大声疾呼维护现行文物管理体制，许多文物专家学者和文物工作者纷纷发声反对文物保护单位转让、承包的管理市场化倾向。他还努力要求人大常委会修改文物保护法，以法遏制这股不正之风！他曾经说过："几年来，我一直以鞠躬尽瘁，死而后已自勉，不敢丝毫！有所松懈……"这既是自勉自课，更是自践自行，言之唯实，行之必果！半年多的努力，一个新体制、新机构、新领导的国家文物局，终于在一片几近荒芜的基地上又浴火重生，正规运转开来了！几年"五合一"的混乱局面终于被清除、结束了！文彬的心血换来了喜悦！干群的希望变成了现实。国家文物管理事业又重现活力生机！"此情可待成追忆，只是当时已惘然。"但是，史乘记录在案，人们对文彬的追忆是永存的。

他，儒士风度，不失傲慢，不失清高。谦恭平易，彬彬有礼。这是他突显的人生风格。作为北大学生，对他的前辈师友，始终保持着学生姿态，没有半点官气官腔。这不是一种轻易之举，而是难得的品行素养！他对老一辈专家学者总是尊重有加，谦学如旧。在他主政期间，对郑振铎、王冶秋两位国家文物事业奠基人充满崇敬之情，批准出版他们的文博文集，永久保存了他们为国家文物事业所累积的工作经验和精神事迹的宝贵财富！他深知其价值分量之重，所作序言，都是深思熟虑的大笔之作，对二人做出全面深刻的评论。他对老一辈文物考古专家的纪念、表彰、研讨会特别热心，有请必到，有到必讲，总是真诚、深刻地发表自己的意见，从不做官样文章，敷衍应付。在他的文博文集里，此类文稿颇多，真切证明其为人之忠厚。即便大场合的官样文章，尽管套话难免，但真情实意，真知灼见多充满于字里行间，都有其必要的分量和价值！

他，重友情之心，也许由于我的平淡，更显得其无可比拟。他同已故中山大学教授商志馥是多年故交，彼此无彼此。提议文彬接任局长之说，传到商先生时立即表示赞成！我告诉他实现可能性很小。一是年龄过界，五十六七岁了，干不满五年一届就要退休，组织部恐怕通不过？二是家务事涉及较多，子女安排较为费事。三是据知他在河南身居要职，可否放行，还难判断。商为了促进其成，曾多次自掏腰包往返于京、穗、豫之间！并尽其所能做出多方面的努力。当然，这仅仅是一时一事之为。作为故交，这也仅仅是常事一桩。但是，2009年夏天，商先生不幸病故。文彬闻之悲痛欲绝，亲自携夫人赴广州送别。告别仪式散去，文彬泪流满面，独自守望着商先生遗体，直至扶送上火化车。必时此刻，此情此景，在友人之间，恐怕事也是十分罕见的吧？这还不足以见证文彬对友人之诚挚真纯吗！同样作为商先生之老友，相比之下，本人真不免有点自惭形秽！

　　他，作为共产主义战士，优秀共产党员，坚定顽强，坚忍不拔，不屈不挠的意志、精神、力量，在战斗、奋争、奉献一生的最后里程上，在进击前行的生命的最后时刻，都集中爆发在与病魔与死神的搏斗中，而且取得了奇迹般的胜利。之所以能忍人生之未忍，经历人生罕见的痛苦折磨，正是他终生历练的意志与力量之无穷！至于最终归去，那是天命难违，人生有数，无可幸免。他病中所遭遇的痛苦、折磨，正是他坚强意志、力量的支撑，也正是他生命力不屈不挠的抗争！令人感动至深的，正当他苦遭病痛折磨的危急时刻，2012年9月，凝聚着他的心血和足迹的《张文彬文博文集》正式出版问世了！这有如一剂大计量强心剂注入心头，精神顿时振奋起来。他坐在床头，欣然笔书所送部分友朋。本人有幸是其中之一，"敬请彭卿云会长批评指正 张文彬 2012年9月9日"字迹清晰、端正，毫无病态留痕。我拿到手中，感激、感动、感慨不禁油然而生，心中不胜欣喜！对他的病情充满希望！由此他又振作起来，坚持与疾病做斗争，在痛苦中挣扎，在挣扎中分享人生滋味！文集是生命的留痕，是人生之旅的见证。文彬文集将见证其人其业的存在与延续，也将见证文彬将永远活在所有同业同行同仁的心里！文彬并没有死去！也不会死去！安息吧！天堂也将像人间一样幸福美好！

2019年3月9日《中国文物报》

新中国七十年文物考古大丰收杂感

——在文物专家国庆座谈会上发言

新中国七十年文物事业的成就，是前无古人、旷世无双的！和它相依相伴，同步同行过来的老专家、学者，面对今天的辉煌，或念今古之悠悠，独怆然而泣下，或回首往事，重入梦幻之境，或还闻身泡泥潭淖水，梳理文物之余味，或因心血之花而慰藉，或为不忘初心，征途坎坷而感慨万千……

新中国七十年文物事业成就，是全面的、综合性的。它所涉及的文物保护、发掘、研究、展示、交流等行行业业，门门类类，方方面面，都从无到有，从小到大，从弱到强，发生了火种燃烧，照亮九州的巨变。其中尤以文物考古新发现最突出、最五彩斑斓、最震惊世界！曾几何时，被世界同业同仁誉为世界考古新奇迹，中国另类"两弹一星"！无不为之啧啧称赞！可见文物事业虽小，却关系国家、民族生存发展大计，其意义非同小可！所以，今天到会，在诸多专家学者面前，实在有感难发，有话怕说！我曾经贸然放笔写过一篇《新中国七十年文物管理拾零与述评》的拙文，闭门之想，秃笔之文，不登大雅之堂。所拾得的仅仅是秋韵沁人的林荫大道上的几片落叶！留下的也只是几抹秋色瞬息的金黄。力不从心，远离初衷，不值得重复。待将来请诸位师友指正。

事业的成功与成果，首当其冲，在于其主体任务的数量、质量的增长与完美。新中国七十年文物事业的成果之巨，非个人可计，更非千字小文可表。最新全面普查结果，中国现有国家收藏可移动文物共2661多万件（套）。据估计，现藏于外国的中国文物几近乎国内所藏，其中绝大多数为西方列强非法巧取豪夺出去的珍品。其所有权理所当然归属于其原始国。这两者叠加可增多近一倍。其中国内所藏绝大多数为新中国七十年内发掘出土。特别令人奇怪的是，文革期间，一边是把文物当"四旧"横扫，使之遭受严重的劫难。一边是地下的考古新发现一个接一个破土而出，而且大多被世界同仁学者誉为世界奇迹。例如满城汉墓、马王堆汉墓、秦兵马俑、银雀山汉墓、河北中山王国遗址、南越王墓、随县编钟等等，统统都是文革期间的考古大发现。也正是被誉为中国另类"两弹一星"佳话的依据。至于改革开放以来，每年经考古专家评议公布的"十大考古新发现"，已近30年近300项之多！其中咸阳铜器、长沙简牍、成都金沙蜀文化遗址、南海沉船、南昌昏侯大墓、三峡大坝考古、南水北调工程考古等等也都有奇迹般的重大发现，都是"两弹一星"式的珍贵文物！这项曾由中国文物报社构想、发起、策划、主办的民间学术专业活动能够坚持30年而且还要坚持下去，可见其对文物考古工作的健康发展，发挥着规范、促进、保证作用。这也是当初争论结果"试试看"的成功！

说起文物大国，无疑是自家所藏文物数量多，质量高，价值大。由此中国作为文物古国大国，是当之无愧的了。但也有不尽然。一个建国时间最短的世界大国，其国家历史博物馆等三大博物馆所藏文物共计达1亿6千余万件之多。厉害了，超级大国！中国与之相比，可是小巫见大巫了！可惜其绝大多数不是本土本国历史遗存，不足以见证其历史发展状况，其性质与价值却是另一回事！说起这个西方大国，有些人可能并不太了解它对别国文物的贪婪和掠夺。一个自己的百年史比别国千年史少得多的国家，竟成为世界收藏文物最多的国家，固然可以炫耀其富有强大，但更重要的是其用心之叵测。早在20世纪二三十年代，他们就有以华盛顿取代北平之想，因而不择手段，大肆窃取中国古物古书。当时该国国会图书馆东方部主任汉慕义博士曾公然声称"渠预料将来研究中国史学与哲学者，将不往北平而至华盛顿以求深造"。这和曾经流传一时的"敦煌在中国，敦煌学在外国"之说不是同出一辙吗！"欲要亡其国，先亡其史；欲灭其族，先灭其文化"。他们恐怕也是在如此想如此做的吧？莫怪郑振铎先生们对此"深为危惧"，"为此惧"也！但是，人类文明为全人类共同创造，东方文明，是东方民族共同创造。一个能创造独立文化的民族，是不可能被消亡被取代的。西方列强掠夺中国文物，只能见证其贪婪掠夺之可怕，而不能为其国家增添任何荣耀与光彩！

彼一时也，此一时也。三十年河东，三十年河西。而今哪是河东哪是河西呢？事实俱在，还是分得开来的。第一，西方霸权依旧在，公理依旧是强权。弱肉强食逻辑不变。"利益均沾"，瓜分他国之心不死。第二，东方大国悄然崛起，百年屈辱史已经翻过去了七十年，从站起来，富起来到正在强起来。工业革命的西风压倒东风已经几百年了。风水轮流转，明年该到我家了吧？季羡林先生认为西方文化"现在似乎是渐渐成了强弩之末，济其穷者必然是而且也只有东方文化。"这实际是在预言三十年河东的时候快要到了！这和现在中华民族伟大复兴的两个百年奋斗目标比任何时候都更接近于实现的判断有异曲同工之妙。具有五千年文明史的中华民族所拥有的历史文化遗存，都是东方黄土大地里土生土长出来的。中国所拥有可移动和不可移动文物，没有一件是非法非道德手段得来的。它的底蕴和风彩，都展现着中华先人五千年上下求索的漫漫之路，放射着他们无穷无尽的智慧、力量之光！其精深博大，其一线相通，一脉相承，其整体性、原真性、独特性，是全人类全世界所绝无仅有的。中国大地现在所有不可移动文物遗迹（包括尚待考证发掘的）和现有馆藏可移动文物品，既可以编撰出一部完美的中华五千年乃至近万年的实物鸿篇巨制，也可以演绎出一出恢宏壮美的实物历史联续剧。唯此唯一，岂不大哉。

正是这大量东方文化瑰宝出土而震惊世界，在文革乱世之际，国家顶层战略设计者们抓住机遇，配合国家外事需要，果断决定举办文物出国展览，为中西文化交流打开了中国大门，为发挥文物作用开辟了新领域，新途径。从此，一股"中国文物热"潮从西欧、东洋席卷全球以去。从此，对外文物交流成为国家文物管理事业的新板块、新任务，设置专门机构管理。而今，对外文化交流互鉴，更成为治国理政之策，受到党和政府更大的重视。

中国文物，土生土长，自保自用，国家所有，全民共享。珍贵品绝不作任何形式的交易。自此，国家将依据国际法规定逐步收回所有权属于中国的外国占有的文物品，同时依法将现遗存九州地下的珍贵文物有序发掘出来，五千年文明实物鸿篇史诗，必将流光溢彩；五千年大型文物联续历史剧，必将恢宏壮丽；五千年来先人的才艺和创造力必将历历可证！中华民族在此基础上萌发出的文化自信，理所当然，是"更基本更深沉更持久的力量"！是东风浩荡暖天涯的初起！是河东河西翻转的必然。七十年来，奇迹般的考古新发现接连不断地从中国每个角落破土而出，世界为之震撼惊艳，古国为之名副其实，历史为之生机勃勃，影响为之无穷无尽！为此，以我这个"半路出家"的"离庙老和尚"的一知半解之见，新中国七十年文物事业全面大发展大繁荣的成就成功，当首推文物考古大丰收！对其奥妙与价值的研究揭示，亦当以一代又一代老考古学家，特别是五十年代初四期"黄埔"考古培训班"种子队"的贡献应位居前列。但是，按习近平总书记的指示要求，研究、展示、宣传都还远为不够，还要大力补课、创新、搞活、求精。还需要一代又一代的新专家学者乘此东风劲、国事昌、文物聚的大好时机，加倍努力，把文物考古成果的价值、魅力更深刻更完整地揭示出来，育于人，化于人，普及于大众，互鉴于天下，传承于后世！让民族历史文化成为文化自信不竭的源泉，让中国文物古迹成为世界文化 交流互鉴的亲善使者！

保护，文物传承永恒的主题

——新中国文物工作方针七十年纪略

（一）

文物，又名物质文化遗产。顾名思义，物态、物象、物体都是它看得见，摸得着，占有空间的第一属性。它是历史上人类活动或与人类活动相关联的物质遗存，但又时刻在经受着人为与自然的侵害与破坏，破坏了的文物就不可再生。克隆、复制的文物，其性质、价值将随之丧失殆尽。这是它最本质的第二属性。文物，作为人类历史活动的实物遗存，本来就是幸存的稀有之物，而且不能与日俱增，只能与时同减，其稀有的第三属性最终也是不可抗力的！所谓"物以稀为贵"之说，文物就是力证！关于文物的价值、功能与作用，鉴于这三大特性的不可改变，有关文物管理的方针、政策、法规制定的认识、行使，往往产生形形色色的分歧、争论，自是必然现象。但是，它们统统围绕着"保护"这个大圆心回环反复，恰如宇宙太阳系中的太阳一样，所有大小行星都不能远离它这个圆心！"任何比喻都是蹩脚的。"其实，宇宙浩瀚无垠，现人类所知，恐怕不及一二！然而，就在这个包括太阳系在内的所知"一"、"二"中，"苍天"却慷慨地赐予地球以"万物之灵"的人类，并赋予它无穷的大智慧，大灵性！从而创造了上万年的超越万类万象的人类文明！这个文明，在宇宙太阳系中是独一无二的奇迹！地球没有人类文明的存在，那仍然可能是恐龙或其他类似物种统治着。所以，人类及其创造才得以成为"万物之灵"，也才得以使地球成为宇宙太阳系甚至全宇宙的天之骄子。唯其如此，人类在起源、进化、繁衍、发达历程中所表现的大智大勇，唯一可靠的见证就是这个历史进程中的实物遗存，即文物。唯其如此，保护文物，就是保护人类历史文化遗产，就是守望人类的智慧与创造力量。人类是世界各种族、各民族（部族）的总体，人类文明，就是世界各种族、各民族历史文化遗产的总和。所以，每个独立自主的民族，都有其自身的文明创造，都有其独具特色的民族文化体系。否则，不可能自立于世界民族之林，也不可能长存于世！民族文化遗产的本质、功能，正如习近平总书记所指出的："文物承载灿烂文明，传承历史文化，维系民族精神，是老祖宗留给我们的宝贵遗产，是加强社会主义精神文明建设的深厚滋养。保护文物功在当代，利在千秋。"唯其如此，这也就是文物保护利用的出发点和落脚点。唯其如此，在当今人类社会大变革大发展大融合的新时代，民族历史文化对自身民族的自信、自觉、自立、自强拥有一种更基本更深沉更持久的力量！唯其如此，国家文物事业无论何时何地何人何事都要持保护为主、抢救第一的思想、理念！这不是人为的突发奇想或心血来潮的产物，而是文物和文物事业的特殊规律性所决定的。没有文物存在这个前提的先决条件，文物利用的"搞活""活化"又从何谈起呢？

中华文明五千年的历史，在最早的一千多年，主要是由历史遗存的实物来构建、组合、表现、见证的，这正是中华文明史考古调查的伟大发现。也正是华夏先民所创造发明的石、玉、陶、瓷、铜、铁等生活、生产和礼仪祭祀的器皿、建筑、祭坛等等，以其五彩斑斓的底蕴和丰彩，在世界上独负盛名，成为早期中华历史文化遗产绽放的烂漫之花。在青铜器的生产和发展过程中，或更早或同时萌生、形成并成熟起来的甲骨文字逐渐流行使用起来，成为华夏民族统一的流行文字，直至热用的今天已约有三千七百年的历史。这条一线相牵的中华民族团结的纽带，恐怕是当今举世无双的文字史迹奇葩吧？这也应是中华文明五千年一脉相承的最突显最有力的证据吧？毫无疑问，这是中华民族神奇富有的想象力、模拟力、创造力、凝聚力、进取力、延伸力最集中最闪光的体现！

文物，作为文化遗产，文明财富的保护，在中国是始于清末民初的事情。民国时期，在那国难民愁的危难关头，许多仁人志士挺胸而出，与官政群民一起，为防止日本侵略者的掠夺破坏，把大量珍贵文物南徙西迁，付出了大量人、财、物，功不可没！但是作为一项国家文化事业，对历史文化遗产实行系统全面管理，则同新中国同时诞生，也与新中国一起在一路阴晴风雨中走过了七十年的历程，更可喜的是以其前无古人的辉煌成果为实现中华民族伟大复兴积蓄了巨大的文化自信的原动力！新中国七十年的考古发掘成果，曾被世界同行和相关学者誉为中国又一个"两弹一星"的光辉成果，震惊世界！

"保护为主、抢救第一"。这是1992年又一次由党中央确定、公布的以正式的明文表述的文物工作方针。其实，在1987年首次明文确定之前，决不意味着文物工作没有方针指导。建局初期，曾经随着文艺工作通用的"古为今用，推陈出新"的指导思想存在，也曾有"古为今用"作为文物工作方针之说。但这只对历史文物而言，不适用于整个文物工作而未成为实际的"工作方针"而行使。

　　作为一种思想和行动指南，这个文物保护"为主"的理念、意识，正式起始于抗战胜利后。那个时候，以后来的新中国首任文物局长郑振铎先生为代表的专家学者都在同声呼吁制止古物古书被盗、走私、外流，要对这些犯罪分子处以叛国罪。1947年郑振铎发表的《古物保护刍议》，正是他激情洋溢的文物保护宣言书，系统、全面、深刻地阐明了关于文物的性质、内涵、价值、作用和文物保护、征集、研究、展示、发挥作用等重大问题。古物古书是民族历史文化的"眼珠子"，其中最核心最本质最首要的一条就是立即制定法令法规，禁止文物外流，打击文物盗卖犯罪，决不能让帝国主义分子叫嚷的"将来研究中国史学与哲学（乃至一切学术者），将不往北平而至华盛顿以求深造"的阴谋得逞。为此，新中国文物局开局第一件大事就是制定发布《禁止珍贵文物图书出口》等五项法令法规，由政务院颁发实施。这正是保护为主实践实施的开端！这是个历史性的开端！新时代的开端！文物保护为主的定性、定位！

　　新中国文物事业另一位奠基人王冶秋从脱下戎装接管北平文物博物馆时（1948年秋冬）开始，就视文物为生命，周总理曾多次表扬他"把文物当作自己生命一样"，谁要破坏文物就要跟谁拼命。对搞建设乱拆乱改文物的现象绝对的零容忍。后来终于有多位党和国家领导人多次对他发出公道的赞美之声：过去对他这也要保，那也要保，这也不能动，那也不能动，很是反感。现在看来，多亏有个王冶秋，要不，北京这点文物古迹早就折腾得差不多了！冶秋的保护为主的文物保护观，就是这样不折不扣坚持到生命的终点！也就是这样不折不扣坚持保护为主的典范！

　　改革开放伊始，一位久经沙场的老革命家任质斌接任王冶秋任国家文物局局长。新时代、新情况、新问题、新工作，开局之难，不言而喻。但是，这位老干部，老忠诚，老担当，非同寻常。他，一是坚决请求党中央改变"以文物养文物"的要求。直到中央书记处讨论文物工作的纪要文件下达，并要在全国文物工作会议开幕式上传达的当天，他亲自出马找到中央领导同志申述"以文物养文物"的不可取，这实际上就等于"卖文物养文物"，以中央名义提出，最终非天下大乱不可！那位领导同意收回成命，再修改文件重发。这可是"初出茅庐第一功"。二是打消"卖一两个兵马俑"之想。当时有人宣扬卖一两个兵马俑赚上几亿美元搞建设。他对此曾有过思考，后经咨询专家所得答复是，出卖国宝有损我民族形象；卖一个也将损害世界古代军阵奇迹的整体威严等等，他深感震撼，当即打消既有之想。三是坚持继续发挥"土地爷保护文物的作用"，不准对地下文物乱挖乱掘，反对挖宝歪风。四是极端重视专业人才培、用，唯才是举，唯才是用，哪怕是原国民党人士等等。这不也是实实在在的保字当头，保护为主吗！如此保护理念、思想30余年几任局长不偏不倚，一脉相承，多么难能可贵！如此方针、方向，如此思想、理念，或有其行无其名，或有其实无其文，或名正言顺成为法律条文等等，何其可称可颂啊！

（二）

"文物工作方针"一词及其正式文字表述，则始于1987年11月《国务院关于进一步加强文物工作的通知》，即通称"国务院101号文件"。这个文件来头大，起点高，党的总书记胡耀邦提议、主持、参与修改，而且要与博物馆工作并列作为中央"决定"发出。后来因中央人事变动，动动停停，一拖就是几年，最后总算有个打了折扣的国务院"通知"的结果。但这是中国文物保护史上"顶层设计"的一个纲领性的重要文件。文件全面阐述了文物保护的重要性，发挥文物作用的特殊性，加强管理的必要性。其中最突出的是第一次名文并具提出了文物工作方针。即"加强保护，改善管理，搞好改革，充分发挥文物作用，为人民服务，为社会主义服务。"而且从理论上强调保护是发挥文物作用的基础与前提，保护好文物，就是为了更好地发挥文物的作用。发挥文物作用，必须以确保文物安全为前提（详见《新中国文物保护史记忆》，谢辰生口述）。这个新中国第一个明文提出的文物工作方针，实际上是更明确更突出文物保护为主的思想、理念和方针、方向，具有里程碑式的意义。在文物界产生了深远的影响。但是，人快不如事快，计划、决策快不如现实变化快。文件发出不久，有人表示不同意这个方针，公开提出保用并举，甚至有人主张先用后保，群众得到好处，尝到甜头，自然知道要保护文物等等之异说，这些热议却不同程度阻碍了文件贯彻执行，从而没有发挥更大的指导作用。

上述方针确定与公布后的五年中，随着改革开放的全面快速发展，文物工作保、用的主次关系，文物利用的动机、目的和管理改革的方向、途径等等，既有正常的探索，也有单纯经济效益的追求，更有无法无天的破坏，在一些地方各类文物犯罪活动十分嚣张。正在此混乱时刻，党中央领导同志李瑞环出面分管文化文物工作。他对文物保护问题，早已心中有数。他通过长时间的实地考察、专家讨论、部门研究等系列工作，1992年5月在文物工作重点省陕西西安召开全国文物工作会议。党中央、国务院领导人李瑞环、李铁映同时出席主持会议。李瑞环在会上，开门见山，单刀直入，以《保护为主，抢救第一》（原为《保护为主，把抢救放在首位》）为题发表重要讲话，把中央所定文物工作方针，直截了当，公之于众。讲话热情奔放，针针见血，集中阐明文物保护为主的必要性、必然性、长期性，特别是把抢救第一作为保护的重中之重。他以"先救命，后治病"的比喻说明抢救文物有如救命之紧迫，误时必误命。他指出，中国文物的显著特点一是年代久，二是数量多，由于年代久，许多文物日益濒临灭绝之危，如若能及时抢救一下，就可以保存下来。否则，就永劫不复了。所以他说："历史文物是无法再生的，一时的延误就有可能造成千古遗恨！"他的"救命"之说，形象鲜活，理充辞沛，语重心长，把文物保护思想、理论推上了一个新高度、新境界。27年后重读重温，依然叩动心弦，倍感深切。

保护为主、抢救第一，作为文物工作方针的确定与公布，其正确、鲜明、精准、及时，在中国文物保护史上是最突出最重要的事件。它从根本上解决了长期争持不下的文物保护的性质与地位问题，明确了文物管理事业的第一职责第一任务。保护与抢救，保护与发挥作用（利用）的关系亦随之迎刃而解，故曾被称之为"迎来了文物工作新的春天！"但是，此时文物界的"利用"早已普遍成风，而且认定"利用"就是"利益"，就是"营利"。特别是文物管理市场化势头凶猛，文物保护单位被旅游部门承包经营管理成为"强强联合"的改革新路，颇有席卷之势。为此，党和国家分管文物工作的领导又决定在西安召开第二次全国文物工作会议。李铁映同志在会上作重要讲话，明确提出"有效保护，合理利用，加强管理"的原则要求，并着重为文物"利用"正名、定性、定位、定要求。讲话指出："我们讲的'利用'主要是指在充分肯定文物所拥有科学、艺术和历史价值的基础上，发挥其文化教育作用、借鉴作用和研究作用。""任何形式的利用，都必须以有效保护为前提和基础""也只有保护好，才能谈得上利用"。为此，经中央同意"保护为主，抢救第一"的方针不变，"有效保护，合理利用，加强管理"作为"指导原则"，两者同时使用，内容更为完备。

然而思想认识的混乱性，事物发展的曲折性，社会思潮的多元性，总是长期、复杂、反复、多变的。法治、行政的管控力往往因此而受到阻挠和抵制。多年积累和新增的问题，与日俱多，文物价值经济化，文物管理市场化，文物工作产业化，文物产权国际化等不正之风愈演愈烈，文物管理的被动局面日趋严重。当时主管文物工作的党和国家领导人李岚清同志深感问题的严重性，终于下决心着手解决，一是加强法治，要求抓紧修改法律，将原"工作方针"和"指导原则"整合成现行的"保护为主、抢救第一、合理利用、加强管理"十六字方针第一次写入法律，成为正式法律条文，为文物法治工作提供了更为强大的武器。二是召开全国文物工作会议，明确指出文物保护与旅游是两个不同性质的事业，前者是公益事业，后者是营利性产业。三是亲自现场考察承包、转让，当即收回被非文物部门承包经营的文物保护单位，恢复文物部门管文物的合理合法体制，其功莫大焉！

（三）

改革开放，特别是党的十八大以来，文物管理事业随着国家改革开放新时代而进入一个全面大发展的新阶段。作为国家改革开放，实现中华民族伟大复兴指导思想的习近平新时代中国特色社会主义思想，则把中华传统文化，历史文化遗产的内涵、价值、功能、作用和保护利用文化遗产的思想、理念、方针、政策、法规都做出前无古人的研究、评估、审视，第一次把文化与道路、理论、制度并列成为治国理政的指导思想内容。习近平总书记则把民族传统文化视为民族的根与魂。把文物古迹视为城市建设的灵魂，要求把布落在广大乡村的乡土文化作为人人能够看得着的山，望得见的水，记得住乡愁。党的十九大政治报告则把包括文化历史文化遗产在内的文化自信定为"更基本更深沉更持久的力量"。弘扬优秀传统文化，保护历史文化遗产的必要性、重要性，已经深刻澄净到清澈见底的程度了。文物保护为主，抢救第一，作为文物工作的第一职责、第一任务，第一大战略，第一大政策，是文物保护功在千秋的需要，是几千年来历代先人不断呼唤"子子孙孙永宝用"的需要，是实现中华民族伟大复兴的中国梦的需要。当下，全国各地文物部门和广大文物工作者正在群情振奋，努力学习、领会、贯彻、落实党的十九大精神和习近平总书记关于文物保护利用的系列指示精神，下决心要把文物工作推上新时代的新高峰！把中华优秀的道德传统文化陶冶人、滋养人的力量激发出来，光复过来，弘扬起来，让文物固有的生机活力活起来，真正实现以文育人，以文化人的最终目的！

文物工作，小事业，大文章！保护文物，其意义不亚于保卫国土。中华文明保住了，中华民族将与世永昌。70年国昌文化兴，70年国强文物聚。70年文物事业的辉煌，70年文化根魂的凝聚。70年国家的决策与付出，70年文物工作者的心血与经验……回顾历史，展示成果，检点得失，总结经验，不忘初心，砥砺前行，是广大文化工作者在庆祝新中国70年诞辰之际所必须思考的一项重要课题，也是一项必须承担的首要任务。人到70古来稀，国逢七十鹏正举。让新中国文物事业，重整行装再出发！让历史文化遗产更加焕发生机，为实现"两个一百年"奋斗目标不断加注文化自信的无穷力量！

无冕老英雄的业绩与风采

——《中国文博名家画传——谢辰生》出版

李晓东和彭蕾同志继整理编著谢辰生《新中国文物保护史记忆》之后，又马不停蹄，著述《中国文博名家画传——谢辰生》，并赶在先生97岁寿辰之前由文物出版社精心制作问世，给谢老献上一份祝寿豪礼！这对谢老，则犹如甘露入心，有醍醐灌顶之快也！

"画传"，在自传、正传、外传、别传等传记著作中，可谓独具一格。它是以人物自身的影像、实物照片、诗文书画摄影等等，以时序为主线，以生平事迹为主体，以作者文字叙述穿针引线，点睛破壁，生花见果！因而使画传主人公的生平事迹，足迹履痕，沉浮成败，性格情感，精神品格，才华胆识等人生知行底蕴展示得更全面，更真实，更精准，更生动，更形象，更富冲击力、感染力、穿透力、铭刻力！李、彭两作者在影照资料散落多处并杂夹于图书文稿中的艰难情况下，终于圆满完成这项任务，达到预期要求，进而充实、丰富、见证谢老一生事业追求实况，发挥老英雄榜样作用，实现《画传》目标！劳苦功高，可喜可贺！

带病奋争几十年，实现百岁人生，确是生命奇迹，人间稀罕。但谢老在为文物保护的奋争中，除去近一两年中显露苍老体弱外，其他70余年如一日，精神振奋，意气昂扬，奔波山野，调查研究，为保护文物敢作敢为，敢辩敢争，始终不减战士气概！可谓老当益壮更多时！《画传》中许多工作影像对此展示得活生生，活跃跃，成为无可置疑的实据。

《画传》所载谢老少壮时期诗词照，既展示风华正茂，挥斥方遒，又突显指点江山，激扬文字……"经年羁旅客长安""孤灯萧瑟夜初阑"，"几时光复旧河山"。（1942年秋滞留西安七律句）"心似浮萍断梗，把归思，付泪轻弹。但频愿，早息烽火，人伴凯歌还"（1945年8月14日《满庭芳》句）。这可是书香门第，少年才气的崭露头角！而绝非"短笛无腔信口吹"的牧牛童子所能吹得出来的！《画传》以充分的史照补充这段文采飞扬的少壮经历，成全其百岁人生才华横溢的完美开端。生动证明他既非轻薄少年，也非膏粱子弟，乃是书香门第的有为青年！

谢老加入中国人民志愿军，赴朝参战为期两年有余。在那里，经受了剑与火的洗礼，经历了"在我的四周躺着我的战友的尸体，可是我们已经胜利"的悲壮场景。剑与火的悲壮，历练了他的意志，滋养了他的心智，净化了他的心灵，从而成为坚强彻底的爱国主义战士，为与文物事业结终身不解之缘奠定了铁石之基！1953年春，随部队凯旋，卸下枪弹，脱下戎装，精神焕发，重归文物工作队伍。谢老这段戎马生涯，在全国文物界除当时身边同事，知之者多乎哉不多也！《画传》所记，是一段重要的补充，也是作者良苦用心之所在。

鄙人"半路出家"从事文物事业，积47年之经验，深知一个合格的文物工作者，首先必须是一个矢志不渝的爱国主义者。这是前提和先决条件。不可想象，一个淡泊家国情怀，对祖先的智慧创造，对民族历史的遗物遗产，不存敬畏之心，不蓄赓扬之志者，可以承担传承文物于后世的"天降大任"？中华文明五千年绵延不绝，正是尊祖爱国，乡愁乡土的民族基因滋养、哺育了一代代后俊新贤和人民大众。正是他们对老祖宗留下的文化遗产死心踏地保护、传承，并为之献出自己家产、智慧、专长、心血、生命等所有的所有！谢老就是这样一位天生的爱国主义者和文物工作者，其成就都是家国情怀，民族大义的驱动和勃发！都是历史、时代的使命担当！

谢老说"一生只做一件事：保护文物。"这可以他一生全部言行作证。大多数人不大可能把百分之百的时间、心思、精力、志趣都放在工作上。事物生生息息，生活多彩多姿，世界万象万变，富有七情六欲的人类绝不可能不

知不觉，不问不闻，都是木石心肠。《画传》记叙、展示了谢老"丰富多彩的业余文化生活"。这是对他全部生活内涵特别是青壮年时代的重要补充，展现出其人生态、才情的另一面。但是，这更多的是在其青壮年时期，或者说是退休前的情景。随着改革开放新时代日新月异的大变化大发展，文物保护管理工作中新情况、新问题、新要求也随之涌现出来，特别是人为的破坏与犯罪活动普遍、汹涌而至，整个文物事业安全面临着前所未有的严重威胁。正处在退休前后的谢老早已投身于这场文物保护持久战中而不能退阵，退休后，原本就被视为无可无不可的"顾问"，并未孚某些人"少管闲事"之望，而他却以其固有的名望、见识、经验、理论和接地气、通顶层等优势，索性"甩开膀子"抱病大干一场。在退休后二三十年里，他坚持"保护为主抢救第一"的方针，以其无可替代的种种特殊方式从拆迁、转让者手里所抢救出来的文物建筑、遗址、故居等等遍布全国各地，例如北京的四合院，陕西的遗址，南京的城墙，江、浙名镇名村等等都因有他的呼吁、报告、劝阻、争辩、斗争之功而得以保存下来！多年来，求助者、诉状者、询访者、约谈者……门庭若市，电话爆棚，应接不暇，乃至不舍昼夜。如此繁忙盛况，紧逼着他全身心、全气力、废寝食，投身于文物保护这唯一一件事中。其他赏心乐事、兴致爱好，统统置之度外了！他这些事绩经历，既继郑、王等老一辈领导、专家，学者的业绩、精神、风范之往，又开改革开放新时代、新路径、新任务之来，其中有些事情甚至有过之，有发展，无"之一"，从而成为新中国文物保护又一代的新典范，是当之无愧的！

《画传》对主人公对新中国文物事业的贡献表述得既全面而又突出重点。特别是关于他的文化遗产观、文物保护观的内涵本质和实践成果，有关方针、政策、法治、制度的探索、制定等重要贡献都有重点记述和展示，这将引导读者特别是文物工作者读其书，识其人，知其事，感其诚，佩其才，服其志，诵其功，使之成为当代和后来文物工作者学习新中国文物工作的史书。他的全部著述都是重要人物、事件和理论、实践以及经验、成果的多科综合史书。综观这一切的一切，谢辰生先生绝非等闲之辈，更非文抄公、"刀笔吏"，而是"旧学颇有根底"的学者文人！是中国特色文物管理事业承前启后的建设者、中流砥柱！是无官无冕的大专家、老英雄！据此，《画传》成功，目标实现，功德圆满，无可置疑。李、彭这两位忘年之交合作者为传记谢老的事迹、精神和史料所付出的真诚、辛劳同样令人钦佩！其意义与价值将与著述同传广远！

有感于和新中国七十年一路走来

> 人生七十古来稀，国立七旬花蕾枝。
> 万水清流滋万象，千山灵秀育千姿。
> 天公有道重抖擞，九土多才又创垂。
> 不老文明龙传递，阴晴风雨总腾飞！

这是我为庆祝新中国70华诞所写的一首小诗。诗虽无诗意，而心却诚，情却深，心在为民富而歌，为国强而颂！情在为追梦而燃烧，为圆梦而澎湃！龚自珍那个衰落的封建时代，天公无道，是没有人劝得动、叫得醒中国人"重抖擞"的，所以风雷沉寂，万马齐暗，正在向亡国的边缘走去！

看今朝，万象维新，万业齐兴!，万民齐颂，华夏民族历史之悠久，中华文明之五彩缤纷，五千年进击路上之风雨霞光，960万平方里之广袤纵横，蕾待放，花正开，果将熟，清香四溢，艳醉八荒。民族中兴之路越行越广，国家强盛之峰越攀越高，其人心民意，其声名威望，不似汉唐，胜似汉唐！中国历史发展履程正通向新的更高峰。江山如画，一时多少豪杰！人心坚如磐石，河山固若金汤，中华民族伟大复兴之梦，中国人民两个百年奋斗的伟大目标，比任何时候都更接近于实现在望，成功在握。

70年前，作为生长于外侮猖狂，山河破碎，国难民愁的悲惨时代的一介小村夫，终于披着"一唱雄鸡天下白"的曙光，迈着青少年的急步，满眼迷茫，一身浑噩，跨进了新中国的新门槛、新道路、新时代。从此，学识时务，跟随新中国，在风雷激荡，云水翻腾中一路走来，直到此时此刻的老态龙钟，步履蹒跚！

70年来，从中学到大学，从干部下放劳动锻炼到五七干校接受再教育，从革命、建设到改革开放……一切新事新风新创造或亲历或目睹，一切苦乐悲欢或同当或共享，一切成败得失，或归之于追求之力的驱动，或失之于希望之为虚望，一切作为、践行都与家国事业身心相伴，一刻也未曾分割！但内心也时而掺杂着命途多舛，前景堪忧之悲怨！特别是其中过20年的青葱岁月都曾被形形色色的政治运动雨打风吹去！读书是走白专道路，下放农村是知识分子的广阔天地，"革命"是最重要的政治挂帅，举国同辈同仁都要同步紧跟，如此苦度韶华，痛惜终生。

然而，"书生老去，机会方来"。毕竟九州生气，又恃风雷而起；天公之道，又重新抖擞、振奋！新中国的人民又走上改革开放的青天大道。自我才智浅薄，天性也有不足，成功自然微小。但蚁含一粒之微，驽骥十驾之功，端端步履，都嵌印着诚与勤、信与实的印记！

抗战时期，我只听见过湘西会战，日本兵溃败的炮火声，却不曾亲眼见到过日本兵的残暴嘴脸；我见过国民党抓壮丁的凶残，勒索民财，鸡飞狗叫的悲惨，我至今还记得那时候流传讽刺国民党时代"民政厅，财政厅，民穷财尽……"的呼叫声，我听到过民不聊生，饿莩遍野的故事。我过的是牛作伴，薯为粮的童年生活。但是，最终还是因家庭之变而被打入"另册"，据传还被视为"不可重用"之材。这是正在就读初中之际，眼看有辍学之危。但我仍然不惜超龄之憾，坚持读书求生的决心不变，因而幸得同村群众的鼓励和放行。1959年秋，我终于扛着入学时的旧被褥走出大学校门，被分配到文化部工作，于今已整60周年了。从根本上说，如若没有新中国诞生，没有党和国家在开国伊始就重视教育事业，并且不失"有教无类"的传统，就没有我上中学、大学之可能。如若没有国家用人之急，在干校"劳改"三年多之后有幸搭乘便车回京，"半路出家"做文物管理"小和尚"，那很可能走的是另一条艰难之路，乃至有无路可走之可能。如若没有这"半路出家"之功成，没有改革开放之新春，没有"尊重人才，尊重知识"之倡导，就没有我近60年为国工作之幸，于心又无尸位素餐之耻，更无老而安享小康生活之乐。如若没有党和国家的培育和使用，我也许终生流落江湖或"面朝黄土背朝天"，甚至可能早已尸骨成灰，于是幸哉幸哉！

由于得到马克思主义和中国历史基础知识的教育，对民族之尊，对家国之爱，对乡土之恋，对是非善恶之分，对耿直诚信之守，对贫穷弱小之怜，实实在在的与时俱长，与老俱增！马克思主义者不敢妄称，爱国主义者却并不自矜，人道人性论者更不足道。庸碌无为，乃是天生命定，谁也奈何不得的。

我们这一辈30后的大学生，是多个历史时代的经历者、见证者，是历经时代交替、历史巨变频发的特殊一代。但其主体却是新中国最早培养的知识人才的新一代！是新中国现代化事业的参与者、执行者、建设者、攻关夺隘的的生力军，承前启后的担当者，付心血于家国的吃苦人！为此，作为其中之一卒，在与新中国同行的最后里程上，既情不自禁感恩于党和国家培养使用之爱，感恩于亲人紧勒裤带之苦，感恩于多位领导知遇之德，感恩于师友舍己之助！"一往情深深几许，深山夕照深秋雨"。少年诗人写出老年人的心境，十分难得的巧合！同时，也感慨良多，感慨于人生艰苦之备尝，感慨于穷愁交困，家人生死无常之殇痛，感慨于下放秦岭住寒窑、盐水充饥之可笑，感慨于无事生非，受干校牛棚牢狱之冤，感慨于为人谨小慎微之迂，感慨于幼小失学，学无根底之憾，感慨于心无远虑，孤负韶华之悔！

人生有限，国事无穷。十年前新中国一轮甲子之庆，中国文物学会在特邀老专家聚会的请柬上，我写过一段献辞。现值此七十国庆之际，小作修改，再奉献给同仁老友共庆共勉。

> 七十春秋，人寿古稀
> 在坐的故老同仁
> 你可曾记得七十年前这一天
> 我们都披着"一唱雄鸡天下白"
> 的曙光
> 开始同新中国一路走来
> 历经风雨，饱浴阳光
> 悲欢与共，负重前行
> 赏月圆花好，追梦圆国强
> 怀文物之敬畏
> 扬宗祖之遗芳
> 莫哀吾生之须臾
> 喜庆家国之久昌
> 倾余热以促复兴兮
> 再添砖石之一方
> 东方古国站起来
> 富起来强起来兮
> 心与春风而飞飏

2019 年 9 月 28 日于京华寓所

以笔化灯

—— 读彭卿云先生文博文存《萤光集》有感

丹 青

按：丹青同志这篇文章，潇洒大气，在社会上反响较大，对《萤光集》也作了一些如实地介绍，其文字之优美，也为人所乐道。特将其附录于后，以资记忆。

一代一代的人都在寻找这个世界上最为珍贵的东西。人生也就是一个寻找的过程。而在这一寻找的过程中既没有鲜花与掌声、更谈不上名利与地位，因为他们心中最清楚：生活的含义绝不仅是金钱加享受。假如仅由它们支撑着人生，也定会收获到残缺、空虚甚至不幸。像生命中不能缺少水和空气一样，生活着就应该有神圣崇高的灵魂。

彭卿云先生是我在文博界中最为敬重的大学者之一，先生的道德文章，最初我是从《中国文物报》上收获，他以笔化灯，从聚集在童年心灵中的流萤那里取来了灵魂之火点亮自己的人生之路，也同时为我们这些文博界的后来者在探索中点亮了希望之光，这一束微弱的萤光，曾伴随我在祖国的文化遗产保护之路上，一步步迈上晋级的石阶。

作为一位年逾古稀的文博界老兵，通过编辑这一部厚重的集子，来重新检点人生之路中部分足迹，实在是难能可贵。在中国甲子大庆之吉日，健康工作50年之际，出版这样一部文存，随祖国一路走来，见证那些难忘的记忆，透过这些岁月印记，领悟万象万变的人生。为我们这些后来者及更多的旧雨新知留下了一笔宝贵的精神财富和文化印迹。时至今日，他乃还在为《中国文物科学研究》这本杂志尽心尽职，在与时俱进中努力补昨日之缺失，开明日之通途。细读先生数十万言记忆犹新的文博之旅程，所涉之典、无不引经据考、备溯渊源、珠玑缀萃、琳琅展列。他曾根据李瑞环同志对中国文物保护事业发展的相关指示，总结出："保护为主，抢救第一"这八字方针。受到文博界老友谢辰生、麦英豪等众多专家学者的高度评价。时至今日乃是中国文物保护事业的主导方针。读先生文存中的许多文章，文而有质，质而不散，博而不繁。有些篇幅短小精纯，看似惜墨如金，可读起来省而不率，从这些文字中，可观先生探究之博，劬学之殷。在多年的交往中，先生给我的印象总是：睿智而讷言，耿直于朴拙。虽年届耄耋，学术有成，却眷顾后学，待人真诚，这一切足堪垂范。

今年是《中国文物报》诞辰30周年喜庆的日子，先生是改名后《中国文物报》的开山之主。《中国文物报》的前身，是河南省文物管理委员会、河南省文化厅于1985年创办的《文物报》。这张报纸创办后，立足河南，面向全国，为文博事业的发展做出了许多有益的宣传与报道，也同时为《中国文物报》问世积累了许多宝贵的经验、打下了基础，由于整个国家文物事业的不断发展和社会各界的迫切需要，河南省文化厅从大局出发，主动建议将《文物报》改名为《中国文物报》，由国家文物委员会主办。国家文物委员会接受了这个建议，并在国家文物局的全力支持下，经国家报刊主管部门批准，走向新的辉煌。

先生受国家文物局的委托担任主帅。作为全国文博系统唯一的专业性报纸，理所当然地应该面向全国文博系统的各行各业，把政策性、知识性、学术性结合起来，力求做到雅俗共赏、图文并茂，使之成为宣传国家文物法规、政策的阵地，展示考古新发现、文物研究新成果的重要窗口，传播文物知识的课堂，开展学术探讨、争鸣的论坛，交流国内外文博工作经验、促进文博界人才成长，打通国内外信息渠道。在让这些栏目都能鲜活的展示开的同时，还必须多层次、全方位地帮助人们认识自己的历史和创造力，提高人们对文物的鉴赏能力，从中汲取德、智的教益和对美的享受。这些栏目的设置当初没有任何可借鉴的标准去参照，先生只能凭借自己过人的睿智及丰厚的实践知识，一步一个脚印地在探索中前进！无数个不眠之夜，先生一杯清茶，一支烟，沉静在探索之中：一个民族的历史与他交流、雷霆之声、潮汐之声、车马之声，乃至隐没在历史灰烬之中的铁火之声将他浸透，灌耳洗心的快慰，让他渐入佳境，渐悟玄机。他从这些杂乱的声音中辨出那隐隐的一缕天籁是缘自角檐之上的悬吊着的风铎了，听风铎之声，闻着那声音的味儿；是历史和现实的沉香之味；是经典和思想的砚墨之味；也是荣华了一个朝代又一个朝代的节律音韵文采的鲜活之味。故乡草丛中的流萤在他眼前闪耀着无数微弱的星光，他正是怀着这样的虔敬，在灼热的煎熬面前升华了自己的思想——每一个栏目的设置都是一节攀升的台阶。在这种信仰力量的支撑下，使他攀升的每一节台阶有了诗一样的境界！因为历史的长空充实了太多的中华文明，作为《中国文物报》的主帅，他必须有一种历史的责任感，在自己的手上，把每一个历史的焊接点都天衣无缝地焊接成一体。《中国文物报》绝对不同寻常，因此它的所有栏目、受重点、接受人群也都不一样。这株从幼苗成长成今天这样的大树，彭老总功不可没。

30年来，《中国文物报》除了肩负着促进文物保护和发挥文物作用的光荣使命；她扎根在上下五千年，纵横八万里的中华大地，拥有丰富多彩、绵延不断的历史文物的深厚土壤；更有遍布海内外的广大文博专业工作者和文物爱好者作为坚强后盾，历届的社长、主编始终不渝地把握着前进的舵杆，方成就了今天这样丰盛的收获。

先生的文存留给我们的不仅仅是几串人生的足迹、多彩的光影，更多的是一位文博界老兵奉献了自己一生的风采华章。先生的集子所收篇什，分了4个类别，即《古迹介评》《时论时评》《书序书评》《诗词效颦》。多为20世纪80年代初期作品，那是个特殊时期，改革开放伊始，文物宣传与旅游事业互动互利发展迅速，成为新兴的热门事业。作为国家文物局研究室公务员，他还兼顾《文物工作》主编，因当时文物类刊物极少，他理所当然成为其他媒体咨询、约稿的对象之一。这样一来外出调查考察机会相对比别人多，许多篇章真实地记录了那一段岁月留下的印迹，这些印迹以及他在文史方面的研究成果，在当时的文博界赢得了极高的声誉。当今天我们用热情的目光和冷静的头脑去审视这位老兵走过的人生旅途，发现我们已经在不知不觉中得到了深深的启迪和多多的教益。

彭卿云先生是我国文博界一位非常勤奋厚实的大笔杆子，谢辰生老曾在我当面多次教育我："写好文博类的文章，您要多向老彭学习，学他对祖国文博事业的忠贞，学他文笔干净利落、做人厚重坦荡、博学多闻、文采多姿的写作风格。"我能在今天的文博界占一粒之地，当与彭老总平时教诲与鞭策分不开。

振古以来，究心篇章努力著作者多矣。自非身负瑰琦雄伟之才，具渊博邃奥之学，总揽古今，立言拨俗，其声名炳耀于当世者太少了，构成这些要素的学者必养其气，方生璚皇奇丽之思，言之汪洋宏肆的磅礴之气当纳其间。先生的诗词立意高古，状事咏物，说理抒情均怀高世之才，故其所作诗词以意就韵，以辞应节，纵横于绳墨之中恢恢乎游刃有余。

当今的时代已经迈向太空时代，我们可爱的祖国在追梦的征途中越来越注重文化的作用，这是可喜的。正如习总书记所说："认识自己所担负的历史使命和责任，坚持以人民为中心的创作导向，努力创作出无愧于时代的优秀作品，弘扬中国精神，凝聚中国力量，鼓舞全国各族人民朝气蓬勃迈向未来。"几十年如一日的积累，数十万字的展现，先生的文章自始至终均契情、景、事而作，援笔立就，一气呵成。只有积累了深厚的学养，胸中才会元气充塞，文意自然澎湃而出，潜蕴天地万物的气脉冲出地平线。我个人认为，彭卿云先生的这部文存，是一部思想激荡、情感深沉的美书。说她美，不仅是文辞的瑰丽，叙事的优雅；也不仅是突出的葆有从原野上成长起来的知识分子灵魂的清新华贵，风骨的自由洒脱，更重要的是一个从卑微童年，到在祖国和党的培养教育下，成长起来的一代文博学者，始终如一滴水那样无色无香却深涵人世的情愫。彭老总在我的心目中就是一位忠实的传统文化守望者，在国家文物局列届的副局长中，从来没有一个人在编辑重大题材的书刊方面超过他的，数千万言的文字经过他的手变册成书，如果我们把时间表重新审视一下，不难发现：从1979年起，他先后主持《文物工作》《中国文物报》《中国文物科学研究》等一报两刊策划创刊和主编工作长达35年之久。1982年他受国家文物局委托主编"中国文物系列辞书工程"：《中国名胜词典》（前后三次修订版）、《中国历史文化名城词典》（上、中、下三卷）、《中国文物精华大词典》（四卷，曾获全国辞书一等奖、国家图书奖）、《中国历代名人胜迹大词典》等5种11卷，1400余万字。此外，还主编《中国当代文博专家志》等多种文献史料图书约600万字；加上这部百万字的文博文存，我们可以想象，人生之路上，他为共和国的文博事业的发展，泣血长歌，魂牵梦绕了多少个春秋？这些大著，今天读来也无不让人心潮激荡。我认为彭老总的务实精神代表了一种中国文人特有的情节。他始终把自己放在一个普通文博工作者的位置上，内心深厚的传统文化又逼着他以文博工作者特有的高度责任心，数十年游心于文物，冥心于考证事实，数千昼夜、移晷忘倦、壮怀不戢、穷索渴思、搜集著述，这是何等可贵的精神啊！他为什么？还不是为了吾中华历史之悠久；民风之淳朴，仓廪之殷实，人文之秀杰，古迹之众多。唯山川故物、历年既远，人文景观、往迹易湮。难免失其之方位、遍觅不得；或乏于编次，未能备载。故泣血多年，查史料、搜遗存，记录下这篇篇被历史即将要遗忘的旧梦，使后来者对吾中华文明的昨天有迹可循，观其行，读其章，彭老总的良苦用心，苍天可鉴！

每捧读彭老总编辑的系列辞书，吾辈掩卷沉思，心潮难平，千载沧桑，劫灰未烬，古迹未湮，寰海同珍，贺吾中华文明、人类瑰宝，今逢盛事结册成集，当光耀吾中华，彪炳于史坛。

睿智是一个学者最基本的素养，缺乏睿智，文章肯定写得愚钝，愚钝的文章背后只会是一个平庸之人。正如陈寅恪先生所言："学德不如人，此实吾之大耻。"一位学者，学养如能深厚，文章自然根基稳固，不随流俗。穷理尽兴，法古出新，所作文章当然通透如春风吹拂。真情、深情和责任、仁慈是先生文章的底蕴所在。它需要的是一种综合能力与素质，在生活的锅灶里爆、炒、煮、煎，在思想的熔炉里冶炼淬火。这颇似春天涌动出的生命绿意，它既借助于阳光的和煦与微风的吹拂，更离不开无数个冬季精气的内敛与贮藏。就连共和国文博事业的品牌：全国十大考古新发现，也是在他手上培育启程的！这一品牌的亮点，至今如星光般耀眼，照亮古老的中华文明那慢慢长夜！

　　人人心里一杆秤，出选集的人很多，就其个人风格特点的大家之作太少。目前，中国的出版文化正面临前所未有的机遇，这个机遇远超过新中国成立以来最好的时期，我们呼唤更多有良知的学者共同为真正意义上实现中国文化不断创新，为社会主义核心价值体系的不断发展完善，更好地建设中华民族共有的精神家园做出应有的贡献。

乙未年二月十九日作于姑苏春华苑书乐斋

诗稿篇

七律·南郭诗稿

华夏诗词华夏魂，
腾腾天籁韵乾坤。
随天禀赋诗言志，
见景生情歌咏吟。
且喜民谣倾下里，
更期雅颂普阳春。
古今南郭盈朝市，
充数诗行又一人！

迎新中国七十华诞感赋

人生七十古来稀,国立七旬花蕾时。
万水清流滋万象,千山灵秀育千姿。
天公有道重抖擞,九土多才又创垂。
不老文明龙传递,阴晴风雨总腾飞。

2019年大暑节于京华寓所

观APEC会议直播口占

国是大如天,宏才民一员。
运筹欧亚路,引领海洋船。
尊俎双赢策,折冲两鲁顽。
包容器度大,谈笑释疑嫌。

2015年11月12日9时半

听习近平总书记在文艺座谈会上讲话
即兴感赋

一席倾谈意蕴扬,风花雪月漫新香。
扎根民土源泉涌,梦笔松峰德艺张。
娓娓道来孚众望,殷殷语切系心长。
强邦自信文持久,号角催军上战场。

注:闫肃在会上说:我们说的风花雪月就是铁马秋风,战地黄花,楼船夜
雪,边关朗月。

2014年11月

无题

治党强军两大宝,灭蝇打虎双横扫。
神州自有擎天手,力挽狂澜于既倒!

2014年2月6日

八声甘州

谢辰生先生《往来书札续编》付梓又贺

对萧萧白发逐年稀,莫言一衰翁。近期颐长者,无须拄拐,不要人从。留住青山不老,夕照更葱茏,文思清流水,畅达灵通。

更上层楼望远,保文华国粹,尽瘁鞠躬。汇平生心血,都洒此方中。继郑王、高标风范,又赢得无冕老英雄。今欣喜,玉札赓续,史苑征鸿。

2016年6月

西江月

2014年11月7日赴津参加中国文物学会会馆专业委员会,并看望李瑞森副会长。

政学工商会馆,明清建筑奇葩。
五光七彩耀中华。乡邑联珠文化。

可喜重兴正业,同仁都是方家。
耕耘沃土绽新花。硕果流芳天下。

注:学会会馆专业委员会,是学会最早成立的分支机构之一,但长期未能正常开展活动。而今重整旗鼓,改造成功,欣喜之余,以词贺之。

迎新喜读《郑欣淼诗词百首》

诗词百首线装帧，新酒古瓶意味醇。
佳句恰如天外雪，清灵飘逸洒春温。

2007年元旦于北京

七律

—— 贺著名史学家吕振羽先生创办塘田战时讲学院八十周年研讨会召开

杨花落尽杜鹃红，四水春潮追梦汹。
集聚群贤研史迹，满怀敬畏祭精忠。
工农学子救亡种，剑火文章荡寇雄。
国士英华扬胜地，楼堂浩气振天风！

2019年5月15日于北京寓所

贺谢辰生老口述《新中国文物保护史记忆》一书出版

回眸文保史，口述数家珍。
史实新弥贵，精神感佩人。

2016年12月

贺苏东海先生《自传》出版

战士情怀学者风，挥毫策马自从容。
沉思三卷名天下，压轴还看自传雄。

2016年11月

314

调寄西江月·一九八五年十月访奈良古城纪行

中日一衣带水，人文今古相通。
奈良城内览唐踪，胜读史书多种。

六渡东溟历险，艰难一渡成功。
文明使者鉴真翁，跨国奇峰高耸。

2015年11月20日改旧稿以资记忆

题赞香港古物收藏家钟华培先生

爱玉方君子，藏书帙满笥。
助文无言语，桃李下成蹊。

2010年前后

贺邵阳北京商会成立

惟楚有材在邵阳，古今文武盛名扬。
创研史学翻新页，首倡师夷拯旧邦。
才子风流护国帅，歌魂绝代镇疆场。
喜今商会群英会，共挟风雷再远航。

注：吕振羽、魏源、蔡锷、贺绿汀四名人，堪称邵阳古今四杰。

2012年4月22日

新春祝福文博同仁

　　保文物,扬国粹,振民魂,激活尘封瑰宝,据物鉴史,据史鉴古通古,文化自信洪流奔涌,同仁撸袖筑圆中国梦；

　　守根脉,探渊源,承先志,鼓呼敬畏宗邦,以德育文,以文育人化人,民族复兴大义崇巍,天职当头腾飞华夏龙。

2017年1月16日

题吴春龙绘画出版

　　身居塞北边城,心向古今华夏。
　　绘画日臻完美,传承技艺新葩。

2014年4月28日于柏林寺

贺著名考古学家徐光冀八旬寿

　　光冀八旬寿,壮心千里遥。
　　废墟拼大智,沙塞认前朝。
　　三峡追神女,中原护故骄。
　　功随江汉水,浩荡领风骚！

2015年4月于京寓所

316

七律·致英豪

英豪兄:门铃叮咚响,英豪邮件到。腊味诚可贵,信札价更高。少时功力在,书迹老弥豪。萤光本么小,感君赞不抛。近日得知老兄与容庚、商承祚、梁钊韬等入选20世纪广东四大著名考古学家。欣喜之余,谨以小诗贺之。

岭南四杰一英豪,"黄埔"出身才德高。
乘驾秦船还帝国,启封汉墓复王朝。
领兵考古成宏业,守土维权付巨劳。
刚性柔情垂师表,翩翩风度领风骚。

2014年12月27日

致刘炜三首

困难当头必有求,衰翁无奈解君愁。
但将余勇追新梦,精品流芳始退休。

2013年7月3日

几回同步过香江,一剑同磨十载长。
巨制洛阳曾纸贵,友朋长忆是陈张。

注:巨制,即《中国文物精华大辞典》。陈张,即香港商务印书馆两总陈万雄、张倩仪。

刘君本是女强流,大任担当不足忧。
完满人生须满贯,过河兵卒莫回头。

注:喜闻《精品全集》初始问世感赋

2015年1月4日晨

贺自树同志八十大寿

老马八旬智更强,识途千里不迷方。
初心不改忠文命,愤笔华章胜谏章。

2016年4月7日

七律

顷悉周玉清同志今年古稀之寿,谨以小诗贺之。近闻巨著将砰然问世,欣慰之余,作双喜之贺。

迎新聚会几经春,阔别乡朋想望频。
顺世识时为俊杰,循规蹈矩做天民。
古稀健笔从心欲,巨制文章待等身。
圆梦中华无老少,耕耘岂是"赋闲人"!

2016年丙申孟夏于北京寓所

临江仙·喜读《邵阳文库·周玉清卷》

喜读《邵阳文库·周玉清卷》,匆匆用其为邵阳商会换届新作《临江仙》韵贺之。

资邵滔滔汇碧秀,英华灿灿春秋。胡曾文采续风流。才情光四溢,妙笔令花羞！　　官品文章兼自得,人生五味长留。烟云锦绣两悠悠。耕耘追国梦,挥斥老还遒！

注:周玉清,湖南隆回人。原全国总工会副主席,第十一届全国人大常委会委员。

2018(戊戌)仲春于北京

临江仙·姚龙波先生从教四十年志庆

求学当年粤海，几番雨横风狂。栏杆独倚望珠江。缘愁长叹息，无奈诵《蜩螗》。　　喜看满乡桃李，偿还生命辉煌。一江资水向汪洋。声名逐浪起，师范冠潇湘。

原作1995年4月于北京

张晗同志任文化局长十八年感赋

局长一当十八春，小官重任尽丹忱。
繁荣文化倾心血，赓续根基沥胆魂。
工作狂时无昼夜，有为大处忘身心。
头飞霜雪人老到，圆梦乡邦一故臣。

2018年2月春节

作者(右)与张晗(左)合影

同韵复老友砚农二首

卅载机关刀笔吏，四旬作嫁老裁缝。
不材樗栎樵夫惜，圆梦中华茋草忠。
清苦清贫风满袖，养生养老暮途穷。
如君知己二三子，诗慰相思胜相逢！

拜读新诗溢美辞，当之惭愧见之疵。
昔时成就皆尘土，老树枯衰傍晚时。
斗草牛娃泥脸臭，戏萤童昧傻萌痴。
难成骐骥日千里，驽马天生十驾追。

2017(丁酉)中秋

满江红

——庆祝文物出版社建社六十周年

遥想当年，红楼外，西风萧瑟。莽苍穹，雁行长啸，文园报捷。
旗帜迎风灯与火，名牌耀世星和月。莫等闲，举国此一家，天时约。
作嫁衣，人财缺。披肝胆，沥心血。正前驱，骤降兼停难劫。
甲子一轮风雨路，贤能几代争先越。续文脉，扬民族根魂，功勋烈。

2017年10月10日京华寓所

中国文物学会欢度老人节感赋

重阳重聚又经年,文苑黄花岁岁妍。
盛会豪华非酒宴,书生爱好重清欢。
神游故国还童少,漫染秋红醉脸端。
善饭廉颇都在座,明年今日再同餐!

2017(丁酉)年10月11日于北京顺义

北京东岳庙(道观)小联

——戊戌重阳中国文物学会故老聚会

东岳丛林,又逢盛世,观堂轮奂,映日腾辉,秋气扬清,道义升华,满院纷飔文风文采

文园故老,再聚重阳,家国情怀,经年激烈,霜霞染赤,天官赐福,诸君胜似丹菊丹枫

2018年10月12日于北京

迎新感赋寄友人

老大乡愁与岁加,春秋南北忆生涯。
年华流逝江中水,心事迷茫雾里花。
旧照重翻闻土气,黄昏新颂恋虹霞。
体羸无复雄飞想,远望衡阳便是家。

2018年1月2日

致忘年交刘家玮

读罢华章赠小文,少年才气撼顽心。
喜看新俊成新雨,更盼功名振望门。

2017年5月1日

忆赵朴初先生为魏源图书馆题写馆名

馆名题写大名人,居士挥毫洒热忱。
光大前贤强国志,隆回文化胜千军。

2018年2月11日于北京寓所

送别杜玙文同志

近日忽闻老友杜玙文同志悄然离世,未有任何追念活动,连机关服务人员均拒之门外,唯家人送行,人们称之为"裸亡",令人甚为感动,更堪效仿,特题句纪之。

荣枯草木无声息,人事兴亡是自然。
裸死裸生归真璞,易风易俗创新篇。
我欲因之思效仿,另加灰骨撒郊原!

2013年9月18日

悼沈竹

兔死狐悲,物伤其类。夜不能寐,急就成句

和善人皆友,谦虚众口称。
心如秋水净,性似晓风清。
一世文华业,终生赤子情。
斯人今去矣,家国失精英。

2015年3月1凌晨

悼黄崇岳同志

六月廿日,惊悉黄崇岳同志病逝于美国。噩耗传来,晴天霹雳,悲痛万分。回首四十年之交,"思君若渴"声声震耳,互助互勉之情历历在目。而今,美洲在那边,重洋阻隔,生死两相牵。愿君魂归故土,安息九泉。老友无奈无助之余,痛向悲中觅小诗悼之。

一介书生风雨程,十年南北苦飘零。
欣逢盛世高材展,教授云台捷足登。
感召阳春还故国,拼将心血筑乡城。
平生事业攀峰顶,文博华章集大成。

2015年7月7日

悼张忠培同志

一代方家一代师,满园桃李尽高枝。
保研国粹珍如命,笔伐口诛毁盗时!

2017年7月25日

临江仙并序

——记高平抗日烈士纪念碑建成

日前喜读高平抗日烈士纪念碑建成照片，得知当地许多老中青乡贤、志士奋力奔波，献策、捐资、出力，深切缅怀先烈，突显家国情怀，几经周折、艰辛，终于碑顶凌霄，气壮山乡，其功亦莫大焉！感佩之余，谨以小词记之。

躯体早成灰土，姓名无处询求。依然浩气贯神州。功勋新勒石，见证国民仇。　会战湘西炮火，声声耳际还留。凯歌到处泪河流。英雄滴滴血，挥洒史千秋。

2018年11月12日于京城陋室

无题

未出校门，国起风雷。黄金岁月，风扫雨摧。
书生老去，机会方来。凄凉感旧，慷慨生哀。

一九六〇年下放陕西秦岭记忆拾零

才卸书包兴正酣，又背行李赴关山。
云横秦岭随身绕，雾锁残窑睁眼看。
劳锻农村天地阔，饥荒遍野庶民艰。
人分跃进"左中右"，言必遵循"九六三"。
天亮出工千户怨，鸡鸣散会万人烦。
食充野菜和汤煮，锅炒槐花当饼餐。
一日两餐粥两碗，终年零菜饭零盘。

饥肠辘辘熬长夜,满腹空空饿失眠。

土炕六月烧秸草,肚饥半夜喝汤盐。

三人同奏交鸣曲,一炕齐歌不夜天。

雨暴风狂天作美,淋漓酣畅浴天然。

啼笑皆非心自乐,稀奇古怪苦有缘。

半年消瘦身浮肿,一载甘肥梦里馋。

人世欲知苦中苦,请君到此度一年。

注一:此稿始作于改革开放之初。春秋代序,世事沧桑,记之晓示后人抑或非多余之举?其中"九六三"系指当时大跃进人须记住九个指头、六条标准、三面红旗。否则轻则中右,重则右派。

注二:1960年伊始,大学毕业,刚分配到位,立即下放陕西秦岭。与孙景慈、金鼎莹(同时毕业于厦门大学历史系)三人一小组,安住五星台生产队川陕公路边的套间窑洞,一大土炕三人同住,其实为待废公窑(洞),阴冷潮湿,烟尘弥漫,里外光线暗淡。

2016年丙申春节修改

开镰割麦

"三夏"红旗舞晓风,开镰割麦逞英雄。

高扬铁臂挥新月,浩荡金涛卷巨龙。

地里丰收粮石石,掌中增长茧重重。

"红心"锻炼须红火,今日熔炉火正红。

1977年6月12日在河北正定干校为"三夏"宣传作

渔家傲

大学狠批拼命干,频传捷报犹酣战。播玉洒金挥雨汗,齐声

325

赞。骄阳烈火"红心"炼。　　战地旌旗红烂漫,"三秋"直指"江南岸"。江贼胡言"白吃饭",睁眼看,满园遍洒书生汗。

1977年秋正定五七干校

望江南·干校插队纪实(四首)

潴沱好,千里好风光。李笑梨欢香欲醉,棉山粮海尽琳琅,车唱马叮喈。

潴沱好,玉米叠高山。金佛尊尊睁眼笑,顽童队队竞登攀,峰顶望"江南"。

潴沱好,高粱壮又骄。铺地彩霞翻锦浪,如林火炬对天烧,夕照更妖娆。

潴沱好,众女下银河。摘取繁星千万袋,白云滚滚满山坡,月夜听欢歌。

1997年10月正定干校

满庭芳·记清晨刈麦

星月犹欢,东方欲晓,连营十里兵分。才鸣号角,战火已纷纷。破竹声声悦耳,刀弓下,滚滚黄金。长驱进,排排战士,个个老书生。　　东风重得意,千帆竞发,万象欣荣,看葱茏艳翠,尽吐芳馨。灿灿红旗似火,光辉映,片片丹心。挥汗雨,张张苦脸,迎接太阳升。

1977年6月于正定干校

五律·纪念毛主席逝世一周年

时代擎天手,何曾永别离!
长江安可息,大海岂能晞。
旭日当空照,神州洒曙晖。
红旗招展处,挥手又依稀。

1977年于河北正定五七干校

七律

1978年4月26日抵广东紫金参加革命文物工作会议。翌日清晨,步登山岭,瞻仰赤炮起义纪念碑。

仰观霄汉彩云飞,烈士归来着锦衣。
骨讬青山松柏茂,血凝红土稻粱肥。
碧溪夜雨添春色,苞竹晨曦漫翠微。
赤炮红旗迎日出,山花似火燕莺啼。

注:赤炮起义,是南昌起义后,在广东省紫金县举行的"四·二六"武装起义,成立紫金第一支农民起义武装组织。

1978年4月

雪夜读复刊北京晚报

十年离乱盼君归,今日重逢胜故知。
品貌似曾新彩燕,芳容依旧老红梅。
霜欺枫叶丹增艳,风扫松枝绿更肥。
夜话燕山同是雪,篇篇片片满城飞。

1979年

西江月

一九七九年六月五日,自合肥赴黄山途中遇雨。

满载一车欢笑,飞驰千里烟峦。春神召我赴名山,杨柳东风拂面。

窗外嘉禾秀麦,眼前绿女红男。杏花烟雨绘江南,雨洗芳容更艳。

1979年6月5日

登黄山

名山景奇绝,飞电织鲛绡。
峭壁松争秀,奇峰石竞骄。
燕莺歌碧树,鹰隼舞晴霄。
芳谷云缠雾,千姿百态娇。

1979年6月6日

忆向阳湖七律并序

1970年元旦,文化部湖北咸宁五七干校军宣队无端剥夺我外出的权利,随即失去人身自由,进而幽禁牛棚审讯,专案组十余人轮番上阵逼供所谓"5·16"罪行,前后持续五个回合,共35个昼夜。其来势之凶猛,手段之残忍,不亚于法西斯,身心所受摧残,几近于死地。而今回首,依旧不寒而栗。

雾锁群峦不见头,满湖春水满湖愁。
牛棚逼供杀声吼,山谷惊雷风雨咻。

得志猖狂人变鬼,贪心膨胀友成仇。
七年树倒猢狲散,善恶是非都自留。

1980年4月于北京

五律

1981年仲冬,随孙轶青同志游东坡赤壁,应嘱纪行。

长江两赤壁,文武各东西。
一战三分定,双文百世师。
折戟沉沙底,栖霞映翠堤。
龙泉三尺舞,难敌寸毫挥。

1981年11月

镇远即景二首

七律·潕阳河
两山夹水水如蓝,九曲青天镜底悬。
瀑布飞霞迎旭日,奇峰列阵护游船。
浮漪竹笑缘风好,戏水凫歌为客欢。
白鹭翩翩导前路,蓬莱未到意如仙。

西江月·镇远古镇
一水悠悠毓秀,半山楼阁争奇。城横寨顶浴斜晖。真个江南塞北。　　山上马牛队队,溪头男女依依。渔舟激荡铁龙飞。瓜果满城壁垒。

1983年8月

满庭芳·春日天坛南门新居即景

白絮飘香,骄阳吐艳,暖风沁透心脾。南溪水底,一线碧天垂。两岸行人对对,柳丝下,情侣依依。北园内,烟花照眼,笑语伴莺啼。

危楼舒老眼,果真赢得、无限生机。念悠悠天地,涕下何为? 多少功成白首,都因是,知命知非。喜今日,卜居小阁,朝夕笑登梯。

1990年春天

七绝

亲情家事与生来,命不鸣呼放不开。
离合悲欢无大小,连心骨肉总牵怀。

失眠感赋

儿男四十不成材,风雨无常幼失栽。
是铁成钢须自炼,生临不惑智门开!
自食其劳求一饭,于民小益亦安哉!
陶潜且进杯中物,消遣五男无术哀!
不寐多为忧天倾,非台非树惹尘埃?

2010年12月30日

昱焜周岁题

昱焜周岁合家欢,兔入龙门步步安。
志在四方千里足,兴家创业仗丁男。

2012年2月21日

昱焜两周岁

两岁孙儿一树花,天真活泼心自夸。
枝繁叶茂添双翅,小时了了大必佳。

2013年2月21日

题碧萱小照

碧绿原为玉,萱花本是金。
忘忧心致远,才志不输人。

2015年5月11日

含饴弄孙二首

八十背孙节日游，天安门下挤人流。
鲜花怒放浓如酒，醉我心脾解我愁。
老幼纵观新世界，万千异趣在心头。

2013年国庆

八十携孙节日游,圜丘台上攒人头。
昔时独步黄昏后,虫鸟和鸣最解愁。
今日盎然天趣起,欢心全在小"光"头。

2013年10月4日

即兴口占二首

时令清明莫踏青,花浓草嫩妒人情。
无边春色吞枯朽,夕照苍颜一老丁。

心底故乡满是愁,不堪回首也迟留。
新人新事随时异,离合悲欢总未休。

2014(甲午)三月七日

告家翁

清明寒食倍思乡,暮雨潇潇墓冢荒。
岁岁哀思千里寄,儿年有限后生长?

2014年(甲午)3月30日

浣溪纱·湘炜首次回乡扫墓

岁到清明睡不宁,心飞故国祭先茔。孝心未了悔终生。
遣子回乡参拜扫,乡愁历历总伤情。关山依旧一伶仃。

悼表弟龙祖田

半生流浪一生孤,打骂饥寒狗不如。
五岁离家童乞丐,成龄归宿小鳏夫。
爹娘早逝除家暴,苦命方安免仆奴。
八十零仃孤饿死,苍天何许惩无辜?

2015年6月26日

七律三首示侄

　　乙未初秋,源军携妇将雏来京,两家团聚,序天伦之乐事,享家趣之清欢,惟忆往事之堪哀,谨以小诗志之。

侄问归期未有期,还乡总在断肠时。
每温旧事余心悸,历数伤痕满鬓丝。
怕进长林防落叶,勇逢绝路突重围。

334

七旬岁月他乡度,老大偏安不忍归。

佢问归期自未忘,乡愁乡怨黯神伤。
童蒙四季牛为友,终日三餐薯作粮。
老父晚年沦犬马,抛家稚子断肝肠。
喜今甥侄小康乐,便认他乡作故乡。

注:老父晚年以六十六七岁的衰体为他人开荒,挣几角几毛补贴我上高中学费。寒冬腊月,早出晚归,感冒风寒而患急性肺炎致死。其双手老茧寸厚有余,粗若松皮,已非人掌状,实惨不忍睹也。

事过六旬今未忘,去留可否费平章。
通知录取名高校,讯息传开喜后慌。
行李盘缠无半角,家人生计更迷茫。
老娘远虑哭相慰,活路新开弟妹当。

2015年(乙未)孟秋

旅夜无眠

异地奔波三十秋,无眠旅夜故乡游。
耳边叨絮母呼妹,眼底扬鞭父赶牛。
戴月送粮窗外笑,挑灯缝被泪先流。
微躯寸寸双亲血,抱憾终生孝未酬。

附记:原稿系车上口占,1985年由成都返京列车上思乡。

1947秋,我曾就读于离家十多里之遥的中心小学六年级。伙食由学生按日轮流供给。父亲月夜挑粮带菜到校,其时已近晚8时,学生正在灯下集体自习。为免于惊扰,父亲悄然含笑静立窗前观望。我无意中发现,当即怦然而起,出门接应。父子相对无言语,啼笑两心知。办完交接手续,月色偏西,父亲忍着饥饿只身返程。此景此情,近70年后依然历历在目。悲哉,人之为父也！

　　1955年8月，我被中山大学录取。家人为之一阵欢喜。由于父亲去世，家境更清贫如洗。全家转而愁眉不展。母亲更忍痛操办行装，借人棉、布，连夜挑灯含泪密密缝制被褥。十余位叔舅也各自忙着以角、元计数支助赴广州路费共计13元几角。此情此景，今日回首，心如刀割。悲哉，人之为善也。

2015年乙未立冬日

怀念小妹文并诗

　　1957年8月某日，结束暑假离家返校。母亲与小妹远送到浒溪村一破落寺庙背后坡道上，行程达二十余里。十几斤重的行李由小妹全程挑行。送人千里终有一别。至此，三人只能依依不舍，挥泪告别。小妹聪明可爱，个儿长得高，体质结实，11岁成了家庭劳作得力帮手，我更是加倍喜爱。唯家贫未能上学，苦生苦长，令人惋惜。她很懂事明理，挽扶着母亲下坡，不时泪眼回头向我挥手。我站在坡上看着她们下坡走到平路上，直至她们的背影渐渐消失在我的泪眼中，最后悻悻然孤零零地挑着行装赶路前行。谁知天道竟如此残忍，一次平常的惜别，竟成了与小妹的诀别。翌年秋，噩耗传来，小妹因急性腹痛而不治夭亡。晴空霹雳，骨肉分离，悲恸欲绝！57年过去，每当回首家世之磨难，与小妹惜别成诀别之惨景，总是耿耿于怀，心如刀割。旧事填膺，思之凄切；形影历历，记忆犹新！小苗初长，凋于旦夕，呜呼哀哉！彼时家境之贫，乃吃人夺命之魔！无医无药之乡，曾经早谢多少春红夏绿！兄长远离，无能救助，内心悲怆，伴我终身。回想临岐分袂处，更谁能会此时心？而今大哥以耄耋之龄，忍痛作小文并附诗记其生命短暂之霞光！

　　其诗曰：

小妹名白金，大气又聪明。
乖乖自成长，处处可人心。

老大关怀少,苦生苦命身。
七岁无书读,八岁小农民。
苍天欺幼小,魔鬼虐穷贫。
九夏霜凋绿,三春雹碎青。
嫩苗遭摧折,怨天更尤人。
大哥无力助,悔恨伴终生。
小花十二岁,惨遭牛鬼吞。

2016年5月

源军在老屋地基上重建小楼感赋

荷塘竹影白云飞,百鸟欢歌下翠微。
山水九龙通福脉,天人合一护根基。
田园小院玲珑美,村舍宜居素雅菲。
后俊齐家扬孝悌,遗风流韵耀新辉。

2017年3月5日服

临江仙

　　源军在老屋基建新居,作为生长之地,抚今追昔,思绪万千,感慨良多。曾有《七律》拙作寄之。然余意未尽,趁病休再作《临江仙》以资留念。

　　幽谷烟峦村舍,荷塘月色涟漪。竹苞松茂夜莺啼。清风催晓梦,曙色染霞晖。　　六代传承一脉,百年兴替多时。命关天日自相随。乡愁风物在,游子总依偎。

2017年(丁酉)7月京华寓所

读姥爷送豆豆上学《添喜》诗有感奉和

书包背起来，姥爷送出来。
窗台花正好，红绿满庭开。
初始启蒙日，呆萌样更乖。
老夫心倍喜，大笑赏苞蕾！

2017年6月

附：《添喜》原诗

鲜花贤内养，绽放映阳台。朵朵招蜂采，棵棵惹蝶摘。
居家人气好，交友贵宾来。晚岁增欣喜，孙男豆豆乖。

临江仙·送昱焜孙儿入学喜赋

　　六岁孙儿入学,新人新树新标。成材坎坷路迢迢,男儿勤苦学,勇跨险难高。　　老树孤光自照,枯颜落木萧萧。喜看桃李绽妖娆。花红枝干壮,家国小苗骄!

2017(丁酉)年8月30日

新春自白

几度龙年两鬓霜,行囊整好待回乡。
十年办报从零始,卅载从文遵命忙。
有得缘由勤励志,无为原本放牛郎。
归林倦鸟还寻梦,驽马离缰欲自狂。

2000年1月

读陶渊明《责子》感赋

陶潜五子不成龙,无奈只求酒满盅。
得失何须论子侄,东篱采菊自从容。

2005年8月6日周六

为星塘村公路通车撰联

开门见喜,顺风顺水行千里;
动步生财,同向同心抵万金。

2008年夏

星塘祠堂二联

(一)

星月清辉,素描村野风光,诗画兼容,田园独好;
岩泉秀水,滋养农家子弟,世代承传,耕学双兴。

(二)

祠外山光,历春夏秋冬变幻,处处乡愁伴月;
堂中宗祖,任东西南北去留,人人叶落归根。

2008(戊子)年清明节于北京

七律·忆星塘岩门前泉水

家玮考察星塘岩门前岩泉有佳作,读之很受感染。这是星塘彭家,老夫故里,小时多路过此,不论冬夏,享受凉热,好奇心涨,幻想联翩,忘乎所以!
现试作七律应之。

风生水起不知年? 空穴幽幽亦洞天。
冬暖夏凉人福地,西流东涌物华园。
往来驻足留欢笑,洗饮流连听汩湲。
养命单方多千百,灵丹乃是一清泉!

2018年12月

自题近照

此照摄于2018年春,时年85岁。这恰好是本人大学毕业60个年头的
见证。

六十年的风雨阴晴
六十年的饥寒温饱
六十年的病患劫难
六十年的求索挣扎
六十年的收成亏欠
六十年的酸咸苦辣……
疙疙瘩瘩,扭扭歪歪
统统凝结在
这张老树枯皮的脸上

七绝

老人心病是孤单，情感无常苦乐翻。
白日放歌窗外笑，自言自吼老狂狷。

约友访咸宁

阔别咸宁四十秋，伤心往事梦魂留。
劫余人物身还健，拟挟风雷作旧游。

2012年秋

善恶小赋

　　人，怪物也。初本善者，恶贯满盈；初本恶者，累累善行。善恶非天赋，成败在知行。人性，有万变之异，无些许之同；思想，深远莫测，海阔天空。上善若水，从者如流；除恶务尽，嫉恶如仇。

　　真善美，事物之完备，人格之极致，生灵之真谛。真为善本，美为善标，实本善力之无穷：扬帆鼓浪之舟，承人类之厚德，载天地之万福；龙泉楚宝之利，保家国之两全，护身名之俱泰；知时好雨，润心灵之净土，养浩然之正气；鱼龙得水，主自我之沉浮，乐身心之自由……照大千之明镜兮，还万象以原形。思无邪而心正兮，得友朋之力助，叙天伦之乐事，求上寿之期颐！

　　人类万年史，善恶相峙又相依。善恶相从，如影响之应形声。丑恶之形，百怪千奇，各逞其能，同归于乱：利害之尺，运用自如；主心之我，应变有余。位高势重，作福作威；腰缠万贯，通神通鬼。食色之贪，不厌精新；谣言暴戾，软刀杀人。万物备于我，闻臭争相逐，得志便猖獗。烧杀抢劫，赌毒奸娼，假冒伪劣，坑蒙拐骗，成行成业，国祸民殃。傍名人以自耀，比骗术之高强。兄弟动刀枪，父

342

子上公堂,摔婴罪恶灭人性,幼童拐卖丧天良……如蚊蝇,如蛇蝎,如虎狼! 呜呼悲哉,伦理偕亡!

滚滚长江东逝水,泥沙俱下,鱼龙混杂,奔流直泻三万里,浊浪排空,无可阻挡!

已矣哉,莫哀吾生之须臾,喜清风明月之不禁,羡滔滔万里之大江! 胸怀美善兮,宠辱皆忘! 待人谦美兮,胸襟坦荡! 生有所为兮,心与春风飞扬!

2013年7月12日于柏林寺

听人讲故事感赋

三年清知府,十万雪花银。
自古行天下,盛行是当今。
有官不怕小,带长跃龙门!
三亲能唤雨,六故气凌云。
威风若抖起,鸡狗也欺邻。
日进斗金事,时刻计于心。
权钱不对称,软硬酌情分。
猴不耍猴戏,杀鸡儆一村。
宝座争长久,荣华荫子孙。

公正无疏近,窝囊废其人。
凡亲不受益,耻笑又犯浑。
姑嫂多侧目,弟兄总謷呻。
妻儿遭冷落,进出怕单身。
捧杀兼挤压,入瓮请君轮。
多少村染店,红蓝黑白混!
多少家国利,毁于一旦昏!

风水轮流转,三年到乡村。
终来善恶报,明镜照妖神!

2017年7月

办公室门前小树猛长

初见攀枝能摘果,今朝梯架也难登。
十年树木成新证,我却龙钟一老翁。

1992年随《中国文物报》迁入柏林寺办公,办公室门前一小树,高不过人。

2005年6月口占

西江月·学上网自嘲

网络联通天下,手机倾听全球。 顿生奇趣手边留,疑似还童时候?
焦虑源于凄苦,欢娱须自寻求。多情"尤物"解心愁,喜得新知好友!

2013年8月27日

临江仙

难舍春红夏绿,流连霜雪秋冬。
心中好景四时同。天人长合一,穷达两从容。

世味人情多变,清风明月无穷。
是非得失转头空。安时而处顺,淡泊自宽宏!

注:庄子曰:"安时而处顺,哀乐不能入也"。

2013年8月31日

自遣

胜如你的千千万,不如你的万万千。
能知足者人长乐,善于忍者自久安。
自疼自爱兼自在,心净心安即坦然。
积怨过多常成病,吞声忍气为人缘。

2013年10月11日

体检

体检年年照例行,达标不变好心情。
人生易老天难老,谁不残年惜晚晴。

2013年10月30日

吁编文物古迹诗词集

老翁八十已无求,书海飘浮网海游。
唯有当年遗憾事,编诗旧梦力难酬。
万千古迹诗尘没,少有官家书志收。
寄望新人成大业,长留文采耀春秋。

2013年11月

甲午中大同班诸友春节聚会

同窗粤海久弥珍,相助相知兄弟亲。
甲子轮回承苦难,华年逐个度清贫。

臭名"老九"紧箍咒，机会方来半世人。
老马奋蹄追国梦，期颐如约再迎春?!

2014年2月5日

除夕

空巢独守自称王，任我高歌任我狂。
窗外烟花如海啸，彩光染发白而黄。

2014年1月30日晚10时

春节写《关于文物利用的由来及其衍变综述》一文感赋

万言拙作十天工，文质相兼强认同。
斗室冥思心致远，萧斋遐想笔生风。
床头觅句夜无寐，梦里行文醒自空。
如许春宵如许度，书生才尽即文穷。

2014年甲午春节作

老境

　　人，这个感情动物，从来就是感情用事的。感情变化无常，思维、作为也随之紊乱无序。对于老者，更是幻想多多，得失名利，生老病死，父母子孙，衣食住行，往事跟前……无时无刻不在心中翻腾。高兴时，总觉得还有余勇可贾；烦恼时，又立然感到行将就木；时而感叹事未竟，情未了；时而自认人已老，事将休；时而立意过好余生每一天，做好余生每件事；时而哀叹来日无多，活一天算一天，走到哪里算到哪里……如此循环往复，起起落落，与生命同在，与气息同存，顺应自然，放下自然，听其自然！乃是人生长寿之道之所在？

2014年3月18日记

重游旧地

4月15日，赴正定故城途中重访37年前国务院五七干校旧址。岁月无痕，旧物绝迹。人是物非，非喜交集，感慨系之。

> 久许心中愿，重回干校游。
> 林楼霄汉立，旧物荡然收。
> 白雪梨园在，当年意蕴留。
> 临风温旧梦，惆怅欲何求？

2014年4月

临江仙·与故人重逢感赋

相识风华正茂，重逢老态龙钟。人生不幸总飘蓬。百年才一瞬，切莫再匆匆。　遥想当年"革命"，同堂笔舌争锋。天翻地覆妄而疯。阋墙皆闹剧，撕裂弟和兄。

临江仙·重读毛泽东《贺新郎》感赋

沙场挥戈亮剑，枕边饮泣吞声。男儿铁石更多情。难忘家国恨，戴月踏征程。　知己从兹泪别，天涯两处伶仃。离愁千里倍

347

凄清。孤云追落日,长夜盼黎明!

2014年7月7日

中秋

甲午中秋,京城连日晴好,夜晚皓月当空,景物殊佳。举头望明月……

云放婵娟绽玉花,白头游子倍思家。
儿时最喜中秋夜,卧守田头待月华。

2014年9月8日

秋分夜雨绝句

岁到秋分月失明,长空雁叫动离情。
满庭滴答潇潇雨,犹在枯荷池畔听。

2014年9月23日秋分

扫叶所感

在北京柏林寺办公22年整。寺内古木参天,深秋叶落,秋意浓浓,扫叶员工老而常换,见面感慨系之。

年年落叶年年扫,岁岁园丁岁岁老。
落叶千年风韵在,园丁几个百年好?
唯我廿年见树长,树何见我容颜槁?

2014年9月30日于柏林寺

秋日黄昏即景

丹枫如火照天涯,落日镕金溢彩霞。
送爽清风吹欲醉,忘怀衰朽即风华。

2014年10月15日

偶成一绝

一叶金黄书底藏,不题诗句只留香。
一年最是秋光好,不是诗人强咏觞!

2014年10月15日

为中国文物报30周年作

弹指刊行三十年,喜看新俊创新天。
重温旧事催人老,未了余情寄后贤。

2014年12月3日

喂麻雀二首

到点三餐窗外呼,叽喳声里在求吾。
生灵幺小无言语,肝胆人前总不输。

小小生灵格外精,贪馋必腐自知明。
唯其不食嗟来食,横祸飞来"四害"名。

麻雀虽小,却善于保护自己,并非"为食亡"之鸟。吃食方式,地点稍有变动,绝不再食。

2015年2月4日

京津共饮大江水

碧水南来千里秀,润人润物润春秋。
世间奇迹中华梦,玉液汪汪永逝流。

2015年1月14日凌晨

假日清理故纸堆

无聊寂寞莫蹉跎,故纸堆中意趣多。
心迹班班重忆证,笑啼嗟叹胜吟哦。

谢友人邀重游旧地

越是曾经流连忘返,印象美好,记忆铭心的旧地,除非涛声依旧,能再重复昨天的故事,否则,越发是扫兴或悲恍的重游。这对一个焦虑老者更是奈何不得的酸楚!

旧地重游伤感多,昔时风景早销磨。
相逢不及相思好,多彩人生老奈何!

2015年4月30日

再咏萤光

不傍高天不傍星,自凭幺小草中生。
微光都在夜间发,欢笑常同陌路行。

2015年5月26日

中秋之夜

天清气爽又中秋,荷桂飘香醉九州。
最是销魂云缝月,时羞时笑倍风流。

2015年(乙未)中秋之夜

访浙江建德新叶古村

叠嶂层峦雾里花,浣溪村女更风华。
田园自造农耕国,山水天成诗画家。
祠宅鳞廛昭史俗,藓苔泛绿映烟霞。
乡愁处处召游子,明月时时照海涯!

2015年9月21日

读友人感旧诗有感

人生七十四规空,酒色绝缘财气穷。
岁似逝波悲逝水,文如秋草哭秋风。
争权乏术非人杰,逐利无才是狗熊。
宦海漂浮终一梦,清风两袖最从容。

注:有事而感,有感而发,有发自嘲自慰。

2015年10月20日于柏林寺

采桑子

年年佳节催人老。岁岁中秋,今又中秋。谁个中秋可驻留?
阴晴圆缺都休说。月色悠悠,花色幽幽。举酒同销你我愁。

2016年(丙申)中秋节

一九五六年广州首度春节

一轮甲子之前,平生首次离乡在广州过年。近地或有钱同学各自回家,留校过年者寥寥,且无力加餐外游。暖乡清冷,人灯孤苦,故园情,骤然而起矣。

难忘粤海首迎春,无雪无霜冷袭人。
独步亭园伤客子,凭栏江畔叹伶仃。
心飞老屋身南岭,头顶孤灯梦小村。
徒步影随逛花市,海珠桥上夜惊魂。

2016年2月春节

无题

二月兰开四月花,如霜如雪梦天涯。
春光如许催头白,野老门前噪暮鸦!

2016年4月20日

西江月

端午节接友人电话,我告知邵阳有不言姓名者打来电话点赞其《乡土情长》及序言之美云云。小睡醒来深感不是序言之美,而是作品涵蕴之丰。即兴以小词记之。

大作流传遐迩,盛名亦必流芳! 心声实话好文章。世代儿孙景仰。
奋斗一生业绩,梦中回味悠长。如歌岁月撼肝肠,《乡土情长》传唱!

2016年丙申端午节于京城

读名胜古迹诗词感赋

不求甚解读诗章,胜地诗词爱独长。
物史兼容彰信实,言情并茂纪隆昌。
点睛山水精灵活,添翼人文气韵飏。
扫尽尘封还绚丽,文华不老自重光。

2016年8月5日

小联

亲友成群,不解病中孤苦;
经纶满腹,难书心底凄凉。

2016年8月11日住院,9月2日出院

杂感

人生,一段羁羁绊绊的旅程,一个跌跌撞撞的过程。

行走的,弯弯曲曲,宽宽窄窄,坷坷坎坎,兜兜转转……经历的,风风雨雨,泥泥水水,男男女女,熙熙攘攘……追求的,平平坦坦,安安静静,甜甜蜜蜜,圆圆满满……得到的,花花草草,形形色色,隐隐约约,空空洞洞……

2016年10月15日

萧斋铭

2017(丁酉)端午节,乡友曹砚农同志寄来《孤室铭》新作(原文附后),诗意、文采兼备,欣喜之余,深感共鸣。受其启发,亦作《萧斋铭》。但效颦之作,越发难堪可笑也。

萧斋瑟瑟,有人则温。斗室方方,有书则馨。萧斋斯世,容我一身。朝阳晨入室,楼外送黄昏。无眠灯做伴,枯坐影相亲。可以任吟唱,自娱心。有霾雾之催梦,有尘幻之销魂。看酒旗飞舞,观车马腾奔。孔子曰:"德不孤,必有邻"!?

附 砚农"仿《陋室铭》戏作《孤室铭》":

菩提非树,何惹尘埃。禅定慎独,止水我怀。斯是孤室,企仰峿台。东望天心阁,西瞻岳麓山。瓮牖思屈贾,绳枢乐颜渊。烹箪食瓢饮,酬余年。无吃瓜群取乐,无食肉者谋骗。梅州人境庐,浏邑觉颠冥。孔子云:"吾与点"哉!

注:觉颠冥,浏阳清末志士唐才常之室名。

2017年6月端午

354

迎新感赋寄友人

老大乡愁与岁加，春秋南北忆生涯。
年华流逝江中水，心事迷茫雾里花。
旧照重翻闻土气，黄昏新颂恋虹霞。
体羸无复雄飞想，远望衡阳便是家。

2018年元旦于北京寓所

忆秦娥·人奇特六首

一

人奇特，死生轻重自相别。自相别，泰山高耸，鸿毛如雪。

世间万物人为杰，英豪多少燕然勒。燕然勒，高峰禀性，苍松气节！

二

人奇特，量衡才识人裁决。人裁决，尺之有短，秤之有缺。

生灵万象光华晔，人才技艺腾飞跃。腾飞跃，九天揽月，五洋捉鳖！

三

人奇特，生离死别难能却。难能却，世间公道，惟此为绝。

人亡谁不烟灰灭，成泥依旧护花蝶。护花蝶，一秋草木，天生天灭！

四

人奇特,驽骀十驾因材劣。因材劣,苍天无奈,神灵无辙。

一程风雨愁如结,履痕片片凝心血。凝心血,星星点点,秋风残叶!

五

人奇特,古多书剑飘零客。飘零客,西风横扫,愤离宫阙。

天才天降多冤劫,千金散尽再难得?再难得,友朋赠酒,旅途赊舍。

六

人奇特,迤逦潦倒非材劣。非材劣,苍天无眼,神灵无德。

豺狼挡道难成劫。狐狸诡异暗中贼。暗中贼,一身妖媚,满怀魑魅!

注:春节清闲,思绪万端。寂坐冥想,乃思维休闲之佳策。故有如此质野文粗之作。博君一笑,甚幸甚幸!

2019年(己亥)春节于京华寓所

迎庚子新春题与同辈诸友共勉

年去年来白发稀,
渐行渐远力神疲。
欣逢国富丰衣食,
喜到残年未老痴。
望九贪心非愿景,
期颐畅想顺天规。

退耕老牛还追梦，

啃草坡头伴落晖。

2020年2月于北京

七律·结句

无底无根片叶轻，飘萍偏有水锺情。

功名半纸留酸楚，风雪千山计履程。

难息呻吟难放下，妄歌狂啸忘孤零。

荒腔自遣君休笑，不是诗人不败名。

2019（己亥）清明节于北京

后 记

　　《烛光集·文博文存续编》付梓之前的心情,同《萤光集·文博文存》一样,犹豫与虚空并存,既无如释重负之感,也无成全事务之满足,茫茫然,怅怅然,心中无底,唯恐以浅薄而贻笑大方,以虚泛而被视为"不适时宜"。对于文物保护、利用、管理所涉及法律、方针、政策的意见,虽可能有肤浅和错误之加诟,也还有可能"老生常谈"之招讥,但是,对四个意识、四个自信、两个维护和习近平总书记关于文物工作重要批示精神是完全赞同、坚决拥护的,也是在努力学习、认真领会、努力宣传贯彻的,而且自信不会有走板、离谱之大错。至于认识上的殊异,理念上的歧见,那当然在所难免,也无妨大局,而且多少可以记录其言其行其心其性其能的真实。所以犹豫与惶恐之余,还是决然付梓,虚心等待读者的批评指正。

　　平心而论,对于这样的小本小书的价值,确实是可有可无、无足轻重的,我曾在《萤光集》分类文前的"按语"中说过这样一段话:"自编文集,往往为小人物、小作者、小文人所为⋯⋯往往出于'食之无味,弃之可惜'的矛盾心理,明知这些文稿早已流入故纸堆,却偏要搜罗起来,重新包装行世,再次证明自身的存在。而实际上,这只不过是着上新装,最后重新踏上回归"故纸堆"之路。这就是小人物自编文集者的苦涩与无奈!"为此,我曾多次在送友人的本子上题写"从故纸堆中来,到故纸堆中去"以自嘲,哈哈! 这是大解人颐的大实话! 也许还带有些许阿Q精神!

　　准确一点言之,这个小集子的名称应该是"文博文什续编",因为文稿与诗词合集应称"文什",鉴于前编为"文博文存",只能因袭原名以名之。文稿不再分类编排,因为基本是个"杂烩汤",仅排序有所兼顾题材内容之别而已。至于所谓诗词,纯属有韵大白话!

纪事、交流、抒己见、议事理、咏物性、发感慨、遣闲愁而已，并无诗意可品，按内容分类排列。作为人生之旅的插曲杂记，留下来自然在敝帚自珍之余，也将随之回到故纸堆中去！

最后，由于人身老化的原因，做了近40年编辑工作，却没有下决心学会操作电脑，所有文什，都出自笔端纸上，再由原《中国文物科学研究》杂志编辑部编务许凤云同志打印、入录、编校。许凤云同志由于多年的共事，本书的文稿，几乎全部出自她的手打印入编，正是这样一位熟知情况的"老同事"的支持，许多稿本才得以从故纸堆中搜寻出来。版式设计、排拼版样则由原科学研究杂志社另一位业余编辑焦九菊同志力助，没有这两位"老同事"、忘年交的全力支助，是不可成事的。为此，首先要衷心感谢这两位忘年交的辛勤付出！当然，文物出版社的鼎力之助，是本书得以问世的关键，做了大半生的文物工作，最终得到如此慷慨之助，确是慰藉平生的幸事！